U0017453

唐代高層文官

賴瑞和

自序

又到寫序的時候了。每到此刻,我總要想起本書的起點,也是我之前兩本書《唐代基層文官》和《唐代中層文官》的原點,那就是我的老師杜希德老先生在《唐代官修史籍考》中所說的一段話:

> 我們讀傳統的傳記時應當留意,那些看起來好像是無血無肉的骨架式履歷(skeleton curriculum vitae),只有連串的官名,但是,史官在寫這些傳記時,他心目中的「內行」讀者(即同個官場上的未來官員),必定會發現這仕歷中的每一段,都有它的意義和內涵。唐代一個官員的履歷,即使被簡化到僅剩連串的官名,沒有任何背景資料,也能讓跟他接近的同時代人讀得「很有意義」(meaningfully),就像我們今人讀報章上同個專業同行的訃文,或閱讀某個求職者的履歷表,也能從字裡行間,輕易解讀〔那人從前的專業經歷和就業狀況〕一樣。[1]

杜希德(Denis Twitchett, 1924-2006)是我在美國普林斯頓大學

---

1 Denis C. Twitchett, *The Writing of Official History under the T'ang*, p. 83, n. 52. 上引文是我的中譯。

東亞研究所的博士論文指導教授[2]。上面這一段話，是他在晚年最後一本專書中所說的。大約三十年前（1981-1986）我在普大跟他初習唐史時，他就經常跟我談到唐人（唐代士人）的官歷、仕宦模式和唐代正史列傳等等大問題。他這本專書在1992年出版後，我第一次讀到這段文字時，馬上得到一個靈感：如果我們今天可以像唐人那樣，在閱讀唐人的官歷，能夠讀到「很有意義」，讀到「津津有味」，讀到像我們讀今天同個專業同行的履歷表那樣一目了然，達到一種「心照不宣」的境界，那該有多好！

　　早在普大念唐史時，我就經常被史書和墓誌中的一連串唐代官名所迷惑，不知道該如何解讀。《唐六典》、《通典》和兩《唐書》職官志，固然可以解答一些小問題，比如某官的官品為幾品，其簡單職掌為何等等，但這遠遠不足夠。這四大職官書，甚至不載許多唐代的使職官名（見第三章），更不可能讓人達到杜公所說的那種境界。

　　杜公的這段話，彷彿一顆種子。我那時就在想，要把唐人的史傳墓誌，讀到像今人履歷表那樣，應當是可行的，同時也是職官研究的最高境界，最高目標。但這需要做很多原創性的研究，很多跟從前「不一樣」的研究，需要有一整套全盤的研究計畫才行，恐怕要耗費我的下半餘生。

　　以此看來，這唐代文官三部曲，其實最主要的目的，是要解決我個人的一大迷惑，一大「好奇」：如何解讀唐人的官銜，如何把唐人那些「無血無肉的骨架式履歷」，讀得「很有意義」。

2　拙文〈追憶杜希德教授〉，《漢學研究通訊》，26卷第4期（2007年11月），頁24-34。

如此而已。如果還有其他唐史學者（特別是初學者），也有類似的迷惑，或許我們可以成為「同路人」，一起來探索。我對唐代官員的興趣，永遠大於「冷冰冰」的制度條文和令文。我在《唐代基層文官》的〈自序〉中，曾經形容我的方法是「在傳記中考掘制度史」，也就是要從唐代士人官員的實際仕歷，去觀看他們怎樣做官，看看制度怎麼運作，而不是要從制度條文去看官制。所以本書只想解決我個人的迷惑，於願已足，也恐怕在書中許多地方，留下不少這種「個人筆觸」。

在清華任教之前，有超過十年的光景，我窩居在赤道邊緣我出生的故鄉，亞洲大陸最南端的邊城，馬來西亞柔佛新山（Johor Bahru），自有一種「大隱於鄉」的樂趣。有一段時間，在一所私立學院教書，只是教課時數多，沒有什麼研究資源。怎麼做研究？怎麼讓那顆種子萌芽？唯有耐心等待適當的時機，等待適當的陽光和水分。但這一等，便是好幾年。

一直到 2002 年初，我決定辭去教職，準備閉門讀書，嚮往韓愈「閉門讀書史，窗戶忽已涼」的那種境界。這時，剛好台灣中央研究院歷史語言研究所開發的那個《漢籍全文電子資料庫》，開放給海外學者使用。我幸運得到一個免費帳號，從此可以每天上網，連線到這個超大型全文資料庫去檢索我要的材料，包括《唐六典》、《通典》、兩《唐書》、《太平廣記》、《全唐文》等等重要資源。

這個資料庫拯救了我，讓我得以在赤道邊緣，做最精深的唐史研究。那時杜公已退休，回到他英國劍橋老家。有一次我寫電郵給他，不免要跟他吹噓一番說：「現在的唐史研究，已進入無紙的時代（paperless age）了。你甚至可以在一個荒涼的小島上做唐史研究。我現在居住的小鎮，在研究資源上幾乎就等同荒

島，但我還可以做相當高品質的研究。」

　　最棒的是，史語所這個資料庫，除了可以做全文檢索，還具備我所知最佳的「檢索報表」功能（另一大型資料庫《中國基本古籍庫》雖然收書更多，但就缺此功能）。我等於擁有了所謂的「照像式記憶」（photographic memory），據說這是我們唐史開山祖師爺陳寅恪老先生所擁有的。我的「記憶」不但是完美的，還可以在一兩秒內，檢索到幾乎任何我想要的資料，再以「檢索報表」功能，全部列印出來，或儲存起來備查，無字數限制。這樣，我再也不必像嚴耕望先生那樣，花數十年，抄寫數十萬張卡片，才能開始寫他那套《唐代交通圖考》。如果當年嚴先生來得及使用這個資料庫，他應當能及早完成他這部最後未能完成的遺作。我跟這個資料庫的相遇，就像在生命的低谷遇見一個貴人。現在，這部文官三部曲終於完成了，我有一種感恩的心情，想把這最後一「曲」，特別獻給「她」，我的「記憶女神」（Mnemosyne），以及中研院那批開發出這個資料庫的各路專家們。

　　這「記憶女神」真是一個超神的研究工具，正好可以配合我那個跟以往「不一樣」的唐代職官研究大計畫，那個「讀唐人官歷，如讀今人履歷」的研究大工程。從2002年中到2003年底，經過大約一年半的研究寫作，我寫完了《唐代基層文官》，寄給台北聯經出版公司，於2004年底經審查後出版。此書出版後，我獲得清大的教職，終結了我當時的「失業」，在2005年秋天，帶著寫了一半的《唐代中層文官》初稿，從熱帶赤道飛到亞熱帶的台灣，赴清華大學歷史研究所任教。2007年底，在清華期間，寫完《唐代中層文官》，於2008年底出版。如今，經過這些年的沉澱、思考和研究，我又完成了這本《唐代高層文官》。上

引杜公的那段話，正是這三部曲的種子和源頭。

　　清大圖書館的中英日文藏書都極為豐富，館際合作借書也高度有效率，清大校方和歷史所待我也極優厚，讓我可以在如此優遊的研究環境下，完成《唐代高層文官》。這本書也要獻給清大和清大歷史所。

　　過去幾年，王秋桂老師曾多次問起此書的寫作進度，關心備至。施逢雨老師也曾多次打電話給我鼓勵，特別是有一年我身陷低谷的時候，讓我感到溫暖。他很早就告訴我說，你一定要寫完《唐代高層文官》。如果沒有寫完，則整個三部曲將成為 "unfinished masterpiece"（未完的大作）。這句話成了鞭策我寫完本書的一大力量。

　　在過去一年多最後衝刺期間，我每寫完一章，上海交通大學歷史系的劉嘯老師，就幫我非常細心校訂一遍。劉老師的校訂精湛極了，常能抓到我看了好幾次初稿，都沒能發現的各種錯誤，讓我驚訝，讓我不得不感到謙卑。這裡要由衷感謝劉老師。當然，若還有錯誤，那是我要負責的。

　　本書寫作期間，曾經多次得到台灣國科會（現科技部）的研究計畫補助，也曾多年獲得清大的學術卓越獎勵，謹此致謝。我也要感謝研究助理施淳益和陳宥任，過去幾年來常幫我搜尋資料和借書。

　　本書最早完成的一些篇章，曾經以論文的形式，在學術期刊上刊登：第一章〈使職的起源與職事官的相互演變〉和第四章〈唐宰相的使職特徵和名號〉，發表在《中華文史論叢》；第二章〈錢大昕與唐代使職的定義〉的使職定義部分，發表在《史林》；第三章〈唐職官書不載許多使職的前因與後果〉、第五章〈唐宰相的權力與下場〉和第十章〈劉知幾與唐史館史官的官與職〉，

都發表在《唐史論叢》；第六章〈唐中書舍人的使職化〉，發表在北京《清華大學學報》；第八章〈唐三大類型知制誥的特徵與區別〉，發表在北京《文史》；第九章〈唐後期三大類詞臣的升遷與地位〉，發表在上海《學術月刊》；第十一章〈唐史官的使職化〉的第三節「唐史館史官的使職官名」，發表在《史學史研究》；第十七章〈唐刺史的稅官角色〉，發表在《史學集刊》。各學術期刊當初刊登拙文之前，都曾經送請專家審查。能夠得到他們的首肯後刊出，對我來說，等於是一種激勵。我也要在此對各期刊的編者和原先的審查專家，深表感激。

　　本書出版之前，聯經又約請了兩位外審專家，重新審查了整部書稿，並提出不少珍貴的改進意見，對本書的品質提升不少，特此致謝。在此我也要感激聯經發行人林載爵先生，早在2004年就促成這部三部曲的誕生，也要感謝總編輯胡金倫兄，及時提醒我交書稿並協調出版事宜。

賴瑞和

2015年11月22日立冬後於清大東院

sflai1953@gmail.com

目次

自序...3

導言...17

一、「兼」字真義和本官　19

二、本官、閒官和使職的出現　22

三、本書以使職為切入點　27

四、為何挑選此五大類官員？　29

第一部分　使職和職事官

第一章　使職的起源與職事官的相互演變.................................35

一、唐代的「官」與「職」　36

二、使職新論：人類先有使職，後有職事官　40

三、從使職演變為職事官　46

四、從職事官演變為使職　52

五、結語　60

第二章　錢大昕與唐代使職的定義.......................................63

一、錢大昕的使職論　64

二、唐代使職的定義　68

三、為何唐代使職皆無官品？ 76

四、結語 79

第三章　唐職官書不載許多使職的前因與後果................81

一、載與不載 81

二、職官書不承認使職 86

三、四大職官書的原始材料 89

四、為何只載職事官，不載許多使職？ 93

五、職官書所造成的後果 102

六、結語 106

第二部分　宰臣

第四章　唐宰相的使職特徵和名號................111

一、宰相的使職特徵 113

二、宰相的各種使職稱號 117

三、知政事和參知政事型宰相 124

四、同中書門下型宰相 130

五、同平章事型宰相 132

六、宰相的其他名號 135

七、結語 140

第五章　唐宰相的權力與下場................143

一、宰相的權力基礎：皇帝的信任 143

二、皇帝—宰相—翰林學士—宦官 152

三、宰相的命運下場 159

四、結語 165

第三部分　詞臣

第六章　唐中書舍人的使職化 ⋯⋯⋯⋯⋯⋯⋯⋯⋯⋯⋯⋯⋯⋯⋯169

一、中書舍人在唐代的演變大略　170

二、中書舍人的使職化　173

三、北門學士　182

四、翰林學士和中書舍人的糾葛情結　186

五、中書舍人作為本官　189

六、結語　193

第七章　唐知制誥的使職本質 ⋯⋯⋯⋯⋯⋯⋯⋯⋯⋯⋯⋯⋯⋯195

一、動賓結構的官名　196

二、使職常以他官充任　198

三、白居易的見證　201

四、結語　202

第八章　唐三大類型知制誥的特徵與區別 ⋯⋯⋯⋯⋯⋯⋯203

一、第一型知制誥　203

二、第二型知制誥　213

三、第三型知制誥　219

四、中書舍人不帶知制誥　230

五、知制誥的雙重含義　238

六、出土墓誌中的知制誥　243

七、結語　245

第九章　唐後期三大類詞臣的升遷與地位 ⋯⋯⋯⋯⋯⋯⋯247

一、郎官知制誥的升遷：白居易和元稹的案例　248

二、兩種中書舍人：權德輿和李德裕的案例　257

三、翰林學士的權位 263

四、文士之極任 264

五、結語 267

第四部分　史官

第十章　劉知幾與唐史館史官的官與職..................271

一、撰文修史，豈任祕書？ 271

二、奇異的插曲 274

三、解謎之樂：子玄的官歷 276

四、劉知幾的「官」與「職」 281

五、結語 289

第十一章　唐史官的使職化..................291

一、唐史館史官的任命 291

二、史官的使職化及專業化 298

三、唐史館史官的使職官名 301

四、史館設立的後續效應 317

五、專任史官？兼任史官？ 320

六、結語 328

第五部分　財臣

第十二章　宇文融和唐玄宗朝的財稅使職..................333

一、唐初的財政職事官 336

二、宇文融登場 338

三、宇文融的出身與仕歷背景 341

四、毛遂求官模式　345

五、宇文融的覆囚使和租庸地稅使　346

六、常賦外的徵稅：羨餘和進奉　351

七、四族皆覆，為天下笑　356

八、玄宗朝財稅使職的特徵和意義　364

九、結語　368

第十三章　**第五琦和鹽鐵使及理想的稅法**.............371

一、第五琦的崛起　373

二、毛遂模式和鹽鐵使的誕生　379

三、榷鹽為理想稅法　382

四、鹽價問題　390

五、鹽鐵使及其地方附屬組織　394

六、結語　404

第十四章　**楊國忠和度支司的使職化**.............407

一、判度支和度支使　408

二、楊國忠登場　410

三、太府司農及度支司的使職化　412

四、度支漸權百司之職　416

五、結語　418

第十五章　**李泌和戶部錢及戶部司的使職化**.............421

一、李泌登場　421

二、第一位戶部使　423

三、除陌和墊陌　425

四、戶部錢的特點　429

五、戶部司的使職化　435

六、結語　438

第六部分 牧守及總結

第十六章　唐州府定位和刺史的職望與選任............................443

一、州府定位的類別與目的　444

二、州府定位的變動　451

三、州府定位和刺史職望　453

四、刺史的官品和職望　457

五、州府定位和刺史俸錢　463

六、州府定位和刺史的選任　466

七、結語　473

第十七章　唐刺史的稅官角色............................475

一、職官書中的刺史職掌　476

二、撫字黎庶和稅務　479

三、刺史收稅和考課　486

四、額外加徵　490

五、結語　494

第十八章　唐刺史和他的使職帽子............................497

一、刺史和他的使職帽子　498

二、刺史兼充都督　501

三、刺史或都督兼充都護　506

四、刺史或都督兼充節度使　508

五、刺史兼充的其他使職　512

六、刺史兼充各種使職的意義　518

七、刺史兼使職的官銜解讀　524

八、二級制或三級制？　531

九、結語　533

第十九章　總結 ……………………………………………………………537

附錄　　唐職事官和使職特徵對照表 ………………………………542

後記 …………………………………………………………………………545

參考書目 ……………………………………………………………………549

索引 …………………………………………………………………………567

表目

表4.1：唐代宰相的種種使職稱號及行用時間　121

表8.1：唐代三種知制誥的特徵和區別　230

表10.1：劉知幾任史官時的本官和史職　278

表13.1：盧伯卿的五個鹽政使職　401

表16.1：杜牧中年以後的官歷、官品和俸錢　458

表18.1：幽州節度使劉濟結銜　525

導言

「然學士與侍郎，何者為美？」

——《大唐新語》

　　唐代劉肅的《大唐新語》，有一則記事，很有啟發意義，可以用來說明，何以唐代的官銜，好像「密碼」一樣，需要「解讀」，需要「解碼」，不是光查查職官書就能解決：

　　賀知章自太常少卿遷禮部侍郎，兼集賢學士。一日併謝二恩。時源乾曜與張說同秉政，乾曜問說曰：「賀公久著盛名，今日一時兩加榮命，足為學者光耀。然學士與侍郎，何者為美？」說對曰：「侍郎，自皇朝已來，為衣冠之華選，自非望實具美，無以居之。雖然，終是具員之英，又非往賢所慕。學士者，懷先王之道，為縉紳軌儀，蘊揚班之詞彩，兼游夏之文學，始可處之無愧。二美之中，此為最矣。」[1]

源乾曜和張說同為宰相，有一天見到賀知章同時「遷禮部侍郎，兼集賢學士」，乾曜不禁問張說：這兩種官，「何者為美？」張說的答案是「二美之中，此為最矣」：兩官都美，只是集賢學士更美、最美。這個答案，很可能會讓不少現代學者有些驚訝，因

---

1 《大唐新語》卷11，頁165。

為今人常好以官品來衡量唐人的官職。禮部侍郎是正統又正規的正四品下高官，集賢學士只是個使職（一種皇帝特使），一種「不正規」的職位，甚至連個官品也沒有，怎麼會更美？日本學者礪波護很可能更會說，集賢學士不過是個「令外の官」，是唐代律令制度以外的官[2]，似乎很不入流品。沒想到張說竟說此官為二美之「最」！

張說以一個唐人的身分，又是宰相，他的話當然最有分量，最具「權威」。今人簡直無從置喙。其實，乾曜也是宰相，在官場上應當也見多識廣，不會不知道「何者為美」，或許只是想求證於張說罷了，或想請張說「點破」個中奧妙。果然，張說沒有讓他失望，說得頭頭是道，令人歎服。

他說，侍郎「為衣冠之華選，自非望實具美，無以居之」。然而他又加了一句但書：此官「終是具員之英[3]，又非往賢所慕」。相反，集賢學士「懷先王之道」，接近皇帝和皇權，不但要有揚雄和班固那樣的「詞彩」，還要兼備子游和子夏那樣的「文學」才行，任官條件更為嚴苛。這段話不但展現了唐代一個宰相對此兩官的看法，也透露了唐代上層社會有一種很深的「文學崇拜」：有「詞彩」，有「文學」者，可以占盡優勢，而且是仕途上的優勢[4]。張說本人就是初唐的「大手筆」，靠著他的文采

2　礪波護，〈唐の官制と官職〉，《唐代政治社會史研究》，頁238-244。

3　「具員」，猶言「備員」、「具臣」。《論語・先進篇》：「今〔仲〕由與〔冉〕求也，可謂具臣矣。」朱熹《集注》：「具臣，謂備臣數而已」。此「具員」的「具」，猶如「具文」的「具」。

4　這種文學崇拜，當然不始於唐，更早在六朝已可見到。詳見鄭雅如，〈齊梁士人的交遊——以任昉的社交網絡為中心的考察〉，《臺大歷史學報》第44期，2009年12月，頁43-91。

稱雄於玄宗時代的政壇和文壇。他也曾經在集賢院當過學士，十分清楚此院學士的崇高地位。

　　像《大唐新語》中這段精采的記載，它所透露的訊息，是我們在正史職官志中找不到的。但這樣的知識，卻是今人最想得到的，對於我們了解唐代官場的運作，士人的期望和他們做官的理想，幫助很大。比如，有了這個「常識」，今後我們在閱讀唐人史傳和墓誌，再次遇到禮部侍郎和集賢學士時，當有一種「故人重逢」的感覺，知道這兩官的高低比重，好比見到兩個老朋友那樣。這時，讀史才可能有會心微笑，左右逢源之樂！

一、「兼」字真義和本官

　　《大唐新語》這則紀錄，也凸顯了幾件事，可以作為本〈導言〉討論的起點。

　　第一，唐人喜歡「品頭論足」般點評同僚所任官職的清望、輕重等等，並不是光看官品的高下。顯然，他們看重一個人的仕宦，並常以一個人的官宦，來品評他的人品和地位。這也就是陳寅恪的精湛觀察：「唐代社會承南北朝之舊俗，通以二事評量人品之高下。此二事，一曰婚。二曰宦。凡婚而不娶名家女，與仕而不由清望官，俱為社會所不齒。」[5]一個士人做的官是不是「清望」，是不是接近皇權，這些才比較重要。如果做的是伎術官僚，如太樂令之類的樂官，或司天監那樣的天文官，或閒散的官職，如散騎常侍和太子賓客之類，即使官品再高，卻都不是士人看重的。

---

　5 《元白詩箋證稿》，頁112。

　　第二,「賀知章自太常少卿遷禮部侍郎,兼集賢學士」這一句話,更可佐證唐代官銜(特別是使職官銜)之複雜,且處處是陷阱,稍一不慎,很可能便陷入其中猶不知覺。比如,以這一句來說,一般學者大概都會以為,賀知章這時只是從太常少卿,升為禮部侍郎,並「兼任」集賢學士。換句話說,大家會以為,禮部侍郎才是他的主要官職,集賢學士只不過是他的「兼任」、「兼差」工作而已。如果是這樣的理解,那恐怕大有問題。

　　本書第十一章〈唐史官的使職化〉第五節「專任史官?兼任史官?」將會更詳細論證唐代這個「兼」字,絕非「兼任」,而是「同時出任」兩種官職的意思。唐人所「兼」之官,往往還是專任的,非「兼任教授」那種「兼任」、「兼差」性質。例如,唐代那些史官,都是以某某本官去「兼」史館史官。唐初的令狐德棻,便「累遷禮部侍郎,兼修國史」[6]。意思是,他同時出任禮部侍郎和「修國史」這種使職,但他這時的最主要工作,是在史館修史,在專任「修國史」,並非在做禮部侍郎的官(這只是他的「本官」)。

　　同樣,賀知章「遷禮部侍郎,兼集賢學士」,表示他同時獲授這兩個官職,但他的最主要工作,是去集賢院專任學士,協助皇帝草詔、編撰,並教導皇太子讀書(見下),不是去做禮部侍郎(這也只是他的「本官」)。此之所以張說會特別提到集賢學士,要「蘊揚班之詞彩,兼游夏之文學,始可處之無愧。二美之中,此為最矣」。設想,我們讀賀知章和令狐德棻的傳,如果連他們當時在專任什麼官職,都茫然不解,那我們還能奢談研究什麼歷史大問題嗎?

6《舊唐書》卷73,頁2598。

　　第三，賀知章和令狐德棻這兩個「兼」案例，牽涉到唐代官制中的一個核心問題，那就是所謂「本官」的問題。在唐代史料中，「兼」和「本官」有密切關係。像上引賀知章和令狐德棻的案例，是以「兼」的方式來敘寫，但也可以用「本官」方式來呈現，那就是「以某某本官，任某某使職」的方式來記載。

　　例如，《舊唐書‧穆宗紀》長慶二年（822）二月條下：「以工部侍郎元稹守本官、同平章事」[7]。意思是，元稹是以工部侍郎的本官身分，去出任同平章事（即宰相，也是一種使職，見本書第四章）。他並沒有去做工部侍郎的職務，且工部侍郎這時已成了閒官，也沒有什麼職事可言。這種以本官出任宰相的例子，在兩《唐書》的本紀中，還可以找到非常之多，比比皆是。

　　再如，《舊唐書‧懿宗紀》咸通二年（861）四月條下，「以駕部郎中王鐸本官知制誥」[8]。意思是，王鐸以駕部郎中的本官，去充當知制誥的使職。他並沒有去擔任駕部郎中的職事，因為此官在唐後期早已成了閒官。在史書中，這種用例甚至也可以寫成「駕部郎中知制誥王鐸」，連「兼」字都可以省略。

　　同樣，「本官」一詞，也往往可以省略不書，可從上下文判讀。例如，《新唐書‧徐堅傳》：「俄以禮部侍郎為脩文館學士」[9]。意思是，徐堅以禮部侍郎的本官，去出任（專任）脩文館學士的使職。再如《新唐書‧李訓傳》：「不踰月，以禮部侍郎同中書門下平章事，賜金紫服」[10]。意思是，李訓以禮部侍郎的本

7 《舊唐書》卷16，頁495。

8 《舊唐書》卷19上，頁651。

9 《新唐書》卷199，頁5662。

10 《新唐書》卷179，頁5311。

官，去出任（專任）宰相。「本官」一詞省略了，但從上下文看，文意還是很清楚。

這就很有元豐改制前的北宋官制味道：本官不做本司事，卻跑去充任其他使職差遣[11]。這個「本官」，許多時候是借用「閒官」為之，其作用在於明秩階定俸祿，類似宋代的「寄祿官」（見第六章的更詳細討論）。宋制正是源自唐制。張國剛又稱這種唐代的「寄祿官」為「階官」[12]。

在接下來的各章中，本書會經常提到唐人這個本官和他們「兼」數種官職的現象。如果能夠掌握這一官職特徵，許多解讀問題也就可以迎刃而解了[13]。

二、本官、閒官和使職的出現

為什麼禮部侍郎可以當作一種「本官」來使用？為什麼一個官員要帶有「本官」？這便牽涉到唐代的使職。所謂「使職」，是一種非正規官職的任命方式，可以理解為「特使」或「特助」性質，但唐代經常用使職方式來委任官員（特別是高官），後人

11　龔延明，〈北宋元豐官制改革論〉，《中國古代職官科舉研究》，頁283-306。

12　張國剛，〈唐代階官與職事官的階官化〉，《唐代政治制度研究論集》，頁207-232。

13　唐代詩文中，常喜歡以一些雅稱來代指官名，比如「明府」指「縣令」、「贊府」指「縣丞」，「少府」指「縣尉」，「使君」指「刺史」等等。這些都簡單易懂，查查《漢語大詞典》一類的辭書就能解決，不須解讀。宋代洪邁《容齋隨筆‧四筆》卷15，頁817-818，也有一則札記「官稱別名」，列舉了許多此類唐代官名雅稱，如「光祿為飽卿，鴻臚為客卿」等等。其實這一類的雅稱，許多僅用於詩文墓誌等場合，罕見於史書，一般也不構成問題，無須解讀。

稱這種現象為「以特使治國」，跟民國初年常以特使來掌政和掌財權，異曲同工[14]。

　　賀知章這時的更詳細官歷記載，見於他《舊唐書》的本傳。原來，他是在玄宗開元十三年（725），「遷禮部侍郎，加集賢院學士，又充皇太子侍讀」[15]。唐初的禮部侍郎為正四品下的高官，但卻是個閒官，非劇要官員。賀知章「少以文詞知名，舉進士」，文章學問都受到同輩稱讚。這時，玄宗要請他來當太子的老師，但傳統職事官中並無「皇太子侍讀」這種官，於是便先讓賀知章升任禮部侍郎，再請他以這個「本官」的身分，去同時充任集賢學士和皇太子侍讀這兩種使職。

　　集賢院是唐宮廷內藏書豐富的皇家藏書樓，也是賀知章時代最重要的一個文館[16]（那時還沒有翰林學士院）。唐史學者如今常用的《唐六典》，當年就是在這個集賢院編撰成書。賀知章這時任學士（更正確的說，是出任集賢院侍講學士），教導皇太子讀書，但他領的卻是禮部侍郎的俸祿。別人一般也會尊稱他為「侍郎」。大朝會時，他也就排在禮部侍郎的班序（因為集賢、翰林、史館等文館使職，並無自己的班序）。這便是「本官」的作用。

　　賀知章既然同時又帶有禮部侍郎的本官，必要時他當然也可以執行一些跟禮儀有關的工作。禮儀需要飽讀經典。像賀知章這

---

14 劉迪香，〈民國前期使職的淵源、特點及其作用〉，《湖南城市學院學報》2007年第3期，頁5-8；劉迪香，〈民國前期使職設置考略〉，《史學月刊》2008年第4期，頁131-133。

15 《舊唐書》卷190中，頁5033。

16 池田溫，〈盛唐之集賢院〉，《唐研究論文選集》孫曉林等譯，頁190-242；李德輝，《唐代文館制度及其與政治和文學之關係》。

種有學問的士人，從事禮儀工作，綽綽有餘。因此，玄宗登泰山封禪時，便曾經「召知章講定儀注」[17]。同理，貞觀十五年（641），太宗將登泰山，也曾經下詔，「令公卿諸儒詳定儀注」。當時任史館史官的令狐德棻，很有學問，又帶有禮部侍郎的本官，於是他也就被委任為「封禪使，參考其議」[18]，但這只是一次性的使職，事畢即罷。他又回去史館專任史官。

令狐德棻以禮部侍郎的本官，去出任史館史官，正因為史館史官也是一種沒有官品的使職。任使職者都要帶有一個本官才行。唐初的徐堅亦是如此。唐後期的李訓，更是如此，因為宰相其實也是沒有官品的使職，所以他要帶有禮部侍郎的本官，去出任同平章事。

本官通常是「借用」那些閒散的官為之。唐初的科舉考試，從貞觀起，原本由吏部的考功員外郎主持，但到了開元二十四年（736），因發生「員外郎李昂為舉人李權所訟」的事件，才把貢舉轉移給禮部侍郎主掌[19]。但在這之前，禮部侍郎是個閒官。此之所以張說說侍郎是「具員之英」。於是令狐德棻和賀知章，才會以禮部侍郎為本官，去出任其他使職。但從開元二十四年起，禮部侍郎主持貢舉的期間，此官有了比較重要的職權，應當就沒有再用作本官。但到了唐後半期，特別是在李訓的文宗時代，朝廷又經常以其他有文采的官員（如權德輿），以他官的身分來「知貢舉」，把禮部侍郎架空，此官又成閒官，又可以用作本官了，於是李訓才會以此為本官去出任宰相。

17　《舊唐書》卷190中，頁5034。
18　《舊唐書》卷23〈禮儀志〉，頁884。
19　《唐會要》卷58，頁1184；《舊唐書》卷8〈玄宗紀〉，頁203。

　　上面幾個案例說明，唐代的職官變化多端，並非像《唐六典》等職官書呈現得那樣「井然有序」，看起來好像永遠那麼固定常設不變。如果光只是讀《唐六典》和其他另三大職官書，我們見不到禮部侍郎這種職權的微妙變化，也看不到本官和使職的問題。這就需要後人去考掘史傳和墓誌，從種種實例中，去發現唐代各種職官的精妙處。有了這些職官書以外的知識，我們才有可能把唐人那些「骨架式履歷」，讀得「很有意義」，讀得津津有味。

　　唐代官制最重要的一種變化，就是使職的出現，而且早在唐前期，就有了使職，不必等到唐後期。例如，本書即將檢討的五大類使職：知制誥、翰林學士（第六章至第九章），史館史官（第十一章），玄宗朝的財政使職（第十二到十五章），節度等使（第十八章），都是在唐安史之亂前就設置。至於唐代的宰相（第四章），更是從唐初到唐亡，始終都是個使職，從來不曾是個有官品的職事官。

　　使職的出現，產生兩個連帶現象。第一，它會造成某些職事官，遭到「使職化」，也就是被新來的使職架空，原有的職事官逐漸會變成閒官，職權旁落。這樣被架空的職事官，變成閒官以後，又可以充作其他使職的本官或檢校官[20]。第二，使職本身又需要帶有本官去充職，以計俸祿，序班次。這樣便形成了一種奇妙的循環：使職使得一些職事官變成閒官，但這些閒官又可以循

20　賴瑞和，〈論唐代的檢校官制〉，《漢學研究》第24卷第1期（2006年6月），頁175-208；賴瑞和，〈論唐代的檢校郎官〉，《唐史論叢》第10輯（2008年2月），頁106-119；馮培紅，〈論唐五代藩鎮幕職的帶職現象——以檢校、兼、試官為中心〉，收在《唐代宗教文化與制度》，高田時雄編（京都：京都大學人文科學研究所，2007），頁133-210。

環再利用，改為其他使職的本官或檢校官。結果是盡可能官盡其用，不致於像德宗貞元時，陸長源在〈上宰相書〉中所說的那樣，「官曹虛設，祿俸枉請」[21]。

「使職化」這名詞，據所知是陳仲安最先使用，見於他和王素合著的專書《漢唐職官制度研究》第一章第六節〈唐後期使職差遣制的流行〉[22]。意思是唐皇朝把各種職事官架空，改用使職，也就是「以特使治國」，是一種擴充皇權，讓皇權得以更集中的辦法。陳仲安此書，對近年的唐代官制研究頗有影響，常見學者引用。何汝泉最近出版的專書，更透露他研究唐代使職，就是受到陳仲安在1963年，發表在《武漢大學學報》那篇唐代使職「開山之作」的「啟示而萌發念頭的」[23]。拙書雖然不是受到陳仲安的啟發，我跟陳老的使職觀點也不盡相同，但陳老的開山之功不可沒。這裡借用他的「使職化」，一方面因為此詞簡潔好用，另一方面也有「向大師致敬」之意。

要解讀唐人的官銜，我們就必須對唐代這種官制的變化，有相當的了解，更要深入探討使職，因為使職經常帶有一長串的結銜，比職事官（比如縣令和縣尉）的單純官銜複雜許多。越高層的使職，其官銜越複雜，不只帶有作為本官的職事官銜，更常「兼」領其他官或憲官（如御史中丞），又可能同時執行好幾個其他相關使職（如節度使常兼帶支度、營田使），更帶有檢校官（如檢校尚書、檢校郎官）等等。這樣組成的一大串官名，竟可以長達七十多個字之多。最好的例子，莫如唐後期的幽州節度使

---

21 《唐文粹》卷79，頁4a。

22 《漢唐職官制度研究》，頁98-129。

23 何汝泉，《唐財政三司使研究》，〈自序〉頁1。

劉濟，死後在其墓誌上的那一長串結銜：

> 故幽州盧龍節度副大使，知節度事、管內支度、營田、觀察
> 處置、押奚契丹兩番、經略盧龍軍等使，開府儀同三司，檢
> 校司徒兼中書令，幽州大都督府長史，上柱國，彭城郡王，
> 贈太師劉公墓誌銘[24]

這個冗長的結銜，正好是杜希德所說，「無血無肉的骨架式履歷，只有連串的官名」，但是，如果我們了解唐後期，一個州刺史如何經常兼充各種使職，則這個「骨架式履歷」就會變得十分精采可讀，可以讓一個解讀者去充分「享受」解謎之樂（詳見本書第十八章第七節「刺史兼使職的官銜解讀」）。由此可知，唐人的官銜，以使職的最為複雜。我們要徹底解讀唐人的官銜，就不得不先去研究唐代的使職，才能找到一把足以「解謎」的鑰匙。

三、本書以使職為切入點

本書的〈自序〉說過，本書最主要的目的，是要解決我個人的一大迷惑，一大「好奇」：如何深入解讀唐人的官銜。上面的「兼」、本官、閒官和使職的討論，只是一個引子，藉以說明唐人的官銜，如何跟今天的不同，如何像「密碼」般需要「解碼」。抓住使職這個切入點，我們便可以深入去了解唐代的本官、檢校官、閒官的奧秘。

---

24 《權德輿詩文集》卷21，頁317。

　　歷史研究講求的是證據。不管我們研究的是政治史、經濟史或甚至藝術史，我們都需要歷史證據。而目前最大宗的證據，就在史書和墓誌[25]，但裡面卻處處都是官名官銜。如果我們連這位唐代官員，當時在做什麼官職，都茫茫然不解，那又怎麼會有扎實的基礎，去進行更深一層的歷史建構呢？

　　唐代的使職，在基層文官的階段，還不是很普遍。所以拙書《唐代基層文官》，只探討了方鎮使府中的少數幾種基層的使職：巡官、推官和掌書記。到了中層文官，使職開始增多，所以《唐代中層文官》的第三章〈員外郎和郎中〉，曾經研究過唐代的士人，如何經常以郎官為本官，去出任知制誥、集賢、弘文、翰林學士和史館修撰等使職，又在第五章〈判官〉中，專章討論了判官這種最常見的中層使職。

　　現在，到了高層文官階層，那幾乎全是使職的天下了。好幾種最重要的職事官，已逐漸淪為閒官和本官。本書的一大主題，便是探討最關鍵的一些職事高官被「使職化」的過程。但在探討唐代「使職化」之餘，本書還多做了一些「額外」的研究，那就是深入剖析這些職事官和使職，到底在做些什麼事，他們當時在唐朝廷整個政府架構中，又扮演了怎麼樣的輕重角色，希望藉此

---

25 墓誌有雙重意義：它既是文獻，又是地下出土的考古證據。不過，唐代也有不少墓誌，僅見於唐人的文集中，還未見到考古實物，或考古實物早已散失，如宋代到清代所出土的墓誌，許多已無實物，僅存於歷代金石學家的錄文。近年新出土的唐代墓誌，已達到一萬件左右，成了今日唐史學界最重要的新史料。而墓誌中最重要的內容，無疑就是各墓主官員、撰碑者和書碑者的連串官銜和官歷。這些都需要好好解讀。目前許多唐代墓誌考釋的文章，往往還只是查檢職官書，照抄職官書中的官品和簡單職掌了事，經常還未發掘出這些墓誌中官銜的深層含義。

能更深入了解這些高層官員，以便在品讀他們的官銜時，更多了一種「發現的驚喜」。

例如，本書的第六部分論地方牧守，若從本書「使職化」主題來說，第十八章〈唐刺史和他的使職帽子〉已足夠剖析刺史的使職化，採取的是一種怎麼樣的形式（即一種加官式的使職化）。第十六章〈唐州府定位和刺史的職望與選任〉以及第十七章〈唐刺史的稅官角色〉，跟刺史的使職化並沒有多少關係。但從解讀官銜的角度，卻有莫大的關係。如果我們不理解，唐代一位官員出任刺史的州府等級定位，我們簡直無從推敲，這位官員的仕宦成就和官場地位如何，因為一個官員在一個賦稅大州（如杭州）任刺史，跟他在一個偏荒窮州（如嶺南端州）任刺史，其職望、俸祿和地位，卻是天差地別的。此外，過去的刺史研究，幾乎從未留意刺史的核心職務，其實是收稅，是一種稅官，是一個州負責徵收賦稅的最高層長官，跟羅馬帝國各省的總督（provincial governor），亦主要為稅官（tax collector）一樣。本書特別研究了刺史的稅官角色，對解讀刺史官銜，很有幫助。

綜上，本書有三大主題：一是職事高官的使職化，二是職事高官和使職的深層研究，三是解開唐代官銜的「密碼」。

四、為何挑選此五大類官員？

本書只選了五大類唐代高層文官來研究：宰相、詞臣（包含中書舍人、知制誥和翰林學士）、史官（史館史官）、財臣（聚斂之臣和三司使等），以及地方牧守（刺史、都督和節度使等）。有些讀者可能馬上會責問：唐代高層文官有上百個，何止五大類？你只挑選這些，怎麼會有「代表性」？

　　這牽涉到某些學者念茲在茲的「定義遊戲」。所謂的「高層
文官」，該如何「定義」？這裡不妨隨學界起舞，也來「玩玩」
這個「定義遊戲」。如果按照唐史學界的一般理解，五品或以上
官可算是「高層」。然而，唐代的這類文職事官，林林總總，清
濁不分，超過一百個。這當中，有許多官到了唐玄宗以降，都成
了閒官，如僕射、中書令、散騎常侍、兵部尚書和侍郎、太子賓
客、太子率更令等等[26]；有不少難得在史傳和墓誌中一見，如太
子左右諭德、太子左右庶子、軍器監等。如果要把這些官員都納
入書中討論，一來篇幅不允許，二來雜亂無章，意義也不大。

　　所以，本書所說的「高層文官」，其定義不是「五品或以上
文官」，而是「最有權勢，最接近皇帝皇權，最全面掌管國家財
賦，且在地方上治理老百姓最重要的五大類高層文官和使職」。
這些官員，是史書和墓誌中最常見的，也是朝廷中最舉足輕重的
五類高層大官。如果我們能充分了解他們所做何事，他們跟皇帝
的關係如何，他們在朝廷架構中的輕重地位，他們在唐代所歷經
的變遷（使職化），以及他們的長串官銜又如何解讀，則我們可
以對唐代的政府架構及其權力運作方式，有一個全新的、動態的
理解，不同於職官書中所描述的那種三省六部九寺職事官制。本
書的目的也就達到了。

　　唐代有幾類高層官員，例如學官（國子祭酒、國子司業等）
和禮儀官（如太常卿等），雖非劇要官員，但也並非閒官。最初
寫書時，也曾經考慮是否要納入，但最後卻不得不割愛。最重要
的一個原因是，我對這幾類官員，沒有新的研究發現，不想「炒

26　嚴耕望，〈論唐代尚書省之職權與地位〉，《嚴耕望史學論文集》，頁261-
　　338。

冷飯」也。其次，這幾類官員，也不如本書所論的那五大類官員，那樣關鍵，那樣掌握政治實權，或那樣有研究意趣。再者，這幾類官員，在整個唐代，幾乎沒有遭到什麼使職化（特別是學官），意味著這些官仍然是相對穩定的，仍足以應付唐代的時局環境，仍然有效用，不需要經歷使職化。以往的研究亦已詳，不必再重複論述。

　　我在《唐代中層文官》的〈導言〉中，曾經提過一個構想：唐代士人做官，有一個「理想的核心常任官模式」。也就是說，他們心目中必定有一些理想的核心官職（雖然最後可能達不到）。他們會認為，哪一些官職比較理想，比較「清望」，比較能掌握大權，或像上引文源乾曜與張說所討論的課題那樣，哪一些官比較「美」，哪一些官又比較「不美」等等。這便左右了他們任官的抉擇，以及他們在仕途上的奮鬥。本書所論的這五大類官職，符合唐代士人心目中的理想核心高層常任官模式，也是他們最想做的一些官職。

　　這五大類官員當中，有三種是唐代士人經常出任的。最常任者為牧守刺史，幾乎所有知名的唐代士人，都當過刺史，鮮少例外。其次是詞臣。張說所謂「二美之中，此為最矣」的集賢學士，即本書所論「詞臣」的一種，只是此美官在賀知章之後，在唐後半期，又歷經了一些變化，不如後起的翰林學士那樣光芒四射。第三常任者為史官。高宗時，中書令薛元超曾經對所親說：「吾不才，富貴過分，然平生有三恨：始不以進士擢第，不得娶五姓女，不得修國史」[27]，可證史官在唐士人心目中的崇高地位。唐代幾乎所有善於著述的官員，如劉知幾、張說、吳兢、韋述、

27 《隋唐嘉話》卷中，頁28。

柳芳、楊炎、韓愈、李翱、杜牧等人，都當過史官。士人任財臣者則較少見，主要因為此官需要專業和吏幹，又常要跟錢穀打交道，只適合某些類的士人，如第五琦和劉晏。至於宰臣，那就不是人人可為，或人人願為，需要機遇和才華（如宋璟、姚崇、張說、陸贄、李德裕），或某些「營鑽」之功（如李林甫、楊國忠、元稹、李訓、韋執誼）。

最後，要澄清一點，本書常用的「唐人」一詞，僅指「唐代士人」而已，並不包含「士人」階層以外的其他唐代人民。

第一部分
使職和職事官

第一章

使職的起源與職事官的相互演變

> 設官以經之，置使以緯之。……於是百司具舉，庶績咸
> 理，亦一代之制焉。
>
> ——杜佑《通典》

　　唐代職官制度最重要的特徵是什麼？構成唐朝「一代之制」的，又是什麼？最好的答案，莫如上引杜佑的這一段話，出自《通典》卷19〈職官一・歷代官制總序〉[1]。這是一篇提綱式的序，從中國神話傳說時期的伏羲、神農說起，歷夏商周、漢魏晉南北朝和隋，一直講到唐代的官制。因為是提綱式，所以只點出每一代官制最重要的特色和精神。杜佑提到他自己的本朝，最後的結論便是「設官以經之，置使以緯之」這幾句話，說明他眼中的唐制，「官」（職事官）和「使」（使職）同樣重要。職事官是「經」，使職是「緯」，兩者都有必要設置，缺一不可。兩者相互配合，才能「百司具舉」，完成「一代之制」。

　　杜佑（735-812）本人的官歷便是一個好例子。他從18歲入仕，直到78歲才退休，任官長達六十年，是唐代極少數仕宦生涯如此長的官員。他最先是「以蔭入仕」，先任兩種職事官：濟南郡參軍、剡縣丞，然後他就開始在韋元甫的浙西和淮南幕府，

---

1 《通典》卷19，頁473-474。

擔任一系列的基層幕佐使職。跟著，他又任職事官撫州刺史，再入朝為金部郎中。他壯年以後，幾乎都在任使職，包括容管經略使，水陸轉運使，嶺南、淮南諸鎮節度使，也曾以戶部侍郎的身分判度支（一種使職），又當過「使職之最」的宰相[2]。他這一系列的官職，都是職事官和使職交錯的，宛如他在《通典》所說，以官為經，以使為緯，也是唐代不少士人文官的典型經歷。

　　因此，杜佑對職事官和使職的特徵和差別，是有親身體會的。他這一番話，不是紙上談兵，而是親身觀察的結果。他深知，到了唐玄宗時，傳統的三省六部九寺等職事官制度，已無法應付日益複雜的時代需求。唐皇朝不得不委任各種使職，來彌補職事官的不足。

一、唐代的「官」與「職」

　　杜佑所說的「使」，在唐代文獻中也常稱為「職」（使職的職），比如在下面要引用的白居易〈有唐善人墓碑〉。職事官和使職是兩類不同的官員，但在杜佑看來，都很重要，要配合任用，才能治理國家。然而，現代學者對唐代職事官和使職的分別，幾乎已經不了了之，不求甚解。今人研究唐代職官制度，大抵皆一面倒傾向那些有官品的職事官，常忽略無官品的使職，以致看不清唐代官場如何真正在運作，宛如以管窺天，看不到整個活的制度史。

　　但唐人對職事官和使職的差別，是很敏銳的，遠比今人敏銳。上舉杜佑的話便是一個明證。另一個極佳例子，見於白居易

2　郭鋒，《杜佑評傳》，特別是頁385-396的〈杜佑年表〉。

為他好友李建（764-821）所寫的一篇墓碑〈有唐善人墓碑〉中
的一段話：

> 公〔指李建〕「官」歷校書郎；左拾遺；詹府司直；殿中侍御
> 史；比部、兵部、吏部員外郎；兵部、吏部郎中；京兆少
> 尹；澧州刺史；太常少卿；禮部、刑部侍郎；工部尚書。
> 「職」歷容州招討判官；翰林學士；鄜州防禦副使、轉運判
> 官；知制誥；〔知〕吏部選事。「階」中大夫。「勳」上柱
> 國。「爵」隴西縣開國男。[3]

首先要澄清一點，以免誤解。白居易這裡所說的「官」，指職事
官（前面杜佑所說的「官」也如此）；「職」則指「使職」。這跟
現代學者的用法完全相反。今人喜歡把唐代的職事官、散官、勳
官和爵號，簡稱為「職散勳爵」，以「職」代指職事官。但唐人
從未有這樣的簡稱。在這篇墓碑中，白居易明確把職事官簡稱為
「官」（取職事官的最後一字「官」），而他的「職」則指使職，
跟今人的用法不同。

　　關鍵在於今人的簡稱「職散勳爵」中，竟不包含使職，由此
亦可證今人是如何忽略使職。但白居易則把李建所有的使職，都
一一寫入他的墓碑中，給予應有的重視。因此，白居易對李建一
生所帶的官銜，就有了五大分類，多了「職」（使職）一項。今
人的「職散勳爵」四大分類，不理會使職，反而失之粗疏。至於
白居易所說的「階」，指散官階；「勳」指勳官；「爵」即「封

3　《白居易集箋校》卷41，頁2677。這裡我略微改變朱金城的標點，以凸顯李
　　建的官、職、階、勳、爵五大分類。

爵」，跟今人用法相同。後面三種官銜，都無實職。「階」只是
一種秩階的官銜。「勳」和「爵」，則都是榮譽加官。

　　李建一生所帶的官銜中，只有兩種有實職，白居易清楚將之
放在最前面的兩大類：一是「官」（職事官），另一為「職」（使
職）。顯然，這樣的分類是有意義的。

　　唐人對「官」和「職」有清楚的劃分，我們還可以再舉一例
為證，亦見於墓誌，在杜牧為他好友邢群寫的〈唐故歙州刺史邢
君墓誌銘并序〉：

> 君進士及第，歷官九，歷職八。始太子校書郎，協律郎，大
> 理評事，監察御史，京兆府司錄，殿中侍御史，戶部員外
> 郎，處州刺史，歙州刺史。職為浙西團練巡官、觀察推官、
> 度支巡官，再為浙西觀察推官，轉支使，為戶部員外郎、判
> 度支案。伐劉稹，為制使，使鎮、魏料軍食，賜緋服銀章。
> 初副李丞相回，再副高尚書銖，撫安上黨三面征師。[4]

這裡先寫邢群進士及第後，「歷官九，歷職八」，然後再一一列
出邢群的那九個「官」（職事官）和八個「職」（使職）。「官」
與「職」分得清楚極了。九個職事官當中，有些無實職，而是邢
群出任方鎮使府幕佐時，所帶的試官或本官（如協律郎和大理評
事）。墓誌記載邢群的那八個使職時，有些省略寫法，略為疏理
如下：（1）浙西團練巡官；（2）浙西觀察推官；（3）度支巡官；
（4）浙西觀察推官；（5）浙西觀察支使；（6）以戶部員外郎本官
判度支案；（7）伐昭義劉稹之叛時的制使，出使鎮州、魏州料軍

4　《杜牧集繫年校注》卷8，頁738。

食〔糧料使〕；（8）副李回、高鉄撫安上黨三面征師〔安撫副使〕。

唐人一看到墓誌上，這種細分「官」與「職」的官歷記載，應當就一目了然，無庸解說。但事過境遷，今人恐怕不易理解其中的奧妙。我在他處已詳細闡述個中的奧秘[5]，這裡也不必贅論，只簡單交代，另見本書附錄〈唐職事官和使職特徵對照表〉。

說穿了，職事官是九品三十階內的官職，有官品，在各種職官書如《唐六典》、《通典・職官典》和兩《唐書》職官志中都有清楚的記載。但使職卻無官品，有點「特使」的意味，在職官書中一般不記載（除了翰林學士和節度使等常見者之外），查找不到，常造成後代學者和學生的許多困擾。使職是掌權者（如皇帝）親自挑選、認可、中意和任命的官員，因此使職往往跟掌權者有一種「私」（personal）關係，有時甚至是血親和姻親關係。職事官則跟掌權者沒有什麼「私」關係，一般為官僚制度中最典型的「無私」（impersonal）狀態。

唐代的使職，最初常是以「臨時派遣」的方式來委任，如派往新羅和回紇的吊唁使、冊封使等等，事畢即罷，但唐代也有不少使職，起初是因為臨時有某種需要而設置，但設置後發現行政效率佳，又持續還有那個需要，結果便替代了相同職務的職事官，以致變成常設不廢，可行用長達一二百年之久，直到唐亡，如節度使和鹽鐵使等等。唐代中葉以後，宦官所任的各種大小官職，幾乎都是使職，因而跟皇帝關係密切，權力很大。從宦官這個例子，我們也可以看出，唐代的使職除了有很濃厚的「私」意

5　賴瑞和，〈再論唐代的使職和職事官──李建墓碑墓誌的啟示〉，《中華文史論叢》2011年第4期，頁179-180。

味外，也往往帶有一種「機要」的性質。

　　唐代的高層士人文官，一生中除了出任職事官外，幾乎無可避免的也要擔任一些使職。例如唐前期的張說，一生做官約二十五任，其中職事官十四任，主要有校書郎；右補闕；兵部員外郎、兵部郎中；中書舍人；工部侍郎；黃門侍郎；尚書左丞；相州刺史；中書令等等。使職十一任，主要有武攸宜討契丹總管府記室、魏元忠并州行軍大總管府判官；河北道按察使；天兵軍節度大使；朔方節度使；集賢院學士等等[6]。

　　再如唐後期的李建（即〈有唐善人墓碑〉的墓主），一生任官十六任，其中職事官十任：校書郎、詹事府司直、殿中侍御史、比部員外郎、兵部員外郎、吏部員外郎、吏部郎中、京兆少尹、澧州刺史、禮部侍郎。使職六任：容州招討判官、翰林學士、鄜州防禦副使兼轉運判官、知制誥、知貢舉、知吏部選事[7]。

　　像張說和李建這種職事官和使職交錯的官歷，在唐代高層士人文官中比比皆是。因此，我們研究這些高官時，必須同時兼顧他們的職事官和使職，兩者不可偏廢，否則難窺全豹。

二、使職新論：人類先有使職，後有職事官

　　研究中國歷朝官制的中外學者，有一個很常見的見解，以為使職是官僚制形成以後的產物，以為人類社會先有職事官制，然

6　陳祖言，《張說年譜》；熊飛，《張說年譜新編》。但這兩種年譜都未論及使職。

7　關於李建官歷的詳細考釋，見拙文〈唐後期一種典型的士人文官——李建生平官歷發微〉，《唐史論叢》第17輯，2013年11月，頁17-45。白居易的〈有唐善人墓碑〉，遺漏了李建的一個使職「知貢舉」。

後才有使職。我的看法正好跟這點完全相反。我認為，使職遠遠早於正規的職事官員編制。使職才是正規官制起源最早的「種子」。中國（甚至整個世界）的正規職官編制，實際上都建立在使職基礎上。換句話說，人類是先有使職，然後才發展出正規官制，決非先有官僚制，然後才有使職。

在本書中，我想提出一個新論：使職是中國官僚制的源頭，中國官僚制的起源種子，也是推動中國官僚制改革和演變的一大動力和機制。

實際上，使職不但是中國官制的源頭，也是世界上所有人類社會官僚制的源頭，從舊石器時代最「原始」的遊群（band），到美索不達米亞兩河流域、埃及、希臘和羅馬的古文明社會，乃至近代的國家政體，莫不如此。研究唐代使職和職事官的「經緯」關係，不但有助了解中國歷代官僚制的發展演變，也有助於了解世界史上其他地區的官僚制。

以化石證據看，人類的始祖可追溯到大約七百萬年前的查德沙赫人（*Sahelanthropus tchadensis*）[8]。但一直到二百萬年前的直立人（*Homo erectus*），或七十七萬年前的周口店北京人（直立人的一種），人類都還沒有發展出語言，還停留在只能大聲嚎叫的

8　查德沙赫人是台灣譯名（又譯薩海爾人），大陸譯名為乍得沙赫人等等。這個人種的頭殼化石，是法國古人類學家 Michel Brunet 於 2001 年在非洲乍得發現，乃至今為止所知最古老的人類祖先化石，改寫了之前的人類演化史。發現者最初的發掘報告見 Michel Brunet *et al.,* "A New Hominid from the Upper Miocene of Chad, Central Africa," *Nature* 418 (July 11, 2002): 145-151. 較詳細的研究見 Michel Brunet *et al.,* "New Material of the Earliest Hominid from the Upper Miocene of Chad." *Nature* 434 (April 7, 2005): 752-755. 關於人類化石的最新綜述，見 Ann Gibbons, *The First Human: The Race to Discover Our Earliest Ancestors.*

階段（像今天的黑猩猩那樣）。不過，我們現在比較肯定的是，當人類在大約十五萬年前，演化到現代智人（*Homo sapiens*）的階段（今天世界上所有人類都還屬於這個品種），並在大約八萬年前走出非洲，向全世界擴散時[9]，人類已發展出語言，學會說話[10]。

語言的出現，意味著人類可以用語言來指使他人做事，從而形成最早的使職。但數萬年前的人類社群組織仍然很簡單，基本上是一個家庭一個「遊群」，或一批血緣相同的同家族人聚居在一起，每個遊群的人數大約只有五到八十人[11]。在這樣單純的組織中，何需官僚制？又何來官僚制？

然而，即使在如此簡單的社群，人類已經有了使職。所謂「使職」，重點在「使」字。依《說文解字》的解釋，「使，伶也」。段注：「令也。大徐令作伶。誤。令者，發號也。」也就是掌權者「命令」下屬去為他做事。擔任使職者，可被視為一個「特使」，在執行上司或掌權者交付的命令。

9　關於現代智人走出非州的歷史及其向全世界擴散的路線，最詳細的論述見基因學家 Stephen Oppenheimer 的專書 *The Real Eve: Modern Man's Journey out of Africa*.

10　現代人種（即我們這種「智人」）在什麼時候開始發展出語言，語言學界仍未有定論。傳統上比較保守的推論是，智人在大約三萬五千年前學會說話。但目前最新的推論是，大約在十五萬年前，也就是現代智人剛在非洲東部演化成功時，就已經具備語言說話能力。見 John McWhorter, *The Power of Babel: A Natural History of Language*, pp. 4-7. 語言說話能力不同於書寫文字，不可混淆。人類已知最古老的書寫文字，出現很晚，在大約五千年前才發明，即兩河流域的蘇美爾楔形文字。

11　Nicholas Wade, *Before the Dawn: Recovering the Lost History of Our Ancestors*，對現代智人走出非洲，及其早期的遊群組織，有詳細的綜述。

在舊石器時代，遊群的大家長不可能一人兼管所有事務。他必然會分派工作給其他族人。比如，他會派遣他的長子，每天早上帶隊到湖邊去，捕殺那些前來喝水的大小動物。這個長子便是他的特使，或可稱他為「狩獵特使」。他也會委派他的次子，負責制作狩獵用的長矛[12]，或可稱他為「長矛特使」，以此類推。因此，最原型的使職，早在舊石器時代，在大約八萬年前，就已經誕生。這時，遊群的事務簡單，工作人員不多，且都是自己的血親或姻親，由大家長一人指派工作即可，還不需要設立個別行政司署，如保安部門、收稅部門等等，因此也就沒有必要把工作人員按司署、位階等來編列成正規的官制。

所以，使職是人類社會最早的、最原始的一種任命方式。這也是人類最本能的一種舉動：權力比較大、地位比較高的人，必然會命令權力比他小、地位比他低的人來為他做事，特別是一些他無法親身執行，或不便執行的事。今天，我們依然能夠見到這種人類最天性的舉動，每天都在上演。比如，即使在一個四口的小家庭，10歲的哥哥很自然地就會「差遣」他7歲的妹妹，去跟媽媽索討零錢來買零食。這個妹妹便是哥哥的特使。再如，今天大學裡的指導教授，也常會指派他的研究生，去為他從事一些研究工作，比如蒐集資料、複印資料、接待到訪的外地學者等等。這樣的研究生便是教授的特使，在執行一種使職。這種差遣任命的方式，乃現代智人與生俱來的能力。在所有生物當中，只有人

12　目前發現最古老的人類狩獵用長矛，1995年在德國一個舊礦坑出土，距今約有四十萬年的歷史。見發現者Hartmut Thieme的考古報告 "Lower Palaeolithic Hunting Spears from Germany," *Nature* 385 (27 February 1997): 807-810，附有彩色照片，可證人類早在40萬年前，已懂得製作長矛來獵殺動物。

類有這種本領。在基因等方面，跟人類最接近的黑猩猩（chimpanzee），至今還未發展出這種差遣指派的能力。位階高的黑猩猩，會欺負攻擊位階低的，但還不能指派牠去做什麼事，主因在於黑猩猩還沒有演化出人類的那種語言能力，無法傳達指令[13]。

　　到了官場，這樣任命的使職有幾種特徵。第一，它是很隨興的一種指派，可以隨時因事務需要臨時指派，很有彈性，也可以因事務結束而終止使職。第二，這樣的委任，正因為是隨興的，不固定的，相當個人化的，也就不需要設置什麼官品，沒有所謂的「官品」。官品要等到官職變得複雜，職官眾多、且需分層管理和進行正規的編制之後，才會產生。在使職的階段，無官品可言。受命者就直接聽命於掌權者。第三，掌權者通常都會任命他最信任的人來當特使，因此掌權者和受命者必然帶有某種「私」或「密」的關係，通常這個特使就是他的血親或姻親，或是他認為合意的人。

　　至於正式編制的官制，恐怕要等到約一萬年前，在農業出現以後的新石器時代，才開始形成，遠遠晚於使職的出現（約八萬年前）。在新石器時代，人類社群組織變得更複雜，不再是單純的遊群，已經進入到部落（tribe）、首邦（chiefdom）和國家（state）的階段，血緣和姻親關係變得比較淡薄，日常行政事務變得越來越複雜，原先的特使越來越多，分工越來越精細，才開始有了需要，而把當時種種使職轉變（或擴充）為固定的、有編

---

13 黑猩猩有一套簡單的溝通系統，但跟人類有文法的語言不一樣。這方面最詳盡的論述見 Derek Bickerton, *Adam's Tongue: How Humans Made Language, How Language Made Humans*.

制、有員額、有分層組織的職事官制，也就是現代通稱的官僚制[14]。

因此，任命特使的使職辦法，有一段非常幽遠的歷史，並非像某些學者所說，起源於漢代，甚至也並非源自夏商周，而是人類早在舊石器時代就因形勢需要，自然形成的，也是人類智慧開發之後，最早的發明之一，乃一種最本能的舉動。特使辦法行用許久之後，人類社群組織變得越來越龐大，分工越精細，助手（特使）越來越多，掌權者跟他龐大助手群的「私」關係不免越來越淡薄，越來越沒有血緣、姻緣或其他私緣，於是有些使職便開始轉變為有編制的官僚。

但職事官制長期行用以後，又會變得官僚化，僵化無效率。這時，掌權者如果有新的需要，又會回到人類最原始的使職辦法，重新委任特使來替他做事，以改善整個官僚作業，達到效率。使職和職事官便如此不斷地周而復始，不斷相互演變，形成一個大規律。這便是杜佑所說「設官以經之，置使以緯之」，形成「一代之制」的真正意義。

這也正是唐代（以及中國歷朝）官制運作的一條大規律。本書研究唐代高層文官，重點是唐皇朝如何經常任命使職，來取代好些僵化的職事官，好以特使治國，好以「專案專攬」的方式來處理國事（如鹽鐵等稅收）。這也等於在擴充皇權，達到皇權更集中的目的。

---

14 遊群、部落、酋邦、國家，是人類社群組織演進的四大階段。這方面的經典著作是Elman Service, *Primitive Social Organizations* 及其 *Origins of the State and Civilization*. 最新的論述，見日裔美籍學者Francis Fukuyama的 *The Origins of Political Order: From Prehuman Times to the French Revolution.*

三、從使職演變為職事官

使職如何產生，如何運作，又如何跟職事官相互演變？

讓我們以唐代秘書省的校書郎，來作個案研究說明。首先，校書郎的工作，便是在皇家藏書樓校正典籍。在唐代，校書郎已經成了職事官，有了官品（正九品上）[15]。但在漢代，它卻還是個使職，沒有正規編制，也沒有官品。《唐六典》這樣追溯唐校書郎的早期歷史，值得細讀細考：

> 漢成帝〔在位西元前33-前7年〕命光祿大夫劉向〔西元前79-前6年〕於天祿閣校經傳、諸子、詩賦，步兵校尉任宏校兵書，太史令尹咸校數術，太醫監李柱國校方術。其後，楊雄〔西元前53-18年〕以大夫亦典校於天祿閣。斯皆有其任而未置其官。至後漢〔25-220〕，始於東觀置校書郎中。《續後漢書》云：「馬融〔79-166〕，安帝〔在位107-125〕時為大將軍鄧騭〔?-121〕所召，拜校書郎中。在東觀十年，窮覽典籍，上《廣成頌》。」……東觀有校書部，置校書郎中典其事。時，通儒達學亦多以佗官領之。自漢、魏歷宋、齊、梁、陳，博學之士往往以佗官典校祕書。至後魏〔386-557〕，祕書省始置校書郎，正第九品上。北齊置十二人。隋初亦置十二人，煬帝三年減為十人，其後又增為四十人，皇朝減焉。[16]

---

15 《唐六典》卷10，頁298。
16 《唐六典》卷10，頁298。

這一段文字把唐校書郎的歷史淵源和背景，敘寫得相當詳細。不過今人讀此段，恐怕很少注意到，文中牽涉到校書這種使職的起源，它在漢魏和南朝的長期行用，以及它如何又在後魏時演變為職事官等等重要課題。這裡略為疏證。

漢成帝委任劉向在天祿閣藏書樓校書，是河平三年（西元前26年）的事。這一年，劉向54歲，是個高官（光祿大夫），年長且有學問的大儒。漢成帝為什麼要委派劉向等人去校書？《漢書・藝文志》提供了一個答案：

> 漢興，改秦之敗，大收篇籍，廣開獻書之路。迄孝武世〔在位西元前141-前87年〕，書缺簡脫，禮壞樂崩，聖上喟然而稱曰：「朕甚閔焉！」於是建藏書之策，置寫書之官，下及諸子傳說，皆充秘府。至成帝時，以書頗散亡，使謁者陳農求遺書於天下。詔光祿大夫劉向校經傳諸子詩賦，步兵校尉任宏校兵書，太史令尹咸校數術，侍醫李柱國校方技。每一書已，向輒條其篇目，撮其指意，錄而奏之。會向卒，哀帝〔在位西元前7-前1年〕復使向子侍中奉車都尉歆卒父業。歆於是總群書而奏其《七略》。[17]

《漢書・藝文志》這段文字，乃根據劉向兒子劉歆所編的《七略》改寫而成[18]，是當事人的自述，至為可信。劉向、劉歆父子兩人先後典校漢代宮廷藏書。在劉向之前，未聞有校書之官。他

---

17 《漢書》卷30，頁1701。本書引用二十四正史，皆引自北京中華書局的校點本。

18 徐興無，《劉向評傳》，頁189。《七略》今已逸，無傳本。

因此成了中國歷史上，第一個在皇家藏書樓校書的官員，起因是漢成帝「以書頗散亡，使謁者陳農求遺書於天下」。天下圖書徵集到京之後，便「詔光祿大夫劉向校經傳諸子詩賦，步兵校尉任宏校兵書，太史令尹咸校數術，侍醫李柱國校方技」[19]。

漢代這個例子，正可說明中國歷史上的使職，是如何誕生的，大略有兩種機制。一是因為當時已有的職事官，因時代和局勢變遷等因素，變得沒有效率，所以掌權者要重新回到人類的原始辦法，以委任特使的方式來治國，如唐後期委派鹽鐵使來替代職事官戶部尚書和侍郎，以增加全國稅收。二是因為有了全新的需要，如漢代圖書增多，漢成帝於是命劉向去校書。

漢成帝之前並沒有校書官員。他徵集到天下「遺書」之後，因為圖書增多，便需要有人來校勘整理，但當時正規編制官員當中，又沒有校書官，於是他只好臨時指派劉向等四個有學問有專長的人去校書。這四人便是他的特使，在執行一種使職，一種當時以為是「臨時」性的任務。然而，這種最初「臨時」的使職，後來往往會因為長期需要，而變成常設。劉向、劉歆父子便因此在漢宮中校書長達「近二十年之久」[20]。中國歷史上的使職大抵皆如此，初設為暫時，過後往往變為常設，可行用達數百年之久，如唐代的節度使和轉運使。

除了劉向、劉歆父子之外，漢皇朝還曾經指派其他大學者到宮廷校書，如《唐六典》上引文提到的楊（揚）雄，「以大夫亦典校於天祿閣」。然而，當時這些都「皆有其任而未置其官」，

---

19 這句話也見於《唐六典》上引文，可知《唐六典》乃沿用《漢書‧藝文志》或《七略》之舊文。

20 《劉向評傳》，頁189。

也就是只有這種特使校書的任務，卻還沒有為他們設置使職官銜。「至後漢，始於東觀置校書郎中」。這是校書官員第一次有了一個比較正式的職稱。應當指出的是，馬融拜為校書郎中，乃漢安帝永初四年（110）的事[21]。這時距離劉向初校書的時代（西元前26年）已經有大約136年之久了。換句話說，從劉向校書，很可能沒有使職官名，到後漢馬融校書，明確有了使職官名，這中間隔了超過一百多年。古代使職的變化便是如此緩慢的。

　　乍看之下，後漢所設的「校書郎中」，好像是一種正規編制的職事官。其實不然，因為下文緊接著說，「時，通儒達學亦多以佗官領之」。我們從其他史料知道，舉凡由「佗官領之」的官位，都是使職，而非職事官（詳見第二章）。所謂校書郎中，便是指那些以「郎中」身分去校書的人。這個校書郎中並不是職事官。它在漢代也沒有品秩，非正規編制，只是一個使職。

　　這個過程，完全符合我們所知的使職發展歷程。一般而言，使職剛委派時，有可能沒有正式使職官名，或可能有一個「動賓結構的官名」，以動詞加賓語的方式，來描述某個特使在執行的職務。比如，《漢書‧成帝紀》在河平三年（西元前26）秋八月條下，記載劉向受命校書時，便說是「光祿大夫劉向校中祕書」[22]。這個「校中祕書」是否為漢成帝授給劉向的一個使職官銜？由於史料短缺，這問題恐怕不容易解決。

　　不過，劉向的「校中祕書」，跟唐代一些動賓結構的使職官名，十分神似。「校」在這裡是動詞，「中祕書」為賓語，意思是說劉向去「校」宮中的藏書。據《漢書》此處顏師古的注，

---

[21] 《後漢書》卷60上，頁1954。
[22] 《漢書》卷10〈成帝紀〉，頁310。

「中祕書」指宮中藏書，和宮外相對。劉向校書的天祿閣，正是
當時宮中藏書的一部分。我們知道，唐代有一些使職，也喜歡以
這種「動賓結構」來命名，例如唐代史官常帶的「監修國史」和
「修國史」皆是。劉知幾在《史通・原序》說：「長安二年，余
以著作佐郎兼修國史。」[23] 意思是，他以著作佐郎的本官，「同時
帶有修國史使職」，在史館修史。他這個「修國史」便是他當時
的正式使職官名（見第十章），跟劉向的「校中祕書」完全一
樣，屬動賓結構。所以，「校中祕書」有可能是劉向當時校書所
獲授的使職官銜，只是我們沒有更多的證據可以證實，只能錄此
存疑。

　　劉向以後，又經過一百多年，這種校書任務變得固定且常
設，漢皇朝終於頒給它一個正式的使職官名，即後漢的「校書郎
中」。如此又經歷了數百年的演變。《唐六典》引文接下來的一
句說，「自漢、魏歷宋、齊、梁、陳，博學之士往往以佗官典校
祕書」，可知從漢代一直到南朝的陳朝，校書官一直是以他官去
充任的使職。一直要到後魏（386-557）時，才正式設立校書郎
這種職事官，而且第一次有了官品，為正第九品上。北齊增為十
二人[24]。隋初年也置十二人，煬帝三年減為十人，其後又增為四
十人，唐朝則減為八人，故云「皇朝減焉」。

　　這一系列的歷史演變，告訴我們什麼？首先，這正是使職演
變為職事官的一個漫長過程，竟長達數百年之久，從西漢開始，

---

23 《史通通釋》〈原序〉，頁1。此處的「兼修國史」，意思是「同時帶有修國史
　　使職」，並非「兼任去修國史」。「兼」字應當作「同時」解，其含義複雜，
　　見第十一章的詳細討論。

24 《唐六典》此處未提北周，似有脫文。《通典》卷26，頁736，有一段類似文
　　字，可參看，其中便提到「後周有校書郎下士十二人，屬春官之外史」。

到後魏才完成。其次，校書在漢代原本是崇高、任重的使職，最初都由劉向、揚雄、馬融等大學者來出任，人數也很少，但到了後魏和北齊，這個使職轉變成了職事官，但也「貶值」了，位階只不過是最低的九品，而且任官人數大大增加（從八人到四十人不等）。當然，這應當也反映後魏、北齊的藏書越來越多（因為在這期間，紙取代了漢代的竹帛，成了寫書載體，書的數量普遍增多），需要更多的官員來校書，然而官員增多，也意味著這種官職不再崇高。校書工作失去了它在漢朝劉向時代的崇貴。

　　唐代的校書郎，更變成剛起家士人的釋褐官，如張說、張九齡、白居易和元稹，剛考中進士或明經，年約30歲左右，第一個官位都是校書郎。這跟漢代以劉向、揚雄等年長高官大儒來校書，相去甚遠，雖然唐代的校書郎還是年輕士人清貴的初任官，亦不容小覷[25]。漢代的校書官為使職，無品秩，職權和地位反而都很高。到了唐代，這種使職演變為正規職事官，但其職權和地位反而比漢代的低下。

　　這正符合使職和職事官相互演變的一條大規律：如果某一個使職被轉變為職事官，那並非表示此官的權力增大，反而表示這個使職，在掌權者眼中變得比較不重要了，已經完成了他的「使命」和「歷史任務」，從此可以被「制度化」，可以被納入一般的職事官體系中，離權力中心反而比較遠了，歷經了一個被「貶值」的過程。因此，這樣的職事官，雖然有了官品，又何足珍惜哉？中國歷朝的職事官，其實都是如此從原先的使職演變而來，就像唐校書郎一樣，應當放在這個大脈絡下來觀察，始能看出他們的真貌。

25　拙書《唐代基層文官》，第一章詳細探討了唐校書郎的各個面貌。

　　綜上所述，中國歷史上的許多官職，在最初設置時，往往是以使職開始。整個委任有相當的隨意性，且掌權者跟特使有「私」或「密」的關係，任命之前彼此認識，可能還有血親或姻親關係。比如劉向，他正是漢成帝的宗室長輩[26]。但這種使職行用相當長的一段時間後，因為職位趨向常設，員額增多，會慢慢變成正規的編制，形成職事官，有了官品，但掌權者跟職事官，卻反而沒有了「私密」關係，變成官僚制中常見的「無私」關係。掌權者無須認識職事官員，委任可由吏部銓選，一切公事公辦。但職事官的職權和地位，卻因此比原先的使職低下，因為使職永遠比類似職務的正規職事官權力較大。主要原因在於：特使跟掌權者有私密關係，是他信任或他認為合意的人[27]，但職事官卻不是。他只是個普通官僚而已，跟掌權者關係疏離。所以，即使是高層的職事官，他也只不過是一個官僚罷了，不如類似職務的特使尊貴。

四、從職事官演變為使職

　　上一節我們見過，校書這個漢代的使職，行用久了，如何因時代和需要改變了，在後代慢慢演變成一種職事官，而且有一種「貶值」的意味。同樣的，職事官設立久了，如果時代需求改變了，或這種職事官變得太過官僚或無作為，那麼掌權者又會重新回到人類最原始的辦法，委派他信任的人來出任使職，從而又把這種職事官變成一種使職。

---

26 《劉向評傳》，頁186。

27 廖伯源，《使者與官制演變——秦漢皇帝使者考論》，頁231。

　　校書郎在唐代成了正規職事官後，這種官有沒有像上文所說，行用久了便變得僵化，清閒無作為，於是皇帝在真正需要校書官員時，又重新委任了新的校書使職？

　　有，這個演變過程清晰可見。那就是「集賢校理」這種使職，大約在玄宗朝就出現了。這不是職事官，而是使職，因為它沒有官品，且都由其他士人以本官去出任，符合使職特徵。《唐六典》更說：集賢「修撰官，校理官，同直學士，無常員，以佗官兼之」[28]。這種無「常員」，「以佗官兼之」的官職，正是使職的一大本色。

　　唐代集賢校理最有名的兩個案例，皆見於韓愈所寫的兩篇古文。一是〈送鄭十校理序〉，另一是〈集賢院校理石君墓誌銘〉。兩文都提供了許多珍貴難得的背景細節，對於我們了解唐朝廷為什麼要設立集賢校理這個新使職，大有幫助，值得細考。

　　在〈送鄭十校理序〉一開頭，韓愈就十分「體貼」地告訴我們，唐設立這個校書使職的原因：

> 祕書，御府也。天子猶以為外且遠，不得朝夕視，始更聚書集賢殿，別置校讎官，曰「學士」、曰「校理」，常以寵丞相為大學士。其他學士皆達官也。校理則用天下之名能文學者；苟在選，不計其秩次，惟所用之。由是集賢之書盛積，盡祕書所有不能處其半；書日益多，官日益重。〔元和〕四年〔809〕，鄭生涵始以長安尉選為校理，人皆曰：是宰相子，能恭儉守教訓，好古義施於文辭者；如是而在選，公卿

---

28 《唐六典》卷9，頁279-280。

 大夫家之子弟其勸耳矣。[29]

所謂「祕書」，即祕書省，唐的藏書樓之一。但它的所在地遙
遠，位於宮城外，不方便皇帝去讀書。韓愈在這裡透露了一個生
動的細節，未見於其他史料。那就是「天子猶以為外且遠」：皇
帝覺得祕書省在大明宮外頭，太遠了。這個「天子」指誰？看來
不完全指韓愈寫作時的憲宗，也可以指更早的玄宗，因為集賢院
早在玄宗開元十三年（725）就設立，其前身更是早在開元五年
（717）開始的乾元院藏書，以及開元七年（719）成立的麗正
院[30]。校理這個官名，也第一次出現在玄宗朝，開元八年（720）
就「置校理二十人」[31]。

 至於祕書省和大明宮的距離，以唐長安的地理位置來說，祕
書省和御史臺、將作監等行政機構一樣，坐落在唐官署集中地
「皇城」（即今天西安火車站南邊一帶），離天子所居的大明宮
「宮城」北區（今西安市玄武路的大明宮國家遺址公園北門一
帶），還有一大段路程，大約有七八公里之遙[32]。這使得天子（不
管是玄宗或後來的其他皇帝）「不得朝夕視」，不能經常到祕書
省藏書樓去讀書，於是就近在大明宮內設了新的藏書樓，「聚書

---

29 《韓昌黎文集校注》卷4，頁288。

30 關於集賢院的沿革，見池田溫，〈盛唐之集賢院〉，《唐研究論文選集》，頁
　　193-197。

31 《唐六典》卷9，頁279。

32 《增訂唐兩京城坊考》，頁20-21的西京皇城圖和西京大明宮圖；頁25的東都
　　宮城皇城圖。又見書正文卷1，頁16和卷5，頁275祕書省條；卷1，頁22
　　及卷5，頁269集賢院條。洛陽也有祕書省和集賢院，但兩院的距離倒沒有
　　像長安的那麼遙遠。

集賢殿」，也就是集賢院，並設有校讎官，曰「學士」（由宰相等高官任之），曰「校理」（由「天下之名能文學者」出任）。唐代的書籍，都是寫本抄本，不免常會有抄寫錯誤。宮中的藏書注重抄寫品質，便需要有「校理」這種官員來校讀訂正[33]。

　　我們不禁要問：既然唐代早已有正規的職事官校書郎，為什麼不把他們調到集賢院去校理，而要新設集賢校理使職？從韓愈的敘述看來，當時的思維是：集賢院的藏書既然是專供皇帝日常讀書用的，規格當然要最高等級的，不宜選用一般的校書郎，而要特別召請當時「名能文學者」來出任校理。這就產生了新的使職任命了。這樣才有辦法徵召到天下最好的人材，來給皇帝專用的藏書樓服務。天子需要的，不再是普通的校書郎，而是有學問有修養的「御用校理」。

　　這種人選，唯重才能，「不計其秩次」，也就是不注重官秩的高低，只要合意的即可，完全符合使職的特徵，正如翰林學士等使職的委任一樣。集賢院在如此優厚的條件下，「書盛積，盡祕書所有不能處其半；書日益多，官日益重」，藏書比外頭的祕書省多了一半以上，而且集賢校理這種官，也「日益重」，比正規的校書郎更受重視，身價上揚。

　　韓愈的朋友鄭涵，宰相鄭餘慶的兒子，就在這種背景下，在憲宗元和四年（809）被皇室選為集賢校理。韓愈曾在〈送鄭十校理〉這首送別詩中，盛讚鄭涵「才子富文華，校讎天祿閣」[34]，表達了他對鄭涵能出任「御用校理」的祝賀之意。鄭涵的官銜也

33　賴瑞和，〈劉知幾與唐代的書和手抄本：一個物質文化的觀點〉，《臺灣師大歷史學報》第46期（2011年12月），頁111-140。

34　《韓昌黎詩繫年集釋》卷7，頁736。

跟普通的校書郎很不同：「以長安尉選為校理」。換句話說，他是以長安縣尉為本官，去出任集賢校理（職事官校書郎不會帶這種本官）。這又是使職的另一個典型特徵，也就是《唐六典》所說，「以佗官兼之」的任命辦法。鄭涵之所以能中選為校理，當時的人都認為，因為他是「宰相子」，跟皇室的關係親近，且品德文章又都非常出色。公卿大夫家的子弟，都以他為榜樣。集賢校理之清貴，猶在校書郎之上。

　　同樣，韓愈的另一位朋友石洪，也曾經出任過集賢校理。他的事跡，為此官提供了更多有用的細節。韓愈為他寫的墓誌告訴我們，石洪是鮮卑後裔，他的祖上幾代都做官。他本人的經歷更是不凡不俗：

> 君生七年喪其母，九年而喪其父，能力學行；去黃州錄事參軍，則不仕而退處東都洛上十餘年，行益修，學益進，交游益附，聲號聞四海。故相國鄭公餘慶留守東都，上言洪可付史筆。李建拜御史，崔周禎為補闕，皆舉以讓。宣歙池之使，與浙東使交牒署君從事。河陽節度烏大夫重胤間以幣先走廬下，故為河陽得。佐河陽軍，吏治民寬，考功奏從事考，君獨於天下為第一。元和六年〔811〕詔下河南，徵拜京兆昭應尉、校理集賢御書。明年六月甲午疾卒，年四十二。[35]

這裡最可注意的有兩點。第一，石洪從黃州錄事參軍卸任後就不仕，在洛陽修行了「十餘年」，學問道德日益增進，「聲號聞四

---

35 《韓昌黎文集校注》卷6，頁372-373。

海」。宰相鄭餘慶曾薦他當史官。李建任殿中侍御史時，曾舉洪自代。崔周禎當補闕時，也舉他自代。宣歙和浙東節度使，都爭相聘他為幕府從事，但最後為河陽節度使捷足先得，「佐河陽軍，吏治民寬」。

　　第二，石洪出任集賢校理，不是普通的委任，竟是皇帝「詔下河南，徵拜京兆昭應尉、校理集賢御書」。為什麼皇室請一個校理官，竟要憲宗親自下「詔」？顯然，這個「御用校理」很不簡單，不宜以「小官」或「卑微的校書官」視之。憲宗應當是聽聞了石洪的好名聲，才下詔來「徵拜」他。也只有像石洪那樣道德學問都高深的士人，才足以擔當。韓愈在另一篇古文〈送石處士序〉中，提到有人推薦石洪給河陽節度使時，說洪在洛陽退隱時，「坐一室，左右圖書」[36]，是個愛讀書的人。皇帝徵召他為集賢校理來校讀宮中藏書，再合適不過了。

　　至於集賢校理的官位高低，該怎樣評估呢？石洪之前曾經做過的錄事參軍，相當於一個中層官員[37]。據馬其昶的注，他在河陽幕府，幕職是「參謀」，這也是個中級的幕職。由此看來，石洪以京兆昭應尉的本官，去出任的集賢校理，不可能比中級更低下，何況這又是皇帝親自下詔的徵拜。集賢校理應當可視為是一種中級的使職，比起職事官校書郎的基層官員地位，高出許多[38]。但很可惜，石洪任校理一年就病死了，年僅42歲。

　　校書郎這種職事官，因為集賢院的設立，因為御府藏書的校

36　《韓昌黎文集校注》卷4，頁279。

37　拙書《唐代中層文官》第五章，專論司錄和錄事參軍。

38　拙書《唐代基層文官》第一章，曾經專論過校書郎，附帶論及集賢校理，但關於兩者懸殊的官場地位（一個基層，一個中層），當年未及細考。這裡略補一二。

書需要，而衍生出集賢校理這種使職。從此，集賢校理便跟校書郎兩者並存，各有各的功能，相互演變，直到唐亡，仍常見集賢校理此使職。整個趨勢是，集賢校理常帶有京畿縣尉的本官，地位遠比校書郎崇高清望許多，如晚唐的王起和懿宗時代的令狐滈等人。到了宋代，集賢校理仍和校書郎並存，但校書郎大抵已成為一種寄祿官，「不治本省事」[39]，最後為集賢校理所取代。

掌權者在需要時，常喜歡以親信、特使或徵召的方式來處理事務，一如唐後期的憲宗皇帝，不惜下詔到河南去徵拜一個「御用校理」一樣。這種用人規律，在今天的政府機構、大學和大企業裡面，仍然經常在運作。例如，在一個現代大企業，某行銷部門業績不佳，企業的行政總裁便很可能會調派一個他的親信得力助手，做他的「特使」，讓這人以其他職位的身分，到該行銷部門去大力整頓改革，宛如漢代「多以佗官」去校書，或唐代常以「他官充某職」一樣。這位「空降」而來的人物，便是一種使職，在執行一種「特使」的任務，取代原先該行銷部門沒有效率的正規職員。

同理，唐代（以及中國歷代）的行政體系也經常發生這種事。新的使職之所以產生，其中一個機制是，掌權者認為當時的行政體系（正式官僚制）沒有效率，或不適用，無法達成他所要的目的，於是他又會任命自己信任的親屬或其他受推崇的官員，為他的特使，替他執行某些關鍵使命，「架空」現有的官僚制。

《舊唐書‧食貨志》一開頭有一段精采的文字，描寫的正是唐開元年間，掌管財賦的官員變遷，可以為我們提供另一個「職事官變使職」的實際案例：

---

39 龔延明編，《中國歷代職官別名大辭典》，頁576。

高祖發跡太原，因晉陽宮留守庫物，以供軍用。既平京城，
先封府庫，賞賜給用，皆有節制，徵斂賦役，務在寬簡，未
及踰年，遂成帝業。其後掌財賦者，世有人焉。開元已前，
事歸尚書省，開元已後，權移他官，由是有轉運使、租庸
使、鹽鐵使、度支鹽鐵轉運使、常平鑄錢鹽鐵使、租庸青苗
使、水陸運鹽鐵租庸使、兩稅使，隨事立名，沿革不一。設
官分職，選賢任能，得其人則有益於國家，非其才則貽患於
黎庶，此又不可不知也。如裴耀卿、劉晏、李巽數君子，便
時利物，富國安民，足為世法者也。[40]

最可圈可點的，便是「開元已前，事歸尚書省，開元已後，權移
他官」這句話。所謂「事歸尚書省」，意思是說，唐初的財賦，
歸尚書省正規職事官員（戶部尚書和侍郎）管理，但開元以後，
「權移他官」，戶部尚書和侍郎的大權被轉移到各種使職，也就
是上文所說的「轉運使、租庸使、鹽鐵使、度支鹽鐵轉運使」等
等。

　　為什麼要「權移」？為什麼要以使職來替代職事官？當然事
出必有因，有其背後深一層的理由。從歷史上去看，這是因為唐
前期的稅制租庸調，到了開元以後逐漸失去效率，皇朝徵收不到
應有的足夠賦稅，國用不足，國家面對財政困境，所以要改派使
職去接管，集中大權來改革稅制。特別是在安史亂後，改設鹽鐵
使來主持鹽政，抽取間接稅（鹽稅），以之為稅賦大宗，替代之
前的直接稅（租庸調），又以「裴耀卿、劉晏、李巽數君子」等
理財專家來主管財賦，整個財政才獲得大大改善，挽救了唐帝國

40　《舊唐書》卷48，頁2085-2086。

後半期的命運。

　　唐史學者常把這看成是職事官制，遭到「破壞」，職事官被「奪權」。實際上，唐朝廷恐怕不會「無端端」創設使職來替代職事官，專為「破壞」官制而任命使職。我們是不是應當把唐代財政使職的設置，看成是一項劃時代的「改革」，一種更有效的革新呢？使職真的「剝奪」了職事官的職權嗎？我們是否可以不用「剝奪」這種負面字眼，而改用比較正面的用詞，比如「取代」或「替代」，從正面和贊同的角度，去看待唐中葉以後，不少使職取代職事官的歷史現象？[41]

　　像鹽鐵使取代戶部職事高官的案例，在唐史上屢見不鮮，不但見於唐後期，也見於唐前期。例如，唐前期就以一種全新的使職（史館史官），來取代原本正規的史官（著作郎），又以刺史為「原型」，讓他去兼充節度使、觀察使等使職，更創設了好些財政使職，來取代戶部的職權。唐後期則以知制誥和翰林學士，來逐漸取代中書舍人。本書將在接下來的篇章，論及這些史官、地方牧守、財臣和詞臣時，再來詳考這些重要的高官，都曾經歷過一個使職化的過程。

五、結語

　　唐代的使職太重要了。正如杜佑所說，職事官是「經」，使職是「緯」，兩者相輔相成，才形成唐的「一代之制」，也就是唐代職官制度最核心的部分。本章詳細探討了使職的起源，力證

41　更詳細的討論見賴瑞和，〈唐代使職「侵奪」職事官的職權說質疑〉，《唐史論叢》第15輯（2012年11月），頁37-52。

這是人類社會最早、最本能的發明之一，也是人類最原始的一種任命方式，起源於某種「需要」。常言道，「需要乃發明之母」。同樣，我們也可以說，「需要乃使職之母」。

使職是很隨興的一種委任，一種委派特使來做事的方式，無一定任期，可以像《新唐書·百官志》所說的那樣，「因事而置，事已則罷，或遂置而不廢」[42]。它亦無官品。但使職和皇帝或使府有一種「私」和「密」的關係，或有相當程度的信任。使職設置久了，官員增多，需要分階層來管理，才有了官品，才逐漸轉變為正規的官員編制，也就是唐代那些有官品的職事官制。職事官一般和掌權者的關係已經疏遠，無「私」可言，其官場地位也遠不如同個性質的使職。

但這種職事官制一旦無法應付新的時局，新的時代需要，變得僵化時，掌權者又會重新回到人類最初的做法，以派遣特使的方式來命官，以求彈性和效率，進而形成新的使職，慢慢取代之前的職事官制，如此周而復始，不斷循環，相互演變。所以，使職可以說是官制演變的一大推動力，等於是官制演變的「種子」或「突變」，一如促進生物演化的基因突變一樣。換一個角度來說，使職和職事官，就像世界上許多事物一樣，形成一種「連續體」（continuum），互為消長。

不了解唐代職官制度的這種「經緯」關係，我們很難去理解唐代那些高層士人文官的官歷，因為到了高層，他們除了職事官外，必然也會擔任不少使職，往往任使職的時間，還多於任職事官，比如杜佑的案例。接下來的一章，將重新發掘清代錢大昕使職論的重要內涵，並進一步釐清唐代使職的定義。

---

42 《新唐書》卷46，頁1182。

第二章

錢大昕與唐代使職的定義

《志》謂節度等檢討未見品秩，似未達於官制。

——錢大昕

　　本書的一大主題，是從使職的新視角，切入研究唐代的高層
文官。在開始時，有必要先理清「使職為何物」，並且給使職下
一個定義，免生誤解。

　　唐史學界目前對唐代使職的理解，大抵還停留在相當「模
糊」和「原始」的狀態。大多數的學者，都以為使職只不過是那
些「出使在外」的特使，如派往突厥的弔唁使，派往新羅的冊封
使，或採訪使、節度使、鹽鐵使等帶有一個「使」字的官員。這
是筆者近年在不少唐史學術研討會上，親耳聽到的言論。更有學
者說，把唐代的宰相稱為使職（見本書第四章），是「奇特的用
法」，是「誤用」[1]。但如果大家去讀一讀史學家錢大昕在清代所寫
的一篇考異，應當會很驚訝發現，錢大昕的識見，在清代竟已
「超越」了今天的許多唐史學者。他早已跳出了「出使在外」那

1　本書的第四章〈唐宰相的使職特徵和名號〉，最初曾以論文的形式，投寄台
　　灣某一大學的歷史學報。審稿時，其中一位匿名審稿人給予「奇特的用法」
　　和「誤用」兩評語。但筆者不同意此說法，改投大陸《中華文史論叢》，獲
　　得認可，並獲接納刊登。

種「混沌」的理解，把我們遠遠拋在後頭追趕。

一、錢大昕的使職論

　　錢的《廿二史考異》有一篇札記，十分精湛到位，更是全書最精采的考證之一，值得全引：

> 案：節度、採訪、觀察、防禦、團練、經略、招討諸使，皆無品秩，故常帶省臺寺監長官銜，以寄官資之崇卑。其僚屬或出朝命，或自辟舉，亦皆差遣無品秩。如使有遷代，則幕僚亦隨而罷，非若刺史、縣令之有定員有定品也。此外如元帥、都統、鹽鐵、轉運、延資庫諸使，無不皆然。即內而翰林學士、弘文、集賢、史館諸職，亦係差遣無品秩，故常假以它官。有官則有品，官有遷轉而供職如故也。不特此也，宰相之職，所云平章事者，亦無品秩。自一、二品至三、四、五品官，皆得與聞國政，故有同居政地而品秩懸殊者；罷政則復其本班。蓋平章事亦職而非官也。《志》〔指《舊唐書·職官志》〕謂節度等檢校〔應作「檢討」〕未見品秩，似未達於官制。[2]

歷來頗有人引用此篇，但皆未細讀細考。錢的考異，乃有感而發，是為了反駁《舊唐書·職官志》中的一句話。起因是《舊

2　《廿二史考異》卷58，頁849。引文最後一句：「《志》謂節度等檢校未見品秩」，「檢校」應為「檢討」之誤。按《舊唐書》卷44〈職官志〉，頁1922，此處作「檢討未見品秩」，應據改。

志》在記載了節度使和僚屬等職之後，加了一句：「皆天寶後置，檢討未見品秩。」從此句看來，《舊志》作者原本期望節度、觀察等使及其僚佐有品秩，不料卻「檢討未見品秩」[3]，於是有些迷惑不解，加了這麼一句按語，反而暴露了他的無知：唐代使職原本就沒有品秩，何必去「檢討」？結果惹來錢的嘲諷，說他「似未達於官制」。錢的考異，全篇便針對《舊志》此句作回應。

第一，錢指出，節度、採訪、觀察諸使，本來就是「皆無品秩」，所以他們常常要「帶省臺寺監長官銜，以寄官資之崇卑」。從近人的研究，我們現在知道，節度採訪等使所帶的「省臺寺監長官銜」，如六部尚書、御史中丞等官，便是他們的「檢校官」，其作用正是「以寄官資之崇」。

第二，錢說，不但節度觀察等使「無品秩」，他們的幕佐「僚屬」，「或出朝命，或自辟舉，亦皆差遣無品秩」。從近年的方鎮使府研究，我們知道，這些幕府的僚佐，如行軍司馬、判官、掌書記、巡官、推官等等，都是由幕府自辟，都是「無品秩」的，所以錢說他們「亦皆差遣」。這裡錢借用了宋人的用語「差遣」。唐人不用「差遣」。但宋代的差遣等於唐的使職。這整句話的重點是：方鎮使府的僚佐，跟節度等使一樣，沒有官品，所以他們也都是使職。換言之，錢發現，無官品是構成使職的第一要件。

第三，錢補充了一個細節，「如使有遷代，則幕僚亦隨而罷，非若刺史、縣令之有定員有定品也」。這句話看似平淡無

3　這句話在《舊唐書》卷44〈職官志〉竟出現兩次，一次在節度使條之後，頁1922，按語「檢討未見品秩」；一次在防禦團練使條之後，頁1923，按語「未見品秩」。

奇，但充分展現錢的洞察力，因為如今許多唐史學者，猶忽略此
點。錢的意思是，如果節度等使有「遷代」，被調回朝、調往他
處或死亡，則他的幕僚也將「隨而罷」，罷職也，失去工作。這
是幕府職「無保障」的缺點。除非幕主回朝，也把他心愛的幕佐
帶回朝，如當年河東節度使張弘靖回朝，便把他的掌書記李德
裕，「順便」帶回朝去任監察御史那樣。但這可遇不可求。這就
是為什麼，當年杜甫在成都依嚴武的幕府，嚴武死後，杜甫便
「隨而罷」，頓失生計，從此注定他在荊楚一帶的漂泊，直到去
世。原因就在於，幕佐是不正規的使職，不像「刺史、縣令」那
樣的正規職事官，不受上司「遷代」的影響，「有定員有定品
也」。

　　第四，錢說「元帥、都統、鹽鐵、轉運、延資庫諸使」，也
是使職。這點不出奇，因為這些官性質相同，且大都帶有一個
「使」字，容易辨識。但錢接著說，「翰林學士、弘文、集賢、
史館諸職，亦係差遣無品秩，故常假以它官。有官則有品，官有
遷轉而供職如故也」，則是他的另一精湛觀察，言前人所未言
也。研究唐翰林學士的現代學者，現在一般都承認，翰林學士是
個使職，雖然他的官名中沒有「使」字。但弘文和集賢學士，則
鮮有人注意到也是使職。

　　至於史館史官，更從來沒有唐史學者發現到他們竟也是使
職，直到筆者2011年的論文[4]。為什麼這些文館和史館職也是使
職？錢提出的理由是：這些館職，「亦係差遣無品秩，故常假以
它官」，也就是因為使職無品秩，所以常以他官的身分去充任。

4　賴瑞和，〈唐史臣劉知幾的「官」與「職」〉，《唐史論叢》第13輯（2011年
　　2月），頁138-150。

例如，劉知幾曾經在唐史館任史官長達二十年。史官這種使職本身無官品，但劉是以他官（如著作佐郎、秘書少監等）去任史職。他既然帶有這些官，於是他也就「有官〔錢當是指職事官〕則有品」，而且「官有遷轉」。劉的職事本官便從最早卑品的著作佐郎，一直升遷到高品的左散騎常侍，但他在那二十年，始終是在史館任史官這種使職，沒有去做那些「本官」。這就是錢所說的，「供職〔當指使職〕如故也」。

第五，錢說，唐代宰相「亦無品秩」，所以也是「差遣」（使職），「蓋平章事亦職而非官也」。這點可能最令許多唐史學者，大跌眼鏡。但為了避免重複，這點且留待本書第四章〈唐宰相的使職特徵和名號〉，再來細說，此不論。

綜上所述，錢發現，唐代除了節度等使是使職外，還有其他幾種官員也是使職，包括（一）方鎮使府的文武僚佐；（二）翰林、弘文、集賢等文館學士；（三）史館史官；（四）宰相。其實，我們現在知道，唐代的使職還不只這些。不過，錢這篇考異，只是一篇小考證，他沒有必要一一列出唐代的所有使職。但我們可以循著他的啟示，去發現更多的使職，比如那些以「知」字開頭的使職，如知制誥、知貢舉、知吏部選事等等。這點本書以後各章將論及。

為何這些官職是使職？錢發現，唐使職最大的兩個特徵是：一是「皆無品秩」，二是「常假以它官」（常以他官充任）。這兩點對我們最有啟發，也跟現代學者的著眼點很不一樣。今人判斷何官為使職，唯一的標準是，官名中有沒有一個「使」字，失之於膚淺。錢則瀟灑高深許多。他根本不理會使職中是否一定要有個「使」字。

在考異的最後一句，錢大昕「調侃」《舊志》作者，「似未

達於官制」，頗有幾分得意之狀。同樣，細讀過錢大昕的考異之後，再回過頭來看許多唐史學者對使職的理解，仍停留在「出使在外」的層次，我們或許也可以模仿錢大昕的口吻，說他們「似未達於官制」。

二、唐代使職的定義

見識了錢大昕的使職論，又讀過了白居易的〈有唐善人墓碑〉，我們現在可以為使職下個定義了。

為什麼我們要給唐代的使職下一個定義，但又不需要給其他職官，如職事官、散官、勳官和爵號（簡稱「職散勳爵」）等下定義？最簡單的答案是：因為職散勳爵這四種官都不難理解，而且唐代的職官書如《唐六典》和《通典·職官典》，早就對這四種官做了清楚的界定，清楚說明何種官銜為職事官、散官、勳官、爵號，所以我們也就沒有必要再給「職散勳爵」下定義。但使職卻不同。它往往不載於《唐六典》等書。我們不清楚怎樣的官職才算使職，是以我們必須觀察使職的種種特徵，給它下個很好的定義。這樣使職的研究才能建立在穩固的基礎上。

例如，唐穆宗長慶元年（821）二月，刑部侍郎李建（764-821）在長安去世，他的好友元稹為他寫了一篇墓誌，標題叫〈唐故中大夫尚書刑部侍郎上柱國隴西縣開國男贈工部尚書李公墓誌銘〉[5]。這裡列了連串官銜，雖頗冗長，但卻都很容易掌握，且包含了「職散勳爵」四種官。我們只要一查《唐六典》等書就知道：「中大夫」是散官；「尚書刑部侍郎」是職事官；「上柱

5　《元稹集校注》卷54，頁1333。

國」是勳官;「隴西縣開國男」是爵號。《唐六典》等書中對這四種官,也都有簡要的說明,不構成任何問題。

不過,使職卻不是如此清楚易認,問題比較多。最主要的原因是,《唐六典》和兩《唐書》的職官志,通常都不記載使職,或記載很含糊。這導致今人經常不確定某某官是否為使職,而把它當成是職事官來處理,比如史館史官。這樣研究便會走上歧路。

實際上,唐代的使職可以分為兩大類。第一類最常見,例如節度使、鹽鐵使等等,其職稱上都帶有一個「使」字。所以有學者就在唐代史料中爬梳,把所有這類帶有「使」字的使職找出來,數量多達三百多個,再分門別類來討論[6]。這一類使職通常很容易確認。

第二類使職,其職稱上並沒有一個「使」字,所以學者往往不能肯定,它們到底是不是使職。例如,集賢院學士是不是使職?答案:是。知制誥是不是使職?答案:是。但問題在於:《唐六典》等書並沒有說這兩者是使職,那我們怎麼就知道集賢學士和知制誥都是使職?這便是本節要討論的重點。換句話說,我們首先要建立起一個使職的定義。今後,我們在唐代史料中碰到任何唐代官名,只要它符合這個定義,那麼它就是使職。這樣可以解決唐代職官和官制研究中許多問題。

我曾經把第一類使職,稱為「顯性使職」;把第二類稱為「隱性使職」[7]。目前在唐史學界,許多學者的研究都偏向第一類的

6　例如寧志新的《隋唐使職制度研究──農牧工商篇》一書。

7　賴瑞和,〈再論唐代的使職和職事官──李建墓碑墓誌的啟示〉,《中華文史論叢》2011年第4期,頁181-182。

顯性使職，普遍忽略了第二類的隱性使職。原因是顯性使職比較容易確認和理解。但這是極為可惜的，因為隱性使職的重要性，實不亞於顯性使職。隱性使職當中，更有不少關鍵位高的官職（如宰相）。唐代士人任過隱性使職者，更比比皆是。如果我們不了解隱性使職，那我們又怎能去解讀這些士人的仕歷？希望釐清了使職的定義之後，今後會有更多學者去研究隱性使職。

　　大陸最通行的《現代漢語詞典》，給「定義」的釋義是：「對於一種事物的本質特徵或者一個概念的內涵和外延的確切而簡要的說明。」換句話說，定義都是一句描述性的話語，一句「確切而簡要的說明」。說明什麼？以使職來說，定義必須要能說明使職這種官制的「本質特徵」，它最關鍵的一些要素，而且要能涵蓋所有使職。

　　定義有好壞之分。好的定義可以包含最核心的事物特徵，可以放之四海皆準。壞的定義則只能涵蓋某些片面的現象，只適用於某方面，不能面面俱到。過去的使職研究，其實從未討論過其定義問題。據我所知，從來沒有一個學者曾經嘗試給使職下一個定義，頂多只是討論使職的一些「特徵」，而非「定義」。現在且讓我們檢討過去學者所提過的使職特徵，如下列六種，看看它們是否可以用來建構一個使職的定義。

　　（一）使職就是指以「使」為名的官職。長久以後，這也是我們確認使職最簡便的一種方法，那便是查看某某官名中是否有一個「使」字，如節度使、兵馬使等等。但這特徵恐怕不能用來作為使職的定義，因為它只適用於某一些使職，不適用於所有使職。唐代還有另一種使職（隱性使職），其職稱上不帶「使」字，如史館史官等等。

　　（二）使職是指那些出使在外的官職，比如安撫使、巡邊使

等等。但如果以此來作為使職的定義，這肯定不會是一個好的定義，因為我們現在從其他史料知道，唐代有許許多多的使職，並不須「出使在外」，而可以長駐京城，如神策軍使、兩街功德使等，甚至可以長年在唐宮廷中做事，如翰林待詔、內諸司使等。「出使在外」不適用於所有使職。

（三）使職為臨時因事而設，事已則罷。唐代不少使職的確如此，最常見的例子有派往新羅的冊封使，派往回紇的吊慰使等等。這些特使回國後，任務完成，使職也就停了。然而，唐代還有不少使職，當初是臨時設置，但後來因為持續有需要，行政效率又佳，結果便長期行用。最知名的要算節度使，從景雲二年（711）設置河西節度，一直行用到唐末五代和宋代。其他如史館史官、翰林學士、鹽鐵使等，也常設不廢，不能說是臨時設置。因此，這個特徵不適用於所有使職，也不能作為使職的定義。

（四）使職是「皇帝欽差，權力極大」。這是寧志新提出的新觀點[8]。據我所知，其他學者似無此說法。但這只適用於像節度使、經略使等等由皇帝親自挑選或認可的高層使職，不適用於像幕府使府僚佐那樣的中低層使職，如巡官、推官、掌書記和判官等等。這些僚佐都由幕府或使府所「辟署」，等於是府主所聘雇的私人特助，不由「皇帝欽差」。

（五）使職常以他官去充任。這是錢大昕使職論的一個重點，也是使職相當常見的一個特徵。比如，翰林學士、史館史官等等，都是以現有編制內的職事官去充任。白居易曾以左拾遺的官，去出任翰林學士；韓愈曾以比部郎中，去充任史館修撰，都是顯例。可惜，這特徵只適用於大約三分之二的使職，還不是放

8　寧志新，《隋唐使職制度研究——農牧工商編》，頁21。

之所有使職皆準。例如,翰林待詔是一種使職[9],但任待詔者,往往不是現有的官員,而是徵召民間具有某些專門技藝者,如書法優美者,可召為翰林書待詔;醫術精湛者,可徵為翰林醫待詔,並非以現有職事官去充任。此外,節度等使及其僚佐如巡官、推官等,官銜複雜,又有檢校官等加銜,恐不易證明是「以他官去充任」,所以這個特徵還不能構成定義的一個要素。

(六)使職無官品。這是錢大昕文中四度提到的,也是使職最重要的一個特徵,且適用於所有使職,沒有例外。因此,我們可以用這個特徵為核心,來建構一個最好的、最有效的使職定義,如下:

　　舉凡沒有官品的實職官位,都是使職。

定義通常須隱含一些條件。只要能符合定義的條件,那麼某某官職便可算是使職。因此,在我們建構定義時,還需要加上一些條件,讓定義更精確。這裡加上的條件便是:使職除了沒有官品之外,還必須同時也是個「實職官位」。

「實職官位」這個條件,實際上可分為「實職」和「官位」兩個組成部分。如此一來,使職應當具備至少三大要素:(一)無官品;(二)有實職;(三)乃一種官位。這樣我們就可以排除好些不屬於使職的人員。比如,唐代中央和地方衙署有好些下層的胥吏,比如流外官令史、書令史、里正、鄉長等等,他們亦無職事官品,但有實職,符合使職的其中兩個要素,然而他們還

9　詳見賴瑞和,〈再論唐代的使職和職事官——李建墓碑墓誌的啟示〉,《中華文史論叢》2011年第4期,頁175。

不能算是使職，因為這些只能說是吏員，層級太低，不符使職的第三項要素，不屬官位。官位表示一定程度的官階，重點在「官」，排除了「吏」。唐代的使職都算比較崇高（如鹽鐵使）、比較親近皇帝的官位（如翰林待詔等），或皇帝特使的幕僚（如節度等使的巡官、掌書記、判官等），非吏員之流可比。

　　前面提過，使職有一項重要特徵，就是「常以他官去充任」。那是否可以把這特徵也寫入定義內呢？可以，但有點畫蛇添足。例如，我們可以這樣下定義：

　　　　舉凡常以他官去充任，沒有官品的實職官位，都是使職。

這樣的定義恐怕犯了「冗長」的毛病，因為定義貴在「精」和「簡」，不宜「繁」和「雜」。否則，我們把使職所有的特徵都寫入定義，看起來似乎可以「一網打盡」，實際上是累贅的，有失精簡原則。我們不如抓住使職最核心的要素（無官品、有實職的官位），單單以此來書寫定義即可。只要定義可以適用於所有使職，我們的目的也就達到了。至於那些不適用於所有使職的特徵，諸如以使為名、出使在外、皇帝欽差、以他官充任等等，大可以排除在定義之外，不必寫入內。

　　當然，本書的使職定義，只是初步嘗試，拋磚引玉，看看是否可以引出唐史同行學者更好的定義。任何定義都可以經過不斷討論後修改，以達到最完善的地步。

　　任何定義，當然都要經得起驗證才行。我們不妨從大家熟知的使職開始驗證，也就是那些顯性的使職，那些職稱上帶有一個「使」字的使職，如節度使、採訪使、鹽鐵使、轉運使、神策軍使、營田使、兵馬使等等。這些包括了文武使職，全部都是「沒

有官品的實職官位」，完全符合本節提出的定義，沒有例外，沒有問題。

第二類使職「隱性使職」，也就是那些職稱上沒有「使」字的使職，諸如翰林學士、集賢學士、幕府裡的所有文職僚佐（巡官、推官、掌書記、判官、行軍司馬等等）和武職僚佐（押衙、兵馬使、虞侯等等），也都符合這定義，因為這些使職全都具備使職定義的三大要素：（一）無官品；（二）有實職；（三）乃一種官位。這些也都是現代學者熟知的使職，沒有爭論，無須贅論。

至此，我們不妨提出一個反證。唐代的都水使者是不是使職？這看起來很像是個使職，因為它的職稱上有一個「使」字，但此官實際上不是使職，因為都水使者有官品，是一種職事官，正好跟無官品的使職完全相反相對。《唐六典》等書清楚載明都水使者為正五品上的職事官，「掌川澤、津梁之政令，總舟檝、河渠二署之官屬」[10]。由此我們可以申論，使職跟職事官的一個最重要差別，在於使職無官品，職事官有官品。

本節所下的使職定義，似乎出奇簡單，簡單到好像令人難以置信，但仔細思考，大家可以發現它背面的原因，其實也非常簡單。唐代那些帶有實職的官位，其實也就只有兩大類：一類是職事官，另一類就是使職（散官、勳官、爵號和檢校官等，都沒有實職）。職事官最重要的特徵，就是它有官品，而且全都載於《唐六典》等書中，清清楚楚，一查便知，也就是一般常說的三省六部官和寺監官等等。所以，如果某一官位不屬於職事官，那麼它就只能是使職了。一旦我們把職事官排除在外，那些沒有官

10　《唐六典》卷23，頁598-599。

品但又有實職的官位，便是使職。這定義有三個明確的判斷條件，避免了見仁見智的主觀爭論。

有沒有鑑別職事官和使職的更簡單方法？有，可以先查一查《唐六典》或兩《唐書》職官志之類的書。假設我們在閱讀唐人的墓誌、史傳或唐詩（唐詩標題中最多官名也），見到一個從未見過的官名，比如說「倉部郎中」，查一查職官書，馬上知道這是一個五品官（從五品上）。既然有官品，那他便是個職事官了。接著，又遇見另一個官名「知制誥」，再去查書，會發現整部《舊唐書》和《新唐書》的職官志部分，竟然都查不到這個官是幾品官，職掌為何，那麼這官極可能就是個使職了[11]。再細心求證一下，白居易的〈有唐善人墓碑〉，在「職」（使職）的分類下，便把知制誥列為是李建任過的使職之一，可證這是個使職無疑。

不過，用這個辦法，有一點要小心。有些無法在職官書中查得的官名，可能不是使職，而是某個職事官的別稱或雅號。例如，唐詩中常見的「少府」，見於王維的名詩〈酬張少府〉，是職事官縣尉的別稱。唐詩中的「明府」即縣令，「贊府」即縣丞。這種別稱當然無法在職官書中查找到，但這類別稱並不算太多，有一定的數量，而且已有學者做過整理和研究，不難在適當

11　目前西方漢學界最常用的中國官制詞典是 Charles Hucker, *A Dictionary of Official Titles in Imperial China.* Hucker 書中有好些官名並未注明官品，或只說「官品不明確」。其實這正好就是使職的標準特徵。我們大可把這類官名視為使職。Hucker 常用 "duty assignment" 一詞來描述某些官名。這看來是「差遣」一詞的英譯。「差遣」類似使職，但它是宋代用語，唐人從來不用，所以本書也盡量避免使用。唐代的使職雖然類似宋代的差遣，但在細微處還是有一些區別。

的工具書中查得[12]。

三、為何唐代使職皆無官品？

　　為何唐代使職皆無官品？這的確是讓人迷惑的問題。但這問題也好比在問：為何女性沒有Y染色體，男性才有？最簡單直截了當的答案是：女性本來就沒有Y染色體。同理，唐使職本來就沒有官品，不必大驚小怪。

　　當然，今天的遺傳學家，已經能夠深入合理地解答為何女性沒有Y染色體了[13]。這裡且試檢討使職無官品的相關問題。

　　官必有品，是大家根深蒂固的觀念，以致產生像九品芝麻官、三品高官的說法。但為什麼使職也算一種官（至少是廣義的官），卻沒有官品？這點不僅現代學者感興趣，甚至連《舊唐書·職官志》的作者也深感迷惑。我們前面見過，他在記載了節度使等職之後，添了一句：「皆天寶後置，檢討未見品秩。」結果招來錢大昕的嘲笑，說他「似未達於官制」。

　　唐的四大職官書（《唐六典》、《通典·職官典》以及兩《唐書》的職官志），從未解釋為何唐代使職無官品。唐代使職之所以沒有官品，應當是出於皇朝的蓄意決定，不直接給予使職官

---

12 龔延明，《中國歷代職官別名大辭典》。事實上，這本書不單收了一般的「職官別名」，還收了不少歷代的使職官名，因為龔延明把所有使職官名，都當成是「職官別名」來處理，見書中〈序論〉，頁1-2。但這不是缺點，反而提升了本辭典的用處。

13 英國牛津大學的基因遺傳學家Bryan Sykes所寫的一本專書 *Adam's Curse: A Future without Men*，詳細探討了Y染色體的演化以及為何女性沒有Y染色體等等大課題。

品，而以間接的方式，讓使職帶有本官，由本官的官品來定使職的班序，並計其俸祿（見第六章）。這樣一來，對今人反而有一大好處，那就是，舉凡無官品的官職，便成了使職，更容易確認，跟有官品的職事官相對。這就好比說，凡是沒有Y染色體的人類，都是女性。凡是有Y染色體的，則是男性。官品便好比是唐職官研究中，決定官員屬性的Y染色體。

至此，我們要問：沒有官品的使職，是不是比有官品的職事官低一等？誰的職權比較大，地位比較高？使職還是職事官？

今人常有一種看法，以為使職既然沒有官品，那麼他的職權和地位似乎不如有官品的職事官。而且，唐代的使職，都是所謂「非正規」的官員，經常不載於《唐六典》等職官書，但職事官卻是「正規」官員，而且載於《唐六典》等書，似乎高人一等。其實不然。

使職好比現今社會上，因應網路時代的需要，新創出的不少新用詞，例如「社交網路」、「微博」等新詞。唐代的使職，在許多方面，就像這些新創用詞一樣，還屬於所謂「非正規」、「不規範」的用語，在標準的詞典中當然查找不到，但這些新詞卻充滿創造力和想像力，富有時代精神，替代了舊的語詞，或滿足了新的需要。

現代唐史學者普遍重視職事官，忽略使職。這好比中學的語文老師，往往比較注重「規範用詞」，而抗拒和反對使用「不規範」的新詞，認為這些新詞新用法，乃年輕人的新玩意，「破壞了傳統中文之美」。然而，新詞往往比「規範用詞」更有創意，更符合時代需求，更讓人眼前一亮，就像使職比職事官更有權勢，職能更有彈性，也更能應付當前的需要一樣。

現代這種偏重職事官，輕視使職的現象，跟唐人的理解很不

一樣，甚至相背。比如，李肇在《唐國史補》中說過一段很有名的話：

> 開元已前，有事于外，則命使臣，否則止。自置八節度、十採訪，始有坐而為使。其後名號益廣，大抵生于置兵，盛于興利，普於銜名，于是為使則重，為官則輕。故天寶末，佩印有至四十者；大曆中，請俸有至千貫者。[14]

這裡是說，在開元以後，唐代的使職越來越多，「名號益廣」，於是當時人「重」使職，「輕」職事官。當個職事官並沒有什麼了不起，出任使職才顯威風，因為他是皇帝的特使。

實際上，使職沒有官品，並不是什麼「壞事」。任使職的唐代官員，應當不會在意使職無官品。原因在於，使職為特使，都是一批跟皇帝親近的官員，接近權力中心，有無官品並不重要。使職接近皇權，可以享有不少特權，職務比職事官劇要，職權也比較大，且任官條件更有彈性，且舉三點。

第一，他們不受任官年限的限制。唐代職事官一般是三四年一任，時限到了，便須改官或他調。但使職卻可以長年任一職，甚至可以常年在宮中做事。例如，劉知幾和唐代史館的那批史官，像韋述、柳芳、蔣乂等知名史官皆如此，長期留駐京城達數十年，不必為做官四處宦遊。再如唐代的內諸司使和各種翰林待詔，也莫不如此。

第二，職事官有避本貫、避親等回避規定，但使職卻無。這

表示，使府僚佐可以在他們的本籍任職，無須遠遊他方[15]。使府更可以聘用自己的親人，甚至自己的女婿為僚佐，如容管經略使房濟，便曾辟他的女婿李建為判官[16]。李商隱曾在他岳父王茂元的幕府任僚佐，亦是佳例。如果是在職事官系統，州刺史屬下的州縣官，不可能是親人。州縣官也常要遠遊，無法在本籍任官。

　　第三，使職常可獲得皇帝的賞賜，更可以帶有各種加銜，比職事官的官品更顯風光。例如，唐的節度等使，經常帶有「檢校某某尚書」和「兼御史大夫」的加銜，更擁有皇帝賜給金紫等章服的榮耀，更顯尊貴。使府中的僚佐使職，也可獲授各種檢校郎官、御史銜或「試」銜，更常可獲得「賜緋」等榮譽。

四、結語

　　現代唐史學者普遍對使職的認識不足，常以為使職只不過是「出使在外」者。但清代錢大昕的使職論，早已揭示了使職的最主要特徵，不在於「使」或「出使」，而在於使職無官品。本章重新發掘錢大昕此說的重要內涵，並以「使職無官品」這一特徵，給唐代使職下了一個新的定義：舉凡沒有官品的實職官位，都是使職。

　　使職無官品，又多不載於《唐六典》等職官書，導致有學者常誤以為，使職比不上有官品，又載於職官書的職事官。事實

15　此種例證在墓誌中尤其常見。這裡簡單舉兩例。像朱巨川和劉長卿，都曾經在他們的本籍任使府僚佐。

16　賴瑞和，〈唐後半期一種典型的士人文官——李建生平官歷發微〉，《唐史論叢》第17輯（2013年11月），頁17-45。

上，使職等於是皇帝的特使，遠比職事官更接近權力的中心，有無官品並不重要。使職接近皇權，可以享有不少特權，其職務也遠比職事官更專業且劇要，職權更大，任官條件也都更有彈性。這點在本書以後各章都將論及。

第三章

唐職官書不載許多使職的
前因與後果

> 其轉運以下諸使，無適所治，廢置不常，故不別列於篇。
>
> ——《通典》[1]

一、載與不載

凡研究唐史的研究生和學者，應當都有這樣的經驗：我們常常在唐代文獻中見到一些官名，想多了解此官的官品和職掌等細節，而去翻檢唐代的職官書，結果卻遍尋不獲，感到很挫折。例如，唐開成五年（840）的〈唐故知鹽鐵轉運鹽城監事殿中侍御史內供奉范陽盧府君墓銘并序〉，有一段話，記載唐後期一位鹽官盧伯卿（774-840）的仕歷如下：

> 時泉貨之司願移公狘氏之理以成權筭之用，授大理評事，充東渭橋給納使巡官，尋以本官知京畿雲陽院，遷監察御史，充兩池使判官。俄以統職有歸，不得專任，改知閬中院，轉殿中侍御史，領鹽城監。[2]

---

1 《通典》卷19，頁473-474。

2 《唐代墓誌彙編》，開成049，頁2204-2205。

這裡共有十個官名。其中只有三個（大理評事、監察御史、殿中侍御史），可以在唐四大職官書《唐六典》、《通典・職官典》、《舊唐書・職官志》和《新唐書・百官志》中查得[3]，另七個都查檢不到（或不是四大職官書都有記載）：東渭橋給納使、巡官、知京畿雲陽院、兩池使、判官、知閬中院、領鹽城監（墓誌標題則作「知鹽鐵轉運鹽城監事」）。有意思的是，三個能夠查到的官名，全都是職事官，在四大職官書中，都有清楚的官品和職掌記載。七個查不到的官名，我們從其他史料得知，全都是使職，亦無官品。

　　「東渭橋給納使巡官」包含了兩個官名：「給納使」和「巡官」。盧伯卿曾經以大理評事這個京銜，去充任過某個東渭橋給納使的巡官。職官書不載此兩官，但我們知道，東渭橋位於長安以東約四十公里（今高陵縣），設有一座巨型糧倉，也設有度支使屬下的鹽務單位渭橋院[4]。杜牧所寫的命官文書〈白從道除東渭橋巡官；陶祥除福建支使；劉蛻除壽州巡官等制〉一開頭就說：「敕。度支東渭橋給納使巡官、將仕郎、試大理評事兼監察御史

3　本書所說的「唐職官書」，不包括《唐會要》和《冊府元龜》，因為這兩者的性質和體例，皆不同於《唐六典》等書。但兩書收了不少職官史料，特別是《唐會要》，更收入大量唐代使職的實例材料。我常覺得《唐會要》和《冊府元龜》比四大職官書更有用。

4　度支在東渭橋設有一個院，稱為「渭橋院」，見白居易寫的中書制誥〈知渭橋院官蘇涮授員外郎依前職；前進士王纘授校書郎江西巡官制〉，《白居易集箋校》卷53，頁3089。關於東渭橋的考古發掘，見王翰章，〈唐東渭橋遺址的發現與秦漢以來的渭河三橋〉，中國考古學會編，《中國考古學會第三次年會論文集》（北京：文物出版社，1984），頁265-270；陳冰，〈唐代東渭橋建毀存廢考——以東渭橋的三次營建為中心〉，《唐史論叢》第17輯（2014年1月），頁144-157。

白從道等」[5]。由此我們得知，東渭橋給納使是度支使屬下的官員，是個使職，負責給納事務；巡官則是給納使的基層助理，也是使職，無官品。

　　這位盧公後來又以「本官知京畿雲陽院」。本書前面提到，這種以「知」字開頭的官名，往往都是使職。「院」可以指唐後期度支和鹽鐵使，在各地設立的地方鹽政單位「監院」或「巡院」等等，須小心分辨，以免誤判[6]。「知京畿雲陽院」一職，便是負責管理在京畿雲陽縣所設的一個度支巡院，等於是這個巡院的主管（並非「巡官」那種低層官員）。接著，盧伯卿的京銜從大理評事升為監察御史，去「充兩池使判官」。職官書不載「兩池使」，但從其他史料得知，是個使職，無官品，指今山西省運城地區解縣和安邑的那兩個巨大內陸鹽池的主管[7]。「判官」不載於《唐六典》[8]和《舊唐書・職官志》，但載於《通典》和《新唐書・百官志》。這是一種「執行官」，為各種使府所自辟的幕

5　《杜牧集繫年校注》卷19，頁1099。盧伯卿到東渭橋院任某出納使巡官，應當是管鹽務，因為墓誌前有一句說，「時泉貨之司願移公猗氏之理以成榷筦之用」。「榷筦」即榷管，意即「鹽專賣」。

6　何汝泉，《唐財政三司使研究》，頁71。許多唐財政史論著把監院和巡院混為一談，不可取。何書頁51-76，把度支使和鹽鐵使屬下的組織，分為四大類：院、監院、場院和巡院，最為清楚。

7　誌文中的這個「兩池使」，很可能是個簡稱，其全名可能是「兩池榷鹽使」。此官名見於《唐代墓誌彙編》，咸通101的「考諱從質，度支兩池榷鹽使兼御史中丞」，以及《唐代墓誌彙編續集》，咸通028，「兩池榷鹽使守太子右庶子兼御史中丞賜紫金魚袋李從質文并書」。

8　《唐六典》卷9，頁272，在中書省的目次列了「知匭使一人、判官一人、典二人」，但在內文頁282，卻只有「匭使院，知匭使一人」及其職掌細節，全無判官和典的材料，可能有脫文。

佐，也屬使職，無官品，為中層等級的文官[9]。

　　盧接著又出任「知閬中院」。閬中院是設在山南西道閬中縣
的度支巡院，性質和雲陽院相同，亦為鹽政單位。最後，他的京
銜從監察御史「轉殿中侍御史〔墓誌標題作「殿中侍御史內供
奉」，更精確〕，領鹽城監」，不久就去世。鹽城是淮南道楚州的
四個縣之一。《新唐書・地理志》說：「置鹽城縣。有鹽亭百二
十三，有監。」[10]這個「監」便是唐代地方鹽務組織中的監院，比
巡院更高一級（所以盧的京銜，這時升為更高層的殿中侍御
史）。它主要設在產鹽區（鹽城正是一個很重要的產海鹽大
縣），負責榷鹽並把鹽賣給鹽商。盧的職務，便是去「領」（管
理）這個「監」，也是個使職，無官品[11]。但這個「領」字，是個
俗稱，意義類似正式的官稱「知」。所以墓誌的標題書他的正式
官銜，為「知鹽鐵轉運鹽城監事」[12]，另一個以「知」字開頭的使
職。本書第十三章，表13.1「盧伯卿的五個鹽政使職」，把他的
京銜和使職列為一表，更容易看出他的官歷和升遷。

　　從以上的解讀看來，如果我們只依賴四大職官書，那恐怕是
沒有辦法把這段誌文讀通的。這些常不載於職官書中的官名，有
些比較常見（如巡官和判官），已有現代學者的研究，許多則還

　9　拙書《唐代中層文官》，第六章專論判官。關於此段墓誌文的另一種解讀，
　　　見李錦繡，〈唐後期的巡院〉，《唐代財政史稿》，第4冊，頁364。

10　《新唐書》卷41，頁1052。

11　李錦繡，〈三司使下的機構及財務行政〉，《唐代財政史稿》，第4冊，頁
　　　242-265，對這類「監場官吏」有詳細的討論。

12　新羅人崔致遠在晚唐任淮南節度使高駢的掌書記時，曾經代高駢寫過許多請
　　　官文書，其中兩篇涉及這種「知某某鹽監事」的使職：〈王棨端公知丹陽監
　　　事〉和〈臧澣知鹽城監事〉，見《桂苑筆耕集校注》卷13，頁443-445。

沒有。許多也不收在《中國官名大詞典》之類的大型參考書，或美國學者Charles Hucker所編那本頗詳盡的 *A Dictionary of Official Titles in Imperial China*（《帝制中國官名詞典》）。不過，龔延明那本《中國歷代職官別名大辭典》，倒是收了不少此類不見於職官書的官名。龔書題上的「職官別名」四字，在書中含義非常廣，包括許多使職官名，比如許多以「知」字開頭的官名。

有感於此，我不禁要發出這樣的感歎：如果有人去編一本《唐代官職詞典》，把唐代文獻中出現過的所有官名，不管大小，不管異稱別名，不管正規的職事官名，還是不正規的使職官名，甚至流外官和胥吏等，一律都收入詞典中，加以解釋，保證任何在唐代文獻中出現的官名，都不遺漏，都可在詞典中查得，那該有多好！那真是功德無量的一個工作。理論上，這樣的一本詞典不難編成，可集一個研究團隊之力完成。真盼望唐史學界將來可以編一部這樣的詞典。唯一要留意的是，唐代文獻至今仍不斷面世，墓誌仍常有發現，吐魯番等地仍有文書陸續出土。詞典編好後，這些新獲材料中，很可能又會冒出一些未及收入的「新」官名。不過，三五年出個修訂版或電子版，應當可以解決這問題。

以我的經驗來說，在所有唐代傳世文獻當中，碑誌等石刻中出現最多這類在唐四大職官書中查找不到的官名，其次是出現在唐代詩文和兩《唐書》列傳部分的某些官名。為什麼在唐代文獻中出現的某些官名，竟在這四大職官書中都查找不到呢？或有些官名，可在《通典》中查到，卻又不載於兩《唐書》？或《新唐書》不載，只載於《舊唐書》或《唐六典》？諸如此類。

職官書編纂的目的，不就是一種詞典的性質，不就應當全部收錄唐代官場上所有行用過的官名嗎？為什麼常有「遺漏」？是

職官書編得不好，不小心漏列了？還是職官書的編者，都立下一個「篩選」的過程，只收入某些類官名，刻意不收其他類官名？這種「收與不收」、「載與不載」的現象，反映了背後一種怎樣的狀況？反映了編撰者的什麼心態？對於使用這些職官書的後世研究者，這又意味著什麼？它對我們研究和理解唐代官制和職官，產生什麼樣的後果？這些正是下文要細論的課題。

二、職官書不承認使職

第一章說過，唐代官員（特別是唐後半期的官員），在他們一生中，經常有時任職事官，有時任使職。例如，上引的盧伯卿就是個好例子。墓誌上說他「公嘗尉三縣，涖五職」。意思是說他曾經擔任過三個縣的縣尉或主簿（「既冠，擢明經第，始調補絳州萬泉尉，秩滿再補陝州安邑尉。……三補河中府猗氏縣主簿」）。這些都是職事官。接著，他就出任那五個使職，也就是上引那段話中的東渭橋給納使巡官、知京畿雲陽院、兩池使判官、知閬中院、知鹽鐵轉運鹽城監事。縣尉和主簿都有官品，且都載於四大職官書中，不成問題。但偏偏盧伯卿的那五個使職，不載於職官書（僅判官載於《通典》和《新志》，但甚略）。為什麼？這表示什麼？

最直截了當的答案是：唐代明明在行用那些使職，這些都是盧伯卿確實擁有過的使職官銜，但四大職官書卻似乎不肯「承認」這些使職。《唐六典》和《舊唐書‧職官志》不載盧伯卿墓誌中的那些使職，還可以理解，因為《唐六典》成書於739年，當時只有巡官和判官兩使職在行用，還未有給納使和兩池使等一系列鹽官存在。《舊唐書‧職官志》雖成書於945年唐亡之後，

但編撰時正逢五代亂世，只是照搬唐史官韋述、柳芳《國史》中的職官志，材料大抵只到760年左右，沒有補充唐後期的內容[13]。然而，《通典》和《新唐書‧百官志》編修時，盧氏墓誌中的這些使職，從安史之亂以後肯定已經存在，且行用了一段時間，但這兩書卻不載入。這意味著什麼？

　　這意味著，唐代官制的實際運作，和職官書所記載的官制，經常有一些距離和落差。我們也可以說，唐職官書都是「規範官志」，宛如現今的「規範詞典」那樣，有強烈的規範意味，不認為當時新設新創的許多使職為正規的、「規範」的官職，所以不收載，就像今天一些具有某種「權威」地位的「規範詞典」，如北京商務版《現代漢語詞典》，往往不肯收入社會上出現的許多新語詞，認為這些新語詞不「正規」、非「規範」用詞，或不雅不潔，不宜收入「正規」的「規範詞典」中。換言之，四大職官書的編撰目的，並不像今人編寫職官詞典那樣，想盡力蒐集唐代行用過的所有官銜，以方便讀者讀史，而是都立下一個「規範」標準，只收唐代官品令和職官令中所列的那些職事官，那些所謂「編制內」的官員，基本上不收「編制外」的使職，除了少數幾個最常見通行者。

　　把《現代漢語詞典》和《唐六典》等職官書拿來做比較，頗有啟發意義。我們可以問：《現代漢語詞典》，以最新的2012年第六版為例，是否反映了當前大陸社會上的語言使用狀態？答案是：它確是紀錄了大陸漢語中最穩定的、最合乎規範的一些語詞，如「點滴」、「矯正」等詞，然而它同時也收了一些已經過時但偶爾仍會有人使用的「舊時用語」或「書面語」，如「礙

13　Denis Twitchett, *The Writing of Official History under the T'ang*, pp. 229-231.

難」、「等衰」（等次）等。不過，它沒有收錄許多2012年之前就新創的詞語，如「打臉」、「買氣」等等。它收了「宅男、宅女」，但沒有收「剩男、剩女」；收了「泡吧」，但沒有收「泡妞」，也沒有收「超爽」等詞。

同樣，有不少學者也在問：《唐六典》是否就是玄宗朝開元年間正在行用的官制？我們可以模擬《現代漢語詞典》的案例，這樣回答說：《唐六典》確是紀錄了開元時仍在行用的最穩定、最合乎規範的一些職事官，如京官中的監察御史、郎官，外官中的刺史、縣令和縣尉等，但它同時又收了相當多已經失去職權，過時的，然仍屬尊貴的閒官，如僕射、中書令、散騎常侍等。不過，它基本上不收錄當時官場上新設的使職，只記載了極少數常見或編者熟悉的使職，如集賢學士、史館史官等。

綜上，我們可以得出一條大規律：職官書一般只載有官品的職事官，不載無官品的使職（或只有選擇性的記載）。所以，如果我們在唐文獻見到某一個官名，卻無法在職官書中查到，那我們幾乎可以肯定，這個官必定是使職無疑（或流外官和吏員之類的）。像盧伯卿墓誌中那五個不載於職官書的「職」，其他史料可以證實，全都是使職，沒有官品，全都是唐後期鹽政盛行時代因應而生的一些新型鹽官。

另一個旁證是，他任那五職時，都帶有一個所謂的「本官」（大理評事、監察御史、殿中侍御史）。使職才有這樣的「本官」，也就是以「某職事官去充某使職」的辦法做官，在唐初就行用（如唐初那些史館史官皆如此），從唐開元起就更常見，安史亂後最盛。這些本官都沒有實職，只因為使職沒有官品，所以常兼帶一個「虛」的職事官位，用以定品位和俸祿。此之所以北宋初期，在元豐改制之前，稱此種官為寄祿官，乃源自唐制[14]。

三、四大職官書的原始材料

　　人類社會先有使職、職事官，還是先有職官書？答案很明確：不論中外，不論古今，人類社會都是先有使職，然後才設立不同階層的官員編制（職事官），最後才把這些官員的官品、職掌和組織等細節，修撰成職官書，作為宮廷紀錄或編入史書。關於使職的起源，以及使職如何演變為職事官，本書第一章已有論述，我在他處還有更詳細的探討[15]，這裡不擬重複。這裡要討論的是，既然職事官和使職都是唐代（也是人類社會）兩大類重要的實職官位，為何唐職官書卻經常不載許多使職，只載職事官？

　　這要從這些職官書當初編撰時所根據的原始材料說起。

　　唐四大職官書當中，《唐六典》成書最早（約開元二十七年739），其次是《通典》（貞元十七年801），再來是《舊唐書・職官志》（約後晉開運二年945），最後是《新唐書・百官志》（約北宋嘉祐五年1060）。細心核對這些書，我們可以確定，兩《唐書》的官志皆以《唐六典》為藍本，兩者沿襲了幾乎全部《唐六典》的正文，只補充唐後期的若干官職資料，但增補的部分其實也都不多。《通典》亦在職官架構和組織上，仿照《唐六典》，但它成書的年代比較晚，根據的唐令等材料可能比較新。

　　關於《唐六典》的成書，此書的編撰者之一，集賢院學士兼

14　梅原郁，〈宋初的寄祿官及其周圍〉，原載《東方學報》（京都）48冊（1975），頁135-182。中譯本見《日本學者研究中國史論著選譯》第五冊（北京：中華書局，1993），頁392-450。

15　賴瑞和，〈再論唐代的使職和職事官──李建墓碑墓誌的啟示〉，《中華文史論叢》2011年第4期，頁165-213，以及〈為何唐代使職皆無官品──論唐代使職和職事官的差別〉，《唐史論叢》第14輯（2012年2月），頁325-339。

史官韋述，曾經在他的《集賢注記》中留下一小段記載，清楚說明編撰的依據和辦法：

　　以令式入六司，象《周禮》六官之制，其沿革並入注。[16]

這句話的意思是，他們把唐代的「令」和「式」，分別列在「六司」之下，以模仿《周禮》六官的那種寫法，並且把這些職官的歷代沿革，放在注文中。現存的《唐六典》，在注文的小字中，確實頗詳細說明了許多職事官的歷代沿革。至於「六司」，照字面意義，原本指《周禮》的那種六官或六典，即所謂理典、教典、禮典、政典、刑典、事典。但我們知道，唐代的政府衙司，絕不只「六司」，而是三省六部一臺九寺五監等數十個大類。

　　所以，韋述的所謂「六司」，我們或許不要看得太狹義，以為他僅指《周禮》的那六司。或許可以這樣看：韋述只不過是在使用《周禮》六官的典故，泛指所有政府衙司罷了。其實，《唐六典》確實不像《周禮》那樣，只分為六個事典，僅有六卷，而是分成多達三十卷，涵蓋了唐代所有數十種政府衙司。是以嚴耕望有一個精湛的結論：「名為《六典》，實非《六典》，名仿《周禮》，實未真仿《周禮》也。」[17]

　　換言之，《唐六典》並非編者們憑空新創出來的制度條文，然後才由皇帝下敕令去實行。它其實是拿當時就存在，且已實施

16　《集賢注記》（又作「集賢記注」）大約在宋代以後失傳，今無傳本。但宋人著作屢有徵引。此處用南宋藏書家陳振孫的引文，見其《直齋書錄解題》卷6，頁172。又見陶敏輯校，《景龍文館記、集賢注記》卷中，頁255。

17　嚴耕望，〈略論唐六典之性質與施行問題〉，《嚴耕望史學論文集》，頁403。

的各種令式，依三省六部九寺的政府架構編成。這些令式，早已行用，早已生效，甚至施行多時，都已經過時了，已經不再適用了。既然《唐六典》是根據這些令式編成，它所呈現的政府組織和職能，當然不是編者新創的，不是《周禮》那樣的烏托邦。

不過，《唐六典》在編撰時，常把其中一些已經「過時」或「不再適用」的令式條文，也照單全錄，但卻沒有說明何者仍在行用，何者已不適用，沒有提供最新的資訊，比如沒有告訴我們，僕射、中書令、散騎常侍等高官，在開元時，其實就已成了閒官，職權早已旁落，不再像隋代唐初那麼重要。

現傳世的《唐六典》，常在文中引用「晉官品令」、「梁官品令」，「武德令」等等。現代學者根據這些材料，知道《唐六典》主要根據開元七年「令」編成。這些唐令大部分早已失傳。仁井田陞等幾代學者，便根據《唐六典》、《通典》、《唐會要》等唐代文獻所引用過的這些唐令引文，重新輯逸復原了部分的唐令[18]。

綜上所說，現代學者一般同意，《唐六典》是根據開元七年令編成[19]，而《通典》則根據開元二十五年令。兩《唐書》官志主要沿襲《唐六典》，但有時也會引用年代較後的唐令。目前學界仍未有專文，詳論四大職官書的史源與內容的異同。然而學界對此大抵皆有共識，且引用清代王鳴盛和現代嚴耕望的意見為代表。王鳴盛在《十七史商榷》中說：

---

18 仁井田陞，《唐令拾遺》；池田溫等編集，《唐令拾遺補》。

19 但中村裕一最近對這個「開元七年說」有所批判，見其〈『大唐六典』の檢討——『大唐六典』の「開元七年令」說批判〉，《唐令の基礎的研究》，頁289-580。

官制之明備，莫過於〔張〕九齡之《六典》，《通典》本之，《舊書》亦本之。則知其均據開元也。《新志》雖不言其所據何時，要《新官志》皆本《六典》、《通典》，則必亦以開元為據。[20]

嚴耕望在其論文中說：

《舊唐書・職官志》及《新唐書・百官志》記載官司組織與職掌，甚至文章之組織，均以《六典》為藍本。……兩《志》所與《六典》異者，惟低級官之員額常有出入，其他雖亦偶有異者，什之八九皆已注明為天寶以後某年所改革，某年所增置，其改革增置以前仍與《六典》不異也。[21]

就本文目的而言，這四大職官書相同的部分，便是四書都詳載職事官，不載許多使職。相異的部分，主要在注文和職掌敘述方面。《唐六典》因為成書於739年，材料截年較早。比如，它連738年才設立的翰林學士院，也來不及記載，也未載睿宗景雲二年（711）設置的節度等使。

《通典》雖成書於801年，那時唐的使職已大盛，但《通典》其實也跟另三書一樣，只記載所有唐代職事官，不載許多使職。編撰者杜佑本人知道使職的重要性，但他很可能為了遵守歷代職官志的體例和編撰法，也受限於「規範官志」的舊思維，同樣不

---

20 《嘉定王鳴盛全集》，第六冊《十七史商榷》卷81，頁1123。

21 嚴耕望，〈略論唐六典之性質與施行問題〉，《嚴耕望史學論文選》，頁399-400。

載許多使職。只是，《通典》在記載職事官時，有時會引用一些具體的事證，告訴我們某職事官的職望如何崇高，如秘書省校書郎「為文士起家之良選」[22] 之類，或告訴我們更多關於某職事官的任官細節，略微比另三書較為生動有趣。

唐亡於907年，但成書於945年的《舊唐書》，所載的官制，最遲卻也只到760年左右，對唐後期近一百五十年的許多職官細節，一無所記。據英國學者杜希德的詳細考訂，這是因為《舊唐書・職官志》，本質上實源自唐史官柳芳於759-760年左右完成的《國史》職官部分[23]。

至於四大職官書成書最晚的《新唐書・百官志》，完成於北宋嘉祐五年（1060）。那時唐朝已經滅亡一百多年了。我們原本可以期待最後成書的這部職官書，可以詳載唐代的所有職官名，包括使職，可惜它還是讓我們失望了。

四、為何只載職事官，不載許多使職？

前面我們見過，《唐六典》等四大職官書，主要根據唐令修撰。從這些書所引用的唐令看來，並且從仁井田陞等人根據所有傳世唐代文獻所復原的唐令看來，唐令皆只載職事官，不載使職。依此，我們的初步結論是：四大職官書不載使職，主要是受到當時所用的唐令材料的限制。唐令不載使職，於是四大職官書也跟著不載許多使職，只收了少數幾個常見通用者。如《唐六典》所收，只有弘文館、崇文館、集賢院學士及一些集賢院官、

---

22 《通典》卷26，頁736。

23 Denis Twitchett, *The Writing of Official History under the T'ang*, pp. 229-231.

史館史官、知匭使、理匭使、朝集使，如此而已。《通典》和兩唐志，則沿用採納了《唐六典》所載的那幾個使職，再新增幾個，主要為節度觀察等使及其僚佐。

唐令不載使職，我們還有一個很好的證據。陸贄在《又論進瓜果人擬官狀》中，特別指出：

> 謹按命秩之載于甲令者，有職事官焉，有散官焉，有勳官焉，有爵號焉。[24]

簡言之，唐代的令只記載職事官、散官、勳官、爵號四種。陸贄這段話，是在呈給德宗的一篇奏狀中所說的，為當時人的見證式證據，可證唐令確實不載使職。

然而，這又引伸出三個問題：第一，為什麼唐令只載職事官，不載使職？不能載嗎？第二，即使是在職事官的部分，唐令就忠實呈現當時職事官實際施行的情況嗎？是否過時？第三，既然四大職官書的編撰者，應當都知道唐令只有職事官的材料，沒有使職，那麼，他們為什麼不去蒐集更多唐令以外的其他材料，把當時實際在行用的唐代所有官職，完整地呈現出來？這樣做，有那麼困難嗎？是什麼原因導致他們不想去記載使職，即使是那些很關鍵的使職，比如鹽鐵使等等？

關於第一個問題，我們要知道，唐令的編修，是一種全面大規模的整理和規範的過程，也就是現代法學研究所謂的codification（把當時眾多紛亂的條規濃縮精簡成法典）。語言學界也有這種「整理和規範」的過程。人類社會許多事物的運作，

---

24 《陸贄集》卷14，頁450。

原本都是按照人類的本能，往往都在行用一種權宜辦法在做事，比如頭痛醫頭，腳痛醫腳之類的辦法。許多辦法和條規，原本都是臨時應運而生的，因應某種需要而產生，並無法事前規畫得很好，特別是職官制度。這樣時間久了，法規、條文和制度，便累積了許多額外增生的、「枝蔓」的東西，宛如一棵枝葉亂生的大樹，需要修剪才會美觀。

　　編修唐代職員令、官品令，就好比在「修剪枝葉」，要從當時眾多紛亂的職官和官品中，整理出一套所謂的「正規體」（norm），去除那些瑣碎的、臨時性的東西，只選擇紀錄那些行用已久，歷經數朝固定下來的官職。《唐六典》卷6刑部郎中員外郎條下，在辨別唐代法制的四大形式「律、令、格、式」時說：

　　凡律以正刑定罪，令以設範立制，格以禁違正邪，式以軌物程事。[25]

所謂「設範立制」，便是一種規範的過程。因此，那些有官品的職事官，自然就會被收入唐令中，而那些無官品的使職，被視為是臨時性的，還沒有完全被納入正規的職官系統，就會被視為是「蔓生」的枝葉，自然便遭到剪除。此之所以唐令在「設範立制」的精神下，都不載使職。但要留意的是，使職常出於皇帝的委任，權力往往都大於職事官，地位也比較崇高。但這點，卻似乎不是唐代在修訂職員令和官品令時，所需考慮的。

　　關於第二個問題，有許多證據可以證實，唐令既未載許多使

---

25 《唐六典》卷6，頁185。

職，也在處理職事官方面，未能反映實際的施行狀況。比如，在開元七年，唐代的宰相已不由三省長官來出任，而經常改以尚書六部的侍郎來充任。當時，尚書僕射的地位，也大不如前。開元年間，許多戰略地區的都督制度，已不能有效運作，唐皇室不得不改以節度等使去替代。據嚴耕望的研究，「唐自開元以來，使職繁興，漸奪品官〔即職事官〕之權」。尚書省許多衙司，已慢慢喪失其職權，紛紛被各種使職所替代[26]。九寺是否還在運作，也不得而知，因為我們在兩《唐書》的列傳部分，竟找不到有什麼官員，擔任過九寺的許多職事官，特別是中低層的官職，比如鼓吹署丞、珍羞署丞之類。

　　然而，這一切，唐令都沒有反映出來，反而保存了許多當時就已過時的、或喪失了職權的職事官名。《唐六典》等四大職官書，主要根據這些「過時的唐令」編撰，因而也都成了「過時的規範官志」，讓後世誤以為，開元年間的那些職事官，似乎仍然還在正常有效地運作，其實恐怕不然，亟待學者的進一步研究。這種情況，就像現代的漢語詞典，有時還保存了一些今已不常用、過時的詞語，不過會特別注明為「舊時用語」或「書面語」，表示今天已不常用，收入詞典，僅供參考而已。然而，《唐六典》等書全無這類「今已不常用」的說明，容易讓後世讀者誤會，以為某某職事官仍像書中所說的那麼重要，仍在執行那些職掌。

　　至於第三個問題，為什麼職官書的編撰者，不去蒐集唐令以外的其他材料，來編成一本更完善的，更全面反映唐代職官實際

26　嚴耕望，〈論唐代尚書省之職權與地位〉，《嚴耕望史學論文集》，頁261-338，特別是頁329。

運作的職官書？這一些材料在唐代或五代或宋代，都不難蒐集，但為什麼這四大書都不收許多使職？沒錯，材料應當是存在的，像《唐會要》就收了許多使職的材料，並不缺乏。但《唐會要》到底不是職官書，而是「材料彙編」一類的類書，其體例跟職官書不同。實際上，四大職官書不收許多使職，不是缺少唐令以外的材料，而是編者的目的，乃跟唐令的修訂者一樣，要做的是一種整理、規範的工作，一如現代大型中文詞典的編撰，往往涉及一種「規範」的整理[27]。那些被認為是不規則的、新創的詞語、不雅不潔的用語，都不會被收入規範詞典中。同理，那些因事而置，事畢即罷，「隨事立名」的使職，都被認為是不正規、不「規範」，也不會被收入四大職官書這種「規範官志」中，但絕不是因為材料短缺。

　　職官書編撰者的這種「規範」心態，可以在《通典》編者杜佑的一段話中看出。杜佑本人其實深知使職的重要性。他曾經說過，唐「設官以經之，置使以緯之……於是百司具舉，庶績咸理，亦一代之制焉」[28]那樣的話，但就在這句話的後面，他加了一段小字注，說明他何以沒有把許多使職載入《通典》：

　　　按察、採訪等使以理州縣。節度、團練等使以督府軍事。租
　　　庸、轉運、鹽鐵、青苗、營田等使以毓財貨。其餘細務因事

---

27 比如大陸北京商務版的《現代漢語詞典》，一向被學界、教育界和出版界視為是一個中文使用的「規範」依據。凡是收在這詞典中的語詞，都是「規範詞」，可以在報章雜誌書刊和學校作文中使用；凡是未收入的新詞，則被視為是「不規範」，一般不鼓勵使用，甚至會被出版社的編輯改為「規範」用語。英文詞典一般上比較不強調「規範」的一面。

28 《通典》卷19，頁473-474。

> 置使者，不可悉數。其轉運以下諸使，無適所治，廢置不
> 常，故不別列於篇。[29]

這裡，杜佑只簡單交代了按察、採訪和租庸等使的職務，便算了事。至於「其餘細務因事置使者，不可悉數」，轉運以下諸使，則「無適所治，廢置不常」，所以都「不別列於篇」，不載於《通典・職官典》。杜佑以「不可悉數」和「無適所治，廢置不常」為理由，就把他當時許多重要的使職，一筆勾銷。這便是一種「規範」標準，類似現代「規範詞典」常用的方法。如果現代唐史學者，也用這種方法來編一本唐官制詞典，那肯定會產生嚴重的遺漏，等於在「偷懶」，「投機取巧」，會遭到學界的責難。

　　跟「規範詞典」相對的，是「描述詞典」。如果杜佑沒有傳統「規範」的那種大包袱，有意開創新體例的話，他大可以去編一部「描述官志」，也就是盡量照單全收，不管這些使職是不是「不可悉數」或「無適所治，廢置不常」，一一列出，分門別類編排，也不是什麼難事。比如，《宋史・職官志》便做到了，裡面列了許多宋代的使職差遣職。宋志這樣做，看起來的確像是「違背」了傳統的體例，但它也等於開創了新體例，立下新的典範，是一種新型的「描述官志」，已非唐以前和唐四大職官書這種「規範官志」可比，值得宋史學者好好從這個角度去研究。

　　同樣，《新唐書・百官志》一開頭也有一段話，跟《通典》的那一段話非常神似，說得很傳神，很沉痛，正好反映了編撰者的那種「規範心態」：

---

[29] 《通典》卷19，頁473-474。

又有置使之名，或因事而置，事已則罷，或遂置而不廢。其名類繁多，莫能徧舉。自中世已後，盜起兵興，又有軍功之官，遂不勝其濫矣。故採其綱目條理可為後法，及事雖非正後世遵用因仍而不能改者，著於篇。[30]

這段話顯示，《新唐書‧百官志》的宋代編撰者，面對唐代數量龐大、枝繁葉茂的使職官名，首先感覺到一種莫可奈何的無力感。因為使職「名類繁多」，「莫能徧舉」，他們不知如何是好。但幸好只要祭出「規範」法則，便可以解決問題了。於是，他們定下了一個「規範」原則，那就是「採其綱目條理可為後法，及事雖非正後世遵用因仍而不能改者，著於篇」。這樣一來，唐代那些「不勝其濫」的使職名，便很容易處理了。但經過這樣的規範篩選，唐使職官名也跟著大量被淘汰了，以致本文前面引用過的唐盧伯卿墓誌中，竟有七個使職官名，都無法在《新唐書‧百官志》等職官書中查到。若不是靠了其他史料，我們簡直無法把那一小段墓誌讀通。

綜上，「規範官志」類似「規範詞典」，背後代表的是比較守舊的想法，主要是認為，古法古禮和「祖宗之法」最規範，最完美，一切制度最好永遠一成不變，最好不要輕易去創新官職、新用語，「破壞」了舊的制度，「破壞」了「那優美的傳統中文」。

但這是守舊的想法，行不通，因為人類社會的一切事物，包括官制和語言，都無可避免地會經常在改變，以應付不同的時代需求。古法古禮和「祖宗之法」難以持久永續，無法應付不斷變化的新時代新社會。近代最好的一個例子是，現代英文詞典，已

---

30 《新唐書》卷46，頁1181-1182。

擺脫傳統英文的「規範詞典」做法，全都變成了「描述詞典」，承認語言是會改變的，新詞、新讀音、新文法都有其可取之處，盡量收錄那些已為社會大眾採納的用法，不要去做嚴格的「規範」[31]。

　　這裡有必要指出，語文中新創的語詞，往往是語言中最有活力、最生動、最有創造力的新元素，正如使職也是官制中創新的元素一樣，而且是推動官制改革的一大動力，好比生物世界的基因突變（gene mutation），乃促進生物演化的一大機制[32]。因此，這些「不正規」、「非規範」的使職，這些「令外之官」，其實反而是現代研究唐代官制的學者，最應當留意者，否則難窺官制運作

---

31 現今最通用的中文詞典，比如台灣的《國語日報辭典》和大陸商務版《現代漢語詞典》，一般都還有相當強烈的「規範」（prescriptive）意味。英美的英文詞典，傳統上也是「規範式」的，如 Samuel Johnson 的 *Dictionary of the English Language*（1755）和 Noah Webster 的 *An American Dictionary of the English Language*（1828），但近代的英文詞典，則幾乎全變成了「描述式」（descriptive）的，如 *Oxford English Dictionary*（1924）和 *Collins COBUILD English Dictionary*（1995），盡量不作「規範」，只做「描述」，也就是語言怎樣在社會上使用，就照實全錄，照樣收錄。比如，一個字在社會上可能有好幾種讀音，照實一一列出，頂多只說明哪一種讀音比較常用，而不去「規範審定」只有一種所謂的「正確」讀音。英文新字新詞也盡量收錄（包括一些過去可能被認為不雅不潔者），不去「規範」何者為「規範詞」，也不去過濾掉那些所謂「不規範」的新詞。關於「規範」和「描述」的深入討論，見 Steven Pinker, "Telling Right from Wrong," *The Sense of Style: The Thinking Person's Guide to Writing in the 21st Century*, pp. 187-304. Pinker 最知名的著作是 *The Language Instinct: How the Mind Creates Language*（台灣有洪蘭的中譯本《語言本能：探索人類語言進化的奧祕》），在歐美大學常用作語言學的入門教科書。他的立場偏向描述，但也不完全一面倒。我的看法也如此。

32 賴瑞和，〈再論唐代的使職和職事官──李建墓碑墓誌的啟示〉，《中華文史論叢》2011年第4期，頁165-213。

的全豹。可惜它們幾乎全在四大「規範官志」中，遭到「剪除」。

　　《唐六典》等職官書的編撰者，在「整理和規範」的編修壓力下，無法像《唐會要》的編撰者那樣「自由」，只要把所有使職材料，分門別類編入各衙司之下就行了，可以不管「規範」的問題，甚至可以不受歷代職官志體例的約束，因為《唐會要》本來就不是職官書。但四大職官書卻不能像《唐會要》那樣「自由」，因為從沈約的《宋書・百官志》開始，到《晉書・職官志》、《魏書・官氏志》和《隋書・百官志》，這些《唐六典》之前的職官書，早已建立了一種「典範」，成了後世職官書編撰者不得不參考（甚至遵守）的典範，難以擺脫其影響。

　　此之所以《唐六典》並非仿照《周禮》六官的架構，而是沿用了沈約宋志到隋志的那種政府衙司架構，不同於《周禮》的框架。唐代的使職，由於不屬三省六部九寺等衙署的編制（唐令所規定的那種官品和員額編制），而是在這些衙署編制外「分枝」額外「增生」出去的，難以納入傳統職官志（特別是《隋書・百官志》）的體例，因而遭排除在職官書之外。編撰者不載使職，一方面是因為這些新創的「臨時官」非「規範」，非「編制」內，另一方面，恐怕也是不想「破壞」了傳統職官志的「體例」。從這觀點看，四大職官書的編撰者都太保守了，包括杜佑，無大視野去大膽開創新格局，創造新典範，建立新體例。

　　直到《宋史・職官志》，才打破這種傳統職官志的體例，特別新增了許多宋代的使職差遣、檢校官和其他宋代新制的內容。但宋代的這些使職和新制，其實許多皆淵源於唐五代[33]。至於唐

33　孫國棟，〈宋代官制紊亂在唐制的根源〉，《唐宋史論叢》，頁256-270；龔延明，〈兩宋官制源流變遷〉，《中國古代職官科舉研究》，頁139-148。

四大職官書的缺漏，將來恐怕要由現代學者來補正了，或索性另起爐灶，另外重新建構一個新的描述框架，重寫一本全新的、「描述式」的唐職官志。

五、職官書所造成的後果

職官書編成之後，在當時與後世都享有某種「權威」。官修的如《唐六典》，更是如此。但唐代雕版印刷還未普及。《唐六典》編成之後，據我們所知，在有唐一代，從未開雕「出版」印刷過，只有手寫本收藏在宮廷的藏書樓內。

然而，在唐代，特別是唐後期，某些士人官員顯然又有機會讀到《唐六典》，很可能是從藏書樓內抄寫出來，再傳抄於士人之間。最好的證據是，唐後期有些官員引用過《唐六典》，用以佐證、支持他們的某些主張，或反對某些施政。

例如，權德輿在〈弘文館大學士壁記〉，便引用《唐六典》說：「按《六典》常令給事中一人判館〔指弘文館〕事。」[34] 白居易〈初授拾遺獻書〉也引《唐六典》：「臣按《六典》，左右拾遺，掌供奉諷諫。」[35] 唐文宗太和五年（831）十二月，國子祭酒裴通奏：「當司所授丞簿及諸博士助教直講等，謹按《六典》云：丞掌判監事，凡六學生每〔歲〕有業成上于監者，以其業與司業、祭酒試之。」[36]

---

34 《權德輿詩文集》卷31，頁479。此句引文見於今本《唐六典》卷8，頁255，弘文館學士條下。

35 《白居易集箋校》卷58，頁3323；《唐六典》卷8，頁247，又見卷9，頁277-278。

36 《冊府元龜》卷604，頁7255。此句出自《唐六典》卷21，頁558。裴通的引

　　這類引用，在唐後期文獻中屢見不鮮，舉不勝舉。依此看來，唐後期官員如果需要徵引職官書，他們似乎也只有《唐六典》一書可用，未見他們引用過《通典》。兩《唐書》官志則在唐亡之後才編成。韋述、柳芳等人所撰的《國史》職官志，也未見唐後期官員們引用，想必還屬稿本性質，深藏在御府藏書樓，未流通於外。

　　換言之，職官書把當時施行的官制編成一本書，按三省六部九寺的政府架構來排列，這就好比漢語詞典，把當時社會上通行的各種語詞，按照韻部、康熙部首或大陸的拼音制，加以編排、審音、釋義一樣。官制與語言，職官書與詞典，因此都有不少可以相互比較互證之處，也可以因比較互證，更加發人深省。唐後期的官員喜歡引用《唐六典》為證，就好比我們今人引用《說文解字》、《康熙字典》、《漢語大詞典》或《現代漢語詞典》等具有某種「權威」性質的語文詞典，來佐證某個字詞的「正確」讀音與定義，或用以駁斥某個字詞的某個「不正確」的讀音或用法。那些經由國家、教育部、或學界「認定」的語文詞典，當然更具權威地位。

　　正因為唐職官書具有這種類似詞典的權威地位，以致後世使用者，往往受其影響，造成一些意想不到的後果。例如，北宋神宗皇帝便在崇信《唐六典》的心態下，推行著名的元豐改制，想回到所謂的「古制」，「那完美的古制」。然而，到了宋代，《唐六典》不但是一本「規範官志」，更成了一部「過時的規範官

　　文在《冊府元龜》中缺一「歲」字，今據《唐六典》補。「六學生」指國子學、太學、四門學、律學、書學、算學六個學門的學生，不是「六個學生」。

志」，因為早從唐代中葉起，它裡面所描述的職事官，就有許多已經不合當時的需求。書中所述的那些三省六部九寺等衙署的職事官，許多已經從開元年間起，就逐漸被各種新設的使職所取代，但《唐六典》卻不載許多這些使職。到了宋代，更不符宋代所需。

　　然而，宋神宗一意孤行，強行以過時的《唐六典》官制，套在當時宋代官制上，導致行政效率低下。司馬光當宰相時，便深以為苦，埋怨公文政事「皆困於留滯」。神宗也「頗悔改官制」。如果站在效率的立場，凡人做事都要講效率，但宋神宗卻為了要回到《唐六典》的那種古制，而在推行一種沒有效率的官制，這確實是一種違反人性本能的嘗試。不過，據龔延明的研究，神宗這樣做，也有他的理由，因為他的這個官制改革，其實是為了「保護」他的皇權，他的專制統治。這目的達到了，便無法兼顧到行政效率。總的來說，整個元豐官制改革，據研究過宋代官制的龔延明說，終歸失敗，是一次「不成功的官制改革」[37]。

　　由於四大職官書具有強烈的「規範」意味，宛如「規範詞典」，它們所呈現的便是一種「乾淨的、簡化的」職官版本，不是最詳盡、最全面的職官收錄。職官現象跟語言現象和人類社會的許多現象一樣，原本就無法那麼工整，原本應當像一棵枝葉叢生蔓長的大樹，不是那麼井然有序，因為一種制度或一種語言在行用期間，必然會有許多權宜之計，許多變通辦法，許多因臨時需要或時代需要而產生的新事物，新官職，新用詞，甚至新文法。

　　然而，這一切，都無法在「規範官志」的職官書或「規範詞

37　龔延明，〈北宋元豐官制改革論〉，《中國古代職官科舉研究》，頁283-306。

典」中充分反映。研究語言使用的現代語言學家都深知，他們不能單靠詞典（特別是「規範詞典」）去做研究，必須實地去做田野調查，實際紀錄當地人民的說話，或蒐集報章雜誌書刊上的實際用例，才能紀錄到某一地區最真實的語言使用狀況。同理，我們要了解唐代職官制度的實際運作，也絕不能單靠那些「規範官志」（雖然有不少用處）[38]，而必須到墓誌、墓碑、正史列傳、詩文小說這些日常實用文本中去，觀察唐人如何在真正使用那些官職和官銜，比如前面引用的盧伯卿墓誌，才能一窺全貌。

　　因為《唐六典》等職官書不載許多使職，導致許多現代學者誤以為，使職遠不如職事官重要。這是很大的誤解，也導致目前學界那些幾乎只根據職官書寫成的《中國歷代行政制度》和《唐代政治制度》等書，讀起來和我們在碑誌史傳等文獻中所見到的實際唐制，有很大的出入。這些書亦無法解決許多唐代官制官名上的「謎團」，好比盲者摸象。

　　其次，四大職官書還造成另一種後果，讓今人誤以為唐代一直在依靠那些規範的職事官在治國，那麼「工工整整」的，由三省六部一臺官員，一直到九寺五監官員等等，井然有序極了。但細察之下，可以發現，這是一種「簡化」和「淨化」的結果，也就是把許多使職都剔除在官制之外以後，才能有的「假象」，是一種「修枝」以後的景象。這樣「整齊」的職事官隊伍，未能真實反映當時正在行用的官制，也就是杜佑所說，「設官以經之，置使以緯之」，同時實行使職和職事官兩套官制的辦法。

　　例如，唐代的財賦和稅收，在開元以前由尚書省的職事官

38　王永興，〈讀《唐六典》的一些體會〉，《文史知識》2009年第2期，頁17-23，談到了《唐六典》的一些實用價值。

（戶部尚書和侍郎等）主持，開元以後則「權移他官」，紛紛改由各種使職把持。然而，如此重大的變革及其主事者（轉運使、度支使、鹽鐵使等），在《唐六典》中都沒有記載，還情有可原，因為《唐六典》編於開元年間，或許當時還未能看清這些使職的重要性。但成書很遲的《通典·職官典》和兩《唐書》官志，卻也都不載這麼重要的財稅使職，不能不說是很大的缺憾（雖然這三書在〈食貨志〉部分，對度支、鹽鐵轉運和戶部等使的起源和演變，有相當詳細的記載）。而這一切，起因皆在於，四大職官書太過講求「規範」，過於遵守傳統職官架構和職官書的體例，過於保守，無力開創新的體例典範，不敢把複雜的使職，拿來跟舊的職事官交融並行處理（像《宋史·職官志》所做的那樣），以致不得不捨棄許多重要的使職，給後世製造了一個個官制施行運作的「假象」。

六、結語

　　唐代文獻中常見到一些官名，無法在四大職官書中查到。這一類官名，照例都是使職，沒有官品。四大職官書由於根據唐令編成，只記載正規的、規範的、有官品的職事官；至於使職，由於數量太多，又常「隨事立名」，難以全記，所以都「選擇」性地只記載非常少量常見通行者，以致許多出現在碑誌或正史列傳等歷史文獻中的使職名，都無法在四大職官書中查得。我們有必要重新編撰一本唐代職官志或詞典，收入所有唐代官名，包括使職官名。

　　四大職官書這種重職事官、輕使職，重規範、輕新創官制的編撰方式，可稱之為「規範官志」，類似現代的「規範詞典」，

對後世產生一些意想不到的後果。第一，讓後世研究者以為那些使職不重要，以為職事官比使職更重要。事實上不然。第二，讓後人以為唐代只依靠那些職事官來治國，殊不知唐代（特別是唐後期）實際上是越來越依靠那些使職來管理國家。比如，在國家重要的財政稅收上，使職如度支、鹽鐵轉運使和戶部使，在安史亂後更取代了唐前期的財政職事官。要言之，四大職官書所呈現的唐代官制，跟我們從其他史料所得知的實際運作官制，並不相同，有一個落差。職官書中的官制，是簡化的、乾淨的、工整的「規範」版本。實際運作的官制，則像是從未經人工修剪過的、枝葉蔓生的大樹，需要以新型的「描述官志」，才能盡收盡錄，比如唐以後的《宋史・職官志》。

　　四大職官書不但是「規範官志」，不載許多新設的不規範使職，但即使在傳統的規範職事官方面，四大書也顯得過時，保存了許多在唐玄宗時就已喪失職權的職事官名，未能呈現開元以來的官制實際運作真貌，因而也不免成了「過時的官志」。在研究唐代官制上，這四書固然仍有其用處，但也有相當的局限，絕不足夠，不宜過分依賴。我們必須在碑誌、正史列傳、唐代詩文、《唐會要》、《冊府元龜》等其他史料中，挖掘更多唐代使職的實際運作材料和實例，才能充分深透唐代職官制度的全貌，才能寫出「活的制度史」[39]。

39　鄧小南，〈走向「活」的制度史──以宋代官僚政治制度史研究為例的點滴思考〉，《浙江學刊》2003年第3期，頁99-103。

第二部分

宰臣

第四章

唐宰相的使職特徵和名號

> 蓋平章事亦職而非官也。

> ——清·錢大昕

　　把唐代宰相定位為一種使職，這在目前的唐史學界，可能還是一個很「新奇」的觀點，或許會讓大家感到有些吃驚，以為這是一種「標新立異」的說法。但其實，這觀點一點也不新奇。我們在第二章見過，早在清代，史學大師錢大昕，就對唐代的使職有過一段精采的分析。他不但指出，唐代的節度、採訪、觀察、防禦、團練、經略、招討諸使，「皆無品秩」，所以是使職。同時，他還指出，唐代的翰林、弘文、集賢等學士，甚至史館史官諸館職，「亦係差遣無品秩」，所以也全都是使職。接著，他筆鋒一轉，出人意表地這麼說：

> 不特此也，宰相之職，所云平章事者，亦無品秩。自一、二品至三、四、五品官，皆得與聞國政，故有同居政地而品秩懸殊者；罷政則復其本班。蓋平章事亦職而非官也。[1]

這是錢大昕對唐代宰相制度的一個精湛新發現，言前人所未言。

---

1 《廿二史考異》卷58，頁849。

但歷來研究唐代宰相的學者，似未注意到錢大昕這一說的重要內涵，也從來沒有學者從使職的角度，去深入研究唐代的宰相[2]，以致「唐宰相為使職」的觀點，一直沒有在唐史學界受到應有的重視。本章嘗試在這方面努力。

嚴耕望在〈論唐代尚書省之職權與地位〉一文中，有一段話，也跟錢大昕的說法頗有幾分神似，特別是他說「中央宰相即是使職」這一句：

> 唐自開元以來，使職繁興，漸奪品官之權。中葉以後，官與差職截然不同：設官有定額，重在品秩，多無事權；差職無常員，隨事設置，無秩命而實掌事權，如中央宰相即是使職，此下有翰林學士、判度支、鹽鐵轉運等使，地方則節度觀察以下諸使名目尤多，諸使之屬員有判官、推官、巡官、掌書記、進奏官等亦皆差職，非官也。[3]

然而，錢大昕和嚴耕望都只說了這麼一小段話，言簡意賅，略帶玄機，卻沒有進一步的討論，好像假設大家都知道他們的意思。但現代唐史學者和學生，恐怕都不易理解這些話的含義。比如，錢大昕說，「蓋平章事亦職而非官也」，恐怕就有些難懂，除非我們先了解，原來唐人有「官」（職事官）和「職」（使職）的不同概念。官是官，職是職，兩者不能相混。今人則往往官職不分，對唐人如此細分官與職，自然難以體會。但官與職的差別，

2　就我所知，只有陳仲安、王素《漢唐職官制度研究》，頁101-105，有一小節論及「宰相制度的使職化」。雖然簡略，但開了個頭，可惜後繼無人。

3　《嚴耕望史學論文集》，頁329。

本書第一章已詳細論證過了。本章就從使職的角度入手，論析唐代宰相的種種名號和職稱，並且為錢大昕和嚴耕望的簡短提示，做點疏證、補證的工作。

　　傳統上，學界一向都把唐代的宰相，放在三省制或中書門下體制的框架下來探討，主因是唐初以三省實際長官為宰相。當然，三省制和中書門下體制，都不失為一種有用的方法，不可輕言取代，可繼續供學界參考。本章的「使職論」，亦無意取代三省制和中書門下體制論述。但這類論述大家已耳熟能詳，且數量眾多[4]，不宜再重複贅論，所以本章想從另一個角度，從錢大昕和嚴耕望所提示的使職角度，來考察宰相制度，看看是否能有一些新意，或亦可供學界參考。

一、宰相的使職特徵

　　依錢大昕和嚴耕望看來，唐代的宰相，說穿了就是個使職，不是職事官。宰相跟唐代其他使職，如節度使和史館史官一樣，都帶有使職的幾個特徵。

4　最早論及唐代三省制及宰相制，且對後來研究有深遠影響的一篇論文是孫國棟〈唐代三省制之發展研究〉，原發表在香港《新亞學報》3卷1期，1957年，現收入他的論文集《唐宋史論叢》。近年涉及唐代宰相及相關課題的專書不少，當中以袁剛，《隋唐中樞體制的發展演變》的論述最清晰有條理，且涉及宰相、翰林學士承旨與宦官樞密使的權力關係，最具說服力。其他主要論著有下列幾本：王素，《三省制略論》；吳宗國主編，《盛唐政治制度研究》；劉後濱，《唐代中書門下體制研究》；羅永生，《三省制新探——以隋和唐前期門下省職掌與地位為中心》；王吉林，《唐代宰相與政治》；雷家驥，《隋唐中央權力結構及其演進》；謝元魯，《唐代中央政權決策研究》；周道濟，《漢唐宰相制度》。論文繁多不錄。

　　第一，正如錢大昕所說，宰相沒有品秩。這是唐代使職最關鍵的特徵，且是構成使職定義的第一要件（見第二章）。且唐宰相又有實職，符合第二章討論過的使職定義：舉凡沒有官品的實職官位，都是使職。

　　第二，唐宰相皆以他官去充任，這正是使職的另一典型特徵。因為宰相本身無定員，無固定的官員編制，所以唐代宰相，必須由他官去充任。錢大昕上引文說過，「自一、二品至三、四、五品官，皆得與聞國政，故有同居政地而品秩懸殊者」。他的意思是，他官品秩，從一品到五品，都可以被選為宰相。唐初，習慣是以三省長官為宰相。但從太宗朝開始，也用侍郎等官去充任宰相。如此一來，宰相便帶有所謂的「本官」，以及各種不同的宰相稱號，如「同中書門下平章事」，「同三品」等等。但這也造成唐代宰相的名號，多達二十多個，為歷朝之冠，以致歐陽修在《新唐書・宰相表》說：「唐世宰相，名尤不正」[5]。

　　第三，宰相跟皇帝有某種「私」（personal）的關係，或得到皇帝的信任，相對於職事官制的那種「無私」（impersonal）關係。這是使職特徵之一，表示宰相是獲得皇帝授權的一個特使，「佐天子總百官、治萬事」[6]。

　　第四，宰相任期非常不固定，這也是使職特徵之一，正如節度等使和方鎮使府的僚佐，任期都不固定一樣。因為宰相只不過是個使職，他的任期就全看皇帝的意思，可長可短：短的不到一個月，如高祖的劉文靜，長的可達十多年，如玄宗的李林甫，長達十八年，全看他跟皇帝相處得如何，是否「得寵」。

---

5 《新唐書》卷46，頁1182。

6 《新唐書》卷46，頁1182。

　　第五，宰相全由「皇帝欽差」，而在唐史上，妙的是皇帝可以任命幾乎任何人為宰相（或許除了女性之外），只要皇帝認為這個人合他心意即可[7]。這又是使職特徵之一。例如節度等使，可以委任自己的女婿和其他血親姻親為幕佐一樣，只因為幕佐是幕主自辟的使職，不受職事官制的約束。因此，唐代宰相當中，有非士人非清流出身者，如玄宗朝的牛仙客，「本河湟一吏典耳」，遭到張九齡的激烈反對，但玄宗屬意牛仙客，最後還是讓他當了宰相[8]。宰相甚至也可以是閹人宦官，如代宗朝的李輔國，就因為他曾經有恩於代宗。

　　既然歐陽修說，「唐世宰相，名尤不正」，且讓我們從「宰相」一詞說起。事實上，祝總斌說過，「除了遼代之外，『宰相』一直只是一個習慣用語，用以指輔佐皇帝行使權力，處理國家政務的主要官吏，而從來不是一個正式官名」[9]。更正確地說，除了遼代，它從來不是個正規的職事官名，甚至也不是個使職官名。在《唐六典》、《通典》等職官書，都沒有把「宰相」當成一個職事官名來處理。宰相只不過是一個非正式的通稱。類似通稱還有宰輔、宰臣等等，意指皇帝身邊某個或多個最親近、最受信任的大臣。皇帝通常跟這些人商量軍國要事，聽取他們的意見。這些人便是宰相，負責統領百官，替皇帝治理國家。

　　但在唐代文獻中，卻常常可以見到某人被尊稱為宰相。例

7　廖伯源，《使者與官制演變——秦漢皇帝使者考論》，頁231-232，論及使者的特徵：「使者之官職無限制，然多為親近臣」。「皇帝派遣何人為使者，無任何限制，合意即可，故使者可以是任何人」。

8　劉肅，《大唐新語》卷7，頁104-105。

9　祝總斌，《兩漢魏晉南北朝宰相制度研究》，頁1。參閱龔延明，〈中國古代宰相名稱的演變〉，《中國古代職官科舉研究》，頁54-72。

如，《舊唐書》卷五〈高宗紀〉儀鳳元年（676）十二月戊午條下說：

> 遣使分道巡撫：宰相來恆河南道，薛元超河北道，左丞崔知悌等江南道。[10]

這裡是說，高宗皇帝派遣了三個特使到三個道去「巡撫」。派往河南道的是宰相來恆，派往河北道的薛元超，也是宰相。《舊唐書》此處為什麼使用了「宰相」一詞？因為高宗剛好在幾個月前，在上元三年三月癸卯這一天，以「黃門侍郎來恆、中書侍郎薛元超並同中書門下三品」，也就是授給兩人「同中書門下三品」的使職官名，委任兩人為宰相[11]。「同中書門下三品」便是唐代宰相的其中一個專稱，一個使職稱號。凡是帶有這種使職官名的人，都可被通稱為宰相。上引文中的第三個特使崔知悌，倒不是宰相，因為他只是個「左丞」（尚書省左丞的簡稱），沒有「同中書門下三品」的使職官名。

再如，《舊唐書·韋安石傳》記載了下面一則故事：

> 嘗於內殿賜宴，〔張〕易之引蜀商宋霸子等數人於前博戲，安石跪奏曰：「蜀商等賤類，不合預登此筵。」因顧左右令逐出之，座者皆為失色，則天以安石辭直，深慰勉之。時鳳閣侍郎陸元方在座，退而告人曰：「此真宰相，非吾等所及也。」[12]

10《舊唐書》卷5，頁102。

11《舊唐書》卷5，頁101。

12《舊唐書》卷92，頁2956。

《資治通鑑》繫此事在則天久視元年（700）十月[13]。韋安石把「蜀商宋霸子等數人」趕出內殿，令在座的陸元方看了大為歎服。他為什麼稱韋安石為「宰相」？因為，我們從其他史料知道，韋安石這時候的身分是「守鸞臺侍郎、同鳳閣鸞臺平章事」[14]。這個「同鳳閣鸞臺平章事」便是武則天時代宰相的使職官名：鳳閣即中書，鸞臺即門下，為則天時代所改的別稱。「同鳳閣鸞臺平章事」意即「同中書門下平章事」。

二、宰相的各種使職稱號

從以上韋安石的例子，我們知道，唐代的宰相照例都帶有某個使職官名。在高宗武則天時代，宰相的使職官名主要有兩個：（一）同中書門下三品；（二）同中書門下平章事。那麼，在唐朝其他時代，在高宗和武則天之前和之後，宰相的使職官名又有哪一些呢？

答案：從唐初到唐末，唐朝宰相的使職官名還真不少，難以精確統計。據寧志新的最新研究，大約有二十二個之多[15]。這些可以歸納為主要三種型態。（一）武德年間的「知政事」，授給三省長官任宰相者，以及貞觀年間的「參預政事」、「參議得失」、「參知政事」、「專典機密」、「專知機密」、「同掌機務」等此類「四字套語」。這一類名號最多，用詞最不穩定，有時只是

---

13 《資治通鑑》卷207，頁6553。

14 《新唐書》卷61〈宰相表〉，頁1664。

15 寧志新〈唐朝宰相稱謂考〉，《河北師範大學學報》2008年第3期，頁122-126。

多一字或改一字，如「參知政事」改為「參預政事」等等。我們對這種現象，大可不必訝異，因為這正是使職命名的一大特色：一個朝代剛行用或沿用前朝的某一種使職時，其職稱命名總是不固定的。我們把這些「知政事」和類似的「參知政事」等職稱，全都歸納為一類即可。（二）同中書門下三品。這時宰相稱號相當固定，可簡稱為「同三品」宰相。（三）同中書門下平章事，名號也很固定，但偶爾有些小變化，如「平章政事」、「平章軍國重事」等，這些全可簡稱為「同平章事」或「平章事」宰相。這三大類型宰相，除了官稱上有差別外，實質上並沒區別：他們都只不過是皇帝的使職，皇帝身邊重要的宰臣。

　　以上這些宰相專稱，或許名目太多了，以致讓宋代的歐陽修也感到眼花，使他不得不發出這樣的感歎：「唐世宰相，名尤不正」。其實，我們不必像歐陽修那樣哀歎，那樣負面。以平常心看待，只要我們了解使職運作的大規律，這些宰相銜實際上都有相當明顯、合理的命名邏輯。

　　唐代各種典志和職官書，在敘述宰相名號時，頗為混亂，但寫得最清楚的，莫過於《唐六典》下面這段：

　　武德、貞觀故事，以尚書省左、右僕射各一人及侍中、中書令各二人為知政事官。其時，以他官預議國政者，云「與宰相參議朝政」，或云「平章國計」，或云「專典機密」，或「參議政事」。貞觀十七年〔643〕，李勣為太子詹事，特詔同知政事，始謂「同中書門下三品」。自是，僕射常帶此稱；自餘非兩省長官預知政事者，皆以此為名。永淳〔682〕中，始詔郭正一、郭待舉、魏玄同等與中書門下同承受進止平章事。自天后已後，兩省長官及同中書門下三品并平章事

為宰相；其僕射不帶「同中書門下三品」者，但釐尚書省而已。總章二年〔669〕，東臺侍郎張文瓘、西臺侍郎戴至德等始以「同中書門下三品」著之入銜，自是相承至今。永淳二年〔683〕，黃門侍郎劉齊賢知政事，稱「同中書門下平章事」；自後，兩省長官及他官執政未至侍中、中書令者，皆稱「同中書門下平章事」也。[16]

這段文字大抵把唐代宰相各種名號的起源和演變都交代了，雖然在某些細微處，仍有待疏證和補正。其要點有四。

第一點，唐初武德貞觀年，以「尚書省左、右僕射各一人及侍中、中書令各二人為知政事官」。這句話的重點是，皇帝「以」某某長官「為知政事官」。我們從其他史料知道，「知政事」實際上就是唐初宰相的一個使職官名。這裡是說，武德貞觀年間，宰相是「以」三省長官去充任，帶有「知政事」職稱。例如，《唐會要》記載：

武德元年六月，裴寂除尚書右僕射，知政事。[17]

換句話說，裴寂是以尚書右僕射的職事官位，即所謂「本官」，去充任「知政事」，也就是去當宰相。《唐六典》上引文所說

---

16 《唐六典》卷9，頁274-275。《舊唐書‧職官志》卷43，頁1849同。據陳仲夫的校注，《唐六典》「原本無此注，正德以下諸本皆然，此乃近衛據《舊唐志》以補明本者，因《舊唐書‧職官志》多本於《六典》，且文中所載唐前期宰相沿革較詳，故照錄於此，以備參考」。

17 《唐會要》卷51，頁1036。又見《新唐書》卷1，頁6；《資治通鑑》卷185，頁5793。

「為知政事官」，就等於說「為宰相官」。

《唐六典》此處以「尚書省左、右僕射各一人及侍中、中書令各二人」為宰相人選，但左右僕射其實只是尚書省的次官，長官為尚書令。為何《唐六典》「遺漏」尚書令？唐長孺早有一解。他指出，「不置尚書令隋代已然」。隋煬帝時，楊素一度短期被任命為尚書令，但那是「為了酬答他擁立大功，是個特例」。隋唐許多時候不置尚書令，「恐怕還是由於位高權重，有上逼君權之嫌」[18]。所以，「隋代就是以尚書省次官左右僕射為本省實際首長，並為宰相正官」。唐初李世民做過尚書令，但常年在外征戰，不可能實際上去執行宰相任務，也屬榮譽性質。因此，唐代和隋代一樣，尚書省的實際首長是左右僕射，而非尚書令[19]。

第二點，應當留意的是，即使在唐初，宰相也不全是以三省長官去充任。這期間（特別是貞觀年間），如果有人以「他官」（指三省長官以外的「其他官員」）去出任宰相，比如魏徵以秘書監，杜淹和蕭瑀以御史大夫，岑文本以中書侍郎，則他會帶有「參議朝政」、「平章國計」、「專典機密」，或「參議政事」等使職官名，表示他現在是宰相，在執行宰相職務。

第三點，在貞觀十七年（643），李勣任太子詹事時，皇帝特下詔令他「同知政事」，也就是命他為相，並稱他的宰相職位為「同中書門下三品」，從此啟用了一個新的使職官名。到了總章二年（669），東臺侍郎（即門下侍郎）張文瓘、西臺侍郎

---

18 唐長孺，〈讀隋書札記〉，《山居存稿》，頁293-298。感謝劉嘯兄告訴我此條札記。

19 張國剛，《唐代官制》，頁3。

（中書侍郎）戴至德等，開始以「同中書門下三品」著之入銜，「自是相承至今」。按《唐六典》完成於玄宗開元二十七年（739）。所謂「相承至今」即是說，到739年時，這稱號仍在使用。但我們從其他史料知道，這稱號其實一直用到安史之亂期間的上元二年（761），下面將細論。

　　第四點，在高宗永淳二年（683），宰相稱號又多了一個，叫「同中書門下平章事」，從此這稱號跟「同中書門下三品」一起行用。但安史之亂後，「同中書門下三品」慢慢不用，而「同中書門下平章事」則一直用到唐末，成了唐後半期宰相最常見的一個稱號，以致等於唐代宰相的通稱。錢大昕上引文，便以「平章事」來泛指唐代前後期所有宰相，並非只指唐後期那些帶有「平章事」稱號的宰相。

　　綜合《唐六典》和其他史料，唐代宰相的各種使職稱號和行用時間，可以列如表4.1。

表4.1：唐代宰相的種種使職稱號及行用時間

行用大約時間	宰相人選	宰相使職稱號	補充說明
武德年間（618-626）	尚書省左右僕射、侍中、中書令等三省實際長官	知政事	「知政事」即使到唐末仍用於某些場合，如宰相罷職，常稱「罷知政事」
貞觀年間（627-649）	亦以三省實際長官以外的「他官」去充任，如魏徵的秘書監，杜淹的御史大夫等	參議朝政、參議得失、專典機密，參豫機務等銜	這期間的宰相使職稱號最多，最不固定

貞觀十七年至上元二年（643-761）	一般不再以三省長官去充任，多用侍郎、尚書、御史大夫等「他官」	同中書門下三品，或類似稱號者	偶爾仍用參知政事、參豫朝政、參知機務等銜
永淳二年至唐亡（683-907）	同上	同中書門下平章事，或類似稱號者	知政事仍在使用

　　《唐六典》所用的「知政事」三字，看起來好像不是個官名，只是個動詞＋賓語的動賓結構組合，在描述一種職務，但細察之下，它其實是個標準的使職名號，有專稱意義。證據有三個。

　　第一，《唐六典》在上引那段文字中，總共使用了「知政事」一詞達三次之多，每次都有特定意義，專指宰相職位，列舉如下：

1. 貞觀十七年，李勣為太子詹事，特詔同知政事。
2. 自餘非兩省長官預知政事者，皆以此為名。
3. 永淳二年，黃門侍郎劉齊賢知政事，稱「同中書門下平章事」。

以上三個「知政事」，都專指宰相。

　　第二，唐代有不少以「知」字開頭的使職官名，如「知制誥」、「知貢舉」、「知吏部選事」等等，也都和「知政事」一樣，屬於這種動賓結構的官名，用法也都一樣。例如：

制以太中大夫、前御史中丞裴贄為禮部尚書、知貢舉。[20]

〔元和十年三月〕己卯，以劍南西川節度行軍司馬李程為兵部郎中、知制誥。[21]

所以，「知政事」並非泛稱，而是個有明確意義的使職官名，只是過去我們對使職的認識不深，沒有注意到這類以「知」字開頭的使職官名[22]。

第三，唐代文獻中，也常可見到某某官員的名字之前，冠上「知政事」或「參知政事」之類的職稱。在這類用例中，「知政事」就最為明顯是個使職官名，可以用來描述某某官員的正式身分。例如《舊唐書・高宗紀》說：「上謂參知政事崔知溫曰……」[23]，就是個好例子，因為崔知溫這時正出任宰相，帶有「參知政事」的職稱。再如，《舊唐書・則天皇后紀》長安三年（703）秋九月條下說：「御史大夫兼知政事、太子右庶子魏元忠為張昌宗所譖，左授端州高要尉。」[24]這個用例顯示，「御史大夫」、「知政事」和「太子右庶子」是三個正式官稱，可以連在一起使用，是魏元忠這時候所帶的三個官銜。

---

20 《舊唐書》卷20上〈昭宗紀〉，頁763。

21 《舊唐書》卷15〈憲宗紀〉，頁452。

22 更多的例子見賴瑞和，〈再論唐代的使職和職事官〉，頁199-207。

23 《舊唐書》卷5，頁109。

24 《舊唐書》卷6，頁131。

三、知政事和參知政事型宰相

　　知政事、參知政事、參知機密和參議得失等等這類使職官名，全都是以動詞開始的動賓結構官名，跟正規職事官制的官名很不一樣。正規官制的官名，幾乎全是名詞，如「吏部尚書」、「水部員外郎」等等，不含動詞在內。但我們知道，最原始的官名往往會帶有一個動詞，且以動詞來描寫職務，簡單易懂，從職稱上就可以看出職務。例如，知政事等官名的意思，便是請某某現任的官員，以他現有的某個正規職事官，去「知」或「參知」政事，或「參知」機密。這些職稱中的「知」或「參知」，都是動詞。唐代的使職官名，當然不全是這種動賓結構，但卻有不少是動賓結構，包括最知名的「同中書門下三品」和「同中書門下平章事」，裡面的「同」字都是動詞。這正是使職命名的方法和特色之一。宋制承接唐制，以致宋代官名中，可找到更多這種動賓結構的使職差遣名，如知州、知縣等等。

　　「知」的意思即「負責處理」。知政事者，即掌管軍國大事之意。「知」和「參知」的意思大同小異。參知政事、參知機密和參議得失等詞，表面字義上當然有些分別，但在宰相輔佐皇帝治國的場合，實質含義基本上是大致相同的。我們大可不必太過拘泥於它們表層字義上的差別。所以，這幾個使職官名，表面上看似不同，其實是同一種類型，可通稱之為「知政事型」。

　　唐代職事官銜的一大特色，就是名稱相當固定，如吏部侍郎、御史大夫等，在正式的場合，都不會隨意更換字眼。例如，唐人不可能把「吏部侍郎」改為「吏部侍臣」，「御史大夫」改為「御臺大夫」，雖然意思差不多，但卻是不可思議之事。這是因為這類職事官名，經過長期（幾朝甚至幾百年）使用，早已固

定下來，且都載於甲令，不可任意更動。

　　但唐代的使職官名，卻不是如此固定，即使在正式場合，也可以機動性更動，端看當時各種情況而定。例如，派往吐蕃的「盟會使」，亦可稱為「會盟使」[25]。再如，憲宗朝才正式出現「樞密使」一詞，但早在憲宗之前，便有不少宦官在擔任「知樞密」、「掌樞密」等使職，這些全都指同一種使職，只不過一種使職開始設立時，官名還不固定，常在調整，行用一段時間後才固定為某一個專名。同理，知政事、參知政事、參知機密、參議得失等唐初宰相稱謂，也應如此看待，可視為同一種使職在不同時間，頒授給不同人的機動性異稱。

　　實際上，在這幾個宰相稱謂當中，最早的一個（知政事），反而在唐史料中相當常見，而且使用時間很長：從隋代唐初一直沿用到唐末昭宗朝仍不廢。裴寂早在武德元年（618）六月即帶有這個「知政事」的使職官名[26]。他原本只是唐高祖李淵在太原起義時，大將府中的一個長史。長史這個官在隋唐的職事官系統中，層級不高。但李淵攻下長安，建立唐朝後，為什麼裴寂就迅速躍升為位極人臣的宰相？因為宰相是一種使職，委任全看皇帝的意思，不必按照正規的升遷管道，可以超升，而且像宰相這樣重要的使職，任職者當然必須跟君主有某種程度的信任關係才行。

　　細讀《舊唐書》裴寂的本傳，我們發現他早在隋朝末年，在太原晉陽宮任副監時，就認識李淵。李淵的「義兵起」時，裴寂

---

25 可在台灣中研院「漢籍電子文獻資料庫」或大陸《基本古籍庫》等電子文本中，以「盟會使」和「會盟使」來檢索得大量例子。

26 《唐會要》卷51，頁1036。又見《新唐書》卷1，頁6；《資治通鑑》卷185，頁5793。

甚至「進宮女五百人，并上米九萬斛、雜綵五萬段、甲四十萬領，以供軍用」[27]，功績顯赫。李淵立國後，委任他為唐初的幾個宰相之一，也就毫不出奇了，充分展現唐代的宰相，是如何跟皇帝有「私」關係，是如何委任的：李淵先把裴寂躍升為尚書右僕射，再請他以這個高層職事官的身分，出任宰相，並帶有「知政事」的使職官名。

關鍵的一點是，唐代的使職，有相當的隨意性，可以隨時委任，隨時撤換，更可以像《舊唐書·食貨志》所說，「隨事立名，沿革不一」[28]。因此，同一個使職，可以有種種不同的稱號（或甚至沒有一個很明確的稱號），並不奇怪。宰相正是這樣的好例子。在這意義下，「知政事」、「參知政事」和「參議政事」這一類的名號，便是唐代宰相的一種使職官名。

使職官名是比較隨意的一種稱謂。同一個使職，可以有幾種名號。重點是，一旦我們在唐代文獻中見到「知政事」三個字（或類似稱號如「參豫朝政」、「參議得失」等等），我們就可以把這些稱號，全都理解為宰相職稱。

至此，我們不妨再提另一個更有力的佐證。那就是，唐代的宰相，到了開元以後，一般都不再稱為「知政事」，而改稱「同中書門下三品」或「同中書門下平章事」，但有趣的是，開元以後的宰相，一旦被解職時，兩《唐書》上的寫法卻不是「罷同中書門下三品」，或「罷同中書門下平章事」，或「罷平章事」（宋人倒有這個說法）。檢索兩《唐書》，這樣的用例一個也沒有。那麼，這時期的宰相罷相，史書上怎麼說？

---

27 《舊唐書》卷57，頁2286。

28 《舊唐書》卷48，頁2086。

　　答案可能有兩個。一是最簡單的寫法：「罷相」。比如《舊唐書・關播傳》說：「播與盧杞等從駕幸奉天，既而盧杞、白志貞等並貶黜，播尚知政事，中外囂然，以為不可，遂罷相，改刑部尚書。」[29]前面說「播尚知政事」，意即他還在任宰相，但「中外囂然，以為不可」，所以他最後不得不「罷相」。又如《舊唐書・柳公綽傳》：「牛僧孺罷相鎮江夏，公綽具戎容，於郵舍候之。」[30]

　　第二種寫法是「罷知政事」，表示宰相罷職了。這種寫法可以證明，即使到了唐後期，唐人仍然在使用「知政事」來指宰相，頗出人意料之外。在《舊唐書》等史料，這樣的用例相當多，多達一百多條，舉不勝舉，可從檢索得知。從如此眾多的用例看來，「罷知政事」彷彿成了唐後期「罷職宰相」的一個專用代名詞（當然，在唐前期，宰相罷職也常說是「罷知政事」）。許多時候，《新唐書》則把「罷知政事」改為「罷政事」，但意思相同。這裡且舉三個唐後期的例子。第一例見於《舊唐書・皇甫鎛傳》：

　　〔元和〕十三年〔818〕，與鹽鐵使程异同日以本官同平章事，領使如故。鎛雖有吏才，素無公望，特以聚斂媚上，刻削希恩。詔書既下，物情駭異，至於賈販無識，亦相嗤誚。宰相崔羣、裴度以物議上聞，憲宗怒而不聽。度上疏乞罷知政事，因論之曰（下略）。[31]

---

29 《舊唐書》卷130，頁3628-3629。

30 《舊唐書》卷165，頁4303。

31 《舊唐書》卷135，頁3739。《資治通鑑》卷240，頁7752-7753，對這件事有

「度上疏乞罷知政事」這一句，是說當時的宰相之一裴度，上疏請求辭去宰相之意，以示抗議憲宗皇帝委任皇甫鎛為相。事緣皇甫鎛「聚斂媚上」，很討憲宗的歡心，也被委為宰相（「以本官同平章事」），但「詔書既下，物情駭異」，引起許多人的不滿。《新唐書》此處改寫為「度乃表罷政事」[32]，省略了一個「知」字。

第二例見於《舊唐書・高郢傳》：

貞元十九年〔803〕冬，進位銀青光祿大夫，守中書侍郎、同中書門下平章事。順宗即位，轉刑部尚書，為韋執誼等所憚。尋罷知政事，以本官判吏部尚書事。[33]

高郢先是在貞元十九年冬，以中書侍郎的身分出任宰相，帶有「同中書門下平章事」的宰相稱號。但兩年後，在順宗即位時（805），他「尋罷知政事」，也就是罷去宰相職。同一個宰相，任相時說他「同中書門下平章事」，罷相時則又說他「罷知政事」，頗為別緻。史官可以如此變換用詞，顯示「同中書門下平章事」和「知政事」這兩個稱號的意思是完全一樣的，可以通用。

第三例見於《舊唐書・裴度傳》：

上以李逢吉與度不協，乃罷知政事，出為劍南東川節度。[34]

頗詳細的交代。

32　《新唐書》卷167，頁5113。

33　《舊唐書》卷147，頁3976。

34　《舊唐書》卷170，頁4418。

這句話完全未提李逢吉為宰相，但史書用了「罷知政事」一詞，明眼者一看馬上就知道，李逢吉必定是個宰相無疑，只是他跟另一宰相裴度「不協」，皇帝於是罷去他的相位，改任他為劍南東川節度使。《舊唐書・李逢吉傳》證實此事：「罷逢吉政事，出為劍南東川節度使、檢校兵部尚書。」[35]時在憲宗元和十二年（817）[36]。

綜上所論，唐代文獻中所見的「知政事」，是宰相的一個專稱，一種使職官名。它早在唐初高祖時代即出現，一直沿用到唐末昭宗時代。跟「知政事」類似的，還有「參豫朝政」、「參知政事」、「參議得失」、「專典機密」等等，都意指宰相。這就是為什麼《唐會要》在卷51〈官號〉部分記載宰相〈名稱〉時，如此紀錄：

> 武德元年六月，裴寂除尚書左僕射，知政事。貞觀元年九月，御史大夫杜淹除參議朝政。三年二月，魏徵除秘書監，參議朝政。四年二月，蕭瑀除御史大夫，與宰相參議朝政。（中略）七年十二月，岑文本兼中書侍郎，專典機密。[37]

換言之，「知政事」、「參預朝政」和「專典機密」等職稱，都是使職官名，都指宰相。事實上，這些宰相稱號，也並非唐代初創，而是「因襲隋制」[38]。從這觀點看，隋代的宰相也同樣是使

---

35 《舊唐書》卷167，頁4365。
36 《舊唐書》卷15，頁461。
37 《唐會要》卷51，頁1036。
38 唐長孺，〈讀隋書札記〉，《山居存稿》，頁293-298。

職，也以他官去充任，且帶有「參預朝政」、「參掌朝政」等稱
號。到了唐代，盡管裴寂、杜淹、魏徵、蕭瑀和岑文本五人所帶
的這類稱號不一樣，他們也都是宰相。但在這幾個名號當中，
「知政事」在唐代文獻中最常見，最常用，也跟後來的知制誥、
知貢舉、知吏部選事一樣，是一種以「知」字開頭的隱性使職。

四、同中書門下型宰相

太宗貞觀十七年（643）四月己丑，以「兵部尚書、英國公
李勣為太子詹事，仍同中書門下三品」[39]。這是唐代首次以「同中
書門下三品」這個使職官名來任命宰相。

這又是唐代使職可以「隨事立名」的一個好例子。太宗取這
個新的稱號，主要是為了提升李勣的身分地位：

> 十七年，高宗為皇太子，轉勣太子詹事兼左衛率，加位特
> 進，同中書門下三品。太宗謂曰：「我兒新登儲貳，卿舊長
> 史，今以宮事相委，故有此授。雖屈階資，可勿怪也。」[40]

給李勣取個與前不同的宰相稱號「同中書門下三品」，是為了對
他表示尊重，讓他倍感榮譽，但在官制上，這個新稱號和知政事
等舊稱號，實際上並沒有什麼差別，都指宰相，只是換個名目，
或許可以讓李勣感覺比較「有面子」而已。

從這時開始，宰相便可以帶這個職稱。例如，永徽二年

---

39 《舊唐書》卷3，頁55。
40 《舊唐書》卷67，頁2486。

（651），「正月乙巳，黃門侍郎宇文節、中書侍郎柳奭並同中書門下三品」。顯慶元年（656），「三月丙戌，戶部侍郎杜正倫為黃門侍郎、同中書門下三品」[41]。但兩個案例，似乎又跟《唐六典》所說，「總章二年〔669〕，東臺侍郎張文瓘、西臺侍郎戴至德等始以『同中書門下三品』著之入銜」，有些矛盾。在永徽二年和顯慶元年，史料上已可見到宇文節、柳奭和杜正倫等人帶有「同中書門下三品」，但為什麼《唐六典》卻說，這個同三品要到總章二年張文瓘和戴至德任相時，才「著之入銜」？

　　這涉及「入銜」一詞的解釋。《舊唐書·高宗紀》永徽二年八月條下說：

> 己巳，侍中、燕國公于志寧為尚書左僕射，侍中兼刑部尚書、北平縣公張行成為尚書右僕射，並同中書門下三品，猶不入銜。[42]

這裡清楚說于志寧和張行成兩人，「並同中書門下三品」，也就是出任宰相了，但緊接著又說，「猶不入銜」。從上下文看，「猶不入銜」的意思應當是，這個同三品的稱號，還沒有正式納入他們的整套官銜中，一直到總章二年才正式「著之入銜」，也就是可以用於正式的任命文書如告身等，或用於石刻題署。

　　《唐會要》卷37「禮儀使」部分有一則記載，也用了「入銜」一詞：

---

41 《新唐書》卷61〈宰相表上〉，頁1638，頁1640。

42 《舊唐書》卷4，頁69。

> 高祖禪代之際，溫大雅與竇威、陳叔達，參定禮儀。自後至
> 開元初，參定禮儀者並不入銜，無由檢敍。[43]

在高祖立國之初，溫大雅與竇威、陳叔達，參與制定禮儀，是一個事實。他們都在執行一種使職，但從唐初一直到開元初，「參定禮儀者」的使職，「並不入銜」，意即並沒有納入他們完整的全套官銜中，所以「無由檢敍」（審定一個官員的官階俸祿等事）。換言之，禮儀使最初是一種「有實無名」的委任。《唐會要》接著說，一直要到天寶九載（750）正月，才第一次設置「禮儀使」這個使職：「置禮儀使，以太子左庶子韋述為之」，看來此時才可以「入銜」，才可以「檢敍」。

「同中書門下三品」這個職稱最後一次行用，是在肅宗上元二年（761）二月：「癸未，中書侍郎、同中書門下三品李揆貶為袁州長史」[44]。從貞觀十七年（643）算起，這個職稱行用了118年之久。從此，唐代的宰相職稱，最通行常見的就只剩下一個：同中書門下平章事，簡稱「同平章事」或「平章事」，但「知政事」這個舊宰相稱號，在某些場合也還在使用。

五、同平章事型宰相

太宗貞觀八年（634），名將李靖以「足疾上表乞骸骨」，太宗派遣中書侍郎岑文本前去慰問：

---

43 《唐會要》卷37，頁784。

44 《舊唐書》卷10，頁260；這個案例也顯示，即使到了肅宗時代，中書侍郎任宰相，也可帶「同中書門下三品」，不一定是號稱比較低階的「同中書門

乃下優詔，加授特進，聽在第攝養，賜物千段、尚乘馬兩
匹，祿賜、國官府佐並依舊給，患若小瘳，每三兩日至門
下、中書平章政事。[45]

在此之前，李靖已經任過宰相：在貞觀四年八月，以尚書右僕射
的身分為相。但他的《舊唐書》本傳說他「性沉厚，每與時宰參
議，恂恂然似不能言」[46]。他在貞觀八年請求退休，皇帝雖然答
應，但仍然希望他「患若小瘳」時，可以「每三兩日至門下、中
書平章政事」，也就是仍然扮演宰相的角色。

　　李靖這個案例，最引人注目的一點是，唐代宰相的稱號又多
了一個，那就是「平章政事」。這點並不奇怪，因為使職正如
《舊唐書・食貨志》所說的那樣，原本就可以「隨事立名」。這
次是因為李靖「足疾」行動不便，所以給他特別安排一個名目，
請他「每三兩日至門下、中書平章政事」。

　　這個「平章政事」，又正好是個動賓結構的官稱（「平章」
為動詞，「政事」為賓語）。它跟先前的宰相稱號「知政事」顯
然有點關連，因為都帶有「政事」兩字。或許我們可以說，「平
章政事」彷彿是「知政事」和「平章事」的一個「中間過渡型」
職稱，是一種「雜交」（cross），上承「知政事」，下啟後來更為
常見的宰相稱號「平章事」。

　　至於「平章政事」，又如何演變為後來更常見的「平章
事」？《唐會要》有一段記載說：

<hr>

下平章事」。
[45]《舊唐書》卷67，頁2480。
[46]《舊唐書》卷67，頁2480。

〔高宗〕永淳元年〔682〕四月，郭待舉等各守本官，並加
同中書門下同承受進止平章事。初，上欲用待舉等，謂參知
政事崔知溫曰：「待舉等歷任尚淺，未可與卿等同名稱。」
自是，外司四品已下知政事者，以平章事為名稱。[47]

這件事不但清楚顯示，唐朝皇帝在命相時，是如何在行使主導權
力，同時也顯示，他可以「隨意」更換宰相名號，不受職事官制
的約束。當時有一個宰相崔知溫，自兩年前即永隆元年（680）
就任，正式職稱是「同中書門下三品」[48]（但上引文又稱他為「參
知政事崔知溫」，足證唐代宰相各種稱號，常可互相代換使用，
意思都一樣）。兩年後，高宗想委任郭待舉等人為相，考慮到他
們地位和崔知溫不相等，因而「貼心」地對崔知溫說，「待舉等
歷任尚淺，未可與卿等同名稱」，於是便給郭待舉等人取了一個
新的宰相稱號「同中書門下同承受進止平章事」。

這樣做的最主要目的，顯然是為了「安撫」崔知溫，因為在
高宗眼中，崔的地位比郭待舉等人來得高，屢立邊功，使得黨項
「悉來降附」[49]。高宗在委任郭待舉等人為相時，如果仍然給他們
「同中書門下三品」的名號[50]，這樣恐怕會讓崔知溫心裡感覺不舒
服，有些「受傷」，所以高宗給郭待舉等人取了個新的職稱「平

---

47 《唐會要》卷51，頁1037。

48 《舊唐書》卷5〈高宗紀〉，頁106；《新唐書》卷61〈宰相表上〉，頁1648。

49 崔知溫名列《舊唐書》卷185上〈良吏傳〉，頁4791。

50 《大唐新語》卷10，頁150，亦載此事，謂「高宗欲用郭待舉、岑長倩、郭
正一、魏玄同等知政事」，無「參」字，可證「知政事」和「參知政事」意
思都一樣；「知政事」和「同中書門下三品」的意義也相同。這三個都是宰
相使職官名。

章事」，堪稱「體貼」。

　　崔知溫這個例子，也讓我們聯想到他之前的李勣和李靖的案例。二李是將領，崔知溫長期在蘭州一帶防禦黨項，也算是個將領。有趣的是，唐朝皇帝為了照顧這三人的感受，竟特別採用使職「隨事立名」的大原則，給二李特別「量身打造」了新的宰相稱號：為李勣取「同中書門下三品」，為李靖取「同中書門下平章政事」，又為了崔知溫，特別給郭待舉等人取了新名目「同中書門下同承受進止平章事」，從此逐漸不用較早「參知政事」和「參預機務」等「四字套語」型態的宰相稱號。

　　「同中書門下同承受進止平章事」這個冗長的使職官名，在唐代似僅用於委任郭待舉等人為相這一次，以後就不再見到，而簡化為「同中書門下平章事」。比如，就在當年（永淳元年）十月，黃門侍郎劉景先任相時，便說是「同中書門下平章事」[51]。《舊唐書・高宗紀》記此事時，甚至用了簡稱「同平章事」：「丙寅，黃門侍郎劉景先同平章事」[52]。這個職稱及其簡稱，以後便成了唐宰相最常見的名號，更有省稱為「平章事」者。這些全都是動賓結構的官名，頗能透露它的使職根源。

六、宰相的其他名號

　　前面細考了唐代宰相的種種名號，主要目的在於「多識唐代宰相之名」而已。這樣一來，今後我們在唐代文獻中見到「知政事」、「參知機務」、「同中書門下三品」和「同中書門下平章事」

---

51 《冊府元龜》卷72，頁824；《資治通鑑》卷203，頁6412。

52 《舊唐書》卷5，頁110。

等等，就知道這些都指宰相。這些是比較正式的使職官名，可以
「入銜」，也就是可以當成正式職稱來使用，作為某某官員全套
完整官銜的一部分，用於任命文書、墓誌和石刻題署。

　　唐代還有一些宰相別稱，屬於雅稱一類的，例如「衡軸」、
「宰輔」等等，也都指宰相。這一類別稱，不能「入銜」，不能
列入某某官員的全套官銜內，但大抵為大家所熟悉，無須贅論。
此外，唐史料中也常見「九齡當國」、「德裕秉政」一類的說
法。「當國」和「秉政」一般都意指「當宰相」。這些用詞可輕
易從上下文去理解，也不須贅論。然而，唐代有另兩個宰相別
稱，一為「執政」，一為「丞相」，比較特殊，且略為疏證。

（一）執政

　　「執政」今天常用作動詞，但在唐代文獻中，也常當名詞來
使用，意指宰相。最有名的一個用例，是在白居易的新樂府詩
〈官牛〉中，詩題下有自注曰：「諷執政也」，即諷刺宰相。這個
「執政」，並無現代漢語中「執政者」的模糊含義，而是專指宰
相，所指非常明確。白詩很顯然在譏諷當時的一個宰相：

> 官牛官牛駕官車，滻水岸邊般載沙。
> 一石沙，幾斤重，朝載暮載將何用？
> 載向五門官道西，綠槐陰下鋪沙堤。
> 昨來新拜右丞相，恐怕泥塗污馬蹄。
> 右丞相，馬蹄踏沙雖淨潔，牛領牽車欲流血。
> 右丞相，但能濟人治國調陰陽，官牛領穿亦無妨。[53]

---

53 《白居易集箋校》卷4，頁247。

唐代宰相新拜相，朝廷照慣例要動用「官牛」，駕著「官車」，從「滻水岸邊」遠道載沙來到京城，為新宰相鋪一條「沙堤」，從他的宅第一直延伸到宮城之南，免得泥濘路弄髒了宰相的馬蹄。白詩寫的正是當時官牛載沙的慘狀：「牛領牽車欲流血」[54]。

在唐裴庭裕的《東觀奏記》中，也有一段精采生動的記載，寫裴坦去謁見「執政」的一幕：

> 以楚州刺史裴坦為知制誥，坦罷任赴闕。宰臣令狐綯擢用，宰臣裴休以坦非才，不稱是選，建議拒之，力不勝坦。命既行，至政事堂謁謝丞相。故事，謝畢，便於本院上事，四輔送之，施一榻，壓角而坐。坦巡謁執政，至休廳，多輸感謝。休曰：「此乃首台繆選，非休力也。」立命肩舁便出，不與之坐。[55]

「坦巡謁執政」，意思就是「坦巡謁宰相」，跟上文的「坦至政事堂謁謝丞相」相呼應（「丞相」也是唐宰相的一個別稱，詳見下）。

不論是在唐前期或後期，唐史料常見到的「執政」，意思都

---

54 陳寅恪《元白詩箋證稿》，頁280-282，認為這首詩嘲諷宰相于頔。已故英國唐史學者Denis Twitchett把這首〈官牛〉詩翻譯成英文，並附有更詳細的討論。他認為詩中所諷的宰相應當是裴均，而非于頔。見其 "Po Chu-i's 'Government Ox'," *T'ang Studies* 7 (1989): 23-38. 關於沙堤，丸山茂有一詳細研究，收在《唐代の文化と詩人の心：白樂天を中心に》。中譯本見丸山茂〈唐代長安城的沙堤〉，《唐代文學研究》（中國唐代文學學會成立十周年國際學術討論會暨第六屆年會論文集）第5輯，頁830-848。

55 裴庭裕，《東觀奏記》卷中，頁115。又參見周勳初，《唐語林校證》卷6，頁579。

很明確，專指「宰相」，如下面三條用例：

1. 敬德好許直，負其功，每見無忌、玄齡、如晦等短長，必
   面折廷辯，由是與執政不平。[56]
2. 執政是之，以磝石為鹽鐵巡官。[57]
3. 特薦之於執政，由是擢拜大理評事。[58]

以上三條史文中的「執政」，都當作名詞使用，都意指宰相，明
確指某一位或多位宰相。

（二）丞相

　　白居易的〈官牛〉詩和裴庭裕的《東觀奏記》，很巧也都用
了「丞相」一詞。從上下文看，兩處的「丞相」都指宰相無疑。

　　「丞相」在唐代文獻中，可以有兩個意思。第一，丞相原本
是秦漢宰相的正式官名，分左右[59]。然而，唐人往往愛「古為今
用」，愛借用這個秦漢官名來代指唐代的宰相。這種用例在唐代
詩文和小說中尤其常見，如上引白居易〈官牛〉詩和裴庭裕的
《東觀奏記》，但在兩《唐書》等正統史書中則比較少見。

　　第二，從玄宗開元元年（713）到天寶元年（742）之間，
「丞相」其實也是唐代的一個正式官名，並不泛指宰相，而專指
尚書省的兩個僕射，因為在這段期間，朝廷把尚書省的左、右僕

---

56 《舊唐書》卷68，頁2499。

57 《舊唐書》卷19上，頁653。

58 《舊唐書》卷98，頁3076。

59 安作璋、熊鐵基《秦漢官制史稿》，頁13-47。

射，改名為左、右丞相[60]。但白詩〈官牛〉和另一首〈寄隱者〉，
皆以漢代的「右丞相」來代指唐宰相，並非意指唐代開天期間的
右丞相（右僕射）。

嶺南才子張九齡，曾在玄宗開元二十一年（733）十二月和
裴耀卿一起出任宰相。《舊唐書・玄宗紀》記此事為：「京兆尹
裴耀卿為黃門侍郎，前中書侍郎張九齡起復舊官，並同中書門下
平章事。」[61]「同中書門下平章事」是這時候宰相的標準使職名
號。三年後，在開元二十四年（736）十一月，張九齡和裴耀卿
兩人因李林甫的讒言，雙雙被罷去相職。《舊唐書・玄宗紀》記
此事為：「侍中裴耀卿為尚書左丞相，中書令張九齡為尚書右丞
相，並罷知政事。」[62]換句話說，兩人不再任相，改任尚書左、右
丞相（即僕射）。有趣的是，《舊唐書・張九齡傳》甚至形容這
是一種「遷」：「二十四年，遷尚書右丞相，罷知政事。」[63]開元年
間，宰相張說和蕭嵩也曾經被「罷為右丞相」，然而這種意義的
左右丞相，都不指宰相，而指尚書省的僕射，此時成了一種閒差
事。

唐代還有一個官名「尚書左右丞」，跟「尚書左右丞相」只
有一字之差，亦須小心分辨，以免混淆。「左右丞」位居「左右
丞相」之下，地位也在六部尚書之下。詩人王維曾任尚書右丞，
所以他的詩文集又叫《王右丞集》。嚴耕望的名著《唐僕尚丞郎
表》，書名便暗含四種高官，依高低順序排列：「僕」指左右僕

60 《唐會要》卷57，頁1160，「左右僕射」條下，「開元元年十二月一日，改為
　左右丞相。天寶元年二月二十日，復改為左右僕射。」

61 《舊唐書》卷8，頁200。

62 《舊唐書》卷8，頁203。

63 《舊唐書》卷99，頁3099。

射；「尚」指六尚書；「丞」指尚書省的左右丞；「郎」指六部侍郎。

七、結語

有唐二百九十年，有宰相三百多人。不管他們帶有怎樣的宰相使職稱號，他們的身分、名分都是一樣的，都只是宰相，都只是一種使職，受命於皇帝，亦聽命於皇帝。宰相若帶有不同的使職官名，並不表示宰相的地位和權力起了什麼變化，只表示宰相是使職，非正規的職事官，所以可以像許多使職名號一樣，隨時代需要，更換不同職稱而已。《新唐書·宰相表》前有一段小序，說得很中肯：「唐因隋舊，以三省長官為宰相，已而又以他官參議，而稱號不一，出於臨時，最後乃有同品、平章之名，然其為職業則一也。」[64]所謂「職業則一」的意思，就是名分則一，職掌相同。我們大可不必太過拘泥於種種宰相稱號上的表面字義分別，或根據這些表面字義去揣測其職權，全視為宰相即可。

換句話說，種種不同的宰相使職稱號，只表示「名分」，不表示「權力」。宰相的真正權力，不能光看這些名號，而是要看個別宰相和皇帝的「信任關係」而定，取決於皇帝對他的信任程度。不同的宰相，當然會享有不同的權力，但職權的大小，不是由他的名號來決定，而是取決於皇帝對他的寵信。誰最能得到皇帝的寵信，誰的權力就最大，不管他的宰相名號為何，甚至不管他是否帶有宰相名號。

唐代這三百多位宰相，有的權力看來很大，很有作為；有的

---

64 《新唐書》卷61，頁1627。

看來無力掌權，沒甚作為，但這跟他們所帶的不同職稱沒有關係（若有，也純屬巧合），也跟他們的本官（三省長官或侍郎等他官）無關。真正決定宰相權力的，是皇帝對他的信任程度。畢竟，相權出自皇帝的授予。換言之，皇帝越是信任某位宰相，則這位宰相便自然更能掌握大權，更能左右政局。這一點，將在本書下一章詳細論述。

第五章

唐宰相的權力與下場

昨日延英對，今日崖州去
由來君臣間，寵辱在朝暮

——白居易〈寄隱者〉

上一章釐清了唐代宰相的使職特徵和種種名號之後，本章同樣想從使職的角度，繼續探討下一個相關課題：宰相的權力與下場。過去，學界一向都把唐代的宰相，放在三省制或中書門下體制的框架下來考察，但這類研究往往強調三省制的發展演變，三省之間權力的消長，三省制如何逐漸遭到「破壞」，如何「崩潰」等等「制度面」的問題，反而沒有釐清宰相的本質和權力等實際運作問題。本章從使職切入，或可提供另一個新視角。論述重點是，既然宰相是一種使職，那麼宰相的權力基礎是什麼？他和皇權處於一種怎樣的關係？這種使職關係又如何影響到宰相的下場？

一、宰相的權力基礎：皇帝的信任

皇帝和宰相的關係，重點在「信任」兩字，講求一定程度的私關係，如此君相之間的相處才能融洽，宰相才能獲得大權來掌政。否則，君相關係如果不協或破裂，宰相往往會被貶官，甚至

被賜死。相權來自君權；信任是整個權力的基礎[1]。宰相是一種使職，是一種皇帝親自任命合意者的命官方式，有相當程度的彈性和隨意性，不是一種固定的職事官制，並無嚴謹的制度規章可言。皇帝和宰相的私密與信任關係，便決定了這位宰相的權力，他的任期長短，甚至他的最後命運：光榮退場，還是被貶，被賜死？

唐代宰相制度有一個最大特色：同一段時間內，往往有好幾位宰相共事一個皇帝，即「群相」制。例如，在高祖武德年間，有名分的宰相就多達十六人：秦王李世民、裴寂、劉文靜、蕭瑀、竇威、竇抗、陳叔達、楊恭仁、封德彝、裴矩、高士廉、齊王李元吉、宇文士及、長孫無忌、杜如晦、房玄齡[2]。這十六人雖非同一時間委任，有些也僅是掛名性質（如秦王和齊王），但高祖身邊任何時候，恐怕都有好幾位宰相同時參政，不止一人，但各宰相的實權顯然並不相同：有的深受高祖器重（如蕭瑀和竇威），有的和高祖相處不協，最後落得被殺（如劉文靜）和被貶（如裴寂）的悲慘下場。

我們要問的是，是什麼因素，決定了這幾位宰相的權力？

宰相是皇帝身邊很重要的一個臣子，最親近的使職之一。跟所有使職一樣，唐代宰相的委任和權力，其實都建立在一種很強

---

1 「信任」（trust）是現代政治和社會理論很重要的一個概念，也是現代社會日常運作上很關鍵的一種要素。詳見 S. N. Eisenstadt and L. Roniger, *Patrons, Clients and Friends: Interpersonal Relations and the Structure of Trust in Society*; Francis Fukuyama, *Trust: The Social Virtues and the Creation of Prosperity*. 現代的銀行體系，亦完全建立在「信任」的基礎上。一旦存款戶不再信任某一銀行，這家銀行便馬上會面對擠兌，面臨倒閉。

2 各家的算法不一樣，此據《唐會要》卷1，頁2。

烈的「私」關係上。這種「私」關係，可能有好幾個層面。最親密的是血親，其次是姻親，再次是有恩於皇帝的舊臣（或甚至宦官），最後是皇帝信任或合意的其他人。高祖李淵武德初年委任幾位宰相，便充分揭示這種私關係是如何影響到他的決定，以及他授予各宰相的權力。畢竟，君權是一種絕對的權力，雖然有時會受到宰相所領導的官僚制的某些制約，但這種限制到底有限。相權始終出自君權[3]。讓我們以李淵和他最初的四位宰相為例，探討這種君相權力關係。

隋煬帝大業末年，隋朝快要亡國時，裴寂在今山西太原一座隋皇帝行宮晉陽宮當一個副監。李淵這時正好也在太原，任煬帝的太原留守，當地的軍政長官。裴寂原本認識李淵，在太原重逢李淵，是他命運中一個重要的轉捩點。這場友情不久發展迅速，最後讓裴寂當上了唐代的第一批宰相之一。

裴寂和李淵有一點相同：兩人都曾經在隋大興（即唐長安）宮廷中當過皇帝的侍衛。這種侍衛有幾種名號和等級。裴寂當的是「左親衛」，時在隋文帝開皇（581-600）的中期，年約20歲。李淵當的是「千牛備身」，時在開皇初，年約15歲。兩人或有可能在隋宮中見過面。當年隋宮中兩個年少的皇帝侍衛，一個後來當了皇帝，一個當了這個皇帝的宰相。

等到李淵的「義兵起」，裴寂更大膽了。他「進宮女五百人，並上米九萬斛、雜彩五萬段、甲四十萬領，以供軍用」。為了回報，李淵在他大將軍府建立的時候，便委任裴寂為「長史，賜爵聞喜縣公」[4]。長史是一個衙署內的總執行官員，好比現代的

3　余英時，〈「君尊臣卑」下的君權與相權〉，《歷史與思想》，頁47-75。

4　《舊唐書》卷57，頁2286。

總幹事。裴寂獲賜爵為「聞喜縣公」，因為聞喜（在今縣略北）為裴氏郡望。等到李淵的軍隊攻入長安，平定京師後，裴寂更獲「賜良田千頃、甲第一區、物四萬段，轉大丞相府長史，進封魏國公，食邑三千戶」。

過了幾個月，在武德元年（618）六月，李淵便委任「裴寂為尚書右僕射、知政事，劉文靜為納言，隋民部尚書蕭瑀、丞相府司錄參軍竇威為內史令」[5]，也就是同時任命這四人為宰相。在這四人當中，裴寂和劉文靜皆非李淵親屬，但李淵和裴寂卻最有「革命情感」。另兩位宰相（蕭瑀和竇威），則是李淵的親屬。

裴寂任相，是因為他早在李淵當上皇帝之前，就跟李淵有非常親密的「私」關係。他不但以隋朝的宮女去「私侍」李淵，還幫他打下李唐的天下。李淵命他為相，是一種感恩的回報：

> 高祖既受禪，謂寂曰：「使我至此，公之力也。」拜尚書右僕射，賜以服翫，不可勝紀，仍詔尚食奉御，每日賜寂御膳。高祖視朝，必引與同坐，入閣則延之臥內，言無不從，呼為裴監而不名。當朝貴戚，親禮莫與為比。[6]

賜「服翫」，賜「御膳」，視朝「引與同坐」，「入閣則延之臥內」，而且還親切地叫他「裴監」。這種種私密的行為，只能存在於皇帝和親信之間。皇帝和一個普通官僚（職事官），即使是高層的官僚，也不可能有這樣的「親禮」。但裴寂不是「官僚」。他是皇帝親密而信任的特使。

---

5 《新唐書》卷1，頁6-7。

6 《舊唐書》卷57，頁2287。

　　劉文靜跟裴寂一樣，也是因為有恩於李淵而當上宰相。他最初是在太原當一個隋末的官員，任晉陽令，即太原的縣令。李淵當時任太原留守，是劉文靜的上司。兩人在官務上當然有不少接觸，於是「文靜察高祖有四方之志，深自結托」[7]，從此建立了感情。李唐建國後，李淵命他為相，也就有跡可尋了。

　　但李淵第一批宰相當中，最受器重的，卻不是裴寂或劉文靜，而是兩個跟李淵「私」關係更親密的人，兩個親屬：蕭瑀和竇威。這兩人在李淵太原起義時，反而沒有裴寂和劉文靜那樣的功勞。他們都是在李淵攻入長安後，才從外地被召來任宰相的。

　　蕭瑀任相，靠的又是什麼「私」關係？李淵平定長安時，蕭瑀正因為得罪隋煬帝，「出為河池郡守」。河池郡即唐代的鳳州（治所在今陝西省鳳縣東北鳳州鎮），離長安大約273公里。《舊唐書‧蕭瑀傳》說：「高祖定京城，遣書招之。」[8]好像輕而易舉，蕭瑀也就「以郡歸國」。其實，李淵之所以能夠「遣書招之」，把蕭瑀招降，並召他到長安來任相，靠是就是他跟蕭瑀的親屬關係。這種關係，在《舊唐書》下面這段記載中表露無遺：

> 高祖每臨軒聽政，必賜升御榻，瑀既獨孤氏之婿，與語呼之為蕭郎。國典朝儀，亦責成於瑀，瑀孜孜自勉，繩違舉過，人皆憚之。常奏便宜數十條，多見納用。[9]

這裡說「瑀既獨孤氏之壻」，所以李淵稱他為「蕭郎」。按蕭瑀

7 《舊唐書》卷57，頁2290。

8 《舊唐書》卷63，頁2400。

9 《舊唐書》卷63，頁2400。

的妻子是隋文帝獨孤皇后的娘家侄女，李淵是獨孤皇后的外甥，因此李淵與蕭瑀之妻是姑舅表兄妹，李世民稱蕭瑀夫婦為表姑、姑父[10]。由此看來，李淵和蕭瑀的「私」關係，猶勝於他跟裴寂者。「臨軒聽政，必賜升御榻」，這是很高的禮遇。李淵呼裴寂為「裴監」，卻呼蕭瑀為「蕭郎」，顯得親切親密多了，完全是家人口氣。李淵武德年間的幾個宰相當中，蕭瑀負責「國典朝儀」，在執行宰相職務方面，出力最多，比裴寂和劉文靜更受到器重。到了太宗朝，蕭瑀仍然多次「參預政事」，充任宰相。他死的時候，「年七十四。太宗聞而輟膳，高宗為之舉哀，遣使弔祭。」最後還「陪葬昭陵」[11]。

　　這樣的君相一場，比起裴寂和劉文靜的不幸下場，更是強烈的對比。裴寂最後因涉及與妖人法雅和信行過往「親密」等罪名，被流放到交州（治所在今越南河內）和靜州（治所在今四川黑水縣東南，羌族自治區）。劉則因為得罪李淵，又跟裴寂不合，最後竟跟弟弟文起一起被李淵所殺，並「籍沒其家」。

　　同樣，李淵和竇威的君相關係，應當也要放在親屬的角度下來觀看，才能看得比較真切。李淵剛入關，便「召補」竇威為「大丞相府司錄參軍」，看來也跟李淵當時「遣書」召蕭瑀一樣，稀鬆平常，輕而易舉。兩《唐書》沒有進一步說明李淵何以能有這樣大的魅力，可以把隋末一個飽讀詩書的才子（他在隋皇家秘閣藏書樓讀書「十餘歲，其學業益廣」）[12]，「隨手」召來為他效命。但這點後世讀史者恐不能不去追問。追查下去，原來竇威

10　這點承北京大學中國古代史研究中心朱玉麒兄教示，特此感謝。
11　《舊唐書》卷63，頁2404。
12　《舊唐書》卷61，頁2364。

大有來頭。他跟李淵的關係匪淺。他竟是「太穆皇后從父」[13]。

　　誰是「太穆皇后」？她不是別人，正是李淵最初的夫人竇氏，隋朝定州總管竇毅的女兒。隋大業年，李淵參與隋煬帝征討高句麗的戰爭中，她病逝於涿郡（治所在今河北涿州市），年45歲。李淵立唐，行武德年號後，第一件事是命相，接著便是「追諡」這位竇氏「為太穆皇后，陵曰壽安」[14]。竇威身為「太穆皇后從父」，他跟李淵的「私」關係，當然非比尋常。

　　於是，就在這樣的姻親關係下，李淵入關，便召竇威為「大丞相府司錄參軍」，他也就以「帝戚」身分，應召前來，大展身手：

> 高祖入關，召補大丞相府司錄參軍。時軍旅草創，五禮曠墜，威既博物，多識舊儀，朝章國典皆其所定，禪代文翰多參預焉。高祖常謂裴寂曰：「叔孫通不能加也。」武德元年，拜內史令。威奏議雍容，多引古為諭，高祖甚親重之，或引入臥內，常為膝席。又嘗謂曰：「昔周朝有八柱國之貴，吾與公家咸登此職。今我已為天子，公為內史令，本同末異，乃不平矣。」威謝曰：「臣家昔在漢朝，再為外戚，至於後魏，三處外家，陛下龍興，復出皇后。臣又階緣戚里，位忝鳳池，自惟叨濫，曉夕兢懼。」高祖笑曰：「比見關東人與崔、盧為婚，猶自矜伐，公代為帝戚，不亦貴乎！」[15]

---

13 《舊唐書》卷61，頁2364，此處作「太穆皇后從父兄也」，但據卷末校勘記，頁2371，「兄」字當衍。

14 《舊唐書》卷1，頁7。

15 《舊唐書》卷61，頁2364-2365。

由此看來，竇威對李淵立唐，出力很多，「朝章國典皆其所定，禪代文翰多參預焉」。難怪李淵把他比成漢代的叔孫通（他幫助漢高祖制訂宮廷禮儀），且「引入臥內，常為膝席」，「帝戚」之情，親密無比。雖然從武德元年六月正式命相那天算起，竇威只做了二十八天的宰相就病逝，但若從李淵入關時算起，他充當李淵的得力助手，遠不止二十八天。竇威定「朝章國典」，蕭瑀負責「國典朝儀」，這兩個李淵的親屬，相互輝映，是李淵當時宰相班子中最重要的兩個靈魂人物。

學界過去一般把裴寂、劉文靜、蕭瑀和竇威，都籠統劃分為「關隴貴族集團」。高祖的十多位宰相當中，以這些關隴貴族占居多數，「說明關隴貴族在唐初政權中仍處於核心地位」[16]。表面上看來，這固然沒錯，但關隴畢竟只是一種很鬆散的「地緣」關係，恐怕遠不如高祖和蕭瑀及竇威的親屬關係，來得更為緊密。這或許更能說明，何以蕭瑀及竇威能夠得到高祖更多的信任和器重。

唐代這種同時委任幾個宰相的制度，長期存在，顯然出於皇室一種「需要」。看來，唐代（以及中國好些朝代）的皇帝，無法單單滿足於一個宰相。他總是希望，身邊能有好幾個宰相來供他參議諮詢，一方面可以集思廣益，另一方面，也可以防止某個宰相權力過大，威脅到君權。在這幾個宰相當中，如果有哪個宰相，因為某種原因（可能是他的才幹，可能是他個人魅力，甚至可能是他跟皇帝的親屬關係），贏得了皇帝最多的寵愛和信任，他便可以成為幾位宰相當中的「當紅寵兒」，主宰某一朝的國政至巨，任期也比較長久，例如太宗朝的魏徵、德宗朝的陸贄、武

16　吳宗國，〈隋與唐前期的宰相制度〉，《盛唐政治制度研究》，頁31。

宗朝的李德裕等。其他宰相則淪為「陪襯」的地位，任期也比較短。

在唐史上，這種現象屢見不鮮，展現一種典型的使職任命特徵：誰最能得到皇帝的寵信，誰的權力就最大。這跟宰相本官（唐前期的三省實際長官；唐後期常見的侍郎）的實權，沒有什麼關係。換句話說，我們不能只看「制度面」，不能只根據某位宰相（比如說）原本是尚書省的實際長官，於是便以尚書省在唐初三省制政府架構中的崇高地位和權力，來假定他任宰相時的實權，也同樣崇高。更重要的是，我們應當審視皇帝對個別宰相的信任程度，才能釐清君相之間的真正面貌，才能認清數位宰相當中，誰才是最有權勢者。

高宗武則天時代，劉禕之的大起大落，很能反映唐代這種君相關係的現實、殘酷一面。光宅元年（684），劉禕之任中書侍郎、豫王府司馬時，他的主子豫王立為皇帝（睿宗），他「參預其謀」，因而「擢拜中書侍郎、同中書門下三品」，當上了宰相，想必是他最得意的時候。「時軍國多事，所有詔敕，獨出禕之，構思敏速，皆可立待」，顯然也是當時幾位宰相中最得寵最有權勢者。但過了短短三年，在垂拱三年（687）五月，他卻慘遭武則天殺害，起因只不過是他一句話得罪了皇太后：

> 後禕之嘗竊謂鳳閣舍人賈大隱曰：「太后既能廢昏立明，何用臨朝稱制？不如返政，以安天下之心。」大隱密奏其言，則天不悅，謂左右曰：「禕之我所引用，乃有背我之心，豈復顧我恩也！」垂拱三年，或誣告禕之受歸誠州都督孫萬榮金，兼與許敬宗妾有私，則天特令肅州刺史王本立推鞫其事。本立宣敕示禕之，禕之曰：「不經鳳閣鸞臺，何名為敕？」則

　　天大怒，以為拒捍制使，乃賜死於家，時年五十七。[17]

所謂「相權」，其脆弱程度，莫以此所見為最，可以為一句話輕易毀去。皇帝和宰相信任關係之重要，之決定一切，由此可見一斑。今人常好引用劉禕之臨死前的「名言」——「不經鳳閣鸞台，何名為敕？」——以為可以「證明」唐代君主的敕命，須受鳳閣鸞台（即中書門下）的制約，不能任意行事。在例行普通公事上，這或許沒錯，但在關鍵時刻，卻常不是這樣。劉禕之在生死關頭，不就也搬出這個「制度」來「試圖對抗」君權嗎？但則天根本不理會這樣的「制度」，且「大怒」，最後賜死於他。劉禕之這句話的力道，非常薄弱，抗拒不了君命。唐史上這樣的例子還不少，不待贅論[18]。

二、皇帝—宰相—翰林學士—宦官

　　前面所論的「宰相」，指那些以三省長官或以他官去出任宰相的高層官員。他們帶有各種不同的使職官名，從唐初武德年間的「知政事」，到貞觀年間的「參議朝政」、「專典機密」和「同三品」等，再到高宗至唐末的「同平章事」。為了方便稱呼，這些宰相可統稱為「有名分的宰相」，也就是那些經由皇帝正式委

---

17 《舊唐書》卷87，頁2848。劉禕之的墓誌近年出土，可補兩《唐書》的不足。見毛陽光，〈洛陽新出土唐《劉禕之墓誌》及其史料價值〉，《史學史研究》2012年第3期，頁38-43；柳金福，〈唐劉禕之墓誌疏證〉，《乾陵文化研究》第7輯（2012），頁357-364。

18 周道濟，《漢唐宰相制度》，頁655-678，列了八十三位宰相，在居相位或罷相不久後「慘死」的例子，可參看。

任，帶有宰相使職稱號的人。

　　但唐代的政治運作，卻不是如此單純（其他朝代也同樣不單純）。許多時候，特別是在武則天時代和唐中葉以降，真正掌握了「執政」大權的，往往不是這些「有名分的宰相」，而是另有其人。這些人沒有宰相之名分，沒有帶任何宰相的使職稱號，但卻擁有實權，真正在「執政」或參與「執政」，並且得到皇帝完全的信任和支撐。在中宗武則天時代，這些人包括上官婉兒等人[19]。唐中葉以後，則是袁剛所說「新三頭」的另「兩頭」：翰林學士承旨和宦官（包括樞密使）[20]。他們都無宰相之名，但卻有宰相之實，我們不妨稱之為「實際（de facto）宰相」。

　　我們是否可以只注意那些有名分的宰相，把他們孤立起來研究，不理會實際宰相的重要功能和角色？如果採用這樣的研究方式，恐怕理不清唐制的真正運作，還停留在靜態的「制度」面。例如，常見的說法是：唐的宰相制度，前期是三省制，後期則是中書門下制。就制度面來說，這當然沒錯，但恐怕不足夠。這種論述似乎只滿足於有名分的宰相部分，不理會實際宰相帶給宰相制度的衝擊，更不能幫助我們理解，唐代那些有名分的宰相，究竟和皇帝處於一種怎樣的權力關係，他們跟皇帝身邊的其他重要親信（比如宦官和翰林學士等），又處於一種怎樣的對立或合作關係。換言之，在探討唐代權力的最高層時，我們不能光看皇帝和宰相的關係，也同時要細看皇帝、宰相、翰林學士和宦官這四

19　鄭雅如，〈重探上官婉兒的死亡、平反與當代評價〉，《早期中國史研究》4
　　卷1期，2012年6月，頁111-145。上官婉兒的墓，2013年9月在西安出土，
　　連同墓誌一通，見李明、耿慶剛，〈唐昭容上官氏墓誌箋釋〉，《考古與文
　　物》2013年第6期，頁87-93。

20　袁剛，《隋唐中樞體制的發展演變》，頁4-5。

方的相互關係。

宰相並不是皇帝身邊唯一的親信使職。在許多時候，皇帝周圍還有一批其他親信，也同樣在出任各種使職，而且是宮禁中比宰相更為親近的一些使職，例如唐太宗朝開始任命的各種文館學士，以及各種名號的宦官使職，包括唐後期的樞密使。他們沒有宰相的名分，但卻往往擁有實權，變成實際宰相，特別是從唐憲宗朝到唐亡。

就親近程度來說，皇帝身邊最親近的一種使職，應當是閹人宦官，特別是樞密使。照傳統的理解，閹人宦官又稱為「巷伯」，因為他們就住在宮中的巷弄間，掌宮內事，典出《左傳・襄公九年》：「令司宮、巷伯儆宮。」樞密使的一大使命，就是宣旨於學士院和中書門下（宰相），出納帝命。據袁剛的研究，「樞密以出納干政，是唐後期宦官專政的最重要形式」[21]。

跟皇帝親近程度排第二位的，是翰林學士，因為翰林學士平日辦公草詔和直宿的學士院，就位於宮禁內，靠近皇帝的便殿金鑾殿和紫宸殿。李肇的《翰林志》說，翰林學士「凡郊廟大禮，乘輿行幸，皆設幕次於御幄之側，侍從親近，人臣第一」。元和以後，更設了翰林學士承旨一職，「或密受顧問，獨召對」[22]。韋執誼的〈翰林院故事〉說，德宗朝增設了東翰林院，於「金鑾殿之西，隨上所在而遷，取其便穩」。「此院之置，尤為近切。左接寢殿，右瞻彤樓。晨趨瑣闥，夕宿嚴衛，密之至也」[23]。李肇和

21　袁剛，《隋唐中樞體制的發展演變》，頁124。袁剛此書對宦官專政，分四個歷史階段，作了詳細的論述。

22　《翰苑群書》卷1，頁5。

23　《翰苑群書》卷4，頁16。

韋執誼兩人，都先後任職學士院，這應當是他們的親身經驗。

　　相比之下，宰相反而比翰林學士和宦官，跟皇帝較為疏遠，因為宰相的議政辦公地點，唐初是在政事堂，開元十一年起改為「中書門下」（唐文獻中常省稱為「中書」），兩者都位於大明宮中朝宣政殿前側，出了北部宮禁範圍，皇帝一般不會到那裡去。宰相跟皇帝見面的場合時間，也不如宦官和翰林學士那麼多，不能像他們那樣「朝夕見」，也不像翰林學士和宦官見皇帝那樣常屬「私密」性質。

　　唐宰相見到皇帝，常在儀式性、非「私密」的大朝會，如每年正月一日的元正大朝，每月一日和十五日的朔望朝參。至於每日或隔日舉行的常參御前會議，並非只有宰相，還有許多其他五品以上的常參官參與。到德宗以後，這種常參也「不過是一種禮儀性的會見了」[24]。所以，宰相若想見皇帝，可以請求，皇帝也可臨時召見宰相。據謝元魯的研究，在唐前期，這種會面「一般沒有確定的地點，也未形成一定的制度，到唐肅宗以後，逐漸以大明宮的延英殿為固定的會議場所」[25]。這就是唐後期文獻中常見的「開延英」、「延英奏對」，也正是白居易〈寄隱者〉詩中所說的「昨日延英對」。但整體一般而言，唐宰相能夠和皇帝接觸見面的時間，仍遠不如宦官和翰林學士之多，雖然少數得寵的宰相可能例外。

　　主因在於宰相議政辦公的地點，位在宣政殿前的政事堂（中書門下）。唐稱這裡為「中朝」（今人則多籠統稱之為「外朝」）[26]，

24　謝元魯，《唐代中央政權決策研究》，頁59。

25　謝元魯，《唐代中央政權決策研究》，頁61。

26　唐大明宮有三個主要大殿，並以之區分內中外朝。紫宸殿為內朝，宣政殿為

而皇帝、翰林學士及宦官,則都在宮禁「內朝」。翰林學士和宦官,才是真正處身於內朝,宰相只不過是在中朝(或今人所說的「外朝」)。因為長時間的相處和接觸,皇帝很容易對宦官及翰林學士產生「日久而生」的信任和寵信,反而不容易跟宰相滋生太多密切關係。

這就是為什麼,在順宗朝,王叔文掌大權時,他還要保留翰林學士的使職,因為這個使職,可以讓他得以出入宮禁區。宦官俱文珍後來「削去」王叔文的翰林學士職,令他「見制書大驚」。這無疑等於斷了他的一條臂:

> 初,叔文欲依前帶翰林學士。宦者俱文珍等惡其專權,削去翰林之職。叔文見制書大驚,謂人曰:「叔文日時至此商量公事。若不得此院職事,即無因而至矣。」王伾曰:「諾」。即疏請,不從;再疏,乃許三五日一入翰林,去學士名。[27]

這令人想起在文宗朝,文宗任命李訓為宰相時,也同樣詔令李訓在「平章之暇,三五日一入翰林」[28]。李訓「三五日一入翰林」的作用,跟王叔文的「三五日一入翰林」一樣,目的就是讓李訓身居宰位,原本不能常見到文宗,現在憑著「三五日一入翰林」的方便,也可以更常親近皇帝。在武宗朝,宰相李德裕很受武宗的信任,宰相的權力大增,在晚唐少見地超越宦官和翰林學士。他

中朝,含元殿為外朝。關於此三殿的功能和地理位置,最詳細的描述見傅熹年主編,《中國古代建築史》第二卷《三國、兩晉、南北朝、隋唐、五代建築》,頁375-393,附有精細地圖和復原圖,皆根據考古資料繪製。

27　《順宗實錄》,收在《韓昌黎文集校注》文外集下卷,卷3,頁708-709。

28　《舊唐書》卷169,頁4396。

這時候顯然經常得到皇帝特許，可以出入宮禁區。有詩為證：

> 內宮傳詔問戎機，載筆金鑾夜始歸。
> 萬戶千門皆寂寂，月中清露點朝衣。[29]

這首〈長安秋夜〉，當是李德裕在會昌三年（843）討回紇及討澤潞節度使劉稹期間寫的。「戎機」即指回紇與澤潞之亂。他以皇帝的名義，代筆寫了許多賜書和詔書，給前方的將領、回紇首領及「澤潞軍人」，也寫了好幾篇疏狀給皇帝，商討這兩件事（不少現仍保存在他的文集中），是以「內宮傳詔問戎機」。他「載筆」的地點在「金鑾」，即禁省中的金鑾殿，在紫宸殿之北，一般是宰相不會到的地方。但李德裕顯然得到皇帝的特許，得以在這裡辦公寫公文。他忙到夜深人靜才能回家，回到他位於長安安邑坊的家。這時宮中的「萬戶千門皆寂寂」，大家都歇息去了，只有「月中清露」點濕了這個夜歸人的「朝衣」，場面幽靜感人。

　　傳統上，歷代帝王身邊，除了宰相之外，還有不少文學詞臣，隨侍在旁，以供皇帝講論文義、唱和文章、商較時政、批答表疏之用，都是很正常的事，不獨唐代如此。這些詞臣往往比宰相還要親近皇帝。唐代李肇的《翰林志》對此歷史背景，有非常清楚的敘述。「漢武帝時，嚴助、朱買臣、吾丘壽王、司馬相如、東方朔、枚皋之徒，皆在左右」。南朝梁武帝的文德省、士林館、北齊的文林館、北周明帝的麟趾殿等文館學士，也都屬於這一類。到了唐代，李肇更說：

---

29 《李德裕文集校箋》，別集卷3，頁459。

> 唐典，太宗始於秦王府開文學館，擢房玄齡、杜如晦一十八
> 人，皆以本官兼學士，給五品珍膳，分為三番更直，宿於閣
> 下，討論墳典，時人謂之登瀛洲。貞觀初，置弘文館學士，
> 聽朝之際，引入大內殿，講論文義，商較時政，或夜分而
> 罷。至玄宗，置麗正殿學士，名儒大臣，皆在其中。後改為
> 集賢殿，亦草書詔。至翰林置學士，集賢書詔乃罷。[30]

皇帝「給五品珍膳，分為三番更直，宿於閣下」、「聽朝之際，引入大內殿」，這幾句話最值得注意的一點是：「閣」和「大內殿」這幾個字，表示皇帝和這些文館學士會面的地點，位在宮禁深處皇室成員生活起居處，也就是「內朝」，遠離宰相議政地點（政事堂、中書門下）。這種給「珍膳」的親密待遇，恐怕連許多宰相都不能享有。

玄宗始建的學士院，也位於光順門之北的右銀台門內，鄰近皇帝的便殿麟德殿等處[31]，遠離宰相議政的中書門下「南衙」。簡言之，文館學士從武后臨朝開始，越來越得到武后和皇帝的寵信，常常成了他們在禁中接觸最多、最親密的文臣，參與決策，有時等於是實際宰相，如上官婉兒等人，掌權便長達二十年。憲宗朝成立的翰林學士承旨，權力更大了，跟宰相和樞密使構成袁剛所說的「新三頭」。

宦官在唐初沒有展現什麼勢力，但到了玄宗朝，高力士和皇

---

30 收在《翰學三書》卷1，頁1。

31 辛德勇，〈大明宮西夾城南部遺址與翰林院和學士院的位置〉，《隋唐兩京叢考》，頁112-124；杜文玉，〈唐大明宮內的幾處建築物的方位與職能——以殿中內省、翰林院、學士院、金吾仗院、望仙觀為中心〉，《唐史論叢》第19輯（2014年10月），頁23-42。

帝的親密關係，使他成了唐史上第一個實際的宦官「內相」，權傾天下，連宰相都要聽他的話。肅宗時，宦官李輔國因為在安史之亂期間，照顧皇帝有恩，成了宰相，唐代第一位有名分的宦官宰相。從此，宦官的勢力越來越大，不但掌握了禁軍神策軍，而且還受命為一系列的二十四司內諸司使，如飛龍使、五坊使等等，構成所謂的「北司」，接管了許多過去原本屬於尚書省的職務，和宰相領頭的「南衙」相對[32]。德宗以降，有好幾位皇帝（順宗、憲宗、敬宗）都死於宦官之手，也有好幾位皇帝（穆宗、文宗、武宗、宣宗等）是由宦官所擁立。宰相變得越來越沒有實際權力。

當然，這只是就一般的趨勢而言。特定的時代和環境，特別是在唐中葉以降，可能導致有些皇帝傾向宦官（或被宦官擺佈）；有些皇帝依賴翰林學士；但也有些皇帝仍然信任宰相（如武宗之於李德裕），以達到他想要的目的。換句話說，這四方都各有各的「盤算」，並不一定永遠都處於仇視對立狀態。他們之間，又常分裂成幾個小集團，在必要時常常也可以相互合作。例如，宰相並不一定就會抗拒整個宦官集團。宰相有時也會跟某些宦官「示好」（如李德裕之於楊欽義），來達到某個目標[33]。

三、宰相的命運下場

唐光宅垂拱年間的宰相劉禕之，被武則天「賜死」時，史書

32　唐長孺，〈唐代的內諸司使及其演變〉，《山居存稿》，頁244-272；杜文玉，〈唐代內諸司使考略〉，《陝西師範大學學報》1999年第3期，頁27-35；趙雨樂，《唐宋變革期軍政制度史研究——三班官制的演變》。

33　這點在前引袁剛和謝元魯兩書中，有許多論述和例證，此不贅論。

記載了他臨終的一幕：

> 及臨終，既洗沐，而神色自若，命其子執筆草謝表，其子將
> 絕，殆不能書。監刑者促之，禕之乃自操數紙，援筆立成，
> 詞理懇至，見者無不傷痛。[34]

「賜死」意思是，皇帝命令臣子自殺。皇帝好像在賜宴，賜金
紫，賜彩錦絲帛一樣，現在把「死」這個「禮物」賜給臣子，格
外開恩。深一層細品玩味，自讓人不寒而慄。但劉禕之竟然先去
「洗沐」，好像在進行一個莊嚴的宗教潔淨儀式，「神色自若」，
且「命其子執筆草謝表」，要寫一封「謝表」，「感謝」皇帝賜給
他「死」這種「珍品」。然而，他的兒子沒有辦法下筆。於是，
劉禕之便再次展現他那不凡的文思和文采，「自操數紙，援筆立
成，詞理懇至，見者無不傷痛」。

　　唐史上的宰相或曾任宰相者，被賜死或被殺的人數不少。周
道濟的《漢唐宰相制度》一書，做過一些詳細統計。唐代宰相共
約三百多人[35]，「其中正居相位時，身遭慘死者（所謂身遭慘死，
乃指被誅、被害、賜死及戰死等而言）蓋有四十一人」，包括上

---

34 《舊唐書》卷87，頁2848。

35 唐代宰相的總人數，因各家的統計取捨方法不同，故有不同的結果。《新唐
　　書・宰相世系表》卷75下，頁3465，說唐代有宰相369人。袁剛，《隋唐中
　　樞體制的發展演變》，頁209，附有一「唐宰相表」，統計得唐宰相為372
　　人。周道濟，《漢唐宰相制度》，附錄一的唐宰相年表，列了373人，但附注
　　一（頁121）說：「如不將秦王世民（太宗）、安國相王旦（睿宗）、宋王成
　　器（讓皇帝憲）、平王隆基（玄宗）及雍王適（德宗）等五人計入，則唐宰
　　相共得368人。」

官儀、劉禕之、魏玄同、蕭至忠、楊國忠、元載、李訓、王崖等
人，讓人看了觸目驚心。「唐宰相於罷相後，身遭慘死者，則有
四十二人」，包括劉文靜、長孫無忌、李輔國、劉晏、楊炎、竇
參、杜讓能等名人。至於唐宰相遭到貶謫的，更「不可勝紀」
矣[36]。

最後，周道濟的觀察是：「唐世，若干宰相雖能幸獲善終，
然求其不曾遭受君主之斥責或處罰者，殆極少見。房玄齡、魏
徵、及張說，賢相也，太宗、玄宗、明主也，但玄齡嘗以微譴歸
第，徵卒後，太宗猶怒踣所撰碑，說且蓬首下獄，他人更無論
矣。」[37]

不過，平心而論，唐代宰相也有不少獲得皇帝相當的尊重，
在死後得到皇帝為他們輟朝、廢朝的禮遇。其實，周道濟在上引
文所提的房玄齡、魏徵和張說三人，在他們去世時，皇帝都曾經
為他們輟朝，以示哀悼。只不過魏徵在下葬後，又被追究犯了某
些過錯[38]。張說則是在死前「蓬首下獄」，稍後得到玄宗的寬容，
死時「輟朝五日，廢元日朝會」[39]。今人朱振宏研究過隋唐的輟朝
制度，附有一詳細年表，列出隋唐所有輟朝的年月日和輟朝的對
象。從此表看來，唐代有不少宰相，例如劉仁軌、源乾曜、裴光
庭、賈耽、王播、武元衡、王起等人，死後都得到皇帝的輟朝致
哀，極盡尊榮[40]。再如宰相杜佑，一生任官長達六十年，七十多

36 周道濟，《漢唐宰相制度》，頁655-669。

37 周道濟，《漢唐宰相制度》，頁669。

38 《舊唐書》卷71，頁2562。

39 《唐會要》卷25，頁549。

40 朱振宏，〈隋唐輟朝制度研究〉，原刊大陸《文史》2010年第2輯，後收入他
　的論文集《隋唐政治、制度與對外關係》，頁287-326。

歲高齡時請致仕，憲宗皇帝「詔不許，但令三五日一入中書，平章政事」。他每入奏事，憲宗對他「優禮之」。他78歲去世時，憲宗特別為他「廢朝三日，冊贈太傅，諡曰安簡」[41]，乃唐宰相當中少數得善終者。

唐代不少宰相被貶的制書，如張嘉貞、杜暹、第五琦、鄭餘慶、宋申錫、李德裕、李宗閔等人的被貶制書，今天仍保存在《唐大詔令集》和《文苑英華》等書。我們今天細讀這些制書，頗有一種難得的歷史臨場感，又有一種「反常的閱讀快感」。例如，〈李德裕袁州長史制〉，數落德裕的種種「罪狀」，說他「性本陰狡，材則脆弱，因緣薄藝，頡頏清途。既忝藩鎮，旋處鈞軸，靡懷愧畏，肆意欺誣」[42]。全文對仗工整，用典古雅，頗有可誦之處，應當是某位頗具文采的草詔者所寫。但我們知道，李德裕不是如此「陰狡」。這些制書暴露的，不是被貶者的「罪狀」，反而是當權者或其近幸的心思。

從這些被賜死、被貶或因其他原因被殺的宰相案例看來，唐的宰相制度和相權十分脆弱。皇帝還是所有軍國大事中最關鍵的一個人物。君權始終至上，相權完全無法與之抗衡。即使是像順宗那樣中風且失音的皇帝，看似軟弱無為，他還是扮演了十分重要的皇帝角色，影響了他身邊的所有人，因為他還是整個皇權的象徵和重心。怎麼樣的皇帝，就會產生怎麼樣的宰相和近臣，環繞在他身邊。

以順宗來說，一個中風的啞皇帝，就導致他從前的待詔二王，藉皇帝病重這樣難得的機會，來迅速奪權掌政，並引進韋執

---

41 《舊唐書》卷147，頁3982。

42 《唐大詔令集》卷57，頁305。

誼那樣「急進」的宰相，推行一些新政，如革除宮市和除宦等等，但終究失敗。

像文宗，21歲就上臺，年輕有衝勁。繼位時，越過原本冊立的太子，匆匆忙忙由宦官王守澄擁立，親歷過宮廷內鬥的流血恐怖。他知道自己可以被宦官擁立，當然也可以被宦官廢立，甚至有可能像他父親憲宗或哥哥敬宗那樣，被宦官殺害，自有一種很深的憂患意識，一種危機不安感。於是，他想除去宦官，不但為父親和哥哥復仇，也為了除去威脅到自身安危的宦官，除宦動機很強，「思欲芟落本根，以雪讎恥」[43]。於是，他就吸引到像李訓那樣的宰相，積極協助他達到「雪讎恥」的願望，而文宗則讓李訓迅速升官，從原本的一個「流人」，「期年致位宰相，天子傾意任之。訓或在中書，或在翰林，天下事皆決於訓。王涯輩承順其風指，惟恐不逮；自中尉、樞密、禁衛諸將，見訓皆震慴，迎拜叩首」[44]。這種升官迅速和掌權之快，不禁讓人想起永貞事件的王叔文、王伾和宰相韋執誼的行事作風。但韋執誼和李訓，一個最後被貶，死在崖州（今海南瓊山市東南），一個被宦官所殺且遭赤族，命運都很悲慘。

至於武宗，堅定而果斷，便可吸引到像李德裕那樣出色的宰相，協助他大力平定澤潞和回紇之亂，做出一番好成績。武宗死後，宣宗上臺，但他「素惡李德裕之專，即位之日，德裕奉冊；既罷，謂左右曰：『適近我者非太尉邪？每顧我，使我毛髮洒淅。』」[45]一個令皇帝「毛髮洒淅」的宰相，當然不可能會有好的

43　何燦浩，〈甘露之變性質的探析〉，《寧波師院學報》1990年第1期，頁1-10。

44　《資治通鑑》卷245，頁7909。

45　《資治通鑑》卷248，頁8023。

命運。果然，不久李德裕便被貶到遙遠的崖州。他到了崖州後，寫了一首詩〈登崖州城作〉，紀錄他的心境。開頭就說，「獨上高樓望帝京，鳥飛猶是半年程」[46]。李德裕最後貧病交迫，死在崖州。一個名相，竟落得如此下場，只因為他跟宣宗處得不好，「私」關係不佳。許多年後，他的後人才能把他歸葬洛陽[47]。

白居易寫過一首詩〈寄隱者〉，寫韋執誼當年被貶的一幕，十分生動：

> 賣藥向都城，行憩青門樹。
> 道逢馳驛者，色有非常懼。
> 親族走相送，欲別不敢住。
> 私怪問道旁，何人復何故？
> 云是右丞相，當國握樞務。
> 祿厚食萬錢，恩深日三顧。
> 昨日延英對，今日崖州去。
> 由來君臣間，寵辱在朝暮。
> 青青東郊草，中有歸山路。
> 歸去臥雲人，謀身計非誤。[48]

這首詩從一個都城賣藥者的觀點，在長安城東門樹下休息時，見到韋執誼被貶，馳驛趕路，匆匆相送別離的情景，「色有非常懼」。唐代被貶官者，當天即須啟程，不能延誤，是以「親族走

46　《李德裕文集校箋》，別集卷4，頁500。
47　陳寅恪，〈李德裕貶死年月及歸葬傳說辨證〉，《金明館叢稿二編》，頁9-56。
48　《白居易集箋校》卷1，頁69。

相送，欲別不敢住」。「馳驛發遣」是唐代宰相被貶制書結尾常
見的用語，如韋執誼和李德裕當年被貶的制書，都有此詞[49]。韋
執誼昨天還在延英殿蒙皇帝召見，今天就要趕去崖州貶所。這位
賣藥者，估計還是不做官歸隱比較安穩。白居易寫這首詩時，才
34歲，在長安任第一個官職，一個小小的校書郎。韋執誼被
貶，他應當有所見聞，甚至很可能就目睹了賣藥者所見的一幕。
當時他離高層官職尚遠，但對君臣間「寵辱在朝暮」，似已深有
體會了。

四、結語

　　宰相是唐代少數非常接近皇權的人物，也是最親近皇帝的使
職之一。宰相能獲得多少相權，關鍵在於皇帝對他的「信任」有
多少，這牽涉到某種程度的私關係。有了皇帝的信任，宰相才能
獲得大權來掌政。否則，宰相如果和皇帝處得不好，他往往會被
貶官，甚至被賜死。相權來自君權；信任是整個權力的基礎。這
點古今中外皆然，不獨唐代如此。

　　唐代有三百多位宰相，權力大小不一，分別在於每位宰相跟
皇帝的關係不一樣，各人所能得到的君主信任和「寵愛」不一
樣，以致各人所能掌握的實權也不一樣。這點在晚唐更為明顯，
如順宗朝的韋執誼，文宗朝的李訓，武宗朝的李德裕。

　　除了那些有名分的宰相，那些帶有各種宰相使職稱號者外，
唐代還有一些人，沒有宰相之名分，卻有宰相之實，可稱之為
「實際宰相」。他們包括中宗朝的上官婉兒、玄宗朝的宦官高力

---

49 《唐大詔令集》卷57，頁304-305。

士，以及憲宗朝前後的一系列宦官樞密使和某些翰林學士承旨。我們研究唐代宰相制度，不能孤立起來單看制度上那些有名分的宰相，不能光看政典和職官書中所描述的「宰相制度」，更要細看「實際宰相」這個「歷史現實面」，才能釐清皇帝、宰相、翰林學士及承旨，以及宦官的四角權力關係。傳統的三省制或中書門下體制論著，過於偏向討論三省的發展演變和遭到「破壞」等等「制度面」問題，恐怕無法解釋這種複雜的、動態的人際關係網。

宰相、翰林和宦官三方，並不一定是永遠對立的，經常也可以是合作的、妥協的。深入探討這種動態的關係，可以讓我們更了解唐史上的幾個重大事件，例如順宗朝的王叔文事件、文宗朝的甘露之變、憲宗到武宗朝的牛李黨爭，以及宣宗朝以降，宦官何以亡唐。

宰相是唐代士人所能達致的最高官職，但臻此高位，未必是福氣，可能還會帶來禍害。不少宰相因而被貶、被殺、被賜死，是一種頗帶風險的官職。白居易的詩〈寄隱者〉，有兩句說，「昨日延英對，今日崖州去。由來君臣間，寵辱在朝暮」，是不少唐代宰相的真實寫照。所謂「制度」，終究不免受到各種人事和人為的操縱。研究唐代士人如何在當時種種合理或不合理的制度下當官，求生活，求生存，永遠是一件令人迷惑又感慨的事。

第三部分

詞臣

第六章

唐中書舍人的使職化

> 初,國朝修陳故事,有中書舍人六員,專掌詔誥,雖曰
> 禁省,猶非密切,故溫大雅、魏徵、李百藥、岑文本、
> 褚遂良、許敬宗、上官儀,時召草制,未有名號。
>
> ——李肇《翰林志》

中國傳統的皇帝,除了需要宰相來幫他「知政事」,治理軍國大事,統率百官之外,還需要其他官員的協助。比如,皇帝總要發佈種種「王言」,如冊書、制書、敕書、敕牒之類的文書[1]。這些文書便需要一位或多位官員來負責撰寫。這種官員,需要受過相當精深的經典教育;更重要的是,必須擅長撰寫這類高度公式化的王言,最好還能有一些文采,恐非任何士人所能為。

在歷代的朝廷,這種官員扮演十分重要的角色,往往是皇帝身邊一個很重要的助手。他除了撰寫王言,經常還參議政事,預先審閱官員們上呈的奏議表章,提供審閱意見給皇帝參考,甚至可以成了皇帝的知己(confidant),進而干預國政。許多時候,這種官員等於是皇帝的機要秘書,可能比宰相更接近皇帝。

但他所帶的官名,各朝都不相同。先秦的史料短缺,難以稽

1　李錦繡,〈唐「王言之制」初探〉,《季羨林教授八十華誕紀念論文集》,頁273-290。

考。秦代的這種官員，一般認為是御史。漢代則為尚書郎。魏晉
南北朝則主要為中書郎。到了唐代，則是中書舍人，但早在唐
初，中書舍人就偶爾會被其他詞臣所替代。安史亂後，更經常被
翰林學士或其他帶有「知制誥」使職稱號的官員所取代。這是一
種怎樣的現象和演變？簡單說，這就是一種「使職化」的過程。

一、中書舍人在唐代的演變大略

　　唐代有不少重要的、高層的職事官，從唐初就不斷遭到使職
化，最後演變成使職。例如，唐代的史官，最初為秘書省的著作
郎和佐郎等職事官，但在太宗貞觀三年（629），為了修撰好幾
部前朝史書如《陳書》和《梁書》等，於是便設立了新的史館，
任命新的史官（如李百藥等人）來替代著作郎，以致著作郎等職
事官被使職化（見第十一章），淪為白居易所說的「君為著作
郎，職廢志空存」[2]。在財政領域，這種使職化的現象更為明顯，
結果便出現了唐後期那些我們熟知的戶部、度支、鹽鐵三司，主
宰了唐後半葉的財政（見第十二至十五章）。

　　但唐代職事官的使職化，經常是一個十分緩慢且漫長的過
程，其演變甚至可長達百年或以上。過去，學界普遍有一個認
知，以為使職一出現，職事官就完全被替代，完全失去了作用。
然而，這問題其實沒有這麼簡單。較常見到的一個現象是，使職
經常可以跟類似職務的職事官並存，有互補作用，相互演變很長
的一段時間，可長達百年以上，直到唐亡都沒有結束。在這種情
況下，唐朝廷實際上是在採用一種「雙軌制」來治國，有時在某

些場合，以職事官來辦事，有時在其他場合，又會任命使職來行事，互補所長，端視當時的情勢和個別皇帝的需要而定，是一種非常有彈性的雙軌行政手法，值得我們進一步研究。

唐代的中書舍人，一個正五品上的高層職事官，便經歷過這樣的使職化，職權逐漸遭到翰林學士和知制誥等使職的替代，但三者卻又同時存在很長的時間，相互補充，相互演變，直到唐亡，中書舍人始終未曾被廢止，就像著作郎等職事官，始終沒有被廢除一樣。本章要研究的，便是中書舍人的這種使職化，以及他跟翰林學士和知制誥並存行用的雙軌制。

唐朝廷開始在高祖武德年間，委任中書舍人之後，這種職事官制便正式行用，一直到安史之亂前夕，時間長達約一百年。這期間，這個職事官制比較確立，比較穩定。但即使在這段時間，唐皇帝有時還是會因為本身的特殊需要，不理會正規的職事官制，又訴諸於所謂「不正規」的使職辦法。例如，唐初太宗朝的那些舊臣、詞臣（如溫大雅等人），武則天時代的北門學士，中宗朝的上官婉兒，都曾經和中書舍人分掌制誥。玄宗朝漸以他官來掌制誥，稱為「知制誥」，有時亦把正規的中書舍人架空。同時，玄宗開元二十六年（738）設立學士院後，翰林學士成了固定常設的制度，更對中書舍人的地位，造成深遠的影響。

這種現象，是否等於是中書舍人制度遭到「破壞」，中書舍人被其他官員「奪權」了？這種看法當然有一些根據，但恐怕過於悲觀和負面。其實，在歷史上，不論中外，這種現象不但常見，且十分正常，我們不必訝異，因為皇帝總是站在自己的立場來行事，一旦認為正規的制度無法滿足他的需要，或無效率時，他便會隨時採取變通辦法，也就是任命使職，來補充正規編制官員（中書舍人）的不足之處，不一定是有意圖要剝奪中書舍人的

職權。

安史之亂時，特別是肅宗在靈武和鳳翔期間，因為整個行政架構是崩潰的，沒有中書舍人可用，於是肅宗又回到「最原始」的使職辦法，任命他身邊的翰林學士來掌制詔。陸贄對這個歷史過程有生動的描述，留下一些頗詳細的記載（見下面第四節）。

安史亂後，雖然中書舍人體系又恢復運作，但唐後期幾乎所有皇帝，在許多時候都依賴非正規編制的翰林學士或其他官員，以「知制誥」的使職方式，來掌王言制詔。到了晚唐，中書舍人幾乎被邊緣化，且經常成了翰林學士所帶的本官，但沒有被廢除，依然還有一些作用。

這便是中書舍人體制，在唐代演變的大略過程：原本是個職事官，後來慢慢被其他使職逐漸替代（被使職化），充分體現中國官制演變的大規律。我們要了解這個使職化的過程，了解唐代這些機要秘書官員，當然不能只孤立研究中書舍人一種官，更要同時探討和中書舍人相關的另幾種使職：唐初的詞臣、北門學士、翰林學士和知制誥等，否則難窺全豹。

近年已有不少學者研究過中書舍人，特別是孫國棟的論文和宋靖的專書，釐清了不少細節，所論已詳備[3]。翰林學士方面，近人的論述也相當豐富[4]。因此，本章不擬重複討論中書舍人和翰林學士的職掌、選任、遷官等，而擬專注於這課題的另一面：中書舍人的使職化過程，以及另一些還有待於進一步釐清的問題，例

3　孫國棟，〈唐代中書舍人遷官途徑考釋〉，《唐宋史論叢》，頁91-146；張連城，〈唐後期中書舍人草詔權考述〉，《文獻》1992年第2期，頁85-99；宋靖，《唐宋中書舍人研究》。

4　毛蕾，《唐代翰林學士》；傅璇琮，《唐翰林學士傳論》；傅璇琮，《唐翰林學士傳論・晚唐卷》。

如北門學士，以及中書舍人以本官充任翰林學士等。

二、中書舍人的使職化

唐人李肇的《翰林志》（元和十四年819作）有一段序文說：

> 初，國朝修陳故事，有中書舍人六員，專掌詔誥，雖曰禁
> 省，猶非密切，故溫大雅、魏徵、李百藥、岑文本、褚遂
> 良、許敬宗、上官儀，時召草制，未有名號。乾封〔666-
> 668〕已後，始曰北門學士，劉懿之、劉禕之、周思茂、元
> 萬頃、范履冰為之。則天朝，蘇味道、韋承慶。其後上官昭
> 容獨掌其事。睿宗，則蘇頲、賈膺福、崔湜。玄宗初，改為
> 翰林待詔，張說、陸堅、張九齡、徐安貞相繼為之，改為翰
> 林供奉。開元二十六年〔738〕，劉光謙、張垍乃為學士，
> 始別建學士院於翰林院之南。[5]

研究唐代翰林學士的學者，一般都會引用李肇這段話，作為學士
院成立之前的一段「前史」，但往往沒有深考其中含義。研究唐
代中書舍人的學者，一般則不太理會李肇的這段話，以為跟中書
舍人無關。然而，站在本章的立論立場，這段話卻非常有意義，
因為它正好透露了唐初中書舍人設置後，就開始走向使職化的一
個趨勢。

李肇這段記載，表面上看來，是在敘述翰林院的起源，其實
它也等於在追述中書舍人逐步使職化的過程。翰林院只不過是這

5　收在《翰苑群書》，《翰學三書》本，傅璇琮、施純德編，卷1，頁1-2。

個使職化過程中的一個中間階段。序文一開始就說,「初,國朝
修陳故事,有中書舍人六員,專掌詔誥」,明顯是以中書舍人起
頭,在談論中書舍人。接著,提到唐初高祖、太宗和高宗幾個皇
帝,經常以其他詞臣,如溫大雅、魏徵、上官儀等人來參與草
詔,「時召草制」,但「未有名號」。這表示,在唐初,中書舍人
的使職化還不是很明顯,皇帝只是偶爾召其他詞臣來為他草詔,
所以不必給他們什麼名號,沒有正式的使職官名。事實上,使職
剛萌芽時,大抵皆如此,有很強烈的隨興意味,可以不需要「名
號」,乃正常現象。

　　但到了高宗「乾封以後,始曰北門學士」,使職化的意味就
比較明顯;這些詞臣有了「北門學士」的名號。北門學士是一種
使職,是皇帝私自委任的一批文學之士,除了為他撰寫詔書,侍
奉左右,分擔了不少中書舍人原有的職務,身分也比中書舍人更
為顯貴。在中宗朝,甚至還有上官儀的孫女,以一個女兒之身,
長年「獨當書詔之任」的奇事。這在在顯示這批詞臣的使職特
質。

　　到了玄宗朝,這些詞臣的使職稱號,變為「翰林待詔」,
「翰林供奉」等。這都符合使職「隨事立名」的特徵。最後,在
玄宗開元二十六年,學士院正式設立後,才固定為「翰林學
士」。從此,翰林學士這個使職,便跟中書舍人這種職事官,經
常處於一種微妙的關係,視個別皇帝和時代環境而定。有時候,
翰林學士可以完全取代中書舍人,如安史之亂期間;有時候,雙
方的職權互補,由翰林學士撰寫「內制」,由中書舍人撰寫「外
制」[6]。

6　中書舍人(或唐後期的知制誥)掌「外制」,翰林學士掌「內制」,這只是

　　李肇《翰林志》中還有一句話，頗發人深省。他說，唐初設置中書舍人六員，專掌詔誥，「雖曰禁省，猶非密切」。我們不禁要問：既然中書舍人是「禁省」，為什麼又「猶非密切」？禁省即宮中，宮中事應當跟皇室很「密切」才對，但為什麼皇帝卻認為舍人「猶非密切」？今人引用這段話時，似從未發現或解釋這句話中所含的「弔詭」之意。這點李肇本人也沒有解釋，似乎假設唐人應當都知道他的意思。但隔了一千多年的歷史變遷，今人恐怕難以理解這句話的含義了，值得細讀細考。

　　從李肇的行文看，他所說的「禁省」，指的是「中書舍人院」和那些掌制誥的舍人們，不成疑問。唐人也常稱舍人院、中書省、門下省這幾個相關的官署為「禁省」，或「禁垣」，例證很多，唐代詩文中尤其常見。例如，皇甫曾有一首詩〈和謝舍人雪夜寓直〉一開頭就說：

　　禁省夜沉沉，春風雪滿林。
　　滄洲歸客夢，青瑣近臣心。
　　揮翰宣鳴玉，承恩在賜金。
　　建章寒漏起，更助掖垣深。[7]

大略而言；這種分工並非絕對一成不變。唐後期也有中書舍人掌內制白麻的案例，見張連城，〈唐後期中書舍人草詔權考述〉，《文獻》1992年第2期，頁85-99。由於唐代的制誥，傳世者只占一小部分，我們難以統計中書舍人掌外制或內制的數量究竟有多少，不易掌握確實情況。但從其他方面看，唐後期的中書舍人，是個職權不斷被知制誥和翰林學士替代的職事官。到了北宋初年，中書舍人淪為單純的寄祿官，不再有職事，完全由知制誥和翰林學士取代，可知此官在唐末雖未廢除，仍有草詔職務，但已經是個「夕陽職官」。

7 《全唐詩》卷210，頁2180。

皇甫曾是天寶十二載（753）的進士，大曆十大才子之一。這首詩是他跟一位姓謝的中書舍人友人唱和之作。謝舍人雪夜在中書省舍人院值班（「寓直」），詩中的「禁省」即指他值班過夜的地點。

再如《舊唐書・權德輿傳》所載：

> 獨德輿直禁垣，數旬始歸。嘗上疏請除兩省官，德宗曰：「非不知卿之勞苦，禁掖清切，須得如卿者，所以久難其人。」德輿居西掖八年，其間獨掌者數歲。[8]

權德輿是德宗時代的知制誥和中書舍人，這時居西掖（中書省）已八年，「其間獨掌者數歲」，所以他有許多時候要「直禁垣，數旬始歸」。這裡的「禁垣」和「西掖」，都指中書省舍人院，位於長安大明宮的宮城範圍內，故可稱「禁省」，和其他衙司所在的皇城有別。

李肇說中書舍人六人，「雖曰禁省，猶非密切」，意思應當是說，中書舍人雖然位處禁省，但在唐朝許多時候，皇帝猶未視他們為「密切」，因為皇帝身邊，經常還有其他一些詞臣，比中書舍人更受到皇帝的青睞，可以為他起草詔書，不一定非靠中書舍人不可。皇帝和這些人的關係，往往比他跟中書舍人更為私密。原因可舉三個。

第一，皇帝和那些詞臣有「私」關係。他們可能是先朝舊臣，早已跟皇帝熟識，或因皇帝聞其文名而徵召而來。皇帝可以隨時傳召他們入禁中草詔。但中書舍人卻往往通過其他管道（比

---

8 《舊唐書》卷148，頁4003。

如由宰相推薦），進入舍人院任官，跟皇帝並沒有太多親密互動，疏遠一些。在職官編制上，中書舍人屬於中書省，長官最初為中書省的長官中書令，後來則屬中書門下政事堂的宰相。但北門學士、弘文館學士和翰林學士，不隸屬於任何衙署或三省六部，無「長官」可言。皇帝就是他們的直接長官。

　　第二，一般而言，這一些唐初的詞臣和文館學士，像陸贄所說，乃外界公認的「天子私人」，直接侍奉皇帝，但中書舍人，作為一種正規職事官，和皇帝的關係略顯疏遠，一般被視為是宰相的判官，「佐宰相判案」而已[9]。

　　第三，皇帝可以經常見到那些詞臣，但不一定可以常見到中書舍人。以大明宮的地理位置考之，中書舍人院位於大明宮的南部，所謂的「南衙」，離皇帝生活起居的大明宮北區，還有一大段距離，但上官儀、北門學士等人，卻可以長年在北門候進止，直接進入北區，比起中書舍人無疑更接近皇帝。玄宗朝設立的學士院，更位於北區銀台門內，十分接近皇帝生活起居之處[10]。

　　李肇所列的那一長串名單中，有些其實擔任過中書舍人，如岑文本、許敬宗、李百藥、張九齡等人，但李肇還是把他們列入，看來並沒有把他們視為單純的中書舍人。原因可能是，他們並非經常在出任中書舍人，且他們任舍人為期都很短，但他們卻有更常的時間，以其他身分，例如岑文本和李百藥以史館史官，張九齡以集賢學士等身分，和皇帝長期保持密切的關係，所以常

---

9 《新唐書》卷47〈百官志〉，頁1211。

10 杜文玉，〈唐大明宮內的幾處建築物的方位與職能——以殿中內省、翰林院、學士院、金吾仗院、望仙觀為中心〉，《唐史論叢》第19輯（2014年10月），頁23-42。

被召入禁中草詔。《唐大詔令集》中，收有不少岑文本、李百藥、張九齡等人所寫的制誥，都不是作於他們任中書舍人期間，可為明證。

　　皇帝和這些詞臣的私密關係（也就是構成使職的一個基礎），我們不妨舉上官儀（約608-665）為例。《舊唐書·上官儀傳》說：

> 舉進士。太宗聞其名，召授弘文館直學士，累遷祕書郎。時太宗雅好屬文，每遣儀視草，又多令繼和，凡有宴集，儀嘗預焉。[11]

上官儀一考中進士，太宗就「聞其名」，委任他為弘文館直學士，這是很高的榮譽，也是唐人「無不以文章達」的絕佳例子。上官儀考中進士，在貞觀初年，大約只有30多歲。唐人一般都要在40多歲，歷經數官之後，才能在仕宦的中途，被選為弘文館學士。這種官照例由皇帝委任，和後來的集賢學士與翰林學士一樣，是一種使職，皆以本官充任。太宗「聞其名」就「召授」上官儀任此官，完全符合此官的使職性格。上官儀這麼年輕就出任這個由皇帝欽任的使職，和太宗這麼親近，榮耀無比。他後來更升任為西臺（中書）侍郎和宰相，但仍然「兼弘文館學士如故」[12]。

　　弘文館位於宮城，是唐初建立的一座藏書樓，「實際上是秦

---

11 《舊唐書》卷80，頁2743。

12 《舊唐書》卷80，頁2743。此「學士」比上官儀最初的「直學士」高一等級，表示他在學士任上多年，到高宗時已有所升遷。

王文學館的翻版」[13]，藏書豐富，還附設一所宮廷學校，教導皇室貴族子弟。上官儀長期任弘文館學士，幾乎長年在宮中陪伴皇帝左右，不但「視草」，參與宮廷「宴集」，還寫過不少和皇帝唱和的應制詩，以他的「上官體」詩名見聞於唐初詩壇，並參與宮中的講學和圖書編纂。太宗和高宗朝的制詔，有不少由他起草。現傳世可考的，便有〈冊殷王旭輪文〉[14]、〈黜梁王忠庶人詔〉[15]、〈冊贈渤海王文〉[16]等篇，收在《唐大詔令集》，署有他的名字。

　　問題是，上官儀是以什麼身分在「視草」？是以弘文館學士的使職身分，還是以中書舍人的職事官身分？他的《舊唐書》本傳，未記載他曾任中書舍人，但他孫女上官婉兒的墓誌，2013年在西安出土，卻明確記載上官儀曾任中書舍人[17]。不過，這並不能證明說，他是以中書舍人的職事官去草詔，因為中書舍人草詔，是在南衙的中書舍人院，離皇帝的起居生活區，頗有一段距離。上官儀若以中書舍人身分去草詔，表示他跟皇帝的關係，反而疏遠了，不再那麼親近了。最好的解釋是，他應當是以中書舍人為本官，去出任弘文館學士草詔。

　　事實上，上官儀考中進士後，被太宗「聞其名」，「召授」為弘文館直學士後，他就幾乎長年在宮中任學士，跟皇帝草詔、唱和、宴集。最後，在高宗朝，他才以中書侍郎的本官，去出任宰相。而即使是他任宰相時，他的本傳也清楚告訴我們，他仍

13　李錦繡，〈唐代的弘文、崇文館生〉，《唐代制度史略論稿》，頁242。

14　《唐大詔令集》卷34，頁143。

15　《唐大詔令集》卷39，頁179。

16　《唐大詔令集》卷39，頁183。

17　李明、耿慶剛，〈唐昭容上官氏墓誌淺釋〉，《考古與文物》2013年第6期，頁87-93。

「兼弘文館學士如故」,仍然同時帶有學士身分。至於他本傳和他孫女墓誌中,說他曾任過一系列的職事官,諸如祕書郎、給事中、起居郎、祕書少監等,這些都只不過是他任弘文館學士時所帶的本官,用以定俸祿,序班次而已,一如宋代的寄祿官。他並沒有離宮去出任這些職事官。他始終在任弘文館學士這種使職。這個弘文館學士,比起他那些有官品的本官,更為重要。事實上,他那些本官,都是閒官,幾乎是空銜,不職事。

上官儀此例,也像玄宗朝一些翰林學士,以中書舍人的本官,到學士院去掌誥一樣(見下面第五節「中書舍人作為本官」)。這樣看來,上官儀以非正規的使職身分,為皇帝草詔,才能說明何以他那麼親近太宗和高宗,更深得高宗的寵信。但也正因為他太接近權力中心,很容易牽扯上皇室內鬥,結果他後來涉及欲草詔廢武后之事,而遭到高宗誅殺,兒子庭芝也跟他同時被殺,妻子和家口被籍沒入宮為奴[18]。

因此,上官儀的孫女(庭芝的女兒婉兒),「時在繈褓,隨母配入掖庭。及長,有文詞,明習吏事。則天時,婉兒忤旨當誅,則天惜其才不殺,但黥其面而已。自聖曆〔698-700〕已後,百司表奏,多令參決。中宗即位,又令專掌制命,深被信任」[19]。這便是李肇在《翰林志》中所說的「上官昭容獨掌其

---

18 《舊唐書》卷80,頁2744。

19 《舊唐書》卷51,頁2175;參見《資治通鑑》卷208,頁6587。鄭雅如,〈重探上官婉兒的死亡、平反與當代評價〉,《早期中國史研究》4卷1期,2012年6月,頁111-145。上官婉兒的墓,2013年9月在西安出土,有墓誌一通,見李明、耿慶剛,〈唐昭容上官氏墓誌淺釋〉,《考古與文物》2013年第6期,頁87-93。更精細的論證見仇鹿鳴,〈碑傳和史傳:上官婉兒的生平與形象〉,《學術月刊》2014年5月號,頁157-168。

事」。身為女性，她不可能出任中書舍人，但她在中宗朝的那些年，卻在宮中「專掌制命」，是名符其實的中書舍人，唐史上罕見的「女舍人」，職權和地位都比正規的中書舍人，有過之而無不及。

上官儀和他孫女上官婉兒的這個案例，連同唐初溫大雅、魏徵等一系列被李肇點名的詞臣掌詔制，在在顯示唐朝廷，經常是以一種「雙軌制」來治國。在正式的官制上，掌制詔原本屬於中書舍人的職權，但皇帝卻經常因為種種原因，把中書舍人架空，改派跟自己更親近私密的詞臣，甚至女性（如上官婉兒）來草詔。

這便是一種任命使職來草詔的辦法。這種命官辦法，不一定只屬「臨時」性質，還可以是長年如此，形成一種制度，可稱之為「使職」（或宋人所說的「差遣」）。唐初的幾個皇帝，都有過這種舉動，無一例外，經常以身邊親近、熟識的詞臣來草詔，避開那些他可能不認識，或無關係的中書舍人。唐玄宗以降的皇帝，更經常訴諸這種使職辦法。這種使職是隨興的，隨皇帝意思施行，顯示唐代的官制有相當的彈性和「私」因素在內。

在唐初，草詔者可以是弘文館學士（如上官儀），可以是其他具詞彩的職事官，甚至可以像李肇所說，「未有名號」，比如溫大雅、魏徵、上官婉兒等人，不必帶任何使職稱號，就能草詔。到高宗武則天朝，他們的「名號」則是北門學士，但這只是「時人謂之」的「綽號」（見下），還不是使職官名。玄宗朝開始，更有翰林學士，集賢等文館學士掌制誥。這些文館詞臣，才有了正式的使職官名，大抵以文館命名。除此之外，從唐初到唐後期，也有不少文詞典麗的官員，以其他職事官的身分（如中書侍郎、主客郎中等），去充任知制誥，負責草詔。

　　這便是唐的「雙軌制」：正式的職事官中書舍人和非正規的其他詞臣草詔使職，同時並行，不一定會互相排斥，反而可以形成一種「互補」的狀態。有些皇帝可能偏好使用中書舍人；有些皇帝可能更喜歡採用使職，全看個別皇帝的性格和時代環境而定。這也就是杜佑在《通典》中所「表揚」的唐「一代之制」：「設官以經之，置使以緯之」的雙軌辦法[20]。雙軌制無疑讓皇帝多了一些選擇，多一些彈性，未嘗不是提高行政效率的好辦法。

三、北門學士

　　李肇說，唐初的詞臣「時召草制，未有名號。乾封以後，始曰北門學士」，好像北門學士是個正式的使職官名，好像當年武則天把劉禕之、周思茂、元萬頃、范履冰等人，召入禁中從事草詔、編纂等活動時，曾經給過他們一個「北門學士」的使職官名。事實上恐怕並非如此。武則天應當不曾給過他們這樣的使職官名。北門學士也不是正式官名，應當不能用於題署自己全套官銜的場合。所以，我們在唐代序文祭文或碑誌石刻等需要題署自己正式官銜的地方，從來沒有見過有北門學士這個官名[21]。

　　那麼，北門學士算是什麼「名號」？這應當是一種「綽號」式的稱謂。因為劉禕之、元萬頃等人，經常在大明宮的北門出入「候進止」，所以「別人」便給了他們北門學士的名號。武后恐

---

20 《通典》卷19，頁473。

21 近年有一唐代墓誌出土，誌文中有「北門學士」一詞，但經學者考證，這個北門學士和李肇所說的不相同。見李方，〈唐李元軌墓誌所見的北門學士〉，《文物》1992年第9期，頁60-61；梁爾濤，〈唐李元軌墓誌所涉北門學士問題獻疑〉，《中原文物》2010年第6期，頁92-95及頁109。

怕不會稱他們為北門學士，他們自己應當也不會說自己是北門學士，但別人（比如其他官員好事者）卻「調侃」他們為北門學士，帶有一種「戲謔」的意味，因為北門學士實際上有點「走後門」的味道，在「逃避」正規管道（南衙）。

唐代的「北門」，有與「南衙」相對的意思。最好的一個例證，涉及武后的男寵「阿師」薛懷義。他在南衙朝堂遇見宰相蘇良嗣，「懷義偃蹇不為禮；良嗣大怒，命左右捽曳，批其頰數十」，懷義臉頰被打了數十個巴掌。他訴於武后，武后教他應付之道：「阿師當於北門出入，南牙宰相所往來，勿犯也。」[22]。這段插曲，清楚揭露了「北門」的深層含義。武后的這五六個北門學士，正好是在「北門出入」。

唐大明宮的宮門，從未以方向命名，並無一道門叫「北門」或「南門」。所謂「北門」，應當只是當時一種俗稱，指進入宮禁區的某一道北門（很可能指大明宮西側北部，出入禁中的右銀台門），和南衙相對。胡三省注北門學士，便如此解釋：「不經南衙，於北門出入，故云然」，可謂深得個中奧妙[23]。

因此，所謂「北門學士」，乃指從北門出入，不經南衙，專門侍奉武后的詞臣，帶有濃厚的「私密」性質。唐代文獻提到北門學士時，都會特別注明這是一種「時號」、「時人謂之」等語，顯然當作是一種戲稱來使用。例如《舊唐書‧職官志》說，「劉懿之劉禕之兄弟、周思茂、元萬頃、范履冰，皆以文詞召入

22 《隋唐嘉話》卷下，頁37；《資治通鑑》卷203，頁6441。

23 《資治通鑑》卷202，頁6376。關於北門學士的設置時間、權限和下場等課題，見劉健明，〈論北門學士〉，《中國唐史學會論文集》，頁205-218。較新的研究見李福長，《唐代學士與文人政治》，第四章〈北門學士與武則天革命〉，頁145-176。

待詔，常於北門候進止，時號北門學士。」[24]《資治通鑑》則說：「天后多引文學之士著作郎元萬頃、左史劉禕之等……時人謂之北門學士。」[25]如果北門學士是個正式的使職官名，又何必加上「時號」、「時人謂之」等語？

其實，唐人頗喜這種綽號。例如，《舊唐書・盧懷慎傳》說：「懷慎與紫微令姚崇對掌樞密，懷慎自以為吏道不及崇，每事皆推讓之，時人謂之『伴食宰相』。」《新唐書》此處更說，「時譏為『伴食宰相』」[26]。可知這種「時人謂之」的綽號，不可不慎，不可誤以為是正式官稱。又如，《因話錄》記載了一則故事：司徒鄭貞公（即宰相鄭餘慶），「與其宗叔太子太傅絪，俱住昭國〔坊〕，太傅第在南，出自南祖；司徒第在北，出自北祖：時人謂之『南鄭相』、『北鄭相』」[27]。這裡「南鄭相」和「北鄭相」也顯然只是綽號，不是官稱。再如，玄宗朝的「縱橫之士」王琚，「在帷幄之側，常參聞大政，時人謂之『內宰相』，無有比者。」[28]這個「內宰相」無疑是個綽號，跟北門學士一樣。玄宗斷不會稱王琚為「內宰相」，正如武后斷不會稱元萬頃等人「北門學士」一樣。李肇沿用時人的稱謂「北門學士」，實際上只是一種綽號，不是個正式使職官名，不像翰林學士那樣。本章也純以綽號方式，來使用「北門學士」一詞。

《舊唐書・劉禕之傳》說，武后經常「密令」這些北門學士

「參決，以分宰相之權」[29]。「以分宰相之權」這句話，也見於《舊唐書・元萬頃傳》和《新唐書》、《資治通鑑》等處。這導致現代學者，不免受到這些史籍的影響，高估了北門學士的權力。武后或許有這樣的意圖，但未必能做到。據劉健明的研究，「北門學士只侵蝕了宰相的部分決策權力，而且是間接的，對宰相的施政權力並沒有直接的影響」。這些學士都是中級官員，「在朝廷上也沒有重要的影響力」，實力遠不如後來的翰林學士[30]。

　　至於北門學士是否「侵中書舍人起草國家詔書之權」？劉健明引用《舊唐書・郭正一傳》的記載，「正一在中書累年，明習舊事，兼有詞學，制敕多出其手」，認為高宗時，「國家正式的詔書，仍是操於中書舍人之手」[31]。此時的制誥，不出北門學士之手，當是事實。他們的主要任務，是在編纂《臣軌》等書籍，而在草詔和參政方面，作用不大。所以到了武則天正式掌政時，她顯然不再需要元萬頃等北門學士。這些人也就消失不見，從此唐史上再也沒有所謂的北門學士。

　　然而，從制度的意義上看，高宗朝武后干政，曾經常把北門學士召入禁中使喚，在在顯示她擅長運用唐代的「雙軌制」，有時用中書舍人這種職事官，有時用北門學士這種使職，來彈性互補，以達到她想要的目的。這也正是唐代和歷代中國皇帝都會使用的辦法，亦符合人類最原始的本能，斷不會畫地自限，把自己限定在律令制，只用「令內之官」，不用「令外之官」[32]。

29　《舊唐書》卷87，頁2846。

30　劉健明，〈論北門學士〉，頁214。

31　劉健明，〈論北門學士〉，頁214。

32　日本學者深受唐代律令制影響，稱職事官（載於律令）為「令內の官」，稱使職（不載於律令）為「令外の官」。見礪波護，〈唐の官制と官職〉，《唐

四、翰林學士和中書舍人的糾葛情結

我們前面見過，唐初就設立正規的職事官中書舍人，負責掌制誥。但即使在唐初，皇帝經常還是會因種種原因和需要，以「無名號」或有名號的詞臣來草詔，分割了中書舍人的職權。無名號的詞臣包括溫大雅、魏徵、上官婉兒等人。有名號的詞臣則指弘文館學士、集賢學士、翰林學士，以及以他官充任的知制誥。這些詞臣，不管有無名號，全都可視為皇帝欽任的使職。一種使職在剛行用時，往往帶有一些臨時、隨興意味，所以常常可以像李肇所說的「未有名號」。但在唐初這幾批詞臣當中，最後「脫穎而出」，能夠跟中書舍人分庭抗禮，且形成一種常設使職制度，直到唐末五代和北宋者，則只有翰林學士和知制誥。關於知制誥，本書第七章和第八章會有詳細論述，此不贅論。這裡要問的是，為什麼從唐玄宗以降，皇帝要以翰林學士這種使職來為他撰寫制誥？這種工作不能由正規的中書舍人來做嗎？翰林學士的突然壯大，其真正的原因和背景是什麼？

玄宗開元二十六年（738），雖然設立了學士院，但據德宗貞元四年（788），陸贄呈給德宗的〈論翰林學士不宜草擬詔敕狀〉，玄宗時代翰林學士的職務，也僅「止於唱和文章，批答表疏」而已，「其於樞密，輒不預知」。陸贄進一步指出，翰林學士草擬詔制，始於安史之亂期間：

> 肅宗在靈武、鳳翔，事多草創，權宜濟急，遂破舊章，翰林

代政治社會史研究》，頁238-244。日本官制亦有令外之官，指日本律令以外的官。

之中，始掌書詔，因循未革，以至於今。[33]

　　陸贄這段話，把翰林學士這個使職的突然壯大，描寫得入木三分。正因為肅宗當時正逢安史之亂，在靈武、鳳翔行在，正規行政架構幾乎崩潰，沒有正規的職事官（中書舍人）可派上用場。「事多草創，權宜濟急」，於是就以當時他身邊僅有的翰林學士來「始掌書詔」，完全符合使職產生的規律。

　　其實，翰林學士在安史亂前，也未嘗沒有掌書詔的案例。例如，李肇《翰林志》便提到一個好例子：「天寶十二載，安祿山來朝，玄宗欲加同中書門下平章事，命張垍草制，不行；及其去也，怏怏滋甚。」[34]張垍當時正是翰林學士，玄宗命他草制，但安祿山最後因有人反對，沒有成功拜相。依此看來，當時玄宗命翰林學士草詔，應當至少是偶有之事，但可能未成風氣。陸贄此處說翰林學士是在安史之亂才掌書詔，應當是指他們草詔之權，突然因戰爭壯大增長，才開始形成一種固定的制度。肅宗回到長安後，習慣了這種使職，也就「因循未革，以至於今」。

　　陸贄在此奏狀中還提到，「頃者物議尤所不平，皆云學士是天子私人，侵敗紀綱」。這反映在德宗時代，翰林學士和皇帝的關係變得更為密切，以致外界認為學士是「天子私人，侵敗紀綱」。不過，陸贄寫這篇奏狀，其實他是有「私心」的。他當時跟充任翰林學士的吳通微、通玄兄弟不和，於是寫了這篇狀，希望德宗把掌誥的職權，歸還給中書舍人，藉以排擠通微、通玄兩

---

33 《陸贄集》補遺，頁774。
34 《翰苑群書》卷1，頁3。此事亦見於姚汝能，《安祿山事蹟》卷中，頁19，但年代則為「天寶十三載三月一日」。

人。他在另一篇奏狀〈論翰林學士所掌制詔宜還中書舍人狀〉
中，把這層意思表達得更為露骨：

> 學士私臣。玄宗初令待詔內庭，止于唱和詩賦文章而已。詔
> 誥所出，本中書舍人之職，軍興之際，促迫應務，權令學士
> 代之。今朝野乂寧，合歸職分。其命將相制詔，請付中書行
> 遣。[35]

表面上，陸贄好像大節凜然，在為中書舍人發聲，希望皇帝把草
詔權還給舍人，但真正原因是，吳通微、通玄兩人當時正在任翰
林學士，陸贄和他們有私怨，想藉此打擊兩人。

德宗當然看出陸贄的私心，最後並沒有採納他的建議。《舊
唐書·陸贄傳》說：

> 德宗以贄指斥通微、通玄，故不可其奏。[36]

德宗一方面知道陸贄寫這篇奏狀，是針對通微、通玄而言，「故
不可其奏」。但另一方面，德宗不答應，恐怕也有他的「私心」
考量，也就是不願輕易放棄這種以「私臣」來掌制誥的權力，把
「命將相制詔」歸還給中書舍人。畢竟，「私臣」比較好使喚。

實際上，肅宗以後的中書舍人，權力大為削弱，在德宗時常
缺員不補，呈獨員狀態，以致權德輿任中書舍人時，須「獨直禁
垣，數旬一歸家」。中書舍人原有的佐宰相判案職權，也被剝

---

35 《陸贄集》補遺，頁775。
36 《舊唐書》卷139，頁3818。

奪，以致穆宗在元和十五年（820）閏正月剛即位時，就主張讓中書舍人「便令參議，知關機密者，即且依舊」。但似未實行，或成效不大，所以在武宗會昌四年（844）十一月，中書門下（宰相）又上奏，「請復中書舍人」[37]。中書舍人地位的下降，其部分肇因就在安史之亂期間，因形勢所需要，翰林學士得到肅宗的完全信任，以後的幾個皇帝，也就「因循未革」，喜用「學士私臣」，不想再走回頭路。畢竟，中書舍人跟許多職事官一樣，乃正規官僚的部分，跟皇帝沒什麼關係可言，最後得不到皇帝的青睞。陸贄的這兩篇奏狀，凸顯了翰林學士和中書舍人的種種糾葛情結。

五、中書舍人作為本官

在唐後期，中書舍人越來越使職化，逐漸被知制誥和翰林學士所取代之後，產生了一個結果。那就是，中書舍人本身的職事官位，又可拿來當作所謂的「本官」，讓他們以此本官去充任其他使職，主要是充任知貢舉和翰林學士。例如，崔瑤「大和三年登進士第，出佐藩方，入升朝列，累至中書舍人。大中六年，知貢舉，旋拜禮部侍郎，出為浙西觀察使」[38]。再如鄭從讜，「尋遷中書舍人。咸通三年，知貢舉」[39]。以中書舍人去知貢舉，在晚唐頗常見，一般也不構成什麼理解上的問題。

37　以上三事，俱見《唐會要》卷55，頁1111-1112。

38　《舊唐書》卷155，頁4119。

39　《舊唐書》卷158，頁4169。又見孫國棟，〈唐代中書舍人遷官途徑考釋〉，頁103-104。

　　但以中書舍人為本官去充任翰林學士，卻又似乎有些「奇特」，主因是中書舍人和翰林學士，都同樣掌制誥，似乎有些「角色混亂」。然而，正如李肇所說，翰林學士「皆以他官充，下自校書郎，上及各曹尚書，皆為之」。既然校書郎和郎官等人，可以充任翰林學士，中書舍人當然也可以。實際上，唐朝以中書舍人來充任翰林學士，早在學士院的初期，即玄宗時代就開始了，並非唐後期才有。例如，丁居晦的《重修承旨學士壁記》，列出了開元後出任翰林學士的八人，其中便有三人的本官是中書舍人，比如張漸，「中書舍人充」，另兩人是呂向和竇華[40]。至於德宗朝以後，以中書舍人本官去充任翰林學士者，就更多了，不勝列舉，可查丁居晦的《壁記》。

　　這就產生了兩種中書舍人。第一種是舊有的，在中書舍人院實任職事的中書舍人，主要負責撰寫「外制」（中書制誥）。第二種是在學士院內的中書舍人，以中書舍人本官充任翰林學士，負責起草「內制」（翰林制誥）。內制一般比外制重要。第二種中書舍人，或可稱為「學士院中書舍人」，以別於第一種「舍人院中書舍人」。例如，晚唐的兩位才子元稹和李德裕，都是以中書舍人作為本官，到學士院去任翰林學士；他們從來沒有在舍人院任中書舍人。至於另兩位晚唐知名文士權德輿和白居易，則是在舍人院當實任的中書舍人；他們從來沒有以中書舍人的本官去學士院任翰林學士（見第九章）。這是個重要的區別，不可不慎。若不小心分辨，很容易混淆。例如，近年有一些關於中書舍人升遷研究的著作，便把學士院中的中書舍人，當成是舍人院的中書舍人來統計，難免影響到結論。

40　丁居晦，《重修承旨學士壁記》，《翰苑群書》卷6，頁29-30。

舍人院的中書舍人，為一般的職事官，有官品（正五品上），屬高官，實任其職，簡單明白，一般不構成問題。但學士院的中書舍人，卻有些複雜。它雖然不算是「真正」的中書舍人，只是個本官，但這個中書舍人官銜，卻是有意義的，並非「空銜」。它實際上類似宋代的寄祿官。唐制也正是宋制的淵源。它至少有兩個作用。

第一，一旦有了此銜，便可以被人尊稱為「中書舍人」，也可以自稱為「中書舍人」。所以，唐代文獻和詩文中，經常可以見到「中書舍人翰林學士」這樣「奇特」的官名組合。例如，元和二年（807）三月的〈李吉甫平章事制〉，便稱他為「銀青光祿大夫，行中書舍人翰林學士、上柱國李吉甫」[41]。他是學士院的中書舍人。再如，權德輿在〈祭故徐給事文〉中，稱吳通微為「中書舍人翰林學士吳通微」[42]，意思跟李吉甫情況相同。唐代酬答詩的詩題中，這樣的稱謂更是十分常見。這些都不是「真正」的舍人院中書舍人，而是帶有中書舍人本官的翰林學士，在學士院中服侍皇帝。

第二，在學士院中，中書舍人此銜的作用，也跟其他本官一樣，在於計俸料，定班序。例如，白居易在年輕時曾任翰林學士，最初是以盩厔縣尉去充任，隔年在院中升為左拾遺，又兩年後再升為京兆府戶曹參軍[43]。這三個都是他的本官（寄祿官），只是用以計俸料，定班序，所以白居易得到這三個官銜之後，都曾經十分感恩地寫下〈初授拾遺〉、〈奏陳情狀〉等詩文，紀錄他

41　《唐大詔令集》卷46，頁229。

42　郭廣偉校點，《權德輿詩文集》卷49，頁778。

43　丁居晦，《重修承旨學士壁記》，《翰苑群書》卷6，頁33。

升官加薪的喜悅。他在〈謝官狀：新授京兆府戶曹參軍、翰林學士臣白居易〉，更十分「露骨」地說，他得了京兆府戶曹參軍此官，「位望雖小，俸料稍優，臣今得之，勝登貴位」[44]。而且，他還說，他升了此官，俸錢增多了，更足以照顧年老的母親，可證這種本官的一大作用是計俸料。為此他還特地寫了一首詩〈初除戶曹喜而言志〉，來表達他的喜悅。詩中提到他的「俸錢四五萬」和得官後「賀客滿我門」的事，十分生動[45]。可惜，白居易中年以後是在舍人院任實職的中書舍人，不曾在學士院任中書舍人。如果他是在學士院升為中書舍人，他想必又會再寫一篇謝官狀來感謝皇恩，因為中書舍人遠高於京兆府戶曹參軍，俸料錢更多，他應當會加倍歡天喜地才對。

　　至於本官的另一作用（定班序），白居易倒是沒有為我們提供像計俸料那樣生動的紀錄。但《唐會要》記載，「其翰林學士，大朝會日，准興元元年〔784〕十二月二十九日敕，朝服班序，宜準諸司官知制誥例」[46]。這是說，翰林學士沒有自己的班序，朝會時依照各學士所帶的不同本官，回到其本官的司署去排班，就像知制誥回到他們原本「諸司」的班序那樣[47]。依此看來，到了朝會時，那些帶有中書舍人本官的翰林學士，又會回到舍人院中書舍人那一組的班列當中，形成兩類中書舍人又齊聚在一起的微妙狀況。

　　中書舍人在唐後期可以這樣使用，變成一種本官，用以寄俸

44　《白居易集箋校》卷59，頁3376。

45　見賴瑞和，《唐代基層文官》，繁體版頁274-276；簡體版頁193-196的詳細討論。

46　《唐會要》卷25，頁564。

47　見毛蕾，《唐代翰林學士》，頁54-56的詳細討論。

祿和定班序，好像變成了「階官」一樣。此官在晚唐雖未廢除，
但也成了一種無甚作為的職事官，職務幾乎都被另兩個使職（翰
林學士和知制誥）所取代。到了北宋初期，中書舍人更進一步演
變成了純粹的寄祿官，也就是宋制「官、職、差遣」當中的
「官」，「無職事，為文臣遷轉官階」[48]，不再有草詔實職。宋初掌
誥者，僅剩下知制誥和翰林學士。直到北宋元豐年大改官制，宋
神宗才又把中書舍人的職事恢復過來[49]。

六、結語

　　唐代職事官的使職化，是個非常緩慢且漫長的過程。就中書
舍人而言，唐代許多時候，其實是在施行一種「雙軌制」，一邊
採用舊有的中書舍人這種職事官，一邊又行用新的知制誥和翰林
學士這兩種使職，直到唐亡，中書舍人都沒有完全被廢除。這種
雙軌制，讓皇帝有更多的選擇，可以有時用中書舍人來草詔，有
時又用其他詞臣使職來掌誥，端視當時的形勢（如戰爭）和文書
種類需要（如內制和外制）而定，有互補作用。但整個趨勢是，
中書舍人的職權越來越小，使職最後占了上風，以致中書舍人甚
至演變成了一種本官（類似宋代的寄祿官）。不少中書舍人就以
此本官去充任翰林學士和知貢舉等使職。這是中書舍人使職化最
明顯的一個徵兆，也是使職化的自然結果。

　　這個漫長的使職化過程，到了宋代，終於完成。北宋初期的

48　龔延明，〈宋代中書省機構及其演變考述〉，《中國古代職官科舉研究》，頁
　　171。

49　陳振，〈關於宋代的知制誥和翰林學士〉，《宋代社會政治論稿》，頁34-47。

中書舍人，已經不再有職事，徹底被使職化了，演變成「文臣遷轉官階」，成為單純的寄祿官，和唐代的本官一樣，只是用以計俸祿，定班序而已。其草詔職事，則由唐代長期發展而來的知制誥和翰林學士所取代，直到元豐改制，才又刻意恢復中書舍人的職事。常言道，宋制源於唐制。本章所考的中書舍人使職化，正好可以為宋制如何源自唐制，提供一些實例，或可供研究唐宋官制源流的學者參考。

第七章

唐知制誥的使職本質

> 崔融，長安四年除司禮少卿，知制誥。融為文典麗，當
> 時罕有其比。
>
> ——《冊府元龜》

「知制誥」這個官銜，常見於唐宋文獻，但唐代的含義不同於宋代；唐制和宋制也有不少差別。為免混淆，本章只專論唐制，不擬涉及宋代的用法。然而，即使在唐代，知制誥也是相當複雜的官職。雖然有學者發表過一些論述[1]，但問題仍然不少，還有待進一步的探討。本章主要想釐清一點：知制誥有實職，但卻無官品，也不載於《唐六典》等職官書中，是一種典型的使職。這點學界似從未申論。錢大昕精湛的使職論，也沒說知制誥是使職（見第二章）。相對地，中書舍人有官品（正五品上），也載於《唐六典》等職官書中，是一種典型的正規職事官。兩者涇渭分明，不可混淆。

知制誥雖不載於《唐六典》等職官書中，但在兩《唐書》列傳和近世出土唐代墓誌中，卻經常見到有唐代士人出任這個官

---

1 張東光，〈唐宋的知制誥〉，《文史知識》1993年第1期，頁27-30；張東光，〈唐宋時期的中樞秘書官〉，《歷史研究》1995年第4期，頁135-150；劉萬川，〈唐代「知制誥」辨析〉，《燕趙學術》2011年秋之卷，頁77-84。

職，顯示這是一種行之有年的官制，且有實職，職務是撰寫制誥，但又沒有官品。通常，我們一見到這種有實職，卻無官品的官位，便可以「大膽假設」，它必定是個使職（或宋人所說的差遣）。接著要做的事，便是「小心求證」。

本書第二章細論過使職的定義，結論是：「舉凡沒有官品的實職官位，都是使職」。但單憑有實職，無官品，就判定知制誥為使職，有讀者或以為，證據或許還不夠充分。下面就從另外三點，來求證此官的使職本質。

一、動賓結構的官名

知制誥這個官名，屬動詞加賓語的組合，往往正是使職的特徵之一。「知」字，即「負責、主管」之意。皇帝指派某官去「知制誥」，便是命他去負責草擬制誥。從結構上看，「知」是動詞，「制誥」是賓語，這是一個動詞加賓語的組合，可以稱之為「動賓結構的官名」。這種動賓型官名，往往意味著，它是一種使職，不是正統、正規的職事官。所以，單看官名，幾乎就可以確定，知制誥應當是一種使職。當然，除了官名本身，我們還有其他的證據可佐證，底下將細論。

唐代頗有不少以「知」字開頭的官名，例如知貢舉、知吏部選事、知樞密、知內省事，都是佳例。我們從其他史料知道，這些全都是使職。唐代的宰相，常稱為知政事（罷相則稱作「罷知政事」），也正是使職（見第四章）。宋制源自唐制。宋代這種以「知」字開頭的使職差遣，就更多了，比如知州、知丞事、知司錄、知禮院等等[2]。

這類動賓結構使職官名，跟正規職事官的官名很不一樣。正

規官制的官名，幾乎全是名詞，如「吏部尚書」、「水部員外郎」等等，不含動詞在內。但使職是一種比較「原始」的官職，往往會帶有一個動詞，且以動詞來描寫職務，簡單易懂，從職稱上就可以看出職務。例如，單看知制誥這個官名，就知道此官必定是負責草詔的。唐代還有一種掌誥的正規職事官，叫中書舍人，便跟許多職事官名一樣，不含任何動詞，但也就不容易從中書舍人的官名上，看出此官原來是掌誥的。唐代的使職官名，當然不完全是動賓結構，然而卻有不少是動賓型，包括最知名的另兩種宰相稱號，「同中書門下三品」和「同中書門下平章事」。這兩個官名，都有個動詞「同」字。這是使職命名的常見方法。

　　所以，知制誥這個典型的動賓型官名，意味著此官必定是從使職開始，至今也仍然保持著它的使職本色，還沒有演變成正式編制的職事官，所以也沒有官品。如果這種使職演變成職事官，則它原先的動賓型官名，很可能也會跟著變為名詞型，且專指某官某人，不再提及其職務[3]。例如，魏晉南北朝常見的官名「都督諸州軍事」，起初是個使職，按照使職典型的命名法，以動賓短語描述職務的方式來命名。「都督」為動詞，接著描述此官的職務。都督什麼？都督諸州軍事也，清楚明白。到了唐代，這個使職終於演變成正規職事官，於是改為單純的名詞型官名「都督」兩字而已，專指這種官員，但這新官名卻不易讓人看出其職務，不知他都督什麼。換言之，從使職官名，很容易看出它的職掌，

2　見龔延明，《中國歷代職官別名大辭典》，頁420-421。

3　漢代的官制也有這種特徵。廖伯源，《使者與官制演變——秦漢皇帝使者考論》，頁327-328說：「官制演變之一現象是有些官職之出現，先有其職務之事實，然後才設置該官職，故其官名是從動詞轉變而來。」換言之，漢代的使職官名也常帶有一個動詞。

但成了職事官名後，反而不容易看出其職掌。

　　一種使職剛設置時，有一個相當常見的命名方式，就是以「描述職務」的辦法來取名，於是就產生了「知制誥」這種動賓結構的組合。西周金文中頗多這種帶有動詞的官名[4]。我們不妨從使職的角度去研究發微。再如，唐史官劉知幾，當年到史館任史官使職時，他就只有一個非常簡單的動賓結構官名，稱為「修國史」，乍看之下簡直不像是官名。但他自己在《史通·原序》中說，「長安二年〔702〕，余以著作佐郎兼修國史」。[5]又在《史通·自敘》中說，「長安中，以本官兼修國史」。[6]這就明確表明，他那些年是以著作佐郎為本官，兼（意謂同時）帶有「修國史」這個使職。本書第十章和第十一章，將進一步論證，劉知幾的這個「修國史」，是一個使職官名，這裡暫且不論。這種動賓型官名，便是使職最顯著的標誌之一。唐代宰相常帶有的「監修國史」官銜，亦為動賓型官名，也屬使職（見第十一章）。

二、使職常以他官充任

　　這是錢大昕使職論的一個重點：「常假以它官」的官職，亦是使職（見第二章）。道理很簡單，因為使職本身沒有正規的員額編制。比如，唐代的史館，本身並無員額編制，所以它的史官，當然必須由其他有史才的官員去充任。中書舍人是正規職事

4　張亞初、劉雨，《西周金文官制研究》；Li Feng, *Bureaucracy and the State in Early China: Governing the Western Zhou*；中譯本：吳敏娜等譯，《西周的政體：中國早期的官僚制度和國家》。

5　《史通通釋》〈原序〉，頁1。

6　《史通通釋》卷10，頁269。

官，有員額編制，所以不必召他官去出任。同理，知制誥是使職，無員額編制，所以在有需要任命時，便不得不召其他有文采的官員來擔任。因此，須由他官去充任的官職，也都是使職。

知制誥之所以出現，主因是皇帝覺得，某某官員有文詞之美，遠勝當時現有的中書舍人，想借重他的才華來撰寫制誥，於是便請這位官員，以他當時的某某職事官，作為本官，來充任知制誥。這便是「以他官充某職」，「以他官知制誥」的典型使職任命辦法。

唐前期就有一些文詞典麗的官員，以他官的身分去知制誥，分化了中書舍人的一部分草詔職權。例如，中宗武后時的崔融，曾以司禮少卿（太常少卿）充知制誥。玄宗時，蘇頲以紫微侍郎，李乂以刑部尚書，張九齡以工部侍郎，韓休以禮部侍郎，都曾經出任過知制誥（詳見第八章）。

唐前期這種以他官知制誥的做法並不常見，案例不多，還不是一種常設的使職，只偶爾委任。但安史亂後，以他官（特別是郎中和員外郎）去知制誥的案例，就十分普遍，舉不勝舉，成了一種常設使職。例如，李宗閔曾以駕部郎中知制誥之後，才出任中書舍人[7]。詩人白居易，曾以主客郎中，牛僧孺曾以庫部郎中，也都充任過知制誥[8]。

唐穆宗以後，以他官知制誥的辦法依然在行用，成了一種固定的制度，一直到唐末哀帝朝都如此。這裡且引幾個唐末的案例，以見一斑。例如，《舊唐書·昭宗紀》乾寧元年（894）十月庚寅條下：

<hr>

7 《舊唐書》卷16〈穆宗紀〉，頁481。

8 《舊唐書》卷16〈穆宗紀〉，頁484。

> 以翰林學士承旨、禮部尚書、知制誥李磎為戶部侍郎、同平
> 章事。宣制之日，水部郎中、知制誥劉崇魯出班而泣，言磎
> 奸邪，黨附內官，不可居輔弼之地，由是制命不行。[9]

劉崇魯是以水部郎中的他官去知制誥，可知唐末仍有此制。再
如，唐末代皇帝哀帝天祐二年（905）十二月，當時的宰相柳璨
被任命「充魏國冊禮使」，隨行的官員有十六位之多，其中就有
兩位知制誥，「祠部郎中知制誥張茂樞、膳部員外知制誥杜曉」：

> 敕右常侍王鉅、太常卿張廷範、給事中崔沂、工部尚書李克
> 助、祠部郎中知制誥張茂樞、膳部員外知制誥杜曉、吏部郎
> 中李光嗣、駕部郎中趙光胤、戶部郎中崔協、比部郎中楊煥、
> 左常侍孔拯、右諫議蕭頊、左拾遺裴璔、右拾遺高濟、職方
> 郎中牛希逸、主客郎中蕭蘧等，隨冊禮使柳璨魏國行事。[10]

以上種種以他官知制誥的案例，說明了唐朝廷是如何以中書舍人
以外的官員來掌誥。這些實際案例，可以證實知制誥是一種使
職。

相對地，中書舍人是一種職事官，有固定的員額編制，所以
在正常的情況下，此官從來不必由其他職事官去出任。唐史上有
一些例外，如杜鴻漸以兵部郎中，和崔漪以吏部郎中，「並知中
書舍人」的事[11]。但這是一種特殊狀況，因為這時肅宗剛在靈武

---

9 《舊唐書》卷20上，頁752。
10 《舊唐書》卷29下，頁802-803。
11 《舊唐書》卷10〈肅宗記〉，頁243。

即皇帝位，流亡期間，沒有中書舍人可用，所以就暫時以身邊的兩個官員，以他官的身分去「知中書舍人」。此外，唐史上還有幾個「權知中書舍人」的案例，如唐扶，在文宗太和九年（835），「轉職方郎中，權知中書舍人事。開成初，正拜舍人，踰月，授福州刺史、御史中丞、福建團練觀察使」[12]。從「權知」兩字可知，這是暫時性的安排，等於要這幾位官員，「暫時代行」中書舍人的職務，並非在任命使職。

三、白居易的見證

知制誥是一種使職，還有一個極佳的證據，那就是唐人白居易本人的見證。我們在第一章見過，他在為好友李建所寫的〈有唐善人墓碑〉中，把李建一生的官銜分為五大類。李建中壯年時，曾經以兵部郎中的他官去知制誥。白居易在碑文中，便把兵部郎中列在「官」（職事官）的分類下，又把「知制誥」列在「職」（使職）的分類下[13]。這是唐人對知制誥的使職身分，做了最明確不過的表述了。研究知制誥的唐史學者，沒有注意到此官是一種使職，把它當成職事官來處理，頗不易看出此職的真貌。然而，白居易如此肯定說，李建的知制誥是使職。以他的唐代官員身分，這是最為有力的證據了。

---

12 《舊唐書》卷190下〈文苑傳〉，頁5062。
13 《白居易集箋校》卷41，頁2677。

四、結語

　　本章從使職定義、官名結構、任命方式,以及白居易的唐人見證,論證知制誥是一種使職,就像翰林學士、史館史官為使職一樣。今後,我們一旦懷疑某某官是個使職時,不妨以本章所用過的方法,去進一步求證。

　　釐清了知制誥的使職本質,有什麼意義?第一,這在品讀唐人的官銜時,會更有左右逢源的理解之樂,因為唐人在自署那些長串完整官銜時,都會把知制誥寫入官銜中。若不了解知制誥的意義,則這些完整官銜也不易解讀。第二,弄清了知制誥的使職本質,我們也將看出,這個使職從唐初到唐末,一直在逐步替代中書舍人的職務,逐漸把中書舍人使職化,以致到了五代北宋初,中書舍人成了一種虛銜,不再有職事,只用作文臣遷轉的寄祿官罷了[14]。第三,由此我們也就理解到,唐代掌誥的詞臣,主要有三大類:第一是正規的職事官中書舍人,第二是使職知制誥,第三是翰林學士(也屬使職)。這三者的作用、輕重地位和相互關係,值得再細考評估,且留到第九章來論述。下一章,將先釐清唐代知制誥複雜的一面。它有三大類型,各有各的特徵。

14　龔延明,〈宋代中書省機構及其演變考述〉,《中國古代職官科舉研究》,頁171。

第八章

唐三大類型知制誥的特徵與區別

> 臣忝跡集賢，久無成效，幸免咎責，伏用兢惶。忽蒙特
> 恩，令知制誥。
>
> ——張九齡〈謝知制誥狀〉

上一章理清了知制誥是一種使職，所以它沒有官品，也不載於職官書中。本章擬進一步論證唐代有三大類型的知制誥。第一型在唐前期，大多以高官（如侍郎）去充任，其本官的官品比中書舍人的正五品上高，跟皇帝的關係密切，往往由皇帝親自欽點任命。第二型在唐後期，特別是憲宗以降，多以郎中和員外郎充任，本官的官品比中書舍人的低，跟皇帝比較疏離，而跟宰相的關係密切，常由宰相薦任，一般負責草外制。第三型則是學士院中帶有知制誥銜的翰林學士，跟宰相沒有什麼關係，而跟皇帝親近，一般負責草內制。本章也探討翰林學士帶知制誥的意義，認為這只是一種加銜。最後，亦將申論唐宋的中書舍人，照慣例不帶知制誥銜，但後人有時會誤用「中書舍人知制誥」那樣的職稱。

一、第一型知制誥

第一型知制誥，出現在唐前期。據史料中所見，唐最早的一

個知制誥，可能是李秦授。《資治通鑑》武則天長壽二年（693）二月條下，《考異》部分引潘遠的《紀聞》說：「補闕李秦授……即拜考功員外郎，仍知制誥，賜朱紱。」[1]史書上說他是「周朝酷吏」之一，於中宗神龍元年（705）被流放到「嶺南遠惡處」[2]。除此之外，我們對他任知制誥，一無所知。

下一個有事跡可考的知制誥，則是中宗、武則天時代的崔融。《舊唐書·崔融傳》說：「中宗在春宮，制融為侍讀，兼侍屬文，東朝表疏，多成其手。聖曆〔698-700〕中，則天幸嵩嶽，見融所撰〈啟母廟碑〉，深加歎美，及封禪畢，乃命融撰朝覲碑文。」崔融憑著他的文采，吸引了武則天的青睞。因此，他不久就「遷鳳閣舍人」，負責草詔。「久視元年〔700〕，坐忤張昌宗意，左授婺州長史。頃之，昌宗怒解，又請召為春官郎中，知制誥事。長安二年，再遷鳳閣舍人」[3]。

從這段記載看來，崔融是因「忤張昌宗意」，被外貶。但他貶官又被召回，看來是因為他文采典麗，皇帝仍需要他草詔而召回，但把他降為春官郎中（禮部郎中，官品從五品上）。此官並不草詔，所以命他一個使職知制誥去草詔。這應當是崔融外貶後復官的暫時安排，也是他第一次以一個卑官（比中書舍人卑）去出任知制誥。不久，他在長安二年（702）「再遷鳳閣舍人」，又回復到貶官前的中書舍人。隔兩年，武則天長安四年（704），他升為司禮少卿的時候，他依然在草詔，但不再是以中書舍人的職事官，而是以知制誥的使職辦法：

---

1 《資治通鑑》卷205，頁6491-6492。

2 《舊唐書》卷7〈中宗紀〉，頁138。

3 《舊唐書》卷94，頁2996。

崔融，長安四年除司禮少卿，知制誥。融為文典麗，當時罕
有其比，朝廷所須〈雒出寶頌〉、〈則天皇后哀冊文〉，及諸
大手筆，並手勅付融撰之。[4]

為什麼崔融要以司禮少卿的本官，去知制誥？因為他此時官資已
夠，應當升到一個比中書舍人更高的官，但武則天還是希望他繼
續掌制誥，原因在於崔融「為文典麗，當時罕有其比」。其中一
個辦法，便是用使職的方式，任命他一個比中書舍人更高的官
（司禮少卿），然後再讓他以這個本官去知制誥，但不必去執行
司禮少卿的職務。司農少卿即太常少卿，正四品上[5]，比中書舍人
的官品高，所以崔融這時候是以一個比中書舍人更高階的高官身
分，充任知制誥。

　　換言之，任知制誥這種使職者，其本官可以是高官，也可以
是卑官（例如崔融先前的春官郎中），只要有文采，都可以知制
誥。這跟翰林學士，可以是高官（如三品的尚書），也可以是卑
官（如九品的校書郎），只要文詞雅麗即可，情況完全相同。我
們在第六章見過，這種本官有計算俸祿的作用。崔融這時任知制
誥，承擔的職務跟中書舍人一樣，都在掌誥，但他卻可以領司禮
少卿的俸祿，比中書舍人的俸祿更優，符合他此時更高的官資。
這便是以使職命官的妙用之一。

　　知制誥這個使職名號，乃正式的官名，可以連同散官、職事
官、勳官和爵號等，一起寫入唐代官員長串的完整官銜中，最常
見於官員自署官銜、序文和祭文的場合。可惜，我們找不到崔融

---

4 《冊府元龜》卷550，頁6603。

5 《唐六典》卷14，頁394。

這時的完整官銜，不能確定他是否帶有一個知制誥的使職官名。但從上面引自《冊府元龜》的一句話（「崔融，長安四年除司禮少卿，知制誥」）看來，這個「知制誥」應當就是他所帶的使職官名。

　　睿宗時代的賈曾，也曾當過知制誥，但有個特殊原因。睿宗皇帝原本是「特授曾中書舍人」，但他「以父名忠，固辭，乃拜諫議大夫、知制誥」[6]。依史書這個寫法看來，賈曾是以諫議大夫為本官，去出任知制誥這種使職。原因是他要避父諱，不願就任中書舍人這種職事官。據《通典》，這是睿宗延和元年（712）的事[7]。於是，朝廷改以知制誥的使職方式，用不同的官名，來委任他相同的掌誥工作，解決了賈曾的個人問題，不失為一個好辦法。按諫議大夫的官品為正五品上，跟中書舍人的官品一樣，然唐前期以諫議大夫知制誥者，僅賈曾此例。不過，賈曾的完整官銜同樣找不到，還不能完全證實，知制誥在睿宗時已成了一個正式使職官名。

　　知制誥作為一個正式的使職官名，最早最明確的例證之一，出現在玄宗開元初蘇頲寫的〈高安長公主神道碑〉。裡面有一段話，不但列出蘇頲自己完整的官銜，還包含知制誥銜，更提到他撰此碑的緣起：

　　乃制銀青光祿大夫，行紫微侍郎兼知制誥、上柱國、許國公

6　《舊唐書》卷190中，頁5028-5029。但到了玄宗「開元初，復拜中書舍人，曾又固辭，議者以為中書是曹司名，又與曾父音同字別，於禮無嫌，曾乃就職」。

7　《通典》卷104，頁2734。

蘇頲為銘刻石。臣頲不敏，颺言拜命云。[8]

這是蘇頲自署官銜，當最可信。按高安長公主即高宗的第二女，玄宗之姑，死於開元二年（714）五月。蘇頲此碑文寫於這一年，這時他的完整官銜中，已有一個知制誥的使職官名。他此時的散官是銀青光祿大夫，職事官是紫微侍郎（即中書侍郎，正四品上），但他卻是以這個高官去兼（同時出任）「知制誥」，在執行一種使職，因為他是當時的「大手筆」，有文采，玄宗需要他來繼續掌誥。實際上，蘇頲曾經在中宗神龍（705-707）中任過中書舍人，但他寫〈高安長公主神道碑〉時，官已過中書舍人，所以他要以一個比中書舍人更高的本官（紫微侍郎）去草詔，並且帶有知制誥的使職銜。

　　另一個類似的例子，是跟蘇頲同時代的李乂。他的全套完整官銜，也包含知制誥，保存在蘇頲所寫的〈授李乂刑部尚書制〉中：「銀青光祿大夫，行紫微侍郎，兼檢校刑部尚書，兼知制誥、昭文館學士、上柱國、中山郡開國公李乂」[9]。按李乂在中宗景龍（707-710）中，做過中書舍人。到了開元初，他也跟蘇頲一樣，原本以紫微（中書）侍郎的身分去知制誥。這時皇帝又給了他一個加官（檢校刑部尚書），所以蘇頲寫了這篇命官制文。但李乂這兩官都不職事，只是一種本官。他真正的職務，反而是兩種使職：知制誥和昭文館學士。他和蘇頲兩人，是玄宗最看重的其中兩個大手筆。

　　玄宗朝的張九齡，也是個好例子。早在開元十一年到十三年

---

8 《文苑英華》卷933，頁4907。

9 《文苑英華》卷386，頁1971。

（723-725），他46-48歲，就當過中書舍人，接著官位步步高遷。
到開元二十年（732），他55歲時，玄宗仍看重他的文筆，但他
的官已過中書舍人（這點跟蘇頲、李乂一樣），所以玄宗便以使
職委任辦法，命張九齡以他當時的高品職事官，為本官去知制
誥：

> 始，〔張〕說知集賢院，嘗薦九齡可備顧問。說卒，天子思
> 其言，召為秘書少監、集賢院學士，知院事。會賜渤海詔，
> 而書命無足為者，乃召九齡為之，被詔輒成。遷工部侍郎，
> 知制誥。數乞歸養，詔不許。[10]

當時玄宗要「賜渤海詔，而書命無足為者」，於是便「召九齡為
之」，命他以高於中書舍人的本官（秘書少監，從四品上，不久
又升為工部侍郎）去知制誥。這是皇帝基於當時的特別需要，任
命的一種使職，不免也分割了中書舍人的草詔職權。

徐浩寫的〈唐尚書右丞相中書令張公神道碑〉，對九齡知制
誥，有一段生動的描寫，提供了好些史書所無的細節：「渤海國
王武藝違我王命，思絕其詞，中書奏章，不愜上意。命公改作，
援筆立成，上甚嘉焉，即拜尚書工部侍郎兼知制誥。扈從北巡，
便祠后土，命公撰赦，對御為文。凡十三紙，初無藁草。上曰：
『比以卿為儒學之士，不知有王佐之才。今日得卿。當以經術濟
朕。』累乞歸養，上深勉焉。」[11]

知制誥是個正式的使職官名，還有一個很好的證據，那就是

10　《新唐書》卷126，頁4428。
11　《全唐文》卷440，頁4490。

在張九齡文集中，保存了一篇他在玄宗開元二十年（732）獲授
知制誥官銜的敕文：

> 敕：中大夫、守尚書工部侍郎、集賢院學士、仍副知院事、
> 上柱國、曲江縣開國男、賜紫金魚袋張九齡，宜知制誥。開
> 元二十年八月二十日。[12]

可證知制誥是個正式官銜，皇帝可以把它授給大臣。張九齡得到
這個官銜後，也寫了一篇〈謝知制誥狀〉如下：

> 右：臣忝迹集賢，久無成效，幸免咎責，伏用兢惶。忽蒙特
> 恩，令知制誥。臣學業既淺，識理非長，述宣聖旨，誠恐不
> 逮；跪受嚴命，伏增悚惕，無任戴荷之至！[13]

在玄宗時代，以侍郎高階本官去知制誥的，還有韓休。《舊
唐書‧韓休傳》：「休早有詞學，初應制舉，累授桃林丞。又舉
賢良，玄宗時在春宮，親問國政，休對策與校書郎趙冬曦並為乙
第，擢授左補闕。尋判主爵員外郎，歷遷中書舍人、禮部侍郎，
兼知制誥，出為虢州刺史。」韓休任刺史年餘，「以母艱去職，
固陳誠乞終禮，制許之。服闋，除工部侍郎，仍知制誥，遷尚書
右丞」[14]。依此看來，韓休在任過中書舍人之後，卻以更高品的本
官（禮部侍郎和工部侍郎，皆正四品下），去出任知制誥，仍繼

---

12 《張九齡集校注》附錄，頁1138。

13 《張九齡集校注》卷15，頁803。

14 《舊唐書》卷98，頁3078。

續草詔，正因為他有文翰之美，在開元時代跟許景先、王丘、張九齡、孫逖等人齊名，甚得當時的大手筆張說所稱美[15]。玄宗仍需要他來掌誥，但他的官已過中書舍人，故以知制誥使職的方式來任命他。

那麼，唐前期有沒有官員，以低階卑官（比中書舍人官品更低者），去出任知制誥的？有，但史料中案例不多（不如高官那麼多），而且都有特別原因。第一例又是崔融。我們前面見過，他曾經以春官（禮部）郎中的卑官身分知制誥，但這是因為他貶官剛被召回的緣故。不多久，他就以司禮（太常）少卿的高官去知制誥。

第二例是盧藏用。他「少以辭學著稱」，隱居終南山。長安中，為武則天「徵拜左拾遺」，見知於皇帝。他在中宗神龍中，「累轉起居舍人，兼知制誥，俄遷中書舍人」[16]。他之所以能知制誥，當是他有文采，又為武則天賞識徵召。但因為他的資歷還淺，官還未到中書舍人，只是個起居舍人（從六品上），所以朝廷也同樣先以知制誥的使職辦法，來任命他草詔。等他稍後官資到了，才「遷中書舍人」。

第三例是楊綰。他年輕時就「尤工文辭，藻思清贍」。安史之亂時，玄宗奔蜀，「綰自賊中冒難，披榛求食，以赴行在。時朝廷方急賢，及綰至，眾心咸悅，拜起居舍人、知制誥。歷司勳員外郎、職方郎中，掌誥如故。遷中書舍人，兼修國史。」[17]楊綰跟盧藏用一樣，也是因文詞之美，先以一個卑官（起居舍人）去

---

15 《舊唐書》卷190中〈許景先傳〉，頁5033。

16 《舊唐書》卷94，頁3001。

17 《舊唐書》卷119，頁3430。

出任知制誥，接著本官再升為郎官，等到官資到了，才正式除為中書舍人。

《新唐書》記載：賈至「從玄宗幸蜀，拜起居舍人，知制誥」[18]。似乎賈至也跟楊綰相同，以卑官任知制誥。然而，《舊唐書》卻有不同的記載：賈至「天寶末為中書舍人。祿山之亂，從上皇幸蜀。時肅宗即位於靈武，上皇遣至為傳位冊文」[19]。《冊府元龜》所記亦同《舊唐書》[20]。看來賈至在入蜀之前，已任中書舍人，並非知制誥。據《舊唐書·韋見素傳》，肅宗即位後，「肅宗使至，〔玄宗〕始知靈武即位。尋命見素與宰臣房琯齎傳國寶玉冊奉使靈武，宣傳詔命，便行冊禮……仍以見素子諤及中書舍人賈至充冊禮使判官」[21]，可證賈至這時的官銜是中書舍人。

綜上，唐前期第一型知制誥，一般都是高官，如崔融、蘇頲、李乂、張九齡和韓休等人，都是以相當高層的職事官，如侍郎等（其官品都高過中書舍人的正五品上），去充任知制誥，只有盧藏用和楊綰例外。然而，他們都有詞藻之美，都是皇帝欣賞的詞臣，由皇帝委任，跟皇權的關係密切（這也正是構成使職委任的一個基礎條件）。例如，崔融草詔，乃「手勑付融撰之」。蘇頲為高安長公主撰神道碑，「乃制……蘇頲為銘刻石」。九齡草詔，乃玄宗「召九齡為之，被詔輒成」。《舊唐書·蘇頲傳》有一段話，更能透露玄宗跟李乂和蘇頲的親近程度：

---

18 《新唐書》卷119，頁4298。
19 《舊唐書》卷190中，頁5029。
20 《冊府元龜》卷840，頁9972。
21 《舊唐書》卷108，頁3277。

時李乂為紫微侍郎，與頲對掌文誥。他日，上謂頲曰：「前
朝有李嶠、蘇味道，謂之蘇、李；今有卿及李乂，亦不讓
之。卿所製文誥，可錄一本封進，題云『臣某撰』，朕要留
中披覽。」其禮遇如此。[22]

即使卑官如盧藏用和楊綰，跟皇帝的關係也匪淺。盧藏用早已為
武則天所賞識，被「徵召」入朝，跟一般的卑官不同。楊綰則在
玄宗奔蜀，危難時及時趕到，「眾心咸悅」，甚得玄宗歡心。他
官資尚淺，故先命他以起居舍人的卑官去知制誥，也符合唐人任
官，一般都必須按部就班的慣例。

　　從以上諸例來看，在唐前期，高官和卑官都可任知制誥，這
意味著什麼？這便是使職制度的靈活運用。使職本身無官品，任
職者是以其本官去出任，俸祿依本官。這樣一來，高官或卑官，
都可以被任命去執行某個職務（如掌誥），只要有能力，有文采
就行。至於俸祿，那就依各人的高卑本官。換句話說，官資較淺
的卑官，依其本官領比較低的俸祿；官資較高的高官，領比較高
的俸祿，各依資歷高低受俸，合情合理。

　　張東光把知制誥視為「中書舍人的試用期」，恐怕不妥[23]。即
使卑官，都早有文詞之美，才華早經肯定，時人皆有共識，名聲
又為當時皇帝所知（如上引盧藏用和楊綰），才有可能被命為知
制誥，為無比的榮耀，何需再「試用」？恐貶低了他們。至於高
官知制誥，其本官都已過了中書舍人，有不少甚至還當過中書舍
人，才來任知制誥，如上引李乂、蘇頲和張九齡等人，難道還要

---

22 《舊唐書》卷88，頁2880-2881。
23 張東光，〈唐宋時期的中樞秘書官〉，《歷史研究》1995年第4期，頁135-150。

再「試用」他們嗎？「試用」之說，難以成立。唐代史料中，也從無「試用」的說法。

至於唐前期這些第一型知制誥的草詔地點，史無明文，無法確知。以張九齡來說，他應當是在集賢院草詔，因為他當時兼集賢學士且知院事，他視事的地點就在集賢院。李乂則可能在昭文館（即弘文館）草詔，因為他當時是昭文館學士。唐代職事官兼文館學士，一般都在文館視事，不理本司事。蘇頲任中書侍郎，「加知制誥。有政事食，自頲始也」[24]。所謂「政事食」，指中書門下政事堂，每天中午特別提供給宰相們的精美午飯。由此看來，蘇頲很可能在中書省草詔。至於崔融等人，則不詳，有可能在他原本職事官的本司署，或如楊綰，就在蜀中「行在」。

唐前期這種主要以高官知制誥的案例不多，只有在必要時，才偶爾委任，還未形成固定常設的制度，所以也不需要固定的草詔地點。不過，值得注意的是，中書舍人此時還是最重要的草詔官員，但這種偶爾委任知制誥的做法，也等於是中書舍人的職權，遭到分化的開始，也就是遭到使職化的一個跡象，雖然這時的使職化才萌芽，還沒有形成一個趨勢。

二、第二型知制誥

在唐後期肅、代、德三朝，以他官知制誥的案例開始增多，多以起居舍人、員外郎、郎中和諫議大夫知制誥。到了憲宗朝，則多以卑官（更常用郎中和員外郎）去知制誥，案例越來越多，舉不勝舉，成了一種固定常設的使職。這便是第二型的知制誥。

---

24 《舊唐書》卷88，頁2880。

　　例如，《舊唐書·憲宗紀》元和五年（810）八月，以「起居舍人裴度為司封員外郎、知制誥。」元和七年（812）六月乙丑，「以兵部員外郎王涯知制誥」[25]。唐穆宗以後，以他官知制誥的辦法依然在行用，成了一種常見的使職，一直到唐末哀帝朝都如此。

　　第二型知制誥，和第一型最大的不同，在於第一型的知制誥，多為高官，也就是其本官官品都高過中書舍人的正五品上，如崔融和蘇頲等人，而第二型的知制誥，則絕大部分為卑官，也就是其本官官品都低於中書舍人。但這兩種類型知制誥，都有一個共同點，那就是他們必定是文詞典麗者，才有可能被選上為知制誥。文詞典麗者，可以是高官，也可以是卑官。一個官員是否有文采，年少時即浮現，是一種天賦的才華，不是單靠後天的努力可得，所以也不會因官階高低而有差別。只不過在唐前期，武則天和玄宗偏愛用較資深年長的官員。到了唐後期，憲宗和以後的皇帝，則喜用較資淺年輕者。這可能也因為中書舍人，越到唐晚期，越遭到進一步的使職化，需要更多資淺的知制誥來填補。

　　唐人重文學詞章，在官場上以文章達者，比比皆是。在這方面，唐後期一個最典型的人物，莫過於權德輿。他從未去考科舉，卻單憑他出色的文采，年輕時就在他成長的江淮地區，被幾個大幕府和鹽鐵使府，爭相禮聘，宛如一個當紅人物。接著，在德宗貞元七年（791），他33歲那年，他又以他的文詞之美，為德宗「雅聞其名」，被徵召到長安京城，最先出任太常博士，「朝士以得人相慶」。跟著，升任補闕。到貞元十年（794），他36歲時，便以起居舍人的本官，首次出任知制誥。37歲，他的

---

25 《舊唐書》卷14，頁432；卷15，頁443。

本官才升為駕部員外郎。到40歲,本官再升為司勳郎中。到貞元十五年（799）秋,他41歲,才升任中書舍人[26],從此不再知制誥。他前後以三種本官任知制誥約五年,又任中書舍人約三年,總共八年多。他在〈送建州趙使君序〉中自言,「頃予忝職西垣〔中書省〕,殆將十歲」,[27]好像他在西垣「幾乎將十年」,其實有一點點「誇大」,應當是他把那草詔的八年多,化整為零,跟他的朋友趙使君,說成是整數的「殆將十歲」。

權德輿是典型的第二型知制誥,在於他知制誥時,官階還低,年齡還輕,雖然被皇帝看重,徵召到京,但他還是得按照唐人做官的順序,從卑官做起。所以,他知制誥時,甚至還不具唐後期許多初次知制誥者所帶的郎官（員外郎和郎中）的身分,只是以起居舍人的本官任知制誥。知制誥約一年後,他才升任駕部員外郎;到第四年,才升為司勳郎中。

權德輿任知制誥和中書舍人時的草詔地點,在《舊唐書·權德輿傳》中有明確的記載:

> 獨德輿直禁垣,數旬始歸。嘗上疏請除兩省官,德宗曰:「非不知卿之勞苦,禁掖清切,須得如卿者,所以久難其人。」德輿居西掖八年,其間獨掌者數歲。[28]

所謂「西掖」,即中書省,更明確的說,指中書省的舍人院,這

---

26 郭廣偉校點,《權德輿詩文集》附錄四〈權德輿簡譜〉,頁906-916;蔣寅,〈權德輿年譜略稿〉,《大曆詩人研究》,頁617-623。

27 《權德輿詩文集》卷36,頁547。

28 《舊唐書》卷148,頁4003。

也同樣是中書舍人草詔的地點。權德輿本傳此處說他「居西掖八年，其間獨掌者數歲」。這裡的「八年」，才是權德輿確實掌誥的年歲，比他自己所說的「殆將十歲」更精確。這也意味著，他前五年任知制誥，就在西掖掌詔；後三年升任中書舍人，也依然在西掖。由此可知，唐代第二型知制誥的草詔地點，跟中書舍人一樣，都在西掖的舍人院。權德輿在〈送建州趙使君序〉中所說，「頃予忝職西垣，殆將十歲」，除了「十歲」兩字略有誇大之外，倒也更進一步證實了，他不管起初任知制誥，或後來任中書舍人的那些年，他草詔的地點，始終都是在「西掖」的中書舍人院。或許正因為這些第二型的知制誥，跟中書舍人一樣，都是在中書舍人院草詔，以致他們在唐代詩文中，常常也可以被人尊稱為「舍人」。

　　唐後期這些第二型知制誥的視事和草詔地點，在中書省的舍人院，還有一個極佳的例證，見於晚唐裴庭裕的《東觀奏記》：

> 以楚州刺史裴坦為知制誥，坦罷任赴闕。宰臣令狐綯擢用，宰臣裴休以坦非才，不稱是選，建議拒之，力不勝坦。命既行，至政事堂謁謝丞相。故事，謝畢，便於本院上事，四輔送之，施一榻，壓角而坐。坦巡謁執政，至休廳，多輸感謝。休曰：「此乃省台繆選，非休力也！」立命肩舁便出，不與之坐。兩閤老吏云，「自有中書，未有此事也。」人多為坦羞之。[29]

這是研究唐第二型知制誥的一段極佳史料，透露了許多豐富的細

節。首先，就知制誥的視事和草詔地點來說，它清晰記載了，知制誥第一天去上班，依「故事」要先到中書省的政事堂去拜謁幾位宰相，然後才到隔鄰的舍人院視事：「謝畢便於本院上事」。

其次，這段記載也明確顯示，知制誥和宰相的關係非常密切。薦任是由宰相主導，裴坦便是由「宰臣令狐綯擢用」。而另一宰相裴休，則認為裴坦「非才，不稱是選，建議拒之」，但沒有成功。於是，裴坦便從楚州刺史「罷任赴闕」，以職方郎中的本官就任知制誥[30]，且依照舊例，第一天上任時，「巡謁執政〔即宰相〕，至休廳，多輸感謝」。但裴休因不能阻止裴坦任知制誥，非常生氣地告訴裴坦說，他是由另一宰相令狐綯舉薦，「首台謬選」，「非休力也」，最後還叫人抬出肩輿，把裴坦轟出去，沒讓他坐榻[31]。中書門下的老吏很為裴坦感到羞恥。

從以上如此生動的細節看來，唐代這些第二型的知制誥，跟宰相的關係非常密切。舉薦既然是宰相所為，兩人應當早有私交，而這私交又是促成這種命職的一大關鍵。這就跟使府幕主辟署幕佐非常類似。知制誥第一天去視事，除了到政事堂「謁謝丞相」外，宰相對知制誥還有一個「送」的儀式，「施一榻壓角坐」，準備一張榻讓坐某一角。李涪《刊誤》對「壓角」有一解：「兩省官上事日，宰相臨焉。上事者設牀几，面南而坐，判三道案。宰相別施一牀，連上事官牀，南坐于西隅，謂之『壓

---

30 裴坦知制誥時的本官為職方郎中，見《舊唐書》卷18下，頁637；《唐語林校證》卷6，頁579。

31 唐代還沒有現代形式的椅子，一般坐在比較低矮的「榻」上，或席地而坐。讓客人坐榻上是一種敬客的禮儀。例如，《舊唐書》卷155〈竇羣傳〉，頁4120-4121說：「羣嘗謁王叔文，叔文命撤榻而進」，便是王叔文對竇羣到訪深為不悅的表現，於是「撤榻」後才讓竇羣進來。

角』」[32]。但反對知制誥任命的其他宰相（裴休），卻對受命者（裴坦）充滿敵意，實在也是一種相當「私人化」情緒的暴發，頗可反映知制誥這種使職，常帶有強烈的私因素，跟正規職事官任命的無私特徵，很不相同。如果是職事官制度的公事公辦，裴休何苦如此生氣？

第二型知制誥常由宰相薦任擢用，唐史上還有不少案例，這裡且再舉兩例，以見其一斑。第一例，《舊唐書‧裴坦傳》：「坦在翰林，舉李絳、崔群同掌密命，及在相位，用韋貫之、裴度知制誥，擢李夷簡為御史中丞，其後繼踵入相，咸著名跡。」[33]第二例，《舊唐書‧李漢傳》：「韓愈子壻，少師愈為文，長於古學，剛訐亦類愈。預修《憲宗實錄》，尤為李德裕所憎。大和四年〔830〕，轉兵部員外郎。李宗閔作相，用為知制誥，尋遷駕部郎中。」[34]

長慶年間，元稹「常通結內官魏宏簡，約車僕，自詣其家，不由宰臣，而得掌誥。時人皆鄙之，莫敢言者」[35]。這表示知制誥得官，正途應當是通過宰相的薦任才是。但元稹不經由宰相，而通結宦官得官，結果便遭到當時士人的鄙視。

以上裴坦等人的案例，也顯示第二型知制誥，還有一點跟第一型知制誥的不同。我們前面見過，唐前期第一型知制誥，如崔融和蘇頲等人，跟皇帝的關係都很密切，都由皇帝親自欽點去出任知制誥，未見有宰相的介入。但到了唐後期的第二型知制誥，

32　李涪《刊誤》今無傳本，這裡引自《唐語林校證》卷8，頁684。
33　《舊唐書》卷148，頁3992。
34　《舊唐書》卷171，頁4454。
35　《唐會要》卷55，頁1111。

他們反而多由宰相主導薦任擢用，而跟皇帝的關係疏遠。為什麼？

其中一個最可能的原因，在於玄宗在開元年間設立的學士院，到安史亂後權勢越來越大。唐後期的皇帝便有了一批專任的翰林學士，來幫他草詔，特別是皇朝詔令中比較重要的一部分，即所謂的「內制」（內容多為德音、建儲、立后等大事，又稱翰林制誥）。到德宗時代，陸贄甚至在一篇奏文中提到，「頃者物議尤所不平，皆云學士是天子私人，侵敗紀綱」[36]，可證翰林學士和皇權關係之深。在唐代，學士院更常被美稱為「內廷」，於是皇帝更對「外廷」的第二型知制誥，依賴越來越少。至於宰相跟第二型知制誥，關係卻越來越密切，那是因為在唐後期，原本擔任「宰相判官」的中書舍人，逐漸失去職權，於是宰相便主動薦任第二型的知制誥，作為替代，以致第二型知制誥，跟宰相更為親近，好比「宰相的私人」，並負責撰寫「外制」（內容多為一般官員的除授，又稱中書制誥），分量比內制輕[37]。

第二型知制誥，都是在中書舍人院草詔，亦可稱之為「中書舍人院的知制誥」，或簡稱「舍人院知制誥」。

三、第三型知制誥

第三型知制誥，指唐後期學士院中那些帶有知制誥官銜的翰林學士，亦可稱之為「學士院知制誥」，跟第二型的「舍人院知制誥」相對。兩者有一些區別，亦有一些共同點。

---

36 《陸贄集》補遺，頁774。

37 張連城，〈唐後期中書舍人草詔權考述〉，《文獻》1992年第2期，頁85-99。

關於學士院中的知制誥，李肇在《翰林志》有一段話說：

> 學士無定員，皆以他官充，下自校書郎，上及諸曹尚書，皆
> 為之。所入與班行絕跡，不拘本司，不繫朝謁。常參官二周
> 為滿歲，則遷知制誥。[38]

李肇本人曾經當過翰林學士，《翰林志》是他在元和十四年
（819）任學士時所作，以他親身的經歷來寫這本書，乃第一手史
料，可信無問題。然而，《新唐書·職官志》卻有一個截然不同
的新說法，歷來頗多學者引用，但卻未細考，值得商榷：

> 凡充其職者無定員，自諸曹尚書下至校書郎，皆得與選。入
> 院一歲，則遷知制誥，未知制誥者不作文書。[39]

此段記載的源頭，很可能是李肇的《翰林志》，不過李肇文中的
「二周為滿歲」，在這裡作「入院一歲」，且《新唐書·百官志》
的撰者，還加上一個嶄新的解釋：「未知制誥者不作文書」，但
李肇的《翰林志》並沒有這句話。《新唐書》的意思是，翰林學
士剛入院，並不能草詔，須等「入院一歲」，遷知制誥後，才能
「作文書」。然而，這是唐代的實情，還是宋人作《新唐書》時
的理解？

　　這恐怕是宋人的推測居多，非唐制如此。宋代洪遵在《翰苑
遺事》也說，唐代「學士未滿一年，猶未得為知制誥，不與為

---

38 《翰苑群書》卷1，頁4。
39 《新唐書》卷46，頁1184。

文，歲滿遷知制誥，然後始竝直」[40]。宋費袞在《梁溪漫志》也有相同理解，謂唐代翰林學士，「入院一歲，則遷知制誥，未知制誥者，不作文書」，且比《新唐書‧百官志》多添加了一句，「但備顧問參侍行幸而已」。費袞又說，「唐之學士，必帶知制誥之三字者，所以別其為作文書之學士也」[41]。然而，這些恐怕都是宋人以宋制，來看唐制所得到的理解。唐代的實情恐非如此。

考唐代實情，最有名的一個案例是白居易。他三十多歲，在憲宗元和二年（807）十一月六日，以盩厔縣尉充任翰林學士。丁居晦的《重修承旨學士壁記》，記他在學士院期間的官銜甚詳：元和「三年四月二十八日，遷左拾遺。五年五月五日，改京兆府戶曹參軍，依前充」[42]，都沒有任何紀錄，顯示白居易在學士院期間，曾經帶過知制誥的官銜。白居易中年以後，以主客郎中在舍人院草詔，才帶有知制誥。他在學士院，從未帶知制誥。如果照宋人和《新唐書‧百官志》的說法，白居易不可在學士院中草詔作文書。但現存的白居易文集，卻有多達一百多篇他寫的「翰林制誥」，顯示他一入翰林，就在「作文書」。此外，他在貶官江州期間，曾經寫過一封信給崔群〈答戶部崔侍郎書〉，追憶他和崔群兩人，元和二年同在學士院的情景：「頃與閣下在禁中日，每視草之暇，匡牀接枕，言不及他」[43]。這句話中的「視草」兩字，可證白居易在學士院，確曾草詔，雖然他沒有帶知制誥銜。由此看來，《新唐書》和宋人的說法，都頗可疑。

---

40 《翰苑遺事》卷下，頁71。

41 《梁溪漫志》卷2，頁5。

42 《翰苑群書》卷6，頁33。

43 《白居易集箋校》卷45，頁2806。

　　同樣，白居易的好友李建，當年以校書郎和左拾遺的本官身分被召入翰林時，也沒有帶知制誥，但「順宗立，李師古以兵侵曹州，建作詔諭還之，詞不假借」[44]，顯示他沒有帶知制誥，但照樣可以在學士院作文書。李建跟白居易一樣，中年以後才帶知制誥，但那是他在舍人院，以兵部郎中本官知制誥的事[45]。

　　其實，唐代翰林學士，必草詔書，還有一個更強有力的證據，那就是唐人劉禹錫的見證。他在〈唐故中書侍郎平章事韋公集紀〉中寫道：

> 長慶四年〔824〕春，敬宗踐阼，以公用經術左右先帝五年，稔聞其德，尤所欽倚。內署故事，與外廷不同，凡言翰林學士，必草詔書；有侍講者，專備顧問。雖官為中書舍人，或他官知制誥，第用其班次耳，不竄言於訓詞。至是，上器公，且有以寵之，乃使內謁者申命，去侍講之稱。慮未諭於百執事，居數日，降命書，重舉舊官，以明新意。尋真拜夏官貳卿，由是，內庭詞臣，無出其右者。[46]

劉禹錫此文寫於文宗開成二年（837），序他朋友韋公（韋處厚）的文集，敘述了不少韋處厚的生平傳記細節，特別是韋處厚在學士院的經歷。他原本任「先帝」（穆宗）的翰林侍講學士，長達五年。長慶四年，敬宗即位後，想命韋處厚草詔，於是要「內謁

---

44 《新唐書》卷162，頁5005。

45 賴瑞和，〈再論唐代的使職和職事官——李建墓碑墓誌的啟示〉，《中華文史論叢》2011年第4期，頁199-203。

46 陶敏、陶紅雨校注《劉禹錫全集編年校注》卷19，頁1223。參瞿蛻園箋證，《劉禹錫集箋證》卷19，頁486。

者申命，去侍講之稱」，改任他為翰林學士。上引文便在解釋，翰林侍講學士和翰林學士的不同。學士是「必草詔書」的，而侍講者，只是「專備顧問」，講述經術而已，並不掌誥。

更可貴的是，劉禹錫還透露一個細節：在學士院雖然升官至中書舍人，或「它官知制誥」，這些官也只不過是用來定班次而已，並「不竄言於訓詞」，也就是不參預掌誥。這完全「顛覆」了《新唐書·百官志》所謂「未知制誥者不作文書」的說法。實際上，考丁居晦的《重修承旨學士壁記》，韋處厚在元和十五年（820）被召入學士院，即以「戶部郎中、知制誥充侍講學士」[47]，早已帶知制誥。但據劉禹錫說，侍講學士不草詔，即使帶中書舍人和他官知制誥，也只是「第用其班次耳」，並不草詔。因此，敬宗要「內謁者申命，去侍講之稱」，好讓韋處厚「重舉舊官」，回到翰林學士的身分，再賜給他一個「夏官貳卿」（兵部侍郎）的加銜。這樣，韋處厚才能以學士身分去草詔，「由是，內庭詞臣，無出其右者」。

以常理推論，唐代翰林學士皆工文詞，作文書乃本職之事。《新唐書·百官志》所謂「未知制誥者不作文書」，想必是宋人以宋制來看唐制，只能存疑，不可輕信。以劉禹錫的唐人身分，又以韋處厚的親身經驗，來做如此明確的見證，則唐代「翰林學士，必草詔書」，當是實情，遠較《新唐書》和其他宋人的說法可信。

此外，李肇「二周為滿歲」始「遷知制誥」的說法，還可進一步考訂。李肇這樣說，可能有敕令的根據。但唐代的敕令，正

---

47 《翰苑群書》卷6，頁35。參見岑仲勉〈翰林學士壁記注補〉，《郎官石柱題名新考訂》（外三種），頁268-271。

像古今中外的許多法律條文一樣，往往都很有「彈性」，未必真
的如實施行。因此，我們也可以找到不少唐翰林學士不依條規，
升遷快速的實例，此乃政府機構運作的「常態」，不足為奇，不
可處處以敕令度之。例如，晚唐的翰林學士韋表微，就是個好例
子。他的《舊唐書》本傳說：「時自長慶、寶曆，國家比有變
故，凡在翰林，遷擢例無滿歲，由是表微自監察六七年間，秩正
貳卿，命服金紫，承遇恩渥，盛於一時。」[48]

有「違規」的皇帝，就有「守法」的皇帝。晚唐的宣宗就是
如此。《東觀奏記》有一條記載說：

> 上〔指宣宗〕雅重詞學之臣，於翰林學士恩禮特異，宴遊密
> 召，無所間隔，惟於遷轉，皆守彝章。皇甫珪自吏部員外召
> 入內廷，改司勳員外，計吏員二十五個月限，轉司封郎中、
> 知制誥；孔溫裕自禮部員外改司封員外，入內廷，二十五個
> 月，改司勳郎中，知制誥。勳循官制，不以爵祿私近臣
> 也。[49]

據此，皇甫珪和孔溫裕，都是在入學士院二十五個月，才獲得知
制誥。但《東觀奏記》的這個說法，卻無法在丁居晦的《重修承
旨學士壁記》中獲得證實，不知何據，只能存疑。據丁居晦的記
載：

> 皇甫珪，大中十年六月五日，自吏部員外郎充。其月七日改

---

48 《舊唐書》卷189下，頁4979。
49 《東觀奏記》卷中，頁112。

司封郎中。十一年正月十一日，三殿召對賜緋。其年十月二日，加司封郎中、知制誥。[50]

孔溫裕，大中九年二月二十九日，自禮部員外郎、集賢院直學士充。其年三月三日，加司封員外郎、知制誥。[51]

依此，皇甫珪是在入院約十六個月後，「加知制誥」；孔溫裕則是在入院約三天，即「加司封員外郎、知制誥」，升遷更快。這也不符合李肇的說法。但應當指出的是，丁居晦的《壁記》乃根據學士院當時廳壁上的任命起訖日期抄錄，是當時的實際紀錄，最為可靠，應當以之為準[52]。李肇的說法，不能毫無保留地接受，須有其他史料佐證才行。

　　結合以上的史料，李肇「二周為滿歲」始「遷知制誥」的說法，可能有敕令上的根據，但唐代在實行時，很有彈性，翰林學士有入院三天即可加知制誥者，如孔溫裕，但也有入院十六個月

50　《重修承旨學士壁記》，《翰苑群書》卷6，頁46。

51　《重修承旨學士壁記》，《翰苑群書》卷6，頁45。

52　在兩《唐書》列傳中，特別是在《新唐書》，這些翰林學士所帶的知制誥，乃至他們所帶的各種本官（即宋代所說的「寄祿官」），往往會被刪除，因此兩《唐書》的記載，變得極不可靠，以致這些翰林學士的官歷常會遭到誤讀。因此，若以兩《唐書》列傳中的官歷史料來做遷轉途徑研究，那往往會深陷錯誤而不覺。研究翰林學士（乃至知制誥和中書舍人）的改官遷轉和官銜，也是如此，應當以丁居晦所記為準，再校以其他近世出土的碑誌，才比較妥當。岑仲勉對丁居晦的記載做過補注，見〈翰林學士壁記注補〉，收在《郎官石柱題名新考訂》（外三種），頁195-392。傅璇琮，《唐翰林學士傳論》及《唐翰林學士傳論‧晚唐卷》，對唐代翰林學士的生平和官歷，做了更進一步的考釋。

才加知制誥者，如皇甫珪，似乎沒有一個定制，難以一概而論。

　　但最重要的問題，不是入院多久才能遷知制誥，而是學士院中知制誥這個官銜，其性質是什麼？是否如《新唐書》等宋代的說法，翰林學士要帶知制誥，始能「作文書」？從上引白居易和李建的實例看來，以及劉禹錫所敘的韋處厚經歷，答案應當是否定的。我認為，學士院的知制誥，不同於舍人院的知制誥，最好視之為一種「加銜」。最好的依據是，丁居晦的記載，每每在記載各學士獲得知制誥時，前面都會有一個「加」字，如上引皇甫珪和孔溫裕的例子，顯示這是一種「加銜」，也未說加銜後他們才能「作文書」。這種加銜應當有其作用，可惜史料短缺，其真正作用為何，不得而知，只能推測或許是為了增加俸祿，或是一種更高的榮譽。

　　更進一步觀察，還可發現，翰林學士的這個知制誥，彷彿如魅影一樣，會「時隱時顯」，經常跟隨一個學士許久，且有一個規律可循。一般而言，翰林學士在學士院中，通常本官升為員外郎或郎中時，就可獲「加知制誥」。這點丁居晦記之甚詳，不具引。接著，他們很可能會繼續在學士院中升為中書舍人，但「依前充」，也就是仍然留在學士院任翰林學士，並非出院到舍人院去任中書舍人。然而，就在他們本官升為中書舍人時，有一個奇特但又很有規律的現象出現了，那就是，他們原先所帶的那個知制誥銜，就好像「突然」消失不見了。然而，如果這些學士，本官又從中書舍人升為侍郎等更高層的官位，且仍然留院「依前充」翰林學士時，則那個「時隱時顯」的知制誥，又像魅影一樣，跟著回來了。且舉翰林學士楊知溫的案例，以見一斑：

　　楊知溫，大中十一年九月八日，自禮部郎中充。十二月十九

> 日，加知制誥。十二年五月十二日，三殿召對賜緋。十月十
> 一日，拜中書舍人，依前充。十三年九月十三日，召對賜
> 紫。十四年十月，拜工部侍郎、知制誥，依前充。[53]

楊知溫從宣宗大中十一年（857）起，一直到大中十四年十月，
都在學士院。他最初是以禮部郎中去充學士，三個多月後即「加
知制誥」。次年「十月十一日，拜中書舍人，依前充」，即依然
充任翰林學士，沒有出院，但這時他原先那個知制誥銜不見了。
又兩年後，在大中十四年十月，「拜工部侍郎、知制誥，依前
充」。這時他的知制誥又像魅影般回來了。再看另一例：

> 侯備，咸通五年〔864〕六月五日，自吏部員外郎、賜紫
> 充。其月八日，加司勳郎中充。九月五日，加知制誥。十二
> 月二十六日，加承旨。六年二月二十三日，遷中書舍人，依
> 前充。五月二十□日，遷戶部侍郎，依前知制誥充。九月十
> 七日，加朝散大夫、兵部侍郎、知制誥充。七年三月九日，
> 授河南尹，出院。[54]

侯備在懿宗咸通五年六月入院，七年三月出院，任翰林學士將近
兩年。這期間，他的本官從吏部員外郎，升為司勳郎中，再升為
中書舍人，戶部、兵部侍郎，最後升為河南尹出院。他入院剛好
三個月，就「加知制誥」，比李肇所說兩年才能加知制誥的時限
短許多。這個知制誥，在他升為中書舍人時，突然消失，又在他

---

53 《重修承旨學士壁記》，《翰苑群書》卷6，頁46。
54 《重修承旨學士壁記》，《翰苑群書》卷6，頁49。

升為戶部和兵部侍郎時，重新回來。這一切，都相當有規律，顯示翰林學士的官銜相當複雜，容易誤讀。今人最常把他們在院內的本官，當成是院外的職事官，以致在做遷官途徑統計時，常出差錯。重點是，要留意「依前充」這幾個字眼。這三字表示他們依然像以前一樣充任翰林學士，還未出院。但丁居晦的記載，有時也會省略這個「依前充」，或有傳抄之誤。岑仲勉的〈翰林學士壁記補注〉有所校正。

為何翰林學士的知制誥，會如此「時隱時顯」？最好的解釋是，因為中書舍人，不管是學士院的中書舍人，還是舍人院的中書舍人，都有一條大規律，照例不帶知制誥也。但此規律涉及的事太多太廣，且留待下一節「中書舍人不帶知制誥」，再來細論細考。

翰林學士視事、宿直和草詔的地點，位於大明宮宮城北區右銀台門內的學士院，鄰近皇帝生活起居的寢殿和便殿，以致翰林學士（包括那些帶有知制誥官銜者），常跟皇帝保持非常密切的關係，這點近人的論述已詳[55]，不必贅論。在此要補充的一點是，第三型學士院中的知制誥，跟皇帝的關係，遠勝於第二型舍人院中的知制誥，而跟唐前期第一型高官知制誥跟皇帝的關係，不相上下。

綜上所論，第二型舍人院的知制誥，和第三型學士院的知制誥，主要有兩點區別，一點共同。

區別一，舍人院的知制誥，是一種使職官名，若以中書舍人以外的本官去掌誥，他們都可以稱為知制誥，並立即帶有這個官

55　辛德勇，〈大明宮西夾城與翰林院學士院諸問題〉，《隋唐兩京叢考》，頁112-124；毛蕾，《唐代翰林學士》；袁剛，《隋唐中樞體制的發展演變》。

衛。學士院的知制誥，常在入院一段時間後，才能獲得，亦可視為一個使職銜。但丁居晦的記載，稱之為「加衛」，就像「翰林學士承旨」也被稱為「加衛」一樣，顯示學士院的知制誥，跟舍人院的知制誥，雖同為使職屬性，但卻不完全相同。

區別二，就作用而言，舍人院的知制誥，簡單易懂，凡是非中書舍人的官員，原本職務不是掌誥，現在受命去掌誥，即馬上獲得知制誥的官銜，讓他可以立即執行草詔的使職。但學士院的知制誥，比較難理解。按翰林學士原本就是掌詔的使職，不帶知制誥其實也可草詔，如上引白居易、李建和韋處厚的案例。但有不少（非全部）翰林學士，在入院一段時間（可短至數天，或長至二年）後，亦可獲得知制誥衛，似乎這兩個掌誥的使職（翰林學士和知制誥）在重複重疊使用。這導致學士院知制誥的性質，有些曖昧，以致宋人以宋制看唐制，認為不帶知制誥，則「不作文書」，但唐人如李肇，並無此種說法，且唐代亦有翰林學士不帶知制誥，卻仍作文書的實例，如白居易等人，故宋人的說法，只能存疑。從唐人丁居晦稱之為「加衛」，推論這或許是一種額外加官榮譽，或許用以增加俸祿。

共同點有一：舍人院和學士院的知制誥，只要他們升官至中書舍人時，就不帶知制誥。下一節細論此事。底下表8.1先將唐代三大類型知制誥的特徵和區別列出，方便一覽。

表8.1：唐代三種知制誥的特徵和區別

類型	主要特色	草詔地點	和皇帝關係	屬性
第一型：唐前期的知制誥	多以高官充任，如崔融、蘇頲等，官階比中書舍人的正五品上高。案例不多，只在必要時委任，非固定常設使職	不固定，可能在集賢院，如張九齡；在昭文館，如李乂；在中書省，如蘇頲	常由皇帝親自委任，關係密切	使職，無官品
第二型：唐後期舍人院中的知制誥	多以郎中和員外郎充任，官階比中書舍人的正五品上低。案例頗多，為固定常設使職	在宮城南區中書省的舍人院，屬外廷	跟皇帝關係比較疏遠，常由宰相薦任，跟宰相關係密切	使職，無官品
第三型：唐德宗以降學士院中的知制誥	翰林學士照例以他官充任，入院期間，有時帶知制誥銜，有時不帶	在宮城北區右銀台門內的學士院，亦稱內廷	常由皇帝委任，常與皇帝相處，關係密切	使職，無官品，是一種加銜

四、中書舍人不帶知制誥

　　前面提過，第二型舍人院的知制誥，和第三型學士院的知制誥，有一個共同點，那就是他們一旦升官至中書舍人時，他們就不帶知制誥官銜。換言之，這等於說唐代的中書舍人，不管是在舍人院或學士院，從不帶知制誥。這可說是一條定律。宋人亦論

之甚詳。

　　上一節已舉了幾個學士院中的翰林學士，升官至中書舍人時，便不帶知制誥的案例，如楊知溫和侯備。這裡不妨再舉一例。丁居晦的《重修承旨學士壁記》，如此記載柳公權在學士院中的升遷和官銜：

> 柳公權，大和八年〔834〕十月十五日，自兵部郎中、弘文館學士充侍書學士。九年九月十二日，加知制誥充學士、兼侍書。開成元年〔836〕九月二十八日，遷中書舍人。二年四月，改諫議大夫、知制誥。三年九月十八日，遷工部侍郎、知制誥，加承旨。五年三月九日加散騎常侍，出院。[56]

　　這裡清楚顯示，柳公權的本官在兵部郎中時，可以帶知制誥。但到了開成元年九月，他遷中書舍人時，便不再帶知制誥。然而，等他在開成二年，改遷諫議大夫和工部侍郎時，他又可以帶知制誥了。這種案例，在丁居晦的《壁記》中非常之多，舉不勝舉，一查便知，不必多引，在在可證唐代學士院中的中書舍人皆不帶知制誥。

　　至於舍人院的中書舍人，可以舉權德輿為例。他是在貞元十年到十五年（794-799），以各種本官（起居舍人、駕部員外郎和司勳郎中）任知制誥，長達五年多。貞元十五年秋，他升任為中書舍人，從此再也沒有帶知制誥官銜。

　　最好的證據，是權德輿自己所署的官銜。唐人自署官銜，常見於序文、祭文和墓誌等文類中，是很精確的紀錄。權德輿在貞

---

56 《翰苑群書》卷6，頁39。

元十五年之前，以各種本官去出任知制誥，他在這時期所寫的祭
文，都非常精準地紀錄了他是以何官去知制誥。例如，他在貞元
十一年所寫的〈祭故外姑河東縣君文〉，自署官銜為「子婿起居
舍人知制誥權某」[57]；在貞元十四年寫的〈祭故徐給事文〉中自署
「尚書司勳郎中知制誥權某」[58]。然而，到了貞元十五年，他升任
中書舍人之後，他所寫的祭文中，這個知制誥便不見了，如貞元
十六年寫的〈祭故盧華州文〉，僅說是「從表弟朝議郎守中書舍
人雲騎尉賜緋魚袋權德輿」[59]；在貞元十七年寫的〈祭故房州崔使
君文〉，也只說是「姪女婿朝議郎守中書舍人賜緋魚袋權某」[60]，
皆無知制誥官銜。這些都如實記載了他這些年的官歷，可證他升
任中書舍人後，就不再帶知制誥。事實上，不僅權德輿的官銜如
此，在傳世的唐代文獻中，同樣找不到中書舍人又帶有知制誥使
職官銜的案例。

　　在官制上，中書舍人是職事官，有官品，在《唐六典》和兩
《唐書》職官志中有詳細的記載。知制誥則是使職，無官品，且
不載於這些職官書中。這原本是涇渭分明的兩種官。但現代學
者，卻因不了解知制誥的使職本質，常把知制誥和中書舍人混
淆，把兩者的角色混為一談，也忽略了唐（以及宋）代的中書舍
人，照例不帶知制誥的慣例。比如，郭廣偉在寫權德輿年譜時，
說權在德宗貞元十五年秋，「遷中書舍人、知制誥」；又在次一
年「在中書舍人任，知制誥」[61]。如果這裡的意思是，權德輿在這

57　《權德輿詩文集》卷50，頁785。
58　《權德輿詩文集》卷49，頁778。
59　《權德輿詩文集》卷48，頁760。
60　《權德輿詩文集》卷50，頁787。
61　見《權德輿詩文集》後所附的〈權德輿簡譜〉，頁913-914。

些年，任中書舍人，又同時帶有知制誥的官銜，則恐怕說不通，等於將兩種官職混在一起。實際上，權德輿在貞元十五年秋以後所自署的官銜，從未說他帶有知制誥。但如果這裡的意思，只是說權德輿那些年任中書舍人，在負責撰寫制誥，則不誤，然而這種寫法最好還是避免，因為它很容易讓讀者以為，權德輿出任中書舍人時，帶有知制誥的官銜。

　　清人對唐中書舍人不帶知制誥，亦不甚明瞭，常有誤用。例如，清代所編的《全唐文》，在作者小傳部分，便有至少四處如此表述。卷250蘇頲小傳：「舉進士，拜中書舍人知制誥」；卷277賈曾小傳：「開元初拜中書舍人知制誥」；卷512李吉甫小傳：「轉中書舍人知制誥」；卷633韋表微小傳：「累擢中書舍人知制誥」，都是顯例[62]。本文前面已有考訂，蘇頲和賈曾任中書舍人時，都未帶知制誥。至於李吉甫，丁居晦《重修承旨學士壁記》這樣紀錄他在學士院的官歷升遷：「永貞元年十二月二十四日，自考功郎中、知制誥充。二十七日，遷中書舍人，賜紫金魚袋。」[63]可知他是以考功郎中去知制誥，遷中書舍人後，便不再帶知制誥。韋表微的記載則是：「〔長慶〕三年九月三十日，拜庫部員外郎。四年五月二十四日，賜紫。二十七日，加知制誥。寶曆元年五月二十五日，拜中書舍人。三年正月，遷戶部侍郎、知

---

62 《全唐文》卷250，頁2524；卷277，頁2809；卷512，頁5198；卷633，頁6387。戴偉華，〈評《翰學三書》〉，《古籍整理出版情況簡報》2004年第2期，最先指出《全唐文》的這四個錯誤。若以「中書舍人知制誥」這幾個字，去檢索一些大型電子文本資料庫，如台灣中央研究院的《漢籍全文電子資料庫》或大陸的《基本古籍庫》，也可以檢索到《全唐文》的這四個錯誤用例，以及宋元明清的好些其他誤用實例，不具引。

63 《翰苑群書》卷6，頁33。

制誥。」[64]這清楚顯示，韋表微是在「拜庫部員外郎」約八個月後，加知制誥，但他遷為中書舍人時，便不帶知制誥。等他再遷戶部侍郎時，他又可以帶知制誥了，再次展現知制誥這種「魅影」特徵。

但為什麼唐宋的中書舍人，皆不帶知制誥銜？此事在宋代有過熱烈的討論。兩宋之際的葉夢得，曾經兩度出任宋的翰林學士。他在《石林燕語》一書中，有一段頗有名的話：

> 唐翰林學士結銜或在官上，或在官下，無定制。余家藏唐碑多，如大和中李藏用碑，撰者言「中散大夫、守尚書戶部侍郎、知制誥、翰林學士王源中」之類，則在官下；大中中王巨鏞碑，撰者言「翰林學士、中散大夫、守中書舍人劉瑑」之類，則在官上。瑑仍不稱知制誥，殊不可曉。不應當時官名而升降，龐雜乃爾也。[65]

此處的「官」，有特定意義，指職事官，乃宋代所謂「官、職、差遣」三大分類中的「官」，在宋代專指寄祿用的職事官（類似唐代的本官）。唐代翰林學士的整套官銜，其「翰林學士」部分，有時寫在職事官之上，有時寫在職事官之下。這點在近世出土的唐代墓誌中，都很常見，不足為奇。正如葉夢得自己所說，此「無定制」也。但唐代〈王巨鏞碑〉的撰碑者劉瑑，其官銜「翰林學士、中散大夫、守中書舍人劉瑑」，則讓葉夢得感到「殊不可曉」，因為劉瑑身為翰林學士，又是學士院的中書舍

---

64 《翰苑群書》卷6，頁36。

65 《石林燕語》卷4，頁54-55。

人，竟未帶知制誥官銜。

宋人洪遵在《翰苑遺事》，引用葉夢得此條說，「璙不稱知制誥，唐以來至國朝熙寧，官至中書舍人則不帶三字」[66]（「三字」是宋人對知制誥的美稱）。換言之，劉璙不帶知制誥，是因為他當時在學士院，有中書舍人的本官，所以不必再帶知制誥。考丁居晦的《重修承旨學士壁記》，劉璙於宣宗大中元年（847）「加知制誥」，但他在大中三年「拜中書舍人」時，就不帶知制誥[67]。前一節引用過皇甫珪和孔溫裕的例子，指出這是知制誥「時隱時顯」的「魅影」特色：翰林學士的本官為員外郎、郎中，甚至比中書舍人更高層的六部侍郎時，都可以帶知制誥銜，但此官銜一旦遇見中書舍人，就會像「魅影」般消失無蹤。而且，不僅學士院的中書舍人從不帶知制誥，甚至連學士院外舍人院的中書舍人，也都從不帶知制誥，如上引權德輿例。

另一宋人李心傳，在《舊聞證誤》中也引葉夢得此條說：「學士官至紫微舍人，則銜內不繫知制誥三字，所從來遠矣。」[68]李心傳這句話說得好，因為不僅宋代的中書舍人不帶知制誥，其實唐代的中書舍人，也同樣是不帶知制誥的，由來久矣，不只宋代如此。

洪遵的「官至中書舍人」，和李心傳的「學士官至紫微舍人」，意思一樣，紫微舍人即中書舍人的別稱，但「官至」兩字，卻很容易引起誤解，以致有學者以為，升官到了中書舍人，就不必帶知制誥（這就引申出知制誥為中書舍人「試用期」的說

---

66 《翰苑群書》卷11，頁108。

67 《重修承旨學士壁記》，《翰苑群書》卷6，頁43。

68 《舊聞證誤》卷4，頁58-59。

法），以後再遷更高層的官（如六部侍郎）時，也不必再帶知制誥。但從唐宋的實際案例看，洪遵和李心傳的意思不是這樣。他們的意思是：只有中書舍人，才不帶知制誥。其他官，不管是比中書舍人卑的官（如員外郎），或比中書舍人高的官（如侍郎），依然可帶知制誥[69]。上引唐代皇甫珪、孔溫裕以及丁居晦《重修承旨學士壁記》中的許多其他詳細官歷記載，都證實這一點：只有中書舍人才不帶知制誥，其他官可帶知制誥銜。甚至連唐前期第一型知制誥，如蘇頲和李乂等人，官至侍郎高官，都可以帶知制誥。

但問題是，洪遵和李心傳，只是指出唐宋的中書舍人，都不帶知制誥這個事實，藉以幫助葉夢得解惑，但他們其實並沒有解釋，何以中書舍人就不帶知制誥。理由安在？

據我看，唐宋的中書舍人，都不帶知制誥，最大的原因是：知制誥和中書舍人，是兩種不同屬性的官職（一為使職，一為職事官），但職務卻相同，都在掌誥草詔。中書舍人的本職便是掌誥，所以不必再帶知制誥這種使職，就可以草詔，否則等於重複了，多此一舉。但其他官因為其本官職務並不草詔，必須以其本官去充任知制誥這個使職來掌誥，所以要帶知制誥銜。這是本文從使職的任命辦法，來研究知制誥之後所作的解釋。

岑仲勉對此亦有一解，雖未提知制誥為使職，然亦可供參照：「余按知制誥猶云司制起草之事務，是中書舍人本職，惟以他官代執舍人事務時用之：一為官卑於舍人者，如員外、郎中等

69　陳振，〈關於宋代的知制誥和翰林學士〉，《宋代社會政治論稿》，頁42，對此點有詳細的討論。感謝我的研究助理施淳益，推薦我讀陳振這篇深具啟發意義的好論文。

皆曰知制誥,既真除舍人,則知制誥正其本務,故不復用此三字。二為官高於舍人者,舍人既擢諸司侍郎等而仍命執行舍人事務,則不曰兼中書舍人而以知制誥字易之,其實一也,葉氏不明舍人本職,故以不稱知制誥為訝矣。」[70]

綜上所述,唐宋中書舍人不帶知制誥,當是官場通例。在唐宋正史和命官文書中,未見有中書舍人和知制誥連用者。檢索唐代史料,也未發現有唐人把中書舍人和知制誥連在一起書寫。但在五代和北宋,可以找到少數幾個連用的案例。例如,《金石萃編》卷124所收〈張仲荀抄高僧傳序〉碑,署銜「翰林學士中書舍人知制誥陶穀撰」[71]。考陶穀(903-970)為五代北宋人。《舊五代史‧晉書‧少帝紀》開運二年(945)六月條下:「以太常少卿陶穀為中書舍人」[72],未說他還帶知制誥。同年八月甲子朔條下,「日有蝕之。中書舍人陶穀奏,請權廢太常寺二舞郎,從之」[73],亦未帶知制誥。《金石萃編》此處作「翰林學士中書舍人知制誥陶穀撰」,恐是不規範用例。《金石萃編》卷126〈贈夢英詩碑〉,亦有一署銜「翰林學士中書舍人知制誥王著」[74]。考王著亦五代北宋人。洪遵《學士年表》建隆元年(960)條下,清楚記載王著「正月,自翰林學士、金部郎中為中書舍人,依前充職」[75],並未記他帶知制誥。〈贈夢英詩碑〉上署銜「中書舍人知制誥」,恐亦不規範用例。

---

70 〈翰林學士壁記注補〉,《郎官石柱題名新考訂》(外三種),頁325。

71 王昶,《金石萃編》卷124,頁13。

72 《舊五代史》卷84,頁1108。

73 《舊五代史》卷84,頁1109。

74 《金石萃編》卷126,頁2。

75 收在《翰苑群書》卷10,頁73。

同樣，五代王定保《唐摭言》，引用咸通四年一篇制書，撰者說是「中書舍人知制誥宇文瓚」[76]。宋王楙《野客叢書》有一條札記說：「僕觀白樂天為中書舍人知制誥，元簡為京兆尹，官皆六品，尚猶著綠。」[77]這兩條材料，皆為筆記，記事或不免有欠嚴謹，恐又是五代宋人不規範用法。宇文瓚的事跡無可考。但白居易任中書舍人，史書皆未說他還帶有知制誥。如《舊唐書·穆宗紀》長慶元年（821）十月條下：「以尚書主客郎中、知制誥白居易為中書舍人」[78]，並未記他升為中書舍人後，還帶有知制誥。白居易本人寫〈杭州刺史謝上表〉，提到這件事：「生歸帝京，寵在郎署。不踰年擢知制誥，未周歲正授舍人」[79]，也未說他正授中書舍人後，還帶有知制誥。五代宋人的這些用例，跟前面討論過的清代《全唐文》小傳中的四個誤用案例一樣，皆不可依。

五、知制誥的雙重含義

知制誥此詞，有雙重含義，會造成一些誤讀。它可以是一個專用的使職官名，但也可以是一個普通的動賓結構短語，猶言「掌制誥」，用來描述中書舍人當時正在負責的草詔職務。例如，《唐六典》有一段話，頗為有名，常為今人引用：

> 其中書舍人在省，以年深者為閣老，兼判本省雜事；一人專

76　《唐摭言校注》卷14，頁284。

77　王楙，《野客叢書》卷27，頁311。按唐代中書舍人為正五品上，京兆尹為從三品，此處皆作「六品」，亦誤。

78　《舊唐書》卷16，頁492。

79　《白居易集箋校》卷61，頁3428。

掌畫，謂之知制誥，得食政事之食。[80]

有學者引這段話，認為唐代的中書舍人，也稱為知制誥，好像唐初這樣的中書舍人，還帶有一個知制誥的使職名號。這就跟本文前一節所考，唐宋官員官至中書舍人，則不帶知制誥銜，頗相違背。要怎樣解讀《唐六典》這句話？

在官制上，中書舍人已經是正規的職事官了，主要職務又是撰寫制誥，沒有必要再帶一個知制誥這樣的使職官銜。所以，這裡的「知制誥」，應當不是個專用的使職官名，只是《唐六典》的撰者，用「知制誥」這個動賓結構短語（好比是「掌制誥」的同義詞），來描寫中書舍人的職務罷了。換言之，這句話的意思是：中書舍人有六員，其中一人「專掌畫」，負責撰寫制詔，以進呈給皇帝畫可。此處的「知制誥」，不是這位中書舍人所帶的使職官名，只是他負責的職務。他專門掌制誥，其職權跟其他不草詔的中書舍人有別。

從其他史料以及本文前面所考，我們知道，凡任知制誥使職者，應當要先有一個「本官」才行，如崔融以司禮少卿的本官去知制誥，張九齡以工部侍郎的本官去知制誥，權德輿以司勳郎中的本官去知制誥，這樣的知制誥才能說是使職官名。崔融「長安四年除司禮少卿，知制誥」，就是以司禮少卿的本官身分，去出任知制誥。草詔並非司禮少卿的職務，所以崔融這時是以他官在出任一種使職。如果知制誥者不帶這種本官，只是史書提到中書舍人時，用了「知制誥」三字，那應當是史書把「知制誥」，當成是一般的動賓短語「掌制誥」來使用，描寫中書舍人本身原有

---

80 《唐六典》卷9，頁276。

的職掌，並非把知制誥，用作一個專用的使職官名。

知制誥這三字，組合特殊，既可以是個專用使職官名，也可以只是個普通的動賓短語，因此一詞二義，容易誤導人。在《舊唐書‧李乂傳》中，就有一個這樣的例子，可供分辨參照。此傳第二段說李乂「知制誥凡數載」[81]。乍看之下，這好像是一個使職官名，好像在說，李乂擔任過第一型的知制誥使職數年，但細讀全文，其實不然。這裡只是指李乂在中宗景龍（707-710）中，「累遷中書舍人」的事。這些年他一直在任中書舍人，不可能再出任同樣工作的知制誥使職。他的本傳並沒有說，他在這些年以其他本官去知制誥。因此，李乂本傳此處的「知制誥」三字，不應當視為一個使職官銜，並不是說他在出任第一型的知制誥，只是說他這段期間任中書舍人，在「掌制誥」，「負責撰寫制誥凡數年」罷了。

不過，前面引過蘇頲寫的那篇〈授李乂刑部尚書制〉，透露李乂在開元初，的確又曾出任過知制誥使職。他這時的全套官銜為「銀青光祿大夫，行紫微侍郎，兼檢校刑部尚書，兼知制誥、昭文館學士、上柱國、中山郡開國公」[82]。此處把「知制誥」寫入李乂的全套完整官銜內，那就明白表示，這個「知制誥」是個使職官名無疑，可以是一個官員完整官銜的一部分，也就是說，李乂曾經任過知制誥，而且帶有本官（紫微侍郎、刑部尚書），乃第一型的知制誥，文意明確。但細考其年代，這卻不是指他在任中書舍人之時（707-710年），而是指他在「開元初」（713-）任紫微（中書）侍郎，「俄拜刑部尚書」的事。這篇任命制中的官

---

81 《舊唐書》卷101，頁3136。
82 《文苑英華》卷386，頁1971。

銜，明白標示他當時是以紫微侍郎兼檢校刑部尚書的本官，去「知制誥」的，並非以中書舍人的身分。由此可證，知制誥既然是個使職，應當都是以其他官員的本官去充任的。任此職者，必須要先有個本官才行，就像上引崔融、蘇頲和張九齡的案例。因此，要分辨知制誥到底是個專用的使職官名，還只是個描述職務的普通動賓短語（猶云「掌制誥」），其中一個最簡便的辦法，便是先細考任此知制誥者，當時有沒有一個本官（中書舍人以外的本官）。有本官的，其知制誥才是官名。

同理，《舊唐書・孫處約傳》有一段話，也容易造成誤解：「其年，中書令杜正倫奏請更授一舍人，與處約同知制誥，高宗曰：『處約一人足辦我事，何須多也。』」[83]若不細讀，這句話中的「知制誥」好像是個使職官名，其實它只不過是個簡單的動賓短語，等於說是「掌制誥」罷了。這整句話的意思是，中書令杜正倫請求再多委任一個中書舍人，以便跟孫處約一起掌制誥，但高宗回答說，孫處約一個人就足夠辦他的事了，何必再多一個？

類似的例子還有一些，如《舊唐書・梁言都傳》：「梁載言，博州聊城人。歷鳳閣舍人，專知制誥。撰《具員故事》十卷、《十道志》十六卷，並傳於時。中宗時為懷州刺史。」[84]鳳閣（中書）舍人本來的職務就是掌誥，這裡只是說梁載言「專知制誥」，即「專掌制誥」而已，不是說梁載言任中書舍人，又帶有一個知制誥的使職官銜。

再如，韓休撰〈唐金紫光祿大夫、禮部尚書、上柱國、贈尚書右丞相、許國文憲公蘇頲文集序〉曰：「時中書令李嶠執筆

---

83 《舊唐書》卷81，頁2758。

84 《舊唐書》卷190中，頁5017。

曰，考功郎非蘇君莫可，遂拜考功員外郎。遷給事中，特制授脩
文館學士，遷中書舍人，專知制誥。僉議允歸，制命敕書，皆出
自公手，筆不停綴，思無所讓，及是見君，深所歎伏焉。」[85]此例
跟前面梁載言的案例，完全相同。蘇頲遷中書舍人，「專知制
誥」，即「專掌制誥」之意，並非又帶一個知制誥的使職銜。蘇
頲是在後來升官到紫微（中書）侍郎，又以此高官為本官繼續掌
誥，才需要帶有知制誥的官銜，見前面所考。

　　再舉最後一例。《舊唐書·王丘傳》說：他「三遷紫微舍
人，以知制誥之勤，加朝散大夫，再轉吏部侍郎。典選累年，甚
稱平允」[86]。這是說，王丘經過三次遷轉，升為「紫微舍人」（即
中書舍人）；他以「知制誥之勤」，也就是「撰寫制誥」之勤，
再升為吏部侍郎。此句中的「知制誥」，跟李乂傳中的「知制誥
凡數載」一樣，不是專用的使職官名，因為王丘此時並沒有帶任
何中書舍人以外的本官，並非在任知制誥使職。這裡只是以「知
制誥」作為一個普通的動賓短語，意為「掌制誥」，來描寫王丘
任中書舍人原有的工作內容。但王丘後來升任黃門侍郎、懷州刺
史，尚書左丞等高官後，「丁父憂去職，服闋，拜右散騎常侍，
仍知制誥」[87]。這時，他的這個知制誥才是使職，因為他是以右散
騎常侍的本官去出任。

　　閱讀唐代文獻時，知制誥的這個雙重含義，容易造成誤解。
它在唐代文獻中，絕大多數時候會是個專用的使職官名，但在某
些時候（如上引數例），也可能只是個普通的動賓短語，猶言

---

85 《唐文粹》卷91，頁1。
86 《舊唐書》卷100，頁3132。
87 《舊唐書》卷100，頁3133。

「掌制誥」，單純描述草詔職務，並不是說中書舍人又帶一個知制誥官銜。事實上，本文上一節已詳考，唐代（和宋代）的官員，官做到中書舍人時，都不會帶知制誥。

六、出土墓誌中的知制誥

前文考唐代知制誥，皆根據傳世的歷史文獻。至於近世的出土文獻中，是否也有知制誥的材料呢？有，但不多，遠遠不如歷史文獻豐富。據所知，敦煌吐魯番出土文獻中，沒有知制誥的材料。在出土墓誌中出現的知制誥，大多只是撰碑者或書碑者的官銜題署。例如，開元三年的〈大唐故特進中書令博陵郡王贈幽州刺史崔公墓誌銘并序〉，題「銀青光祿大夫，行紫微侍郎、知制誥兼刑部尚書、昭文館學士、中山郡開國公李乂撰」[88]，提供了第一型知制誥李乂的全套完整官銜。這個全銜，跟前引蘇頲〈授李乂刑部尚書制〉所記的李乂同時代官銜，不完全相同：「銀青光祿大夫，行紫微侍郎，兼檢校刑部尚書，兼知制誥、昭文館學士、上柱國、中山郡開國公李乂」[89]。墓誌題銜有些省略，特別是略去「檢校」兩字，似不如制文所記的精確。

文宗太和六年的〈唐故朝散大夫守尚書吏部郎中兼侍御史知雜事上柱國臨沂縣開國男食邑三百戶瑯琊王府君墓誌銘并序〉，題「承議郎，守尚書庫部郎中、知制誥充翰林學士、上柱國、賜緋魚袋李珏撰」[90]，則讓我們見到一個第三型知制誥的身影，但也

88　周紹良主編，《唐代墓誌彙編》，開元026，頁1168-1170。

89　《文苑英華》卷386，頁1971。

90　《唐代墓誌彙編》，大和054，頁2134-2135。

僅止於他的這個全銜，沒有其他更多細節。李珏是以庫部郎中、知制誥的身分，在學士院充任翰林學士。這跟丁居晦在《重修學士承旨壁記》所記相同：「李珏，大和五年九月十九日，自庫部員外郎、知制誥充」[91]。出土文獻中所見的知制誥，大率類此，以全銜居多，可用來佐證傳世文獻的記載，但沒有令人驚喜的新材料。

　　為免累贅，這裡不擬一一論及墓誌中的知制誥，且舉比較有意義的一個出土案例來結束本節。這見於唐末昭宗乾寧二年（895）刑部尚書崔凝的墓誌〈唐故刑部尚書崔公府君墓誌并序〉，1991年在河南偃師出土[92]。崔凝在新舊《唐書》中皆無傳，此誌可補傳世文獻之缺。誌文長達一千四百餘字，對他的官歷記載甚詳，特別是第十一行，記崔凝「遷祠部郎中、知制誥。未周月，拜中書舍人，面賜金紫，即以本官充翰林學士，仍轉戶部侍郎、知制誥，依前充職」[93]，跟本文的論題最有關連，可以進一步印證本文的一些論點。

　　崔凝先是出任第二型的知制誥，以祠部郎中的本官知制誥，在舍人院草詔。「未周月」，就正拜中書舍人，表示他這時官資已到中書舍人，或獲得皇恩提前超升，可以從知制誥正授中書舍人，但卻不是在舍人院拜中書舍人，而是在學士院以中書舍人的「本官充翰林學士」。這裡可以申論兩點。第一是他因而獲得皇

---

91 《重修承旨學士壁記》，《翰苑群書》卷6，頁38。

92 考古發掘簡報和墓誌拓片影本，見偃師商城博物館，〈河南偃師縣四座唐墓發掘簡報〉，《考古》1992年第11期，頁1004-1017。

93 林集友，〈唐刑部尚書崔凝墓誌考釋〉，《考古》1994年第11期，頁1037-1042。釋文亦見於周紹良、趙超主編，《唐代墓誌彙編續集》，乾寧003，頁1160-1161，但有些誤釋，如「依前充職」誤為「前充職時」。

帝「面賜金紫」。這是因為他當上翰林學士，成為皇帝親近臣，才獲得這種御賜。如果他只是在外廷的舍人院任正規的中書舍人，他恐怕不會被「面賜金紫」。這是使職（翰林學士）比職事官（中書舍人）清貴的一個例證。此外，此事發生在僖宗奔成都之時，崔凝趕赴行在，面賜他金紫的是僖宗。唐末此時，中書舍人已淪為閒散虛位，草詔職務，早由崔凝這些翰林學士接手。

第二，崔凝在學士院官拜中書舍人本官時，誌文並沒說他帶知制誥。這正好為本章第四節所考，增添一個出土證據：唐代官員不管是在外廷的舍人院，還是在內廷的學士院，官做到中書舍人時，都不會帶知制誥銜。誌文下一句「仍轉戶部侍郎、知制誥，依前充職」，是說崔凝的本官，接著從中書舍人升轉到更高的戶部侍郎，但此時知制誥又像前文所考，「魅影」般出現了。崔凝這時又可以帶知制誥銜了，成了學士院中的第三型知制誥。然而，崔凝並未離開學士院。他升官了，但仍「依前充職」。此「職」指使職，意謂他仍留在學士院充翰林學士這個使職[94]。

七、結語

唐代有三大類型的知制誥。第一型在唐前期，大多以高官（如侍郎）去充任，其本官的官品比中書舍人的正五品上高，跟皇帝的關係密切，往往由皇帝親自欽點委任。第二型在唐後期，特別是憲宗以降，多以郎中和員外郎充任，本官的官品比中書舍人的低，跟皇帝比較疏遠，而跟宰相的關係密切，常由宰相薦

94　傅璇琮，《唐翰林學士傳論・晚唐卷》，頁477-480，考崔凝的生平事跡甚詳，惜未及參考這篇出土墓誌。

任，一般負責草外制。第三型則是學士院中帶有知制誥銜的翰林學士，跟宰相沒有什麼關係，而跟皇帝親近，一般負責草內制。翰林學士當中，有些帶有知制誥銜，有些不帶；若帶則只是一種加銜，似為定俸祿之用。此外，唐宋中書舍人照例從不帶知制誥官銜，且知制誥可以有雙重含義，容易令人誤讀。

第九章

唐後期三大類詞臣的升遷與地位

自永淳〔682〕已來，天下文章道盛，臺閣髦彥，無不
以文章達。故中書舍人為文士之極任，朝廷之盛選，諸
官莫比焉。

——杜佑《通典》

　　唐代那些負責草擬皇朝詔令的官員，唐人統稱為詞臣，此詞
常見於唐代文獻。我們在前面幾章見過，在唐前期，詞臣主要指
中書舍人。間中有其他文詞雅麗的高官，會以弘文館等文館學士
的方式（如上官儀等人），或以他官知制誥的方式（如崔融和張
九齡），來擔任草詔的工作，分割了中書舍人的一部分職權。但
整體而言，唐前期中書舍人仍然是最核心的掌誥官員，其地位始
終最崇高、最清望。這是一種正規的職事官，在唐初即設立，有
官品（正五品上），但在唐末職權逐漸萎縮，淪為閒官，被知制
誥和翰林學士這兩種新的使職所取代。

　　但唐代中書舍人的使職化，是一個十分緩慢的過程（見第六
章）。唐初上官儀、崔融、張九齡等人以他官去草詔，便是使職
化的萌芽，但尚未成定制，只有在必要時才偶爾委任使職。到了
玄宗開元年間設立了翰林學士，使職化的過程才比較明顯。安史
亂後，特別是從德宗建中年間（780-783）開始，這種使職化便
加速。德宗多以翰林學士（如陸贄等人），來議政並草詔。翰林

學士在宮城北區的學士院視事和宿直，又稱「內廷」，鄰近皇帝的生活起居處，成了皇帝最重要的機要秘書。中書舍人雖然繼續草詔，但主要是在宮城南區中書省的舍人院，屬於「外廷」，跟皇帝比較疏遠。另一方面，德宗以降的知制誥，也跟中書舍人一樣，在舍人院草詔，也跟皇帝比較疏離，但成了固定常設的使職，一直到唐末最後一位皇帝哀帝都如此，進一步分化了中書舍人的職權。因此，唐後期德宗以降，我們常可見到三大類的詞臣：中書舍人、翰林學士、知制誥，散見於史書、墓誌和其他文獻。三者的關係錯綜複雜，頗令人眼花，極有待釐清。

本章擬以白居易、元稹、權德輿和李德裕，出任過詞臣的案例，來探討唐後期這三大類詞臣的一些升遷細節和地位。三種詞臣當中，何者的權力最大，地位最劇要？何者官「最美」？這問題主要是因杜佑《通典》中的一句話引發：「自永淳〔682〕已來，天下文章道盛，臺閣髦彥，無不以文章達。故中書舍人為文士之極任，朝廷之盛選，諸官莫比焉。」[1]中書舍人真的是「文士之極任」嗎？《通典》這句話，應當放在一個怎樣的背景下來理解，才比較恰當？

一、郎官知制誥的升遷：白居易和元稹的案例

唐前期從武則天到玄宗朝，就開始有了知制誥，如崔融、張九齡等人，大都以高官（如侍郎，官品高於中書舍人的正五品上）的本官去知制誥。這些早期的知制誥，可歸納為第一型知制誥，未固定常設，跟唐後期的那些第二型知制誥不同（見第八

1《通典》卷21，頁564。

章）。

本節要討論的是，德宗以降，那些第二型郎官知制誥的升遷和地位。由於這一型的知制誥，其本官官品都低於中書舍人，所以他們在任知制誥一段時間後，如果繼續出任詞臣掌誥，則他們可能會有兩個升遷途徑：一是升任為中書舍人，但繼續留在舍人院草詔；二是同樣升為中書舍人，但以中書舍人的本官，被召入學士院草詔，成了翰林學士。這兩大類中書舍人，學界一般都沒有劃分清楚，容易混淆。為免混用誤解，可分別稱之為（一）舍人院中書舍人；（二）學士院中書舍人。

唐代史書對第二型知制誥升遷為中書舍人，有一個很常見的套語，往往形容他們是「正拜中書舍人」或「正授中書舍人」，且不管是在舍人院或學士院升為中書舍人，都可以用「正拜」或「正授」兩字。例如，楊嗣復，「長慶元年〔821〕十月，以庫部郎中知制誥，正拜中書舍人」[2]。趙騭，「咸通初，以兵部員外郎知制誥，轉郎中，正拜中書舍人」[3]。劉太真，「名著南宮，望歸西掖，遷駕部郎中知制誥。……建中四年〔783〕夏正授中書舍人」[4]。以上是在舍人院正拜中書舍人的例子。

至於在學士院正拜中書舍人，可舉兩例。高釴，長慶「四年〔824〕四月，禁中有張韶之變，敬宗幸左軍。是夜，釴從帝宿於左軍。翌日賊平，賞從臣，賜釴錦彩七十匹，轉戶部郎中、知制誥。十二月，正拜中書舍人，充職如故」[5]。所謂「充職如故」，就

---

2 《舊唐書》卷176，頁4556。

3 《舊唐書》卷178，頁4622。

4 裴度，〈劉府君神道碑銘并序〉，《全唐文》卷538，頁5467。

5 《舊唐書》卷168，頁4386-4387。

是高鈇在正拜中書舍人後，依然充任翰林學士這個「職」（使職）如故，可知他是在學士院升任中書舍人。宋申錫，「文宗即位，拜戶部郎中、知制誥。大和二年〔828〕，正拜中書舍人，復為翰林學士。」[6]檢丁居晦《重修承旨學士壁記》，可證實高鈇和宋申錫，確實是在學士院「正拜」中書舍人[7]。

　　白居易任知制誥後升中書舍人，也屬「正拜」（他自己則形容為「正授」，意思相同），但他是繼續留在舍人院草詔，沒有被召入學士院。《舊唐書·穆宗紀》長慶元年（821）十月條下說：

　　以尚書主客郎中、知制誥白居易為中書舍人。[8]

這便是一種「正拜中書舍人」的現象。白居易稍後又從中書舍人出守杭州，寫了〈杭州刺史謝上表〉時，提到這件事：

　　生歸帝京，寵在郎署。不踰年擢知制誥，未周歲正授舍人。[9]

從白居易的行文語氣看來，他顯然對他能以主客郎中知制誥，未滿周歲就「正授舍人」，頗感得意，因為按照敕令，知制誥「正授」中書舍人，須有一定的時間：

　　大和四年〔830〕七月，中書門下奏：「伏以制誥之選，參

---

6 《舊唐書》卷167，頁4370。

7 丁居晦，《重修承旨學士壁記》，《翰苑群書》卷6，頁36；頁37。

8 《舊唐書》卷16，頁492。

9 《白居易集箋校》卷61，頁3428。

用高卑，遷轉之時，合係勞逸。頃者，緣無定制，其間多有不均。准長慶二年〔822〕七月二十七日勅，始令自員外以上及卑官知者，同以授職滿一年後，各從本秩遞與轉官。……自今以後，從前行郎中知者，並不許計本官日月，但約知制誥滿一周年即與正授。其從諫議大夫知者，亦宜準此。即遲速有殊，比類可遵，并請依長慶二年七月二十七日勅處分。」勅旨依奏。[10]

上文所謂「知制誥滿一周年即與正授」，其中「正授」兩字，即指正授中書舍人之意。「正授」兩字和「正拜」一樣，表示任知制誥者，原都是在出任一種使職，一種「不正規」的使職，所以他們在任使職滿歲後，便可以正式升任為正規的職事官（即中書舍人）。這個「正授」，有「扶正」的意思，也就是說，某某官員，原先擔任不正規的使職，現在轉為正規的職事官了。如果按照礪波護等學者常見的說法，所有使職（包括知制誥），乃「令外の官」，那麼他們現在任知制誥滿歲後，便可「正授」、「正除」為中書舍人，成為「令內の官」了[11]。

據上引長慶二年七月敕，知制誥到底要任職滿多少年後，才能正授中書舍人，「緣無定制，其間多有不均」，也就是沒有定規。從長慶二年起，才定為一周歲。白居易正授中書舍人在長慶元年十月，那時還沒有這條敕令，但他對自己能夠在知制誥未滿周歲的情況下，即正授中書舍人，感到自豪，看來當時正授中書舍人，雖說無「定制」，應當也要一兩年的等待時間。

10 《唐會要》卷55，頁1111-1112。

11 礪波護，〈唐の官制と官職〉，《唐代政治社會史研究》，頁238-244。

　　白居易從主客郎中遷任中書舍人，在職事官階上固然是一次頗快的升遷獎勵，但從「接近皇權」的觀點看，他在舍人院任中書舍人，恐怕遠遠不如他的朋友元稹那樣，任知制誥後遷中書舍人，但卻是在學士院，成了翰林學士，更接近皇權。白居易任中書舍人的時間也非常短，從長慶元年十月，到長慶二年七月，任期不到一年，就調守杭州刺史。這以後，他做過蘇州刺史、秘書監、刑部侍郎、河南尹等官，品階雖高，但不外乎閒散或牧守一類的高官。他從來沒有做過節度使或宰相，在唐史上不算是一個接近皇權的高官。

　　然而，白居易的好友元稹，同樣以郎中充任過知制誥，但後來他的權勢，就比白居易大多了，官至宰相和節度使，主因是元稹顯然比白居易善於「營鑽」。陳寅恪即形容他為「極熱中巧宦之人」[12]。例如，他從荊州江陵士曹貶官回京後，便平步青雲，在憲宗元和十五年（820）五月，以祠部郎中知制誥，約兩年後就官至宰相，升遷神速，靠的就是他跟幾個宦官的親密關係。《舊唐書·元稹傳》對此有頗詳細的記載：

穆宗皇帝在東宮，有妃嬪左右嘗誦稹歌詩以為樂曲者，知稹所為，嘗稱其善，宮中呼為元才子。荊南監軍崔潭峻甚禮接稹，不以掾吏遇之，常徵其詩什諷誦之。長慶初，潭峻歸朝，出稹《連昌宮辭》等百餘篇奏御，穆宗大悅，問稹安在，對曰：「今為南宮散郎。」即日轉祠部郎中、知制誥。朝廷以書命不由相府，甚鄙之，然辭誥所出，夐然與古為侔，遂盛傳於代，由是極承恩顧。嘗為《長慶宮辭》數十百

---

12 《元白詩箋證稿》，頁113。

篇，京師競相傳唱。居無何，召入翰林，為中書舍人、承旨
學士。中人以潭峻之故，爭與積交，而知樞密魏弘簡尤與積
相善，穆宗愈深知重。河東節度使裴度三上疏，言積與弘簡
為刎頸之交，謀亂朝政，言甚激訐。穆宗顧中外人情，乃罷
積內職，授工部侍郎。上恩顧未衰，長慶二年〔822〕，拜
平章事。詔下之日，朝野無不輕笑之。[13]

此段記載，寫元積的官歷和得官過程，值得細讀，可大大加深我
們對唐代知制誥、中書舍人和翰林學士的認識。元積先以祠部郎
中知制誥，這點跟白居易以主客郎中知制誥相似，但接下來，兩
人的官歷便大不相同了。白居易知制誥後，只不過升遷為舍人院
的中書舍人，便出守杭州，從此遠離皇權中心。元積則一步一步
向皇權靠近。關鍵就在於他知制誥時，誥文寫得「夐然與古為
侔，遂盛傳於代，由是極承恩顧」，跟著被穆宗「召入翰林」。
在翰林時，他得到兩個升遷。他的本傳只簡單記載「為中書舍
人、承旨學士」。如此輕描淡寫，一筆帶過，乃正史典型的寫
法，沒有其他細節，但此事涉及唐後期知制誥、中書舍人和翰林
學士及承旨這幾種官職的微妙關係和輕重地位。元積的這段官歷
是很生動的案例，可供佐證，值得再細考。

　　元積在學士院時，寫過一篇〈承旨學士院記〉，裡面紀錄了
他自己的官歷：

　　元積，長慶元年〔821〕二月十六日自祠部郎中知制誥、行
　　中書舍人翰林學士，仍賜紫金魚袋。其年十月十九日，拜工

---

13 《舊唐書》卷166，頁4333-4334。

> 部侍郎出院。二年〔822〕二月,拜本官、平章事。[14]

換言之,元稹在820年五月任知制誥,歷時不到一年,就在821年二月被召入翰林,可謂神速,甚得恩寵。更讓人訝異的是,他一入翰林那天,竟同日得到三樣東西:遷為中書舍人,升為翰林學士,賜紫金魚袋。這點,在他的〈承旨學士院記〉自述中,還未能清楚表達出來(須細考補充才清楚)。但他的好友白居易為他寫的〈元稹除中書舍人翰林學士賜紫金魚袋制〉中,就很清楚地呈現了:

> 尚書祠部郎中、知制誥、賜緋魚袋元稹,去年夏拔自祠曹員外,試知制誥。而能芟繁詞,刻弊句,使吾文章言語與三代同風。引之而成綸綍,垂之而為典訓。凡秉筆者,莫敢與汝爭能。是用命爾為中書舍人,以司詔令。嘗因暇日,前席與語,語及時政,甚開朕心。是用命爾為翰林學士,以備訪問。仍以章綬,寵榮其身。一日之中,三加新命。爾宜率素履,思永圖,敬終如初,足以報我。可中書舍人、翰林學士、賜紫金魚袋。[15]

所謂「一日之中,三加新命」,即指元稹一天之內,同時得到中書舍人、翰林學士和賜紫金魚袋這三樣無比的榮耀。紫金魚袋是三品高官才能有的章服。元稹的官品未到,原不能衣紫,現在由

14　岑仲勉,〈元稹翰林承旨學士廳壁記校補〉,《郎官石柱題名新考訂》(外三種),頁466。

15　《白居易集箋校》卷50,頁2954。

皇帝賜給他紫服金魚袋，自然是一種特殊的「皇恩」。這一年，他才不過43歲，就能衣紫，非常年輕。

不過，白居易所寫的這篇制文，對研究唐代官制的學者，最珍貴的一點是，它清楚告訴我們，元稹是以中書舍人的本官，去充任翰林學士。他不是到舍人院去當中書舍人，而是到學士院去當翰林學士，本官為中書舍人。這篇制文也收在宋代所編的《文苑英華》，在此關鍵處的文句為「可守中書舍人充翰林學士」[16]，清楚記載元稹是以中書舍人的本官去「充翰林學士」，文中有個充任使職的典型用語「充」字，文意明確。

實際上，元稹被召入學士院，不但是任翰林學士，而且還是翰林學士承旨。所謂「承旨」，即眾翰林學士的「頭目」，權力更遠大於一般的翰林學士。據元稹自己的描述，任承旨者，「凡大誥令、大廢置、丞相之密畫、內外之密奏，上之所甚注意者，莫不專對，他人無得而參」[17]，可謂大權在握。唐史上有不少翰林學士承旨，後來都因此升任為宰相，包括元稹。他本人在任命後，寫了一篇謝表〈謝恩賜告身衣服並借馬狀〉，毫無保留地表達了他對皇恩的感謝：

選居近地，便令入院。當日召見天顏，口敕授官，面賜章服，拔令承旨，不顧班資，近日寵榮，無臣此例。發言感泣，指日誓心，苟無死節之誠，願受鬼誅之禍。[18]

---

16 《文苑英華》卷384，頁1957。

17 《元稹集校注》卷51，頁1289。

18 《元稹集校注》卷35，頁948-949。

元稹一入翰林,便如此神速被任命為承旨,從他的官歷看,確實如他自己所說,「不顧班資,近日寵榮,無臣此例」。他如此得寵,以致其他宦官「爭與稹交,而知樞密魏弘簡尤與稹相善,穆宗愈深知重」。這種高調作風,自然引起其他人的忌妒。河東節度使裴度便「三上疏,言稹與弘簡為刎頸之交,謀亂朝政,言甚激訐。穆宗顧中外人情,乃罷稹內職」(翰林學士又別稱為「內職」),授他工部侍郎出學士院了事。但「恩顧未衰」,不久又任命元稹為宰相。「詔下之日,朝野無不輕笑之」,反映了當時人對他營鑽之功的鄙視和醋意[19]。

元稹之善於結交,在《唐會要》還有一段記載:

〔長慶元年(821)〕六月,武儒衡以諫議大夫知制誥,膳部郎中元稹繼掌命書。稹常通結內官魏宏簡,約車僕,自詣其家,不由宰臣而得掌誥。時人皆鄙之,莫敢言者,獨儒衡一日會食公堂,有青蠅入瓜上,忽發怒命摯去之曰:「適從何所來,而遽集於此?」一座皆愕然,儒衡神氣自若。[20]

元稹之所以能掌制誥,靠的是他的詩名與文采,以「文」為進身之階,但他牽扯上宦官的關係,終不免令「時人皆鄙之」。

---

19 參考周相錄,〈元稹與宦官之關係考辨〉,《元稹年譜新編》,頁284-299。

20 《唐會要》卷55,頁1111。《資治通鑑》卷241,頁7779-7780,也有一段類似記載,寫元稹從江陵返回長安後,靠他在江陵時所熟識的宦官監軍崔潭峻,把他的詩百餘篇,獻給穆宗而得到皇帝青睞,不久就以祠部郎中知制誥。

二、兩種中書舍人：權德輿和李德裕的案例

　　從元白此兩例，再參照許多其他唐人的官歷看，唐後期的中書舍人其實有兩種。一種像白居易，是在舍人院任中書舍人實職，沒有被召入翰林；另一種則像元稹，以中書舍人的本官去學士院充翰林學士，並沒有到舍人院去任舍人。元稹所帶的這個中書舍人銜，其最大的作用是計算他任翰林學士時的俸祿，類似宋代的寄祿官，只是唐代還沒有寄祿官這種說法，只稱之為「本官」，但這無疑是宋代寄祿官的源頭。唐後期的翰林學士當中，以中書舍人本官去充任的，比比皆是。丁居晦的《重修承旨學士壁記》，有詳細的記載，特別是在德宗以降的數朝。這也是中書舍人被逐漸使職化的一個跡象：它已經變得越來越不重要，越來越沒有實權，逐漸被翰林學士和知制誥取代，所以可以用來當作是翰林學士的本官，以寄俸祿而已。

　　從這個角度看，白居易知制誥後，只升任舍人院中書舍人，未被召入翰林，他的仕途其實不如元稹那樣「飛黃騰達」，那樣得意。從元白的這兩個案例，再結合許多其他唐代高官的官歷[21]，我們可以得出一個結論：在唐後期，一個官員如果只是任

21　例如，陸揚在〈論唐五代社會與政治中的詞臣與詞臣家族──以新出石刻資料為例〉，《北京大學學報》2013年第4期，頁5-16，詳細討論了六個「有代表性」的唐前後期詞臣。其中三個（孫行、徐齊聃、韋承慶）在唐前期，三人都是中書舍人，可佐證本章所說，中書舍人在唐前期是最崇高清望的詞臣。但陸揚所論的另三個玄宗末年和唐後期的詞臣（竇華、楊收和盧文度），則全都是翰林學士。更有意義的是，這三人都曾帶有中書舍人官銜，但他們並不是在外廷的舍人院任中書舍人草詔，而是以中書舍人為本官，在內廷的學士院任翰林學士來掌誥（情況就跟本章所論的元稹和李德裕一樣）。這亦可證越到唐後期，翰林學士的地位，就越遠遠超越了中書舍人，

舍人院的中書舍人，他的仕歷其實並不怎樣。即使他再往上升遷，遷為侍郎和尚書等官，他也不過是個閒散高官，在當時的政壇並無實權和影響力。這是我們在研究唐中書舍人的遷轉時，應當留意的一點，否則如霧裡看花[22]。唐後期的政治權力，始終掌握在翰林學士（特別是翰林學士承旨）、宰相、鹽鐵轉運使、節度使、以及諸宦官使職（如內諸司使）手上。正規的職事官如中書舍人、僕射、尚書、丞郎、侍郎、諫議大夫等，都慢慢被邊緣化，雖然都沒有被廢止，且行用到唐亡，但都逐步被各種使職取代，大多淪為閒官。

　　像白居易這種實權漸失的中書舍人，我們不妨再舉唐後期另一才子權德輿的官歷為例。權德輿從未考進士，早年以他傑出的文才，爭相為江淮幾個地方節度使聘用為幕佐，宛如政壇上閃耀的一顆明日之星。到了德宗貞元八年（792），他34歲那年，德宗「雅聞其名」，徵召他到京師出任太常博士。這當然反映德宗喜好文學，善待文士。貞元十年（794），權德輿36歲時，他遷起居舍人，才開始兼知制誥。在接下來的五年，他的本官有遷轉（駕部員外郎、司勳郎中），但他一直以這些本官去知制誥。在後來的約三年，他便從知制誥升任為中書舍人，但依然在中書省的舍人院草詔。《唐會要》有一段記載說：

　　〔貞元〕十八年〔802〕八月，中書舍人權德輿，獨直禁垣，

　　且唐後期高官，必須接近內廷皇權，才有可能走入權力中心。若單單只是接近宰相，在舍人院任知制誥或中書舍人，那也只不過是在外廷，政治權力有限。

22　關於前人所作的中書舍人升遷研究，見孫國棟，〈唐代中書舍人遷官途徑考釋〉，《唐宋史論叢》，頁91-146，以及宋靖，《唐宋中書舍人研究》，附錄。

數旬一歸家。嘗上疏請除兩省官。詔報曰：「非不知卿勞
苦，以卿文雅，尚未得如卿等比者，所以久難其人。」德輿
居西掖八年，其間獨掌者數歲。[23]

權德輿從貞元十年（794）五月起，就在「西掖」（即中書省的
舍人院）任知制誥，五年後，在貞元十五年（799）秋升任中書
舍人，但仍在舍人院草詔。貞元十八年（802）八月時，他已任
中書舍人約三年了，故上引文說他「居西掖八年」。歷來引用此
段的學者，皆認為權德輿在這八年當中，「獨掌者數歲」，顯然
很受到德宗的重視，宛然成了德宗朝最重要的唯一掌誥者。德宗
對他所說的那一番話，「以卿文雅，尚未得如卿等比者，所以久
難其人」云云，更加深了這種印象，好像朝中除了權德輿外，再
也無他人可以草詔。但放在一個比較大的視角來看，實情恐非如
此。

　　實際上，德宗這時候，有好幾位翰林學士在為他草詔議政，
例如鄭絪、衛次公、鄭餘慶等人。丁居晦的《重修承旨學士壁
記》記載甚詳[24]。這些學士深居大明宮北區「內廷」，更接近德宗
的便殿寢殿，遠比舍人院中的那些中書舍人和知制誥，更靠近皇
權，更得皇恩。正如陸贄所說，外界都認為，翰林學士乃「天子
私人」，而中書舍人只不過是「佐宰相判案」的宰相私人，和德
宗的關係比較疏遠，知制誥也是如此。我們從其他史料知道，權
德輿和德宗的關係並不密切，在他掌誥期間，除了奏狀和書表往

---

23 《唐會要》卷55，頁1110。《舊唐書》卷148，頁4003，也有一段相似記
　　載，但無貞元「十八年八月」這個明確年月，失之含糊，今不取。
24 《翰苑群書》卷6，頁32。

來，並無面對面會面的記載，遠不如陸贄和德宗，曾經朝夕相處。

權德輿為什麼會「獨直禁垣，數旬一歸家」？傳統的解讀，是認為他有文詞之美，冠於當時，皇帝只希望全由他來草詔，看不上其他詞臣，所以由他「獨直禁垣」。然而，若放在唐後期中書舍人逐漸失去職權的角度，其實反映了朝廷此時不再重視中書舍人，遇缺不補。中書舍人原本有六個員額，在德宗時代卻常是「獨員」狀態，以致權德輿要「獨直禁垣」。事實上，權德輿就曾為此「上疏請除兩省官」，看來正是因為中書舍人遇缺未補，他常一人獨掌，有些吃力，所以上疏希望皇帝補官。但德宗給他的答覆，「尚未得如卿等比者，所以久難其人」云云，恐怕是德宗在以「柔言」來「安慰」他，恐怕有些敷衍，不宜信以為真，須考慮到德宗當時還有更親近的翰林學士可用，並不缺掌誥者，因而任由中書舍人出缺不補。

至於權德輿「上疏請除兩省官」後，德宗親自給他回復，表面上看起來，好像皇帝很看重權德輿這位掌誥者。但實際上，德宗之所以親自回應權德輿，應當不是因為上奏者是權德輿，而是因為德宗這時的習慣，就是對朝中官員的委任，抓得很緊，喜歡親力親為處理這些瑣事。《舊唐書・權德輿傳》有一段話可以佐證：

是時，德宗親覽庶政，重難除授，凡命於朝，多補自御札。[25]

既然當時官員的除授，「多補自御札」，德宗又在「親覽庶政」，

25《舊唐書》卷148，頁4003。

這也就難怪他會親自給權德輿的上奏回復,如此而已。

另一點要考慮的是,權德輿任知制誥和中書舍人,他都是在舍人院草詔,所掌的其實都是所謂的「外制」,也就是中書制誥,多屬於一般的官員任命文書,其內容並不如翰林學士所掌的白麻「內制」,那麼重要。所以,權德輿獨直禁垣,「獨掌」制誥數年,要放在這個角度來看,不宜過分誇大他掌誥的重要性。

權德輿沒有像陸贄或元稹那樣,受到皇帝的「深知」,最好的證據就是,權德輿知制誥五年後,在貞元十五年(799)升為中書舍人,但他並沒有像元稹那樣,被召入翰林。權德輿文采雖雅麗,卻始終沒有充任過翰林學士。他是在舍人院任知制誥和中書舍人,和白居易一樣,屬於舍人院中書舍人,屬於比較不接近皇權的那種掌誥者。他好比是現今替世界各國總統,撰寫演講稿的那些專業撰稿人(speechwriter),純屬文翰工作,並未參與議政,並無多少政治實權。

權德輿在任知制誥和中書舍人期間,曾經以本官身分知貢舉或充「進士策試官」,掌握了一定的取士大權[26]。這使他成了當時士人舉子,紛紛干謁行卷和投書示好的對象,如劉禹錫和柳宗元等人,皆曾投書於他,向他靠近,使他獲得了「詞宗」、「文宗」等大名[27]。但詞宗、文宗這種聲名,也要放在適當的語境下來看,並不等同他在政治上擁有硬實力。他的文章,固然獲得士人舉子的仿效,使他宛然成為文壇盟主,但這充其量也只是一種軟實力,一種文化權力,有別於政治權力。他始終未能(或不願)

---

26 蔣寅,《大曆詩人研究》,頁412-418,特別是頁416。

27 李寶玲,〈唐代「文宗」現象觀察〉,謝海平主編,《唐代學術研討會論文集》,頁318-325。

接近皇權，以致他並未能掌控政治實權。他最後雖官至宰相和山南西道節度使，但都沒有大的作為。

相比之下，晚唐另一才子李德裕，就比權德輿更善於運用他的「文」資產。他也跟權德輿一樣，從未去考進士，只是以他家的門蔭入仕，然後以他的「文」作為進身之階，一起家就任校書郎，此乃「文士起家之良選」也[28]。跟著，他在張弘靖的河東幕府掌文翰，當一個掌書記，幾年後隨張弘靖入朝，任監察御史。不久，穆宗即位，他就被召入任翰林學士。幾天後就「賜紫」。這一年他才不過34歲，比起元稹43歲衣紫，猶有過之，是個出奇年輕的衣紫官員。在學士院兩年兩個月，他的本官步步高升，從屯田員外郎、考功郎中到中書舍人，最後以御史中丞的高官出院，並獲得兩個加銜：知制誥和承旨[29]。他的這個中書舍人，是他在學士院中升遷所獲，和權德輿跟白居易的中書舍人不一樣。他是以中書舍人為本官，去充任翰林學士，也始終留在學士院。他從未在舍人院草詔，但今人有不少誤讀了他的官歷，以為他當過舍人院的中書舍人。

李德裕在三十多歲就如此靠近皇權，且獲得賞識，全靠他的「文」起家。此後他出任過好幾個重要方鎮的節度使，在浙西、西川、淮南等地掌握地方大權，又在文宗和武宗兩朝，兩次出任宰相。宣宗即位時，李德裕就是那位在登基殿上「奉冊」者，讓宣宗感到「毛髮洒淅」[30]。這樣一位掌握文武兩朝大權者，且是所

28　《通典》卷26，頁736。

29　丁居晦，《重修承旨學士壁記》，《翰苑群書》卷6，頁35。參岑仲勉，〈翰林學士壁記注補〉，《郎官石柱題名新考訂：外三種》，頁263-266；傅璇琮，《唐翰林學士傳論》，頁543-550。

30　《資治通鑑》卷248，頁8023。

謂牛李黨爭的李派首領，倒符合《通典》所說，「臺閣髦彥，無不以文章達」的最佳案例之一，但也正因為他太接近皇權，有一定的風險。宣宗上臺後，他得不到新皇帝的寵愛，便被貶官長流崖州，客死他鄉。

三、翰林學士的權位

據孫國棟的研究，「中書舍人再上，以遷中書、門下、尚書三省侍郎為主」，是「進入三省領袖的一個最重要門戶」[31]。但問題是，三省領袖僅在唐初有實權，大約從玄宗朝開始，就跟唐代其他重要的職事官一樣，不斷被使職化，被其他使職逐漸取代，如戶部侍郎，被各種財政使職替代。到了唐後期，大部分侍郎更成了閒官[32]。因此，唐後期的中書舍人，即使升任三省侍郎，也沒有多少實權可言，大抵處於閒散。

相反的，翰林學士的權位卻頗大。當然，並非所有翰林學士都擁有同樣的權位。唐代使職的特徵之一，就是任職者跟主子有很強烈的人身依附關係，有很親密的關係。翰林學士的權力，端看他跟皇帝的親近關係，以及皇帝對他的信任程度而定。因此，唐史上有不少翰林學士，只是單純的詞臣，草詔而已，沒有受到皇帝的重用，或在年輕時就出任翰林學士者，如白居易和李建，任校書郎後不久，即被召入翰林，但因為還年輕，還不足以爭權勢。但唐史上也有不少翰林學士，權位很大，影響當時的政局深遠，因為他們得到皇帝的寵信。例如，德宗朝的陸贄；順宗朝的

31　孫國棟，〈唐代中書舍人遷官途徑考釋〉，《唐宋史論叢》，頁91-92。

32　嚴耕望，〈論唐代尚書省之職權與地位〉，《嚴耕望史學論文集》，頁261-338。

韋執誼、王叔文、王伾；文宗朝的李訓、鄭注，都是大起大落的
人物。傅璇琮有一個生動的描述：「翰林學士，那是接近於朝政
核心的一部分，他們寵榮有加，但隨之而來的則是險境叢生，不
時有降職、貶謫，甚至喪生的遭遇。」[33] 在這方面，中書舍人無法
與之相比，主因是中書舍人作為一種正規職事官（好比正規公務
員），原本就跟皇帝保持一種距離，不像使職（好比皇帝的特使
或特助）跟皇權那樣親近。

　　如果以「是否官至宰相」為標準，那麼翰林學士當中，最後
能做到宰相的人數，就相當可觀。據毛蕾的統計，唐後期從德宗
到懿宗朝，共有宰相159人，其中就有67人曾經任過翰林學士。
任過翰林學士承旨的，出任宰相的機率更大[34]。袁剛研究過唐代
的中樞體制，結論是，在唐後期，翰林學士、樞密使和宰相，形
成了「新三頭」，完全取代了唐前期舊有的三省制[35]。

四、文士之極任

　　從前面的論述看來，唐代士人若以文章達，進身詞臣，在唐
後期的三大類詞臣當中，當以翰林學士的地位最高，最接近皇
權，也最有可能升任宰相或其他大位，且掌握政治實權，左右政
局，如元稹、李德裕等人。若在舍人院任中書舍人，如權德輿和
白居易等人，將來升任侍郎或刺史，雖位居清要，其地位則恐不
如翰林學士，且無政治實權，但他們卻因詞臣所具有的「文」資

33　傅璇琮，《唐翰林學士傳論》，前言，頁1。

34　毛蕾，《唐代翰林學士》，頁50-51。

35　袁剛，《隋唐中樞體制的發展演變》，頁4。

產，而擁有一種文化權力，足以開創文風，領導文壇。此類詞臣，可能亦無意追求翰林學士的那種權位，而安於固守其傳統文化價值，自有其安身立命之道，亦為當時士人所尊重。若士人只能做到郎官知制誥，則猶有上進空間，或許尚需努力，方能成為翰林學士或中書舍人。

但為什麼杜佑《通典》，仍形容「中書舍人為文士之極任，朝廷之盛選，諸官莫比焉」，似乎把中書舍人的地位，抬得太高，看來還高過翰林學士？我們可以從幾個角度，來探討此事，並進一步釐清唐後期的官制，以及士人對某些官職的評價。

《通典》於德宗貞元十七年（801）進呈給朝廷，編者杜佑還為此特別寫了一篇〈進通典表〉，仍附於今本《通典》之前。乍看之下，《通典》說「中書舍人為文士之極任」這句話，似乎反映杜佑在德宗晚期，對中書舍人的看法，或也反映他當時一般士人對此官的評價。但其實，《通典》有過一段很長的編纂期，且材料來源複雜，很可能也取自劉秩（劉知幾之子）的《政典》等書，並非杜佑一人的功勞[36]。因此，這句話的來源和年代，難以確定，可能亦非杜佑所說，而只是他沿用前人的說法。

如果《通典》這句話「立言」的年代，是在唐德宗以前的肅宗、代宗等朝，僅指德宗以前的中書舍人，倒也貼切，因為德宗之前的中書舍人，還沒有遭到大規模的使職化，還保有相當多的職權，地位崇高，確實是清望的高官，把它形容為「文士之極任」，倒無不妥。但如果這句話包含德宗及後來的中書舍人，則有商榷的餘地。

36　北川俊昭，〈『通典』編纂始末考：とくにその上獻の時期をめぐって〉，《東洋史研究》57卷1號，1998年，頁125-148。

　　唐代士人（特別是唐後期者），在談到他們當時官職的清望和地位等事時，往往有一個時代的特徵，那就是，他們只關注那些正規的、有官品的職事官，不太理會那些不正規的、無官品的使職。例如，最有名的封演「八儁」說，和白居易在他一篇〈策林〉中所描述的升官圖，在列舉唐後期士人的理想升遷途徑和美官時，莫不如此，大多僅列職事官，不列使職。

　　所以，當《通典》說「中書舍人為文士之極任」時，其深層含義，應當跟當時士人的態度一樣：中書舍人乃正規的職事官，而翰林學士只是一種使職，又無官品，雖然權位比較大，但兩者在官制上，實為不同屬性的官職，不宜相提並論。單就正規職事官而言，中書舍人的官品在正五品上，又屬高層文官，帶有五品官的所有崇高榮耀（包括死後可以在墓前立神道碑等），且是官至侍郎等更高品官的樞紐，不愧是士人以文章達，出任詞臣所能到達的「極任」，「朝廷之盛選」。

　　《通典》此話中的「諸官莫比焉」，也頗有深意。這裡所謂的「官」，可能不指一般的官員，而是一個狹義的專稱，專指職事官的「官」。唐人對官（職事官）與職（使職），早有嚴格且明確的區分。最有名的例子，便是白居易在〈有唐善人墓碑〉中所作的分類（見第一章）。如果此處的「官」字可以這樣理解，那麼，中書舍人這種詞臣，的確沒有其他「職事官可以相比」，因為職務跟中書舍人相似的另兩類詞臣（翰林學士和知制誥），都不是「官」（職事官），而是「職」（使職）。

　　然而，我們今人無須拘泥於正規或不正規、職事官或使職的差別，純以實際職務（同為詞臣）和實際「權位」的觀點去審視，自然便會以為，翰林學士比中書舍人的地位更高。這是今人觀點和《通典》不同之處，也因角度不同而產生評價上的落差。

　　晚唐不少重要的職事官，紛紛被不少使職分化職權，逐漸淪為閒官。李肇在《唐國史補》中，更有「為使則重，為官則輕」的說法。但在杜佑晚年的時代（德宗後期），這種使職化現象，還不是十分徹底。使職還沒有完全取代職事官。這兩種官制同時在使用，形成一種雙軌制。以中書舍人來說，它在德宗時代雖然逐漸被郎官知制誥和翰林學士分割職權，但中書舍人仍在負責草詔，仍有一定的職務，還沒有像晚唐五代那樣成為閒散，或在北宋初成了寄祿官。在這個背景下，《通典》在德宗晚期約801年，仍謂「中書舍人為文士之極任」，也是可以理解的。

　　從《通典》對中書舍人的評價之高，我們也可看出，唐人始終對有官品的正規職事官，懷抱著一種難以捨棄的、長久以來的傳統崇敬，而對無官品的使職，一般抱持一種「曖昧」的態度。這點在知制誥升任為中書舍人時，史書紛紛冠以「正拜」、「正授」或「正除」等字眼，最可看出。換句話說，中書舍人這種職事官，即使已經成了閒官，它到底還是「正」的，知制誥卻不是「正」的，反映了唐人對使職的那種典型「曖昧」態度。

五、結語

　　唐代後半葉掌誥者，主要有三種詞臣：中書舍人、知制誥和翰林學士，但三者的地位和權力大不相同。唐後期的文士，如果任官只到中書舍人，固然是相當不錯的高官，在某種意義上，也算是杜佑所說的「文士之極任」，但未必有政治上的實權。他們即使能再往上遷為侍郎或尚書等，也只能算是閒散一類的高官，因為侍郎和尚書等官，在唐後期大都已成閒差，但他們往往擁有一種文化權力，可以引領士風、文體、學術和文壇（如權德輿和

韓愈等人）。如果真的要掌握政治實權，那最好能進身學士院充翰林學士，才能接近皇權，獲得皇帝的青睞，才有可能逐步走向權力中心。這也符合唐朝官制的發展大勢：在唐後半葉，許多重要的職事官都被使職化，逐步失去實權，任侍郎和尚書這類職事官者，大多無大作為。左右朝政的實權，都掌握在各種使職手上，如翰林學士、鹽鐵轉運使、節度使、內諸司使等使職。

第四部分

史官

第十章

劉知幾與唐史館史官的官與職

設官量才，固須稱職。比來委任，稍亦乖方。遂使鞫獄
推囚，不專法寺。撰文修史，豈任祕書？營造無取於將
作；勾勘罕從於比部。多差別使，又着判官。在於本
司，便是曠位。並須循名責寔，不得越守侵官。

　　　　　　　　　　　　　　　　　——〈中宗即位赦〉[1]

一、撰文修史，豈任祕書？

　　神龍元年（705）中宗即位，赦天下，發表一篇即位赦文。
這種赦文，好比今天新任總統的就職演說，不免會講到一些未來
的施政方針，有時也會談及一些比較具體的當前時政弊端。上引
中宗即位赦文的這一小段話，就是他針對當時官場現象（或曰
「亂象」）的一些批評和糾正。

　　所謂「亂象」，指當時任命官員，「稍亦乖方」，違背常規。
結果便是「鞫獄推囚，不專法寺。撰文修史，豈任祕書？」審理
法案，原本應當是「法寺」（大理寺別稱）的職務，但在武后
時，卻不是由大理寺這樣的正規衙署主持，而是改由臨時委派的
特使（比如周興和來俊臣等酷吏），去審訊並執行死刑等大獄。

---

1 《唐大詔令集》卷2，頁7。

撰寫碑誌、祝文、祭文和修史，原本應當是秘書省著作郎和著作佐郎的職權，但這些正規的史官，早在太宗貞觀三年（629）設立另一個獨立的史館之後，就被那一批特別任命的史館史官所取代，是以中宗不禁要發出這樣的質問：「撰文修史，豈任祕書」？同樣，「營造」（工程建設）也不再由傳統的「有司」將作監負責；「勾勘」（現代的審計）也「罕從」於傳統的尚書省刑部的比部司[2]。這些職務，都「多差別使，又着判官」，不但有特使在負責，且特使還能差使自己的「判官」去做事，等於擁有個人的辦事班子。

中宗在這裡提到的，正是唐代官制上的一大變革，也就是本書的主題之一：各種重要職事官的使職化。在中宗那個時候，他已經目睹了不少傳統正規的職事官，逐漸被各種「別使」（即使職）替代。用現代學者常愛說的話，那便是「使職侵奪了職事官的職權」。於是，那些「本司」（原本的職事衙署），便淪為「曠位」的狀態，職權旁落，成了閒司閒官。因此，中宗即位時，他提出的糾正方案便是：「並須循名責寔，不得越守侵官」，也就是要回到舊的職事官制（宋朝人愛說的「祖宗之法」），不可讓使職對職事官構成「越守侵官」的行為。

問題是，中宗這種糾正有效嗎？能夠做到嗎？從後來的歷史發展看，答案是否定的。中宗不但無法回復「祖宗之法」，他自己甚至還在次年，神龍二年（706），仿照前朝的做法，採用使職的方法來任命官員，設了十道巡察使這種使職，以按察諸州府[3]。在中宗朝，史館史官依然存在，且繼續行用到唐亡。比部司

2　關於唐代的勾勘、勾檢制度，最佳的論述見王永興，《唐勾檢制研究》。

3　《唐會要》卷77，頁1674。

的勾勘沒有恢復。將作監大抵為各種宦官主掌的內諸司使所取代。中宗即位赦文的這段話，沒能實現。

本章及下一章擬探討唐代傳統的史官，特別是著作郎和著作佐郎，如何也像傳統的職事官詞臣（中書舍人）、財臣（戶部尚書和侍郎），以及地方長官（刺史）那樣，經歷過一個使職化的過程，早在唐初太宗貞觀三年起，就遭到新設立的使職（史館史官）逐步取代。研究這批史館史官有幾個重要意義。

第一，這是唐代重要的文職事官，最早遭到使職化的案例之一，遠比詞臣、財臣及地方長官的使職化時間，約在睿宗景雲二年（711）之後，早了將近一個世紀，且其使職化的細節，斑斑可考，可以為唐代官制演化的軌跡，提供不少生動的證據。第二，我們今天所使用的好幾種南北朝隋唐史書，如《梁書》、《陳書》、《北齊書》、《周書》、《隋書》，甚至《舊唐書》等正史，都曾歷經過這批唐代史館史官之手，由他們整理、編修過，甚至最後完稿。理解了這批史館史官的各個面貌，我們也將對我們日常使用的中古史書，會有更好的掌握。第三，近三四十年來的唐代史學史研究，幾乎無一例外的把唐代的史館史官，不是當成是正規職事官來論述，便是語焉不詳，從未釐清他們的使職本質和特徵[4]。現在，我們若能還原他們原本真正的使職身分，應當也就可以改寫這一部分的唐代史學史。讓我們先從唐代最知名的一個史學家及史館史官劉知幾說起。

4　張榮芳，《唐代的史館與史官》；Denis Twitchett, *The Writing of Official History under the T'ang*，中譯本見《唐代官修史籍考》，黃寶華譯；岳純之，《唐代官方史學研究》；謝保成，《隋唐五代史學》；瞿林東，《中國史學史‧第3卷：魏晉南北朝隋唐時期》。

二、奇異的插曲

　　說來有趣，我最初發現劉知幾的「官」與「職」問題，進而去研究整個唐代高官的使職化，以及唐史館史官的使職官名、本質及其特徵，因緣竟是一場碩士論文的口試答辯。

　　2010年6月底，台灣清華大學歷史所的碩士生徐夢陽，在我的指導下，完成了一篇碩士論文「唐代史官：以蔣乂父子為個案」。在碩論答辯會上，這篇論文獲得頗高的評價，順利通過，沒有問題。但答辯會上，卻有過一場相當激烈的爭論。雙方僵持不下，場面有些火爆，幾乎快鬧到不歡而散了。然而，爭辯雙方卻不是學生和考官，而是兩個考官在爭論：一是受邀前來主持這場論文答辯的某位校外口試委員，另一就是碩論指導老師的我。兩考官相爭，恐怕是頗為罕見的場面。

　　長話短說，我們爭論的重點，在於如何解讀唐代史料中常常提到的「官」與「職」問題。其中觸發最熱烈辯爭的，就是《新唐書》卷132〈劉子玄傳〉中的這句話：

　　子玄領國史且三十年，官雖徙，職常如舊。[5]

子玄即唐代著名的史官和史學家劉知幾（661-721）。過去幾年，我一直在研究唐代的文官和官制，深刻體認到唐代官場上有一個不成文的習慣，就是常常以某某「官」去「充」某某「職」。比如，韓愈是以「比部郎中」這個官，去充任「史館修撰」這個職。杜牧曾經三次任史館史官這種使職，都帶有不同的「官」，

5 《新唐書》卷132，頁4522。

即九品三十階的流內職事官。他第一次是以左補闕的「官」去任史館修撰。第二次是「轉膳部、比部員外郎」這兩個本官，但都「皆兼史職」。第三次是他「遷司勳員外郎」這個本官後，卻還是留在史館任「史館修撰」[6]。

值得注意的是，杜牧任史職這些年所帶有的好幾個官：左補闕、膳部員外郎、比部員外郎和司勳員外郎，都不是「散官」，而是職事官。這些官在這種場合，通常稱為「本官」（原本的官），因為史館職是一種無品秩的使職，好比是皇帝的特使，非正規的九品官位，因此出任這些使職者，照例要帶有一個「本官」，也就是一個職事官，以定班序，計俸祿，好比宋代的寄祿官。這點在本書前面幾章，都一再論述過了。

所以，當我讀到「子玄領國史且三十年，官雖徙，職常如舊」這句話時，我的理解是很清楚的，幾乎是「本能」的。這裡是說，子玄任史館職「且三十年」（約三十年），雖然他的「官」（指「本官」，如韓愈的「比部郎中」或杜牧的「左補闕」）轉換了好幾個，但他的史館職卻常常如舊。換句話說，子玄始終沒有去做那些「官」。那些官只是他的「本官」，他「原本的官」。他真正的工作是在史館修史。

然而，另一位考官對這條史料的解讀，卻大大出我意料之

6　關於韓愈和杜牧以某某「官」去「充」史館「職」的詳細討論，見拙書《唐代中層文官》，第三章第九節「郎官和史館修撰」。這裡我用「充」這個字，當然不是我的發明，乃模仿唐代丁居晦在《重修承旨學士壁記》中的用法。例如他記梁蕭任翰林學士：「貞元七年，自左補闕充。」記凌準：「貞元二十一年正月六日，自侍御史充。」見《翰苑群書》卷6，頁32。兩《唐書》中也常見這樣的「充」字用例。翰林學士和史館職一樣，乃一種使職，故照例以一「本官」去「充」。

外。他說，這裡的「職」是使職，是「差遣職」。這點我們兩人都同意，沒有爭議（雖然我知道，「差遣」其實是宋人用語，唐人無此說法，但意思和「使職」類似）。然而，他說，這裡的「官」，指的是「散官」，卻讓我大吃一驚。他又說，這句話的意思是，劉子玄在史館約三十年，散官雖然換了好幾個，然而卻經常在任史職。表面上看起來，這似乎也有道理，很可能也是許多傳統唐史學者的理解，但這應當是一種頗為常見的「誤解」。

我當然無法接受「此官即散官」的說法，於是便跟這位校外口委辯論了起來。場面一時變得有些緊張失控。學生們好像都在等著看熱鬧了。爭論了一會，我覺得這樣爭辯下去不是辦法，便打圓場說：「這是一場碩論的口試。我想我們考官不適合在這樣的場合爭論這個問題。讓我們改天再繼續交流吧。」這樣總算結束了一場意外的小插曲。

這場碩論答辯結束後，我不免常常想起這場爭論，開始意識到，唐史學界可能對這個「本官」和「使職」問題並不熟悉，不但沒有多少了解，恐怕還存在著不少誤解。所以，我決定做進一步的研究，解讀劉知幾史官生涯中的一些官制細節，提出一個新論：他的史館史官其實是一種「使職」，其身分就像翰林學士或節度使等常見使職一樣。他不是一般的正規九品文職事官。

為了拉近劉知幾和我們今人的距離，下面我想模仿兩《唐書》的寫法，以他的字（子玄）來稱呼他。

三、解謎之樂：子玄的官歷

我做唐史研究，不喜空言大論，最愛把唐史上的大小問題，都當成是一個一個「疑案」來逐一破解，以求一種解謎之樂，一

種「發現的驚喜」。

像「子玄領國史且三十年，官雖徙，職常如舊」這麼簡單的一句話，現在竟然可以引發一場爭論，顯示它裡面存在著一些問題。那就可以當成一個「謎」來破解了。它也好比是一起剛發生的凶殺案一樣，正等待警方的鑑識專家前來蒐集現場證據，再帶回去研究，以便破案。我常把歷史學家看成跟警方的鑑識專家一樣。兩者在蒐證、研究、破案的一整套程序和方法，如果不是完全相同，應當也是非常相似的。

像許多命案現場一樣，歷史上的疑案往往也會殘留下一些蛛絲馬跡，讓史家有一些初步的線索，可以入手偵辦下去。那麼，子玄「官雖徙，職常如舊」這個案子，它留下有助於破案的線索又是什麼呢？

答案應當是呼之欲出的了。既然《新唐書》說「子玄領國史且三十年」，那我們便可以去查找現有的劉知幾年譜或傳記，看看他到底是不是真的「領國史且三十年」？如果是，那麼是從哪一年開始，哪一年結束？如果不是「且三十年」，那便是《新唐書》的記載有誤，但證據又在哪裡呢？也需要找出來。接著，我們要查考他在史館那些年，到底在做些什麼「官」？他的那些「官」，是我所說的「本官」，還是我另一位唐史同行所說的「散官」？這些「官」是不是換過好幾個（「官雖徙」三字給的線索）？他在什麼年任某「官」，什麼年又「徙」某官？最後，他的史「職」又到底是一種怎樣性質的官職？如果我們能逐一解開這些問題，這個謎就可以揭曉了。

因此，辦案的第一步，我們要找出子玄的所有傳記和官歷資料。

這種資料約有五大類。一是子玄自己寫的自傳文章，包括

《史通》裡的〈原序〉、〈自敘〉、〈忤時〉等名篇，都相當詳細告訴我們，他的幾乎所有官歷和生平事跡。二是當時史料或其他唐人傳記中，有意無意間提到他的一些事。例如《舊唐書‧吳兢傳》便涉及子玄的一些事跡和官歷；再如《舊唐書‧徐堅傳》無意中提到他任過「定王府倉曹」這個官。三是兩《唐書》中的子玄傳，但兩者幾乎全根據子玄自己寫的〈自敘〉、〈忤時〉等更原始的史料，且還有一些小錯誤，須小心再考訂求證。四是現代學者根據前三類史料所寫的現代評傳和年譜，包括最早傅振倫的《劉知幾年譜》和晚近許凌雲的《劉知幾評傳》和趙俊、任寶菊的《劉知幾評傳》。五是專考子玄官歷的論著，如陳金城的精心考訂[7]。

　　現在，根據子玄的自述文章和其他可以證實的史料，我們可以重新建構，子玄的生平事跡和他的所有官歷和史職。但為了避免枝蔓，這裡只列出他從約42歲到61歲外貶去世，出任史官期間的官歷，如表10.1。

表10.1：劉知幾任史官時的本官和史職

年代	歲數	本官	史館史職
702-703 長安二至三年	42-43	著作佐郎	修國史
		《史通‧原序》：「長安二年，余以著作佐郎兼修國史，尋遷左史，於門下撰起居注。」[8]	

7　陳金城，〈劉知幾學行官歷考辨〉，《中國歷史學會史學集刊》第43期（2011年10月），頁111-142。此文只考子玄的職事官，依傳統體例，不涉及其使職部分，但職事官部分和年代的考訂極精細，證據充分，足資參考。

704-705 長安三年至 神龍元年	43-44	中書舍人	修國史
		《史通·自敘》：「長安中，以本官〔應指著作佐郎〕兼修國史，會遷中書舍人，暫罷其任。神龍元年，又以本官〔應指中書舍人〕兼修國史，迄今不之改。」[9]	
705- 神龍元年， 中宗上台以 後開始	45-	著作郎、太子中允、 率更令	修〔國〕史
		《史通·原序》：「今上〔指中宗〕即位，除著作郎、太子中允、率更令，其兼修史皆如故。」[10]	
707 景龍元年	47	太子中允	修國史
		《舊唐書》本傳：「景龍初，再轉太子中允，依舊修國史。」[11]	
709 景龍三年	49	秘書少監	〔專知史事〕
		《史通·原序》：「驛徵入京，專知史事，仍遷秘書少監。」[12]	
713 先天二年	53	太子左庶子	修國史
		《舊唐書》本傳：「景雲中，累遷太子左庶子，兼崇文館學士，仍依舊修國史，加銀青光祿大夫。」[13]	
714 開元二年	54	左散騎常侍	修〔國〕史
		《舊唐書》本傳：「開元初，遷左散騎常侍，修史如故。」[14]	
721 開元九年	61	《舊唐書》本傳：「貶授安州都督府別駕。子玄掌知國史，首尾二十餘年。」「至安州，無幾而卒，年六十一。」[15]	

　　從以上如此明確的官歷和史職看來，我們幾乎可以解開《新唐書》那句話之「謎」了。

　　首先，要更正《新唐書》的一個錯誤。子玄從702年才開始擔任史職，到721年外貶去世時，掌國史剛好是二十年，不可能是《新唐書》所說的「領國史且三十年」。當然，這個「且三十年」（約三十年）可能不是《新唐書》編撰者之誤，而是後世傳抄刻書之誤。《舊唐書》說他「掌知國史，首尾二十餘年」，比較接近事實。確實的年歲，應當是二十年。

　　其次，從上表看來，子玄這二十年來，換了好幾種官，但他經常都在出任史職。這不正符合《新唐書》所說的「官雖徙，職常如舊」嗎？細考他任史館史官時期的這些「本官」，計有

8　《史通通釋》〈原序〉，頁1。此處的「兼修國史」，意思是「同時帶有修國史使職」，並非「兼任去修國史」。「兼」字應當作「同時」解，其含義複雜，見第十一章的詳細討論。「尋遷左史」的「左史」並非「本官」，因為子玄當時是在「門下撰起居注」任職事官，並非在史館出任使職。門下省是傳統衙司，左史是他當時的職事官銜。

9　《史通通釋》卷10，頁269。

10　《史通通釋》〈原序〉，頁1。子玄此處所說的「修史」，應當是「修國史」的省稱，或《史通》傳抄時漏書一字，因為「如故」兩字，常見於唐代（及其他朝代）的命官文書，照例跟官銜連用，如「知制誥如故」、「中書舍人如故」等等。因此，這裡「皆如故」之前的「修史」兩字，應當是個官名，即「修國史」的省稱。

11　《舊唐書》卷102，頁3168。

12　《史通通釋》〈原序〉，頁1。

13　《舊唐書》卷102，頁3171。子玄累遷太子左庶子的年代，《舊唐書》本傳說是「景雲中」，但陳金城，〈劉知幾學行官歷考辨〉，頁121-127，蒐集了許多證據，考訂為先天二年。此依陳考。

14　《舊唐書》卷102，頁3173。

15　《舊唐書》卷102，頁3173。

（1）著作佐郎；（2）中書舍人；（3）著作郎；（4）太子中允；（5）率更令；（6）秘書少監；（7）太子左庶子；（8）左散騎常侍。這些全部都是九品三十階的流內文職事官，絕非「散官」。

四、劉知幾的「官」與「職」

　　表10.1告訴我們什麼？最明顯的一點是，子玄常帶的「修國史」（或省稱「修史」），乍看之下似乎不像是正式的官名，只是他職務的一種描述，但這其實是一個標準的使職官名（詳見下一章）。其特徵便是本書前面幾章所說的「動賓結構官名」：「修」是動詞，「史」或「國史」乃賓語。這種動賓組合，在使職行用初期很常見。例如，宰相的使職稱號之一為「知政事」，詞臣常見的使職官名為「知制誥」，都是以動詞描述職務的方式，來構成一個動賓結構使職官名。

　　這樣的官場現象意味著什麼？為什麼唐代的史館中，沒有所謂「正規」的史官職事官，而需由帶有「本官」的其他官員去「充任」史官？

　　這體現了中國官制史上，一條非常重要的運作規則。說穿了，唐史館史官並非一種正規的文職事官。他只是皇帝的「特使」，在執行某種特定的職務（使職）。其實，中國歷代皇朝，都很「善用」這種使職制度，來達到某些特殊的目的，特別是在皇帝想要掌控某些重要權力時。唐後半期那些權勢很大的節度使、鹽鐵使、監軍使等等，便是這種使職制度的最佳例證。他們等於是皇權的代表。歷朝皇帝都常通過這些使職性質的官員，來更靈活地行使他的皇權。

　　關於唐史館史官之為使職，清代史學大師錢大昕早就說過：

「翰林學士、弘文、集賢、史館諸職,亦係差遣無品秩,故常假以它官。」[16]錢大昕這裡所用的「差遣」一詞,乃借用宋人用語(唐人不用此詞),即唐人所謂的「職」(使職)。可惜他沒有進一步申論,何以唐史館史官是一種使職。這裡且略為疏證,補充兩點如下。

(一)外司他官

為何要以他官來充任史館史官?最主要的原因,在於史館史官是一種新型的史官,且需要高度的專業,初時專門負責修撰唐以前的五朝史。這部分的任務完成後,便轉而修撰唐本朝的實錄和國史,有別於傳統普通的史官,如秘書省的著作郎等。事實上,太宗貞觀三年之所以要設立一個新的獨立史館(有別於舊的秘書省著作局),正是因為皇廷想要修撰前朝的五代史。這是一種全新的「需要」,有此需要便會產生新的使職。

本書前面幾章論及,唐朝在應付新的需要時,往往是以任命特使即使職的方式去處理。其具體做法,便是在現有的職事官當中,精選那些有史才之士,然後請他以原本的職事官(即本官)去充任新的史館史官。所以,使職的特徵之一,便是常以(或全以)外司他官中具有某種專長的官員去出任,且帶有其本官,以定班序,計俸祿。子玄和唐初的那些史館史官,便是在這種情況下,以他們傑出的史才專業,進入史館去修史。這正如唐初的詞臣知制誥(使職),都是以外司他官中文采典麗的官員去充任一樣。使司之所以要以外司他官去充任,主因是它並非正規的衙署,沒有自己固定的官員編制,非徵召他官來任職不可。

16《廿二史考異》卷58,頁849。又見第二章詳細的討論。

使職以外官去充任，這點不獨唐代如此，從漢代到魏晉南北朝，也都如此。《唐六典》和《通典》等書常會說，唐以前某某官，「多以他官兼領」時，那往往表示，這些「他官兼領」的官職，其實都是使職，有待研究發微。例如，《通典》卷21「中書省‧中書舍人」項下，說「梁用人殊重，簡以才能，不限資地，多以他官兼領」[17]。這便表示，中書舍人此官，在梁朝仍舊還是個使職，後來才演變為職事官。

子玄本人在《史通》第十一篇〈史官建置〉中，對外司他官如何進入史館修史，有一段動人的描寫。首先，他描述他當時修史的工作場所史館，顯示皇帝是如何重視這批史官，正因為他們是使職，有專長專業，非一般的通才型職事官僚可比：

> 暨皇家之建國也，乃別置史館，通籍禁門。西京則與鸞渚〔即門下省〕為鄰，東都則與鳳池〔即中書省〕相接。而館宇華麗，酒饌豐厚，得廁其流者，實一時之美事。[18]

所謂「皇家之建國也，別置史館」，是指太宗貞觀三年，把史館從宮城外的著作局，移到宮城禁中事[19]。「通籍禁門」，表示要記

---

17 《通典》卷21，頁563。

18 《史通通釋》卷11，頁294。

19 唐史館的所在地，頗有幾次變動。據《舊唐書》卷43〈職官志〉，頁1852：「歷代史官，隸祕書省著作局，皆著作郎掌修國史。武德因隋舊制。貞觀三年閏十二月，始移史館於禁中，在門下省北，宰相監修國史，自是著作郎始罷史職。及大明宮初成，置史館於門下省之南。館門下東西有棗樹七十四株，無雜樹。開元二十五年三月，右相李林甫以中書地切樞密，記事者宜附近，史官尹愔奏移史館於中書省北，以舊尚藥院充館也。」換言之，唐史館雖有多次移動，且有京師和東都史館之別，更有西內太極宮、東內大明宮

名於門籍，才可以進出宮門，守衛森嚴。清代浦起龍解釋此段引文，說是「國典敦崇史職，密近清華」，甚是。至於「館宇華麗，酒饌豐厚」一句，更可圈可點，足證皇廷是如何關心子玄這批史官的物質生活，不但提供「華麗」館舍，還更供給美酒佳餚，連子玄都不禁要記上一筆，「實一時之美事」也。相比之下，在宮城外秘書省舊史局（著作局）修史的那些史官（著作郎等），從未聞有皇帝照顧過他們的「館宇」和「酒饌」。

接著，子玄筆鋒一轉，提到史館史官，是如何由「史司」去「精簡堪修史人」，也就是在現有職事官員當中，精選有史才者去充任：

> 至咸亨年〔670-673〕，以職司多濫，高宗喟然而稱曰：「朕甚慚焉。」乃命所司曲加推擇，如有居其職而闕其才者，皆不得預於修撰。原注：詔曰：「修撰國史，義存典實，自非操履忠正，識量該通，才學有聞，難堪斯任。如聞近日以來，但居此職，即知修撰，非唯編輯訛舛，亦恐洩漏史事。自今宜遣史司，精簡堪修史人，灼然為眾所推者，錄名進內。自余雖居史職，不得輒聞見所修史籍及未行用國史等之事。」由是史臣拜職，多取外司，著作一曹，殆〔一作「始」〕成虛設。[20]

這段話首先追述高宗咸亨年以降，嚴選史館史官，「闕其才者，皆不得預於修撰」。於是高宗下詔：「宜遣史司，精簡堪修史人，灼然為眾所推者，錄名進內。」因而史館史官，「多取外

和玄宗興慶宮等史館，但自貞觀三年新設史館後，各史館始終緊隨著皇帝所在地移動，都位處禁中。更詳細的考訂見張榮芳，《唐代的史館和史官》，頁65-76。

20 《史通通釋》卷11，頁294。

司」，也就是任命其他官署「堪修史」的現任職事官，以其某某「本官」的身分，去充任史職，以致舊的著作局成了「虛設」，成了閒司。這便是著作郎等傳統史官，被史館史官這種使職，逐步取代的過程。到子玄寫《史通》的時候（約710年撰成），這個傳統史官被使職化的過程，看來已經完成，因為子玄告訴我們，「著作一曹，殆成虛設」。

不過，子玄在這裡說「史臣拜職，多取外司，著作一曹，殆成虛設」，後人恐不易通解，或須解讀[21]。我們不妨以子玄自己的官歷來做疏證說明。高宗下詔的旨意，是要「史司」去「精簡堪修史人」，也就是不管這位「修史人」當時正在做什麼「外司」他官，只要他有史才，就可「錄名進內」，選入史館修史。子玄入史館之前，在39歲那年，以「定王府倉曹」的本官，跟右補闕張說在宮中同修《三教珠英》。他應當是大約在這時，表現出他的修撰才華，獲得賞識，所以他在42歲那年，便被「史司」看上「精簡」，「錄名進內」，於是「以著作佐郎」的本官，「兼修國史」（同時帶有修國史的使職），到史館去「修史」（見表10.1）。這應當就是他說「史臣拜職，多取外司」的意思。這也可以解釋，何以唐代史館史官，多以或全以外司他官去充任，因為史職講求史才，只要有史才，就有可能被「精簡」去修史，不管他當時在做什麼外司的他官，就像唐初的知制誥，講求文采，只要有文詞，不管當時他正在做什麼他官，都有可能被皇帝青睞，請去知制誥一樣，如崔融和張九齡等人的案例。

21　例如，清代的浦起龍，在《史通通釋》中解讀這四句，便只含糊說，「此四句，即制誥中『雖居史職不得輒聞見所修』等句之意」，似未達一間，似未了解唐史館史官「多取外司」他官之意。

　　從這種種「精簡堪修史人」的細節看來，唐史館對史官的專業要求，顯然非常高。這恐非一般普通的職事史官（如著作郎）所能勝任，也難怪唐皇廷要將如此專業的官職使職化，以特使的方式，去徵召當時最好的學者官員來修史。這種使職化，也可以說是一種專業化的表現。到高宗咸亨年，皇帝更對當時修史官員的水平不甚滿意，於是下詔改善，同樣沿用典型的使職辦法，廣徵其他外司有史才的官員來修史。從這個歷史背景看，貞觀三年初設史館修唐前五代史，當時請來修史的官員，許多便是當時鼎鼎有名的史家和學者，如姚思廉、李百藥和令狐德棻。

　　子玄當時或許還不能跟姚、李、令狐等年長資深史家相比。他入史館時，雖很年輕（約42歲），但早有修撰《三教珠英》的實際經驗。事實上，子玄修史的準備，早在他少年時代就開始，一如他自己在《史通・自敘》中所透露的，頗有幾分得意：

> 予幼奉庭訓，早游文學。年在紈綺，便受《古文尚書》。每苦其辭艱瑣，難為諷讀。雖屢逢捶撻，而其業不成。嘗聞家君為諸兄講《春秋左氏傳》，每廢《書》而聽。逮講畢，即為諸兄說之。因竊歎曰：「若使書皆如此，吾不復怠矣！」先君奇其意，於是始授以《左氏》，期年而講誦都畢。于時年甫十有二矣。所講雖未能深解，而大義略舉。父兄欲令博觀義疏，精此一經。辭以獲麟已後，未見其事，乞且觀餘部，以廣異聞。次又讀《史》、《漢》、《三國志》。既欲知古今沿革，曆數相承，於是觸類而觀，不假師訓。自漢中興已降，迄乎皇家實錄，年十有七，而窺覽略周。[22]

---

22 《史通通釋》卷10，頁267-268。

他「年十有七」，就已經讀過那麼多前朝史書，這在圖書取得極為不易的中古時代，是件了不起的事。他甚至還讀過「皇家實錄」，也就是他本朝唐朝的實錄，是一種外界罕見的史書，足見他興趣之濃厚，修史準備功夫之精深，連他本朝的實錄都能取得[23]。難怪他從中年起，便得以被選入史館，且長期待在史館二十年，參與修撰本朝的國史，並完成了《武則天實錄》等史書。

（二）直屬皇權掌控

唐史館史官，其權力雖然不及宰相和鹽鐵使等，但其使職本質和特徵，卻跟宰相及鹽鐵等使沒有兩樣。最明顯的一點是，他們跟宰相、節度使、鹽鐵使一樣，不隸屬於任何傳統的三省六部政府機構，既不屬尚書省，或中書省，也不屬門下省，而是在宮禁區一個新設且獨立的史館內修史，直屬皇帝控管，跟翰林學士、集賢學士等使職，各在禁中有其獨立的文館（學士院和集賢院），完全相同。

唐代最早的職官書《唐六典》，把唐史館放在中書省下面來描述（兩《唐書》職官志沿襲這做法），以致有現代學者誤以為，史館隸屬中書省。實際上，細讀這三種職官書的描述，並無一處說史館「隸屬」中書省。《唐六典》等書把史館置於中書省之下，其實只是一種「不得已」的權宜做法，因為這些職官書原本要按照三省六部九寺那種正統政府衙署的框架來編寫，難以容納唐代那些不正規的使司和使職。當它們遇到那些新設立的獨立使司時，便顯得「不知所措」，不知該把這種新使司，劃歸哪一

23　關於此點的討論，見賴瑞和，《劉知幾與唐代的書和手抄本——一個物質文化的觀點》，《臺灣師大歷史學報》第46期（2011月12月），頁111-140。

個正規的衙署才好。但由於唐史館有一度曾經設於宮城的中書省之北,於是《唐六典》便把史館放在卷9「中書省」的部分來描述,但這並不表示史館屬於中書省管轄[24]。洪業在他那篇論唐代史館的著名英文論文中,得出的一個最重要結論便是:「唐史館從來不是門下省或中書省的附屬機構。它可以被視為一種常設的皇室使司(“a kind of permanent imperial commission”),不依屬任何朝廷或政府的部門。」[25]這點言前人所未言,我完全同意。

換言之,唐史館史官是一種由皇權掌控的使職,一如本書前面幾章所論及的宰相、翰林學士、知制誥等使職一樣。它的官署不管怎樣多次遷移,總設在宮禁宮城的中書省或門下省附近,也跟宰相的官署(中書門下)鄰近。這反映史館史官跟皇帝親近的程度,而跟皇帝親近,正是使職的特徵之一。相反的,職事官著作郎和著作佐郎的官署,是在秘書省的著作局,已出宮城範圍,

---

24 事實上,《唐六典》會記載史館及其史官,這件事便有些「不尋常」,有些「蹊蹺」,因為《唐六典》原則上只記載那些有官品的職事官,那些載於律令的職事官,不記載無官品,律令之外的所謂「令外之官」(使職),但它卻「反常」記載了少數一些使職,但也只及弘文館、史館、集賢院和匭使院中的學士和史官等使職,不及其他使司。為什麼?學界過去似從未注意過這問題。這點看來跟《唐六典》的主要編撰者韋述,有極大的關係,因為韋述恰好曾經長期任過史官,又曾在集賢院任過學士,他應當非常熟悉這兩司之事。《舊唐書》卷102〈韋述傳〉頁3184,說他「在書府四十年,居史職二十年,嗜學著書,手不釋卷」。既然他長年任職於集賢和史館,恐不免愛屋及烏,於是特別「破例」記載了這些使司中的使職,想亦屬情理之中的事。

25 William Hung, “The T'ang Bureau of Historiography before 708,” *Harvard Journal of Asiatic Studies* 23 (1960-61): 100.關於這個問題,亦可參考Denis Twitchett, *The Writing of Official History under the T'ang*, pp. 13-20的討論。洪業所用的英文字commission,便是「使司」一詞的標準英文翻譯;「使」則一般譯為commissioner,如鹽鐵使即英譯為Commissioner for Salt and Iron.

位於宮城之外的所謂「皇城」，跟大理寺、尚書省等普通政府衙署設於皇城一樣[26]。

子玄在唐史館二十年，長期修史，乃十足專業的史官。他沒有像其他士人文官一樣，必須在仕宦中途去出任地方官。他拜使職之賜，無須去宦遊，而可以長年待在「館宇華麗，酒饌豐厚」的史館，過著一種想必優遊的修史生涯，並在任職期間，完成了他最知名的史學名著《史通》。他在史館那些年，他的本官當然要有升遷，才能配合他的年資和俸祿，所以他也按照使職任命的辦法，每隔幾年，本官便有所遷轉，從最初的著作佐郎，到最後的左散騎常待。但正如上面表10.1所示，這二十年中，不管他的本官為何，他始終是在史館「修史如故」，仍依舊出任「修國史」這個使職。

子玄在唐史館任職那麼多年，他經歷的便是這樣的一個過程。這就是《新唐書·劉子玄傳》，說他「領國史且三十年，官雖徙，職常如舊」的真正意義，也是唐代許許多多其他史館史官所走過的一條路。

五、結語

唐史學界過去從未討論過唐代史館那些史官的特殊身分，更沒有把他們定位為「使職」。本章細考劉知幾任史館史官時所帶的「本官」和「史職」，結合唐代的使職制度來考察，發現他具有使職的身分。他所擔任的史官，並非九品三十階的正規文職事官，而是一種使職，就像唐節度使、鹽鐵使、監軍使等常見使職

---

26 《增訂唐兩京城坊考》卷1，頁16。

一樣。

　　釐清了唐史館史官的使職身分，我們不但可以解開《新唐書‧劉子玄傳》中那句話「官雖徙，職常如舊」的玄機，而且還更能看清這批史館史官的真實面貌。下一章將繼續論述唐初設置史館和史官的歷史背景，其使職化的過程（實際上也是一種專業化），兼及史館史官的使職官名，以及他們所帶的「兼」、「充」等官銜解讀問題。

第十一章

唐史官的使職化

由是史臣拜職，多取外司，著作一曹，殆成虛設。

——劉知幾《史通》[1]

初，著作郎掌修國史及製碑頌之屬，分判局事，佐郎貳之，徒有撰史之名，而實無其任，其任盡在史館矣。

——杜佑《通典》[2]

一、唐史館史官的任命

上引劉知幾《史通》和杜佑《通典》，都提到唐史館史官，取代舊有的著作郎。我們上一章見過，早在神龍元年（705），中宗在他的即位赦文，也發出過「撰文修史，豈任祕書」的感歎。白居易後來寫了一首詩〈贈樊著作〉，更提醒他這位朋友，「君為著作郎，職廢志空存。雖有良史才，直筆無所申」[3]。不過，唐人提及此事，都未交代原因，未逐步推演傳統史官的使職化過程。究竟著作郎是如何變成「徒有撰史之名」？如何被史館史官

---

1 《史通通釋》卷11，頁294。

2 《通典》卷26，頁737。

3 《白居易集箋校》卷1，頁29。

所取代？為何「其任盡在史館矣」？

這整個使職化過程，有一個歷史背景，起源於當時的「修史需要」。這符合本書常說的：使職起源，皆出於某種「需要」，斷不會無端端為了「破壞」舊有的「美好制度」而新創。唐初之所以要任命新的使職來修史，主因是起居舍人令狐德棻，向高祖建議，修撰唐以前的魏、梁、陳、北齊、北周和隋等六代史。有了這個修史需要，便得任命有史才的其他官署官員（即上引文劉知幾所說的「多取外司」），來執行這項使命。《唐會要》卷63〈修前代史〉部分，對這歷史背景有詳細的交代：

武德四年〔621〕十一月，起居舍人令狐德棻嘗從容言於高祖曰：「近代已來，多無正史，梁、陳及齊，猶有文籍，至於周、隋，多有遺闕。當今耳目猶接，尚有可憑。如更十數年後，恐事跡湮沒，無可紀錄。」至五年十二月二十六日詔：「司典序言，史官紀事，考論得失，究盡變通。所以裁成義類，懲惡勸善。自有魏至乎陳、隋，莫不自命正朔，綿歷歲祀，各殊徽號，刪定禮儀。然而簡牘未編，紀傳咸闕，炎涼已積，謠俗遷訛，餘烈遺風，泯焉將墜。顧彼湮落，用深軫悼，有懷撰次，實資良直。中書令蕭瑀、給事中王敬業、著作郎殷聞禮，可修《魏史》。侍中陳叔達、祕書丞令狐德棻、太史令庾儉，可修《周史》。中書令封德彝、中書舍人顏師古，可修《隋史》。大理卿崔善為、中書舍人孔紹安、太子洗馬蕭德言，可修《梁史》。太子詹事裴矩、吏部郎中祖孝孫、前祕書丞魏徵，可修《齊史》。祕書監竇璡、給事中歐陽詢、秦王府文學姚思廉，可修《陳史》。」綿歷數載，竟不就而罷。[4]

這條史料，可讓我們清楚看到，使職是如何因「需要」而產生。
當時，高祖接納了令狐德棻的建議，修撰唐以前的幾朝史書。但
修撰這幾朝史，是項大工程。傳統的史局（秘書省著作局），在
正規官員編制上，只有寥寥兩位著作郎和四個著作佐郎，如何足
夠？且修撰這種史書，需要一批有史才、有史識、有修撰專業
者，恐怕也不是一般著作郎那種普通職事官所能勝任。於是，高
祖便下詔委任了一大批其他官署的官員來修史，命這批「外司」
他官，以他們原本的職事官為本官，去修撰這六代史。這便是唐
史官使職化的開始，而使職為什麼都要以他官去充任，在這裡也
就充分展露，不難理解，因為使職的任務，常常是比較特殊的
（如這次為了修撰六代史），需要特殊的專業或才幹才行，不能
靠一般職事官。高祖任命的這批史官，都是從現有的「外司」職
事官中，去精挑細選那些有史才或特殊修撰才華者。細讀他們的
名單和官歷，對我們很有啟發意義。

　　第一，這名單包含了唐初一批最有才情才學者。如陳叔達，
不但是陳朝皇室的後裔，也早有修史經驗，曾經把他私修的《隋
紀》手稿，借給詩人王績，以助王績完成他的兄長王度未修完的
《隋書》[5]。再如中書舍人顏師古，乃北齊高門顏之推之孫，唐初的
大經學家和史學家，考訂過《五經》，注過《漢書》。這不是一
張普通官員的名單，而是一張唐初知名史家和大學者的菁英名
單。

---

4 《唐會要》卷63，頁1287。又見《舊唐書‧令狐德棻傳》卷73，頁2597-
　2598。高祖的詔書〈令蕭瑀等修六代史詔〉，仍保存在《唐大詔令集》卷
　81，頁466-467。

5 金榮華校注，《王績詩文集校注》卷4，頁298，陳叔達寫給王績的回信。

　　第二，名單中的官員，官品高低不一。有三品高官，如中書令蕭瑀和封德彝、侍中陳叔達等，但也有五品官員，如秘書丞令狐德棻和魏徵。年齡也懸殊不一。如令狐德棻（583-666），當時約47歲，但姚思廉（557-637）卻是約73高齡，然而，他有深厚的修史家學傳統，年齡不是任職的障礙。這是任命使職的一個重要特徵，因為使職只講求真本事，不在意一個官員的官品和年齡高低。本書前面幾章討論過，知制誥、翰林學士等使職，重點在於有無文采，年齡和官品都不太重要。再如第十二章要論及的宇文融，一個八品的監察御史，也可以任括戶使這種掌握大權的財政使職，只因為他懂得括戶、收稅的門竅，能夠完成使命，很討玄宗皇帝的歡心。

　　第三，名單中有一位「著作郎殷聞禮」，值得留意和討論。著作郎原本就是傳統正規史官，為什麼又被召去任使職？這點看似詭異，卻不難理解，因為使職委任的重點是，「皆以他官充」。既然侍中、中書舍人等官是「他官」，著作郎當然也算是「他官」。這就跟唐代的中書舍人，從玄宗朝開始，就常以「他官」身分，被召去任翰林學士一樣。兩者的職務同樣是草詔，但草詔地點不一樣：一在中書舍人院，一在宮禁中的學士院。身分地位也不一樣：中書舍人是職事官，翰林學士是使職。使職常由皇帝任命，比較親近皇權，比職事官榮耀。殷聞禮任著作郎，和他被召去任修撰《魏史》的使職，雖然職務都是修史，但他卻有了新的身分和地位。這也表示，殷聞禮可能是當時著作郎當中，比較傑出者，有史才，才會特別被召去修《魏史》。一般著作郎可能沒有像他那樣的才具。

　　第四，名單中有一位是「秦王府文學姚思廉」。秦王府文學並非職事官，而是一種使職，文館職，為什麼又能被召去當另一

種使職？姚思廉任秦王府文學，應當有他原本的職事官（本官），只是這裡漏書或省略。唐代一個官員，一般不會同時任兩種職事官，但可以同時任兩個或以上的使職。例如，唐代的宰相，本身就是一種使職，但唐宰相中有不少還兼「監修國史」（另一種使職）。唐財政使職，也常一人兼多個使職，如楊國忠、劉晏等人。就姚思廉此例來說，也有可能在他被召去修史後，便不再出任秦王府文學。

　　然而，高祖這次任命了這一批菁英學者來修前代史，後來卻「綿歷數載，竟不就而罷」，沒有完成使命。修史未成的原因，史書不載，不得確知。從種種跡象推論，可能有兩個。第一，經驗不足，修史官員或太多，協調不佳。畢竟，唐以前的史書，如《史記》、《漢書》、《後漢書》和《三國志》，都是以私家或家學名義修撰，官方並未組織大批史官來修撰。但高祖擬修前六代史，卻是中國歷史上第一次由官方徵召官員來修史，為歷史上官修史書的開始，沒有前例可循。第二，高祖這次修史，似未像後來太宗貞觀三年那樣，設立一個新的史館，也未任命總編纂一類的官員來總其事，修史可能因而條件欠佳，群龍無首，以致「綿歷數載，竟不就而罷」。

　　但唐皇室並沒有放棄這項修史大工程。唐太宗即位後不久，又在貞觀三年（629），重整旗鼓，再次任命了一批新的官員，來修這幾朝前代史，跟武德年間的修史官員略有不同。《舊唐書‧令狐德棻傳》中保存了一張詳細名單：

> 貞觀三年，太宗復敕修撰，乃令德棻與祕書郎岑文本修《周史》，中書舍人李百藥修《齊史》，著作郎姚思廉修《梁》、《陳史》，祕書監魏徵修《隋史》，與尚書左僕射房玄齡總監

諸代史。眾議以《魏史》既有魏收、魏澹二家，已為詳備，
遂不復修。德棻又奏引殿中侍御史崔仁師佐修《周史》，德
棻仍總知類會梁、陳、齊、隋諸史。武德已來創修撰之源，
自德棻始也。[6]

這裡可留意者有幾點。第一，這次決定不再修《魏史》，所以高
祖時擬修的六代史，便減為五代史。第二，太宗的這張修史官名
單，比高祖的精簡許多，基本上以一人負責修一史，至多亦僅二
人修一史。高祖名單一般以三人修一史。但修史這種工作，講求
個人風格、文采等事，未必「人多好辦事」，就像子玄在《史
通·忤時》所批評的，史館中史官太多，反而掣肘壞事：「每欲
記一事，載一言，皆閣筆相視，含毫不斷。故頭白可期，而汗青
無日。」[7]

　　第三，貞觀這批修史官，比武德時挑選得更為精細、專業。
例如，姚思廉的父親姚察，曾在陳朝任吏部尚書高官，「在陳嘗
修《梁》、《陳》二史，未就，臨終令思廉續成其志。丁繼母
憂，廬於墓側，毀瘠加人。服闋，補河間郡司法書佐。思廉上表
陳父遺言，有詔許其續成《梁》、《陳史》」[8]。換言之，姚思廉修
梁、陳二史，乃中國史學傳統上父子相承的典型家學家業。貞觀
三年，他的官已做到著作郎，且高齡達73歲。太宗仍特地把他
召到宮城內的史館來修梁、陳二史，顯然想充分利用他已有的家

---

6 《舊唐書》卷73，頁2598。這裡我略為改變北京中華本的標點符號，把《周
　史》、《齊史》等史書都加上書名號，以求醒目，仿《唐會要》1992年上海
　古籍校點本和2012年西安三秦出版社牛繼清校證本之體例。

7 《史通通釋》卷20，頁555。

8 《舊唐書》卷73，頁2592。

業，繼續他父親的遺志，完成梁、陳二史的修撰。

同樣，李百藥（565-648）的《齊史》，也是家業。他的父親李德林，早在北齊至隋開皇年間，撰成《齊史》初稿，藏於秘府。李百藥在貞觀元年（627），召拜中書舍人時，就「受詔修定《五禮》及律令，撰《齊書》」[9]，繼承他父親未竟之業。貞觀三年，他被召入史館修史時，已高齡達65歲，跟姚思廉一樣，是位元老級的史家。

第四，在這批史官當中，有三位領導人物：令狐德棻「總知類會梁、陳、齊、隋諸史」，負責體例和協調各史，並修撰《周史》。他有豐富的修撰經驗，曾參與修撰著名的類書《藝文類聚》，看來他的工作分量最重，貢獻最大。尚書左僕射房玄齡「總監諸代史」，但房玄齡的專長並非修史。他任「總監」，看來只不過因為他是當時的宰相。這個「總監」任務，好比後來宰相的「監修國史」，實際上多屬掛名或監督性質，往往不參與實際修撰。魏徵則「受詔總加撰定，多所損益，務存簡正。《隋史》序論，皆徵所作，《梁》、《陳》、《齊》各為總論，時稱良史」[10]。

第五，為了修這五朝史，唐皇朝特別在宮城禁中設了一個修史機構，最初似稱為「秘書內省」。最明確的事證在《舊唐書‧敬播傳》：「貞觀初，舉進士。俄有詔詣祕書內省佐顏師古、孔穎達修《隋史》。」[11]但「秘書內省」這名稱非常少見，只有寥寥幾個用例，見於新舊《唐書‧敬播傳》、《新唐書‧百官志》和《唐會要》等處，細節不得而知。至於《唐六典》，從未提這個

---

9 《舊唐書》卷72，頁2572。

10 《舊唐書》卷71，頁2550。

11 《舊唐書》卷189上，頁4954。

「秘書內省」，只說「貞觀初，別置史館於禁中，專掌國史，以
他官兼領」[12]。這導致有些學者認為，唐初禁中有兩個修史機構：
一是修前五代史的「秘書內省」，另一是修唐本朝國史的「史
館」。前五代史修完後，「秘書內省」即解散，只剩下「史館」。
但還有另一種可能性：史館其實只有一個，修五代史時期稱「秘
書內省」，修完後就只稱「史館」。「秘書內省」的性質，原本也
就只是個史館[13]。

　　唐以前的這五代史書，終於在貞觀十年，開館七年後完成，
進呈給皇帝。這五代史只有本紀和列傳，後來加上高宗顯慶元年
（656）修成的《五代史志》，便成了今天二十四正史中的《梁
書》、《陳書》、《北齊書》、《周書》和《隋書》。這批史官，大
大豐富了我們現在所能擁有的中古史料。他們的運作模式（以外
司他官充使職，開館修史），也樹立了一種典範，成了後世修史
的榜樣。

二、史官的使職化及專業化

　　從以上貞觀初年修前五代史的過程看來，我們可以得到幾點
啟示。第一，史書的修撰，特別是前代紀傳體正史的修撰，是一
項非常專業（也是非常學術）的工作，不是任何普通的官員所能
為。這種工程，交由像姚思廉、李百藥和令狐德棻那樣專業的史

---

12 《唐六典》卷9，頁281。

13 關於秘書內省和相關問題，更詳細的討論見洪業的英文論文：William Hung,
　　"The T'ang Bureau of Historiography before 708," *Harvard Journal of Asiatic Studies*
　　23（1960-61）: 96-98以及 Denis Twitchett, *The Writing of Official History under
　　the T'ang*, pp. 20-22，中譯本見《唐代官修史籍考》，黃寶華譯，頁17-20。

家來負責，最為合適不過。唐史官的使職化，實際上有其必要（並非要「破壞」正統官制），也是一種專業化的表現。

第二，除了宰相之外，史官是唐最早設置的使職之一。地方長官使職，如採訪使、節度使等，初設於大約睿宗景雲年間。財政使職，如括戶使、轉運使等，初設於玄宗開元初年。在時間點上，這兩者都比史官使職來得晚，晚了將近一百年。

第三，為了安置這一大批修史官，唐皇朝特別在宮城禁中設了新的史館。從此以後，這一批史官，便稱為「史館史官」。值得注意的是，史館在最初修前五代史時，可能稱為「秘書內省」，但隨後卻沒有專名，沒有像其他唐代文館一樣，命名為弘文、廣文、集賢之類的。《唐六典》等書和唐代的史料，提及這史館時，都僅稱之為「史館」。顯然「史館」就是個專用名詞，專指宮禁中新設的那個修史機構。劉知幾在《史通・史官建置》中，也僅稱這個他長年修史的地方為「史館」，並形容它「館宇華麗，酒饌豐厚」[14]，生動描繪其工作場所。這彰顯了這種新型的史館史官，如何接近皇權，也得到皇帝的特殊照顧和禮遇。

第四，唐史官的使職化，不僅僅是專業化，也是一種「政治化」，可以為皇權服務。《史通・忤時》甚至說：「近代史局，皆通籍禁門，幽居九重，欲人不見。尋其義者，蓋由杜彼顏面，防諸請謁故也。」[15]政治意味濃厚。官方修史不但是一種學術工作，也是一種政治活動[16]。

第五，史館設置後，從此它便隨著皇室四處移動。太宗時，

---

14 《史通通釋》卷11，頁294。

15 《史通通釋》卷20，頁555。

16 Denis Twitchett, *The Writing of Official History under the T'ang*, p. 17.

先是設在長安西內（太極宮）。等到東內（大明宮）建成後，便隨高宗遷移到那裡。武則天長駐西京洛陽期間，史館也跟著移到洛陽[17]。劉知幾最早便是在洛陽的史館就任史官；中宗景龍三年（709），他才轉任長安大明宮的史館[18]。史館甚至在玄宗的行宮興慶宮，也有個分館和大批藏書，包括已修成的一些起居注、實錄和國史，在安史之亂時不幸焚毀[19]。

　　這在在顯示，唐皇室重視這所史館，視其為得以伸張權力的資源之一。唐初修完《五代史》和《五代史志》後，史館依然沒有解散，仍然繼續修撰其他前朝史書，如《晉書》、《南史》和《北史》。接著，史館更以全副精力，修撰其本朝史，也是唐最重要的兩種史書：實錄和國史。唐代的史館史官，從開始時屬「臨時」設置、因事而設的狀態，演變到後來常設不廢，直到唐亡，展現了使職從「臨時到固定」的整個過程。然而，值得注意的是，唐史館史官始終是個使職，任史官者始終沒有官品，全都以他官去充任，從來沒有轉變為有官品的職事官。至此，我們不免要問：為什麼唐皇朝不把這些史館史官，都納入九品三十階的文職事官系統內？

　　因為這始終是一種重要的使職。從許多事證看來，唐皇朝對所有重要或機要的官員，如本書所論及的宰相、知制誥、翰林學士和一系列財政使職等，都採用使職的方式來任命，不肯讓他們「淪為」普通的職事官。史館史官太重要了，以致唐皇室還不願

17　關於各史館的位置和遷移，更詳細的考訂見張榮芳，《唐代的史館和史官》，頁65-76。

18　《史通通釋》〈原序〉，頁1。

19　《唐會要》卷63，頁1292。

放手，讓他們成為「外廷」的一般普通職事官，而要他們留在禁中「內廷」修史，繼續為皇權服務。這些既然是欽差的使職，他們也就等於是皇帝自己的使者，可以更有效、更靈活的任命、調派和運用，正像皇室緊緊掌握著翰林學士和那些財政使職一樣。如果納入正規文職事官系統，他們和皇帝的關係，反而會疏遠一些，反而無法達成使命。

例如，唐代的正式文職事官，一般都有固定任期，大約每一任四年，更往往會被派往地方上去出任州縣官。然而，史官修史（特別是實錄和國史），是項長年累月的工作，需要長期供職於史館才行。這時，以使職的方式來任用，最為理想。這樣一來，他們便可以長期留在史館，不受普通文官每四年一任的限制，也沒有外調之虞。因此，像子玄，在史館一待就是二十年。他如吳兢、韋述、柳芳、蔣乂等人，亦莫不如此，長期留駐京城史館，不必為做官四處奔波遠遊[20]。這正是正規職事官享受不到的好處。

三、唐史館史官的使職官名

既然唐史館史官是一種使職，那麼我們不禁要問：這些官員的使職官名是什麼？

我們在本書前面幾章見過，某使職初設時，因臨時草創，有可能沒有一個正式的使職官名。例如，唐初太宗時代，溫大雅等

---

20 唐代一般正規士人文官須四處宦遊的現象，近年已引起學者的注意。見胡雲薇，〈千里宦遊成底事，每年風景是他鄉──試論唐代的宦遊與家庭〉，《台大歷史學報》第41期（2008），頁65-107；拙書《唐代基層文官》，第六章第四節「宦遊」。

人在禁中草詔，實際上等於在取代中書舍人，在出任一種使職，但李肇在《翰林志》中卻說，「溫大雅、魏徵、李百藥、岑文本、褚遂良、許敬宗、上官儀，時召草制，未有名號」[21]。這點是使職初設可能有的現象。等到使職稍後比較常設時，它便可能以動詞來描寫職務，帶有一種「不像官名的官名」，即本書常說的那種「動賓結構官名」，如知制誥。最後，等到使職成了一種更為固定的制度，如玄宗朝設立學士院後，這些慢慢取代中書舍人的使職，還會帶有一個更正式的使職官名，即翰林學士。

同樣，唐代的史館史官，也經歷過一個類似的過程。

貞觀初，令狐德棻等人修五代史，乍看之下，好像正應了李肇所說，「未有名號」一樣。德棻等人修史時所帶的本官，在上引的一段記載中，都有清楚說明，如姚思廉是以著作郎的本官去修《梁史》和《陳史》，李百藥是以中書舍人的本官去修《齊史》，但他們此時的使職名號，我們過去卻不是很清楚，有人或以為是史書失載，或此時的史館史官還沒有一個使職官名。

不過，從種種史料和證據看來，他們其實還是有名號的，應當就單單稱為「史官」或「史館史官」。換句話說，「史官」這樣「平凡」又像只是泛稱的官名，應當就是他們這時期的使職官名。在這方面，我們有一些證據如下。《舊唐書‧高宗紀》顯慶元年（656）條下說：

> 五月己卯，太尉長孫無忌進史官所撰梁、陳、周、齊、隋《五代史志》三十卷。[22]

---

21 《翰苑群書》卷1，頁2。
22 《舊唐書》卷4，頁75。

這裡明確稱呼修撰《五代史志》的這批史館官員為「史官」，看來這應當就是他們的使職官名。

實際上，從唐初一直到唐末，「史官」常常具有這樣的專稱意義，是一個專用的使職官名，可以冠在某某官員的名字前面，不可忽略。例如，《舊唐書》卷65〈長孫無忌傳〉說：

> 顯慶元年，無忌與史官國子祭酒令狐德棻綴集武德、貞觀二朝史為八十卷，表上之，無忌以監領功，賜物二千段，封其子潤為金城縣子。[23]

這裡的「史官國子祭酒」，便是令狐德棻此時的官銜。「史官」是他此時的使職官名，國子祭酒則是他的本官。他是以這個本官去出任史官。再如《舊唐書·裴光庭傳》記載：

> 太常博士孫琬將議光庭諡，以其用循資格，非獎勸之道，建議諡為「克」，時人以為希嵩意旨。上聞而特下詔，賜諡曰忠獻，仍令中書令張九齡為其碑文。史官韋述以改諡為非，論之曰：「春秋之義，諸侯死王事者，葬之加一等，嘉其有功而不及其賞也。」[24]

這裡提到的每一個官員的名字前面，都帶有他們的正規官銜：「太常博士孫琬」、「中書令張九齡」、「史官韋述」。由此看來，「史官」擺在這個位置，不就跟「太常博士」和「中書令」一

---

23 《舊唐書》卷65，頁2455。
24 《舊唐書》卷84，頁2807-2808。

樣，是個正式官名嗎？只是，專用官名的「史官」，很容易跟一般通稱的「史官」混淆，不易分辨。然而，在唐代史料中，「史官」常常被當成一個正式官名來使用，甚至到唐後期都如此。

　　例如，《舊唐書・憲宗紀》元和二年（807）十二月條下說：「己卯，史官李吉甫撰《元和國計簿》。」[25]《舊唐書・憲宗紀》元和五年（810）冬十月條下，「庚辰，宰相裴垍進所撰《德宗實錄》五十卷，賜垍錦綵三百匹、銀器等，史官蔣武、韋處厚等頒賜有差。」[26]李吉甫、蔣武和韋處厚，這時都在史館中擔任史職，所以都帶有「史官」這個正式官銜。

　　「史官」是個正式官名，最好的證據是，從唐代最早的職官書《唐六典》開始，到後來的《通典》和兩《唐書》職官志，都把「史官」當成一種正規官名來記載和描述。例如，《唐六典》卷9〈中書省〉部分，在記述起居舍人、通事舍人和集賢殿書院中的學士諸官之後，便接著寫「史館史官」：「史官掌修國史，不虛美，不隱惡，直書其事。」這裡所用的「史官」兩字，顯然都不是泛稱，而是個專用官名，專指在唐史館中出任史職的那些官員。

　　「史官」之所以看起來不像是個正式的使職官名，整個癥結，就出在唐代的史館，從唐初到唐末，一直沒有一個正規的、專稱的館名。唐代的文館，都有正式專稱的館名，如初期的弘文館、修文館、廣文館、集賢院、翰林院，都有館名，所以在這些文館中出任學士的，他們的正式使職官名，看起來都很正規，如弘文學士、修文學士、集賢學士、翰林學士等等。但唐代史館卻沒有專稱館名，所以在史館中擔任史官的官員，便只好也跟著單

---

25 《舊唐書》卷14，頁424。
26 《舊唐書》卷14，頁432。

單稱為「史官」了事。假設唐的史館有一個正規的專稱館名，比如「天祿史館」之類的，則它的史官便可以稱為「天祿史館史官」，簡稱「天祿史官」。這樣，這個官名看起來便很像是個正式的使職官名了。但很可惜，從南北朝到唐宋，歷朝的史館始終沒有一個專稱，就叫「史館」，好像一個沒有招牌的官署，裡面的史官也好像沒有專稱官名。其實，官署外掛著的「史館」兩字，就是它的招牌；史官就是館中史官的正式官銜。

《通典》在敘述起居舍人、通事舍人和集賢殿書院中的學士諸官之後，接著便提到「史官」，也僅僅這兩字，似乎不像是正式的官名，但要注意的是，「史官」這兩字，是跟前面的「起居舍人」、「通事舍人」，以及後面提到的「主事」擺在同等的位置。既然「起居舍人」、「通事舍人」和「主事」是正式官名，那麼「史官」應當也是正式官名。

《舊唐書‧職官志》在此處幾乎全沿用《唐六典》的舊文，情況相同。《新唐書‧百官志》則記為：

> 史館　脩撰四人，掌脩國史。[27]

這裡未使用「史官」一詞，卻改用了「脩撰」（即「史館脩撰」）。這是宋人所編的《新唐書》，喜好改動唐史料的一個好例子。它把《唐六典》、《通典》和《舊唐書》所記的「史官」，幾乎都改為「史館脩撰」。但我們知道，「史館脩撰」其實是唐天寶以後才有的官名。唐後期常見，唐前期則未見（詳下文）。《新唐書》在這裡以「史館脩撰」，來取代《舊唐書》所用的

---

27 《新唐書》卷47，頁1214。

「史官」，間接證明了，在宋人眼裡，「史官」是一個正式官名，跟唐後期的正式官名「史館脩撰」一樣。

孫逖（696-761）寫的〈授尹愔諫議大夫制〉，也為史官作為一個正式官銜，提供了另一種證據。此制的最後一句說：尹愔「可朝請大夫守諫議大夫、集賢院學士兼知史官事」[28]。嚴格說來，制文中的「知史官事」，跟「史官」當然不完全相同，但正如本書常說的，唐人在處理使職官名時，常會有一些「隨興」的改動，不像處理職事官名時那樣嚴謹。這可以解釋為，使職正像《舊唐書·食貨志》所說，可「隨事立名，沿革不一」[29]，可以機動性改變官名的一種常見現象。

例如，孫逖的制文稱尹愔的官銜為「知史官事」，但《舊唐書·職官志》提到尹愔時，卻稱他為「史官」：「史官尹愔奏移史館於中書省北，以舊尚藥院充館也」[30]。《通典》和《唐會要》同[31]。《新唐書·百官志》則稱他為「史館脩撰」：「於是諫議大夫、史館脩撰尹愔奏徙于中書省」[32]。這顯然是宋人的改動，恐「時代錯亂」，因為在尹愔的時代，還沒有「史館修撰」這個官名。但《新唐書·尹愔傳》，又稱他為「修國史」：「拜諫議大夫、集賢院學士，兼脩國史，固辭不起」[33]。尹愔一人，竟有四種

---

28 《文苑英華》卷381，頁1944。

29 《舊唐書》卷48，頁2086。

30 《舊唐書》卷43，頁1852。

31 《通典》卷21，頁568，稱尹愔為「史館諫議大夫尹愔」，此「史館」當為「史官」之誤。《通典》校點本此處有一校注指出，「館」字在《唐會要》卷63作「官」。

32 《新唐書》卷47，頁1214。

33 《新唐書》卷200，頁5703。

不同的官名。其中「史官」是最常用的使職官名。孫逖的「知史官事」，是他「獨創」的「史官」別稱，乃「隨事立名」的一種。「修國史」則是更精確的使職官名，為「史官」總類下的一個「分級官名」（詳見下）。《新唐書》所用的「史館修撰」，則是宋人的改動，替代「史官」。

　　唐代史料中，亦偶爾可見「修史官」此詞，如《唐會要》的一條記載：

> 至德二載〔757〕十一月二十七日，修史官太常少卿于休烈奏曰：「《國史》一百六卷、《開元實錄》四十七卷，《起居注》并餘書三千六百八十二卷，在興慶宮史館，並被逆賊焚燒。」[34]

此外，亦有「修史學士」的稱謂，如宋之問在桂州寫給史官吳兢的一封信，在他的文集中便題為〈在桂州與修史學士吳兢書〉[35]。吳兢當時的正式使職官銜，應當是「直史館」（「史官」的一種，詳下）。宋之問並未在信中稱吳兢為「修史學士」。書信原本應當無標題。他文集中的這個標題，可能是後人所擬（宋人所編的《文苑英華》已如此）。或許當時人以為，史官既然是一種使職，又是文館職，故仿照弘文館、集賢院學士之例，把吳兢的「史官」改稱為「修史學士」。這也反映了使職官名，應用時比較隨意，不若職事官名之嚴謹。然而，在唐代文獻中，「修史

---

34 《唐會要》卷63，頁1292。《唐會要》此卷中還可找到好幾個「修史官」的用例。

35 《宋之問集校注》卷7，收在《沈佺期宋之問集校注》下冊，頁710-711。

官」的用例不多;「修史學士」的用例更少,都遠遠不如「史官」之多。這兩者或可視為「史官」的別稱。

更進一步考察,我們可以更精確地說,唐代「史官」是一個「總類官名」,泛指那些在史館中出任各級史職的所有官員。但在唐朝的不同時代,在總類官名「史官」之下,又有更精細的幾個「分級官名」,總共有四種:(一)「監修國史」;(二)「修國史」;(三)「直史館」;(四)「史館修撰」,代表了史官的不同層級和地位,亦可從官名看出其時代先後。

(一)監修國史

這個使職官名出現很早,早在貞觀初剛設史館,尚書左僕射(宰相)房玄齡「總監諸代史」時,他就帶有此銜。《舊唐書·房玄齡傳》:「〔貞觀〕三年,拜太子少師,固讓不受,攝太子詹事、兼禮部尚書。明年,代長孫無忌為尚書左僕射,改封魏國公,監修國史。」[36] 從此以後,監修國史照例由宰相兼領,往往只是監督、掛名性質,鮮少參與史書的修撰,但有些監修國史的宰相,也會對國史的修撰,有一些政治上的干預。史書撰成後,按慣例由監修國史,代表所有修撰的史官,進呈給皇帝,大家並獲得賞賜。

跟許多其他使職官名,例如知政事(宰相)、知制誥、知貢舉一樣,監修國史也是一個典型的「動賓結構官名」:「監修」為動詞,「國史」為賓語。這種官名,看起來不像是正式官銜,好像只是在描述職務,特別是在史書某些敘述場合。例如,《舊唐書·高宗紀》上元二年(675)條下說:「八月庚子,太子左

---

36 《舊唐書》卷66,頁2461。

庶子、同中書門下三品、樂成侯劉仁軌為左僕射，依舊監修國史。」[37]乍看之下，就一般的理解，這裡的「監修國史」四字，不像官名，好像只是說，劉仁軌當了宰相，依舊負責監修國史而已。其實，我們最好把這句話，理解為「依舊帶有監修國史使職」，才對得起「監修國史」這個官名。

再如《新唐書·蔣伸傳》：「懿宗即位，兼刑部尚書，監脩國史。」[38]這句話讀起來，好像說蔣伸這時兼刑部尚書，在負責監修國史而已。其實也應當讀為「兼帶有刑部尚書和監修國史使職」才是，要把「監修國史」視為官名才對。

監修國史乃正式官名，最好的證據便是，它可以連同一個官員所帶的其他官名（如職事官、散官、勳官等），一起寫入他長串的完整官銜中。這種例證太多，不必多舉，且提兩例。睿宗皇帝即位，就下詔任命蘇瓌左僕射，第一句提到蘇瓌，就透露他的完整官銜：「尚書右僕射、同中書門下三品、監修國史、許國公蘇瓌。」[39]從如此明確的上下文，「監修國史」無疑是個正式官名，跟前面的「同中書門下三品」和後面的「許國公」一樣是官名。再如，《舊唐書·憲宗紀》元和九年（814）條下：「冬十月甲辰朔。丙午，金紫光祿大夫、中書侍郎、同平章事、集賢大學士、監修國史、上柱國、趙國公李吉甫卒。」[40]這一天李吉甫去世，〈憲宗紀〉特別提到他生前的完整官銜，裡面就包含「監修國史」一項，跟中書侍郎、同平章事、集賢大學士等官名一樣，

---

37 《舊唐書》卷5，頁100。

38 《新唐書》卷132，頁4535。

39 《冊府元龜》卷133，頁1605。

40 《舊唐書》卷15，頁450。

是他生前所帶的另一個正式官銜。

這兩個案例提醒我們，像「監修國史」、「知制誥」這種典型的動賓結構使職官名，很容易被人忽略，更常被人誤以為不是官名。下面要論及的另兩個唐史館史官的重要使職官名「修國史」和「直史館」，也屬這種動賓結構。

（二）修國史

這又是個使職官名，而且又是典型的動賓結構：「修」為動詞，「國史」為賓語。它比「監修國史」只少了一個字。分別是，唐代出任監修國史者，照例都是宰相，監督掛名居多，往往不參與修史；出任「修國史」者，其地位比宰相低，但卻實際參與修史。

《唐六典》等職官書，在記載史館史官時，都列舉了史館中的三種使職：監修國史、直史館和史館修撰，然而卻都偏偏遺漏了「修國史」，以致後世學者往往忘了，唐史館史官中還有「修國史」這種使職。這個使職官名，在唐代詔制和兩《唐書》列傳等史料中，處處可見，其存在不必懷疑。

「修國史」這官名，多用於唐前期，大約在玄宗天寶之前，屢見不鮮。最早的一個用例，是在太宗貞觀六年（632），令狐德棻就帶有這個使職官名：

> 六年，累遷禮部侍郎，兼修國史，賜爵彭陽男。[41]

意思是說，他在這一年，多次遷轉升為禮部侍郎，「同時帶有修

---

41 《舊唐書》卷73，頁2598。

國史使職」，賜爵號為彭陽男。唐初不少史館史官，都曾經以種種本官他官，出任過修國史這個使職，如許敬宗，「貞觀八年，累除著作郎、兼修國史，遷中書舍人」[42]。再如李義府，「高宗嗣位，遷中書舍人。永徽二年，兼修國史，加弘文館學士」[43]。

「修國史」在唐後期仍偶爾可以見到。例如，《舊唐書·代宗紀》大曆十二年（777）條下：「夏四月壬午，以朝議大夫、守太常卿、兼修國史楊綰為中書侍郎。」[44]再如文宗的〈李固言崇文館大學士等制〉：「固言可銀青光祿大夫、崇文館大學士兼修國史。」[45]但總的來說，唐安史亂後，唐史館史官資深者一般多帶「史館修撰」的官名，資淺者則帶「直史館」，比較不常見到帶「修國史」者。

由於「修國史」乃動賓結構，好像只是在描述某某官員的職務，不像是他所帶的正式官名，我們不妨深一層考掘。玄宗先天元年（712），河南府告成縣主簿徐鍔寫的〈大寶積經述〉，是一篇十分珍貴的史料，因為它列舉了好幾位當時協助「潤色」這部翻譯佛經的當朝大學者的名字，以及他們的長串官銜。其中徐堅就帶有「修國史」此官：「銀青光祿大夫、太子詹事、崇文館學士兼修國史、上柱國、東海縣開國公徐堅」。另一位學者魏知古，他的全套官銜中也包含「修國史」一職：「銀青光祿大夫，守侍中兼太子左庶子兼修國史、上柱國、鉅鹿縣開國公魏知古」[46]。這應當足以證明，「修國史」乃正式官名無疑，可以寫入唐代官

---

42 《舊唐書》卷82，頁2761。

43 《舊唐書》卷82，頁2766。

44 《舊唐書》卷11，頁311。

45 《唐大詔令集》卷51，頁265。

46 《全唐文》卷295，頁2992-2993。

員的全銜中。

在《唐大詔令集》中，還保存了好幾篇唐代官員，獲授「修國史」這種使職官銜的制文。如〈齊抗修國史制〉說，齊抗「可兼修國史，餘並如故」[47]，意即他「可以同時帶修國史使職，其他的官職照舊」。「修國史」用在這樣的場合，它作為正式官銜的屬性，更無疑問。同書中所收的〈蕭嵩集賢院學士修國史制〉說，蕭嵩「可兼集賢院學士知院事兼修國史」[48]，也顯示「修國史」是個正式官銜。

釐清了「修國史」乃正式官名，正如「監修國史」那樣，這點在我們閱讀唐人的官歷時，應當會有新的領悟。例如，子玄在《史通》中，常常喜歡提起他自己的官歷，至少有兩處：

> 長安二年〔702〕，余以著作佐郎兼修國史，尋遷左史，於門下撰起居注。[49]

> 長安中，以本官兼修國史，會遷中書舍人，暫罷其任。神龍元年〔705〕，又以本官兼修國史，迄今不之改。[50]

這兩段文字，都提到他曾經做過「修國史」這種史職，帶有這個正式官名。我們千萬不要掉以輕心，誤以為他只不過不經意提到，他那時「以本官兼差修國史」罷了。他其實是要告訴我們，

---

47 《唐大詔令集》卷51，頁264。
48 《唐大詔令集》卷51，頁263。
49 《史通通釋》〈原序〉，頁1。
50 《史通通釋》卷10，頁269。

他那些年做過「修國史」這個使職官，不免帶有幾分得意，想要「炫耀」一下。子玄「以本官兼差修國史」，跟他「以本官同時任修國史使職」，這兩者的含義是不同的，差別也不小，值得細細玩味。

我們在上一章見過，子玄在史館任史官長達二十年。《新唐書‧劉子玄傳》說他的「官」（本官）換了好幾個，但他的「職」（史職）卻「常如舊」，一直沒有改。的確，子玄在史館二十年，他的使職官名確實也就只有一個，那就是「修國史」這一個，因為在子玄的時代，史官還沒有嚴格區分為資深或資淺，多以「修國史」名之，不像唐後期，資淺者稱為「直史館」，資深者為「史館修撰」。

因此，在唐前期，出任「修國史」者，可以是高官，也可以是卑官。本官官品不一，亦使職特徵之一也，不足為怪。例如，《舊唐書‧高宗紀》調露元年（679）條下：

> 八月丁巳，侍中郝處俊、左庶子高智周、黃門侍郎崔知溫、給事中劉景先兼脩國史。[51]

這一天，皇帝同時任命四位官員出任「修國史」，但四人的本官官品則不一。侍中郝處俊為正三品官、左庶子高智周為正四品上、黃門侍郎崔知溫為正四品上、給事中劉景先為正五品上。

出任「修國史」者，亦有可能低至六品者。如《舊唐書‧李延壽傳》：「延壽嘗撰《太宗政典》三十卷表上之，歷遷符璽

---

51 《舊唐書》卷5，頁105。

郎，兼修國史。」[52] 再如《舊唐書・顧胤傳》：「永徽中歷遷起居
郎，兼修國史。撰《太宗實錄》二十卷成，以功加朝散大夫，授
弘文館學士。」[53] 李延壽的符璽郎為從六品上，顧胤的起居郎也是
從六品上。未及五品者，唐史料常稱之為「卑官」（應當無貶
意），跟五品或以上的「高官」相對，但他們也都可以出任「修
國史」這樣的重任，參與修撰《太宗實錄》那樣的史書，可證使
職重真才實學，史官這種使職更重史才，官品高低，並不重要。
顧、李兩人，後來皆成唐代知名史官。李延壽更「嘗刪補宋、
齊、梁、陳及魏、齊、周、隋等八代史，謂之《南》、《北史》，
凡一百八十卷，頗行於代」，即今二十四史中的《南史》和《北
史》。

（三）直史館

「直史館」跟前面討論過的「監修國史」和「修國史」一
樣，又是個動賓結構的使職官名：「直」為動詞，即「當值」之
意（「直」通「值」），「史館」為賓語。乍看之下，「直史館」
也不像官名，但它可以寫入官員的完整官銜之內，乃官名無疑。
例如，《唐會要》載：

> 長安三年〔703〕正月一日勑：「宜令特進梁王三思與納言李
> 嶠、正諫大夫朱敬則、司農少卿徐彥伯、鳳閣舍人魏知古、
> 崔融、司封郎中徐堅、左史劉知幾、直史館吳兢等修《唐

---

52 《舊唐書》卷73，頁2600。

53 《舊唐書》卷73，頁2600。

史》，採四方之志，成一家之言，長懸楷則，以貽勸誡。[54]

這裡提到每一位官員，其名字前面都有他的正式官名：比如徐堅為「司封郎中」，劉知幾為「左史」，吳兢則為「直史館」，因此「直史館」便是吳兢當時的正式使職官名。

　　吳兢此例，也是「直史館」這官名，在唐代的最早用例之一，以後便一直沿用到唐末，甚至五代及宋。唐後期的用例更遠遠多於唐前期。例如，《舊唐書・宇文籍傳》：「登進士第，宰相武元衡出鎮西蜀，奏為從事。以咸陽尉直史館，與韓愈同修《順宗實錄》，遷監察御史。」[55]宇文籍是以咸陽尉的本官，去出任「直史館」這個使職。他這時還很年輕，剛考中進士不久，雖有史才，但官資尚淺，照唐人按部就班做官的方式，本官當然不會太高，符合他此時的官資。再如唐後期的另一才子楊嗣復，「七八歲時已能秉筆為文」，才華洋溢。他年二十，便「進士擢第。二十一，又登博學宏詞科，釋褐祕書省校書郎。遷右拾遺，直史館。」[56]也是官資尚淺，以一個低層的本官右拾遺，去出任「直史館」。

（四）史館修撰

　　這是唐後期新設的一個史官使職官名，授給官資比較高的史官。前面論及的「直史館」，則授給像宇文籍和楊嗣復那樣的年輕士人，約30歲上下的基層史官。關於這兩職的區別，《舊唐書・職官志》說：

---

54 《唐會要》卷63，頁1291。

55 《舊唐書》卷160，頁4209。

56 《舊唐書》卷176，頁4556。

天寶已後，他官兼領史職者，謂之史館修撰，初入為直館也。[57]

換言之，天寶年起新增的「史館修撰」一職，比原先的「直館」
（即「直史館」的省稱）更高一級。所以，唐代後期的一個史
官，如果年輕官資淺，剛入史館時會帶有「直史館」的使職官
名，接著才升遷為比較高一級的「史館修撰」。例如，文宗朝的
史官蔣係便是如此。他的《舊唐書》本傳如此敘寫他的官歷：

係，大和初授昭應尉，直史館。二年，拜右拾遺、史館修
撰。[58]

蔣係在太和初以「昭應尉」這個本官，去史館充任基層史官「直
史館」。太和二年，他升官了，本官從「昭應尉」升為「右拾
遺」，史官也升為更高級的「史館修撰」。

在子玄所處的唐前期，還沒有「史館修撰」這個使職官名，
所以子玄和其他高階史官，都一律稱為「修國史」。問題是，
「修國史」和「史館修撰」，何者較重？唐哀帝天祐二年（905）
五月二十九日敕，提供了一個難得的答案：

翰林學士、職方郎中兼史館修撰張榮，今修撰職名稍卑，不
稱內廷密重，宜充兼修國史。[59]

---

57 《舊唐書》卷43〈職官志〉，頁1853。
58 《舊唐書》卷149，頁4028。
59 《唐會要》卷63，頁1300。

此敕可證二事：一是在當時唐人眼中，「史館修撰」的「職名稍卑」，反而不如「修國史」。二是明確稱「史館修撰」為一種「職名」（使職官名）。今後我們在史書中見到「監修國史」、「修國史」、「直史館」和「史館修撰」等詞時，當可給這四個看起來不像「官名」的職稱，一個正確的官名定位[60]。

四、史館設立的後續效應

子玄在《史通·原序》中說：「長安二年〔702〕，余以著作佐郎兼修國史，尋遷左史，於門下撰起居注。」[61]這段話提醒我們，唐代傳統正規史官當中，除了著作郎和佐郎之外，還有左史（即起居郎）和右史（即起居舍人）這兩種史官，但他們是在門下省修撰起居注，跟史館史官不一樣。

分別在於，起居郎和起居舍人，跟著作郎一樣，都是正規的職事官，有官品，在門下省編修皇帝的起居注，然後「季終則授之國史焉」[62]，送交修國史的史館。史館史官則是使職，在史館根據起居注等材料，修撰兩種新型的史書：唐實錄和國史（有些完成的史稿也稱為《唐書》）[63]。

---

60 龔延明，《中國歷代職官別名大辭典》，倒是收了這四個不像官名的官名，很有眼光。但在頁524，只提宋代的「修國史」，似又忽略此官亦盛行於唐代。

61 《史通通釋》〈原序〉，頁1。

62 《舊唐書》卷43，頁1845。

63 關於唐實錄和國史的編撰過程，以及這兩種史書在唐不同時期所完成的書稿，最詳細的論述見 Denis Twitchett, *The Writing of Official History under the T'ang*, pp. 119-187；中譯本《唐代官修史籍考》，頁106-165。

　　唐傳統史官的使職化（專業化）之後，那些原有的正規編制史官（著作郎、著作佐郎、起居郎和起居舍人）並沒有被正式廢除。他們的員額編制依然存在，而且一直到唐亡，依然有官員被任命為這類傳統史官，只是他們大抵已成了閒司閒官，或以其本官去出任其他使職。例如，我們前面見過，唐前期就有一些著作郎或佐郎（包括子玄本人），不任本司事，而到史館去任史官使職。唐後期也有不少起居舍人，不任本署事，而去充任知制誥等使職（見本書第八章）。至於他們在唐後半葉，是否仍在撰《起居注》，季終再送史館，因史料闕如，不得而知。

　　總的來說，唐代史官的使職化開始得很早，其使職化過程，也很早完成。早在太宗高宗朝，負責替皇朝修史者，已經幾乎全是史館史官了。至於著作郎和起居舍人等正規史官，幾乎盡成閒官。站在保守、維護正規職事官制的角度，不少學者會認為，史館史官在「破壞」或「侵奪」傳統史官的職權，但站在創新、演化的立場，史館史官無疑是一種制度上的革新，且是更為專業的史官，其貢獻也遠比傳統正規史官巨大。

　　傳統史官演變成一種專業的、學術的使職，也頗能幫助我們理解，何以唐代的史館史官，多有「家承」的傳統：不是父子相傳，就是祖孫隔代相繼。子玄一家便是個好例子。他的從祖父劉胤之任史館史官。他自己任史官。他的兩個兒子劉貺和劉餗，都先後當過史官[64]。再如蔣乂、蔣係、蔣伸和蔣偕，更是父子相繼任史官[65]。這跟傳統講求專業或專門技藝的行業，如天文和醫

---

64 《舊唐書》卷102，頁3174。

65 徐夢陽，「唐代史官：以蔣乂父子為個案」，國立清華大學歷史研究所碩士論文，2010年6月。又見張榮芳，《唐代史館與史官》，頁194-212。

術，有些類似。史館史官的使職環境，特別是宮中藏書之豐富，比較能夠培養這種專業。若史官只是個普通的職事官員，如著作郎，任期短，且不時要遷轉到其他官署，甚至四處宦遊，便難以言專業。

我們現在日常所用的《舊唐書》，名義上是由五代後晉史官所編，從後晉高祖天福六年（941）修撰，到出帝開運二年（945）完工，只花了四年多就修成，最後掛名由後晉宰相劉昫所撰。但實際上，《舊唐書》有過一段非常漫長、複雜的形成史，從唐初就開始，長達二百多年。這點在許多唐代史學史論著中，一般都未論及，但卻是杜希德《唐代官修史籍考》書中的一個主要論點。據杜希德的研究，《舊唐書》唐前期最直接的原始材料，便是唐史館史官早在唐朝就編好的那些實錄和國史，特別是史官柳芳最後編撰的那部《國史》[66]。因此，我們今天每天使用《舊唐書》，千萬不要忘了，這部正史中包含了不少唐史館史官，在不同時期的心血和貢獻。

由此看來，唐貞觀三年史館的設立，引發了一連串的後續效應。在地理位置上，所謂史館，不再指皇城秘書省著作局那樣的組織，而是指宮城宮禁中新設的修史衙署。在文類上，史館編修新型的史書：實錄和國史。在官制上，史館需要新的官員，新的史職，新型的史官。於是唐皇朝便訴諸過去常用的委派使職辦法，先在現有官員中挑選那些有良史才的人去充任，先請他們以原有的本官去充任史職。以後為了升遷，又不斷加給他們更高階的本官。但他們的史職官名，不外乎「修國史」、「直史館」、

66　Denis Twitchett, *The Writing of Official History under the T'ang*, pp. 191-197；中譯本《唐代官修史籍考》，頁169-174。

「史館修撰」之類，從來沒有官品，也從未納入九品三十階的文職事官體系。這就是子玄和唐代許許多多史館史官，曾經有過的典型官歷。

五、專任史官？兼任史官？

有一個疑問是：子玄那些年帶有那些所謂的本官，他有沒有去執行那些本官的職務？他到底是專任的史官？還是一邊擔任那些本官的職務，一邊又兼任史官的工作？如果單單從子玄的〈自敘〉等自傳文章和兩《唐書》記載的用詞遣字上來看，這兩種可能性似乎都存在。

有一種可能是，子玄任著作郎等官，又同時「兼修國史」。換言之，有學者會「望文生義」說，他可能上午在著作局任著作郎，下午又跑到史館去「兼差修國史」。例如，張榮芳便說：

> 他們〔指史官〕都有其本職事官，平時必須處理日常公務，另撥出時間來兼負撰述史書的工作。也就是在其工作之上，增加額外的工作分量。[67]

乍看之下，這好像很合邏輯，似乎也很符合今人對史料中「兼」字的普遍理解。但深一層看，實情應當不是如此。

問題的核心，在於「兼修國史」的「兼」字，該如何解讀？首先，唐代的這個「兼」字，不應當理解為現代的「兼任」（非專任）之意，如「兼任教授」之類。那表示一種兼差、部分時間

67　張榮芳，《唐代的史館與史官》，頁152。

的工作，英文所謂的part-time job也。但子玄「兼修國史」，卻顯然不是這樣的「兼任」工作，而是他一生專任的志業，全時間的專業。

唐代的「兼」字，常見於長串完整官銜中，最好解釋為「同時」之意，即「同時帶有某某官職」的意思。比如，子玄自述「長安二年，余以著作佐郎兼修國史」。翻譯成白話，這句話應作：「長安二年，我以著作佐郎的本官身分，同時帶有修國史的使職」。這樣既照顧到「兼」字的唐代含義，也把他的「修國史」使職官銜，明確表達出來。這樣才對得起他這個「修國史」的使職官名，才不致讓人誤以為，子玄只是在史館中「兼差修國史」而已。修國史其實是他全職的專任工作。

換言之，唐代的「兼」字，不是「兼任」、「兼差」之意，而是一個連接詞，常用來連接兩個官名，所以也常見於長串官銜中，表示一種並列關係，等同現代的「同時」之意，表示一個官員「同時帶有兩種官職」。例如，《舊唐書‧張大素傳》：「大素，龍朔中歷位東臺舍人，兼修國史，卒於懷州長史。」[68]這裡用了一個「兼」字，來連接前面的「東臺舍人」和後面的「修國史」兩個官銜。翻譯成白話，應當是：「張大素，龍朔年間出任東臺舍人，同時帶有修國史使職，死在懷州長史任上。」此處的「兼」，並非「兼任」。

再舉一例，《舊唐書‧薛元超傳》：「俄轉中書舍人，加弘文館學士，兼修國史。」[69]意思是：「不久遷轉為中書舍人，加弘文館學士，同時帶修國史使職。」他是以中書舍人為本官，去同時

---

68 《舊唐書》卷68，頁2507。
69 《舊唐書》卷73，頁2590。

出任兩個使職：弘文館學士和修國史。此處的「兼」，也非「兼任」。

　　順此一提，北京中華書局的《舊唐書》和《新唐書》校點本，以及目前許多其他古籍校點本，往往喜歡在「兼修國史」、「兼直史館」或「兼知制誥」這種動賓結構官名之前，加上一個逗號或頓號。這更容易讓讀史者，誤以為這些不是官名，只是在描述職務。如果校點本把這個逗號或頓號刪去，逕直印成（比如說）「歷位東臺舍人兼修國史」、「加弘文館學士兼修國史」等等，表示「東臺舍人」和「修國史」同樣是官名、「弘文館學士」和「修國史」也同樣是官名，由一個連接詞「兼」字串連起來，為「同時」之意，文意應當更清楚，應當可以避免讓今人誤以為是「兼任」。

　　「兼」意為「同時」，其實是古書常有之義，只是今人多不去理解，常把「兼」和「兼任」混淆。許多古漢語辭典早就收有此義，如羅竹風主編《漢語大詞典》「兼」字條下，就有「俱、同時」一義，且引《荀子‧解蔽篇》「萬物可兼知也」及唐柳宗元〈永某氏之鼠〉「晝累累與人兼行」為證。

　　「兼」和「兼任」的區別，在今天的現代漢語還可見到。例如，學術界常見的「兼任教授」，肯定非專任，而是兼差教職。但是「某某歷史系教授兼系主任」的「兼」字，就應當不是「兼任」，而是像唐代許多史館史官的官銜一樣，表示他「同時」帶有兩種職稱：是教授，「同時」又是系主任。至於這兩者的輕重，字面上沒有說明，須從現代學術界的習慣去理解。學界應當都知道，教授兼系主任的時候，系主任的工作絕對比教授還要繁重，絕非「兼任（不專任）的系主任」，應當是「專任的系主任」才對。甚至，教授兼系主任的時候，在今天的許多大學，往

往把教授的教學時間減少一半以上，好讓他可以「全職」去負責系主任的行政工作。所以，即使在今天，「某系教授兼系主任」才是標準的職稱。至於「兼任系主任」此詞，雖偶爾可見到，但那恐怕是一種誤用，使用者誤以為「兼」和「兼任」同義。正確的說法，應當還是稱某教授為「歷史系教授兼系主任」才對。否則，若稱某教授為「歷史系教授兼任系主任」，容易被人理解為「非專任的系主任」，那恐怕會成為學界笑話也。

除此之外，「兼」字在這種場合，還有一個同義詞「暨」字可用。例如，像台灣許多大學的歷史系，往往又同時設置研究所，但兩者的長官常由一人出任，他便會被稱為「某歷史系教授兼系主任暨研究所所長」。此處的「暨」字，跟前面的「兼」字，意義相通，也就是「與、及」之義，只不過為了避免重複，才改用「暨」字。但「暨」字更清楚，可以避開「兼」字可能造成的「兼任」誤解。因此，我們或許可以仿照現代的這種做法，把唐史館史官常見的「兼修國史」、「兼史館修撰」等銜，理解為「暨修國史」、「暨史館修撰」等。

唐代的「兼」字，表示某某官員，「同時」具有兩種官職身分，但字面上沒有說明這兩官，何者比較重要。在這方面，唐人應當沒有理解問題，應當都有一種「本能的了解」。但今人要判斷唐人這兩官的輕重和作用，那恐怕就需要先具備唐代官制的常識。以子玄來說，他的自述字面意義，只是說他「同時」具有「著作佐郎」和「修國史」的官職身分，卻未告訴我們這兩官的性質和輕重。然而，我們從唐官制研究中知道，他這時其實是以著作佐郎為本官，去充任修國史的使職，也就是在史館中長年「專任」修史，並非在那裡「兼差」修史。「同時帶有兩種官職身分」和「兼差」之意，恐怕天差地別，須仔細品味分辨。這正

是唐官制研究的重要意義，因為唐史料字面上不會透露這樣的常識，今人須從研究中去重新獲取這種知識。

「兼」字的這種用法，多見於唐前期的史料。到了唐後期，唐人在這種場合，可能會以「充」字來取代「兼」字，意思更為清楚，不會讓今人以為是「兼任」、「兼差」。例如，《舊唐書·韋處厚傳》說：

> 元和初，登進士第，應賢良方正，擢居異等，授秘書省校書郎。裴垍以宰相監修國史，奏以本官充直館，改咸陽縣尉，遷右拾遺，並兼史職。修《德宗實錄》五十卷上之，時稱信史。[70]

意思是，裴垍以宰相出任監修國史時，奏請讓韋處厚「以本官充直館」，也就是「充直史館」之意（「直館」為「直史館」省稱）。此處的「充」字，文意更清楚，不會讓人以為是「兼任」。從此段敘事看來，韋處厚是以他的本官（即校書郎）被召入史館。接著，他在史館期間，本官「改咸陽縣尉，遷右拾遺，並兼史職」，也就是他的本官，從原先的校書郎，升為咸陽尉，再遷右拾遺，但重點是後面那句：他「並兼史職」，意即他「同時帶有史館修史的使職」，也就是他本官雖遷，但仍繼續留在史館專任史官。以我們對唐代官制的理解，他這時不可能又到咸陽縣去當縣尉，或去當拾遺，因為這些都只是他的本官，不職事。

再如，元稹寫的〈授獨孤朗尚書都官員外郎韋瓘守右補闕同充史館修撰制〉說：

---

70 《舊唐書》卷159，頁4182-4183。

敕：殿中侍御史充史館修撰獨孤朗、左拾遺韋瓘，汝等皆冠圓冠，曳方屨，以儒服事朕，朕甚偉之。……朗可尚書都官員外郎，依前史館修撰；瓘可守右補闕，充史館修撰。餘如故。[71]

這整篇敕文，都用「充」字，來取代唐前期比較常見的「兼」字。獨孤朗先是以「殿中侍御史充史館修撰」，現在皇帝命他以「尚書都官員外郎，依前史館修撰」。左拾遺韋瓘，現在則以「右補闕，充史館修撰」。如果換成子玄來寫，依唐前期唐人的習慣用字，他很可能會在這種場合，使用「兼」字，意思一樣，但「充」字比「兼」字更清楚。

再舉最後一例，《舊唐書・文宗紀》太和六年條下說：「秋七月辛卯朔。甲午，以諫議大夫王彥威、戶部郎中楊漢公、祠部員外郎蘇滌、右補闕裴休並充史館修撰。」[72]王彥威、楊漢公、蘇滌和裴休，都以各自不同的本官，「充史館修撰」，充任史館修撰。若改用「兼」字，未嘗不可，意思相同，但「兼」字比較曖昧，「充」字更為清楚，沒有一字多義的弊病。

唐代還有一個詞「兼充」，意思更為清楚，為「同時充任」之意。例如，玄宗開元十二年（724）的〈置勸農使安撫戶口詔〉，在任命宇文融時說：「宜令兵部員外郎兼侍御史宇文融兼充勸農事使，巡按郡邑，安撫戶口。」[73]兵部員外郎和侍御史都只是宇文融的本官，不職事。他現在的專職是去出任「勸農事使」

---

71 《元稹集校注》卷47，頁1149-1150。

72 《舊唐書》卷17下，頁546。

73 《唐大詔令集》卷111，頁576-577。

（其他唐史料作「勸農使」,「事」字疑衍）。但詔文此處卻用了一個「兼」字,顯然不是「兼任」（非專任）之意,而是「同時」之意,跟後面的「充」字連用,便是「同時充任」,表示宇文融這時同時帶有兩個本官,一個使職。再如,憲宗的曉諭淮西制文說：「宜以山南東道節度使嚴綬兼充申光蔡等州招撫使。」[74]也是佳例。唐史料中還有相當多這種用例。

　　許多時候,唐人甚至可以不用「兼」字,也不用「充」字,就直書某某官員的官銜了事,更簡潔省字。例如,杜牧的〈唐故尚書吏部侍郎贈吏部尚書沈公行狀〉,寫到沈傳師中舉後的官歷,這樣敘述：「聯中制策科,授太子校書;鄠縣尉、直史館;左拾遺、左補闕、史館修撰;翰林學士。」[75]這句話中涉及史官的部分,意思是：沈傳師以鄠縣尉去充直史館,又以左拾遺和左補闕,去充史館修撰。《舊唐書·沈傳師傳》作：「授太子校書郎,鄠縣尉、直史館,轉左拾遺、左補闕,並兼史職。」[76]可證沈傳師的這段官歷,應當如此理解。杜牧在這裡完全不用「兼」,也不用「充」字,或許會苦了不解唐人官銜的今人,但對唐人來說,這樣書寫反而簡單、易懂、省字。

　　唐人當中,杜牧似乎最喜歡在官銜上省字,喜愛省略那些非必要的字眼,如「守」、「行」、「兼」等字。例如,他寫他弟弟的墓誌〈唐故淮南支使試大理評事兼監察御史杜君墓誌銘〉,也要了這麼一筆：「大和九年夏,君客揚州,六月,授咸陽尉、直

74　《冊府元龜》卷165,頁1991。

75　《杜牧集繫年校注》卷14,頁924。這裡我略為改變校注本的標點符號,以凸顯這幾個官名的關係。

76　《舊唐書》卷149,頁4037。

史館。」[77]意思是他弟弟杜顗，以咸陽尉「充」或「兼」直史館使職。對唐人來說，在這種場合，不論是「兼」字或「充」字，實在都可有可無，不致造成誤解，否則杜牧不可能如此節儉用字。

《史通‧原序》還有一句話，也很富啟發，最能說明子玄那些年任史官，到底是專任，還是兼任：

無幾，驛徵入京，專知史事，仍遷秘書少監。[78]

這是子玄的自述，當最可信，追憶他在中宗景龍三年（709），他49歲時，從洛陽被「驛徵入京」到長安，「專知史事」的一段往事。「專知」兩字可證他是專任的史官，而且他還因「驛徵入京，專知史事」，本官獲「遷秘書少監」（他之前的本官是較低品階的「率更令」）。子玄在《史通‧忤時》又重提此事：「由是驛召至京，令專執史筆。」[79]從如此明確的用詞（「專知史事」和「專執史筆」）看來，我們恐怕很難說，子玄那些年帶有那些本官，卻有一半的時間在執行其本官的官務，僅以另一半的時間在修史。

除了從「兼」字的含義去解釋外，我們還可從另兩點，來論證子玄和其他唐代史館史官，非「兼任」在修史，而是全時間的專任。

第一，史館史官所帶的那些本官，如子玄的著作郎、著作佐郎、左庶子和散騎常侍等等，原本就是閒散的官，原就無甚職

---

77 《杜牧集繫年校注》卷9，頁751。

78 《史通通釋》〈原序〉，頁1。

79 《史通通釋》卷13，頁553。

事，類似宋代的寄祿官，用以定班次，計俸祿而已。這點在本書其他章已討論過。子玄大可以掛著這些閒官，去史館全時間專心修史。

第二，唐代另一知名史官柳芳，曾經以「永寧尉」這個本官，去充任「直史館」[80]。但永寧縣遠在河南府（今河南新密市），離長安有470公里之遙。如果按照張榮芳的說法，他「平時必須處理日常公務」，在永寧縣當一個縣尉，另外又要「撥出時間」到遙遠的長安史館去編修史書，那麼柳芳如何能如此「通勤」於遙遠的兩地？他還能好好修史嗎？但我們知道，柳芳那些年其實都住在長安，並沒有到永寧縣去當縣尉。唐代史官當中，以兩京的京畿縣尉去充任者，比比皆是，舉不勝舉，都應視同柳芳此例來理解。

綜上所述，子玄和其他史館史官，應當都是全時間在唐史館專任修史，都是十分專業的「專任」史官，並非我們今人所理解的「兼任」史官。唐史料中的「兼」字，可視為等同「暨」字，或「兼具兩種官職身分」，但專任某一使職；而非專任某一職事官，又去兼任另一種使職[81]。唐代的使職，永遠比職事官尊貴。

六、結語

貞觀三年，唐太宗在宮城禁中，設立了一個全新的獨立史

---

80 《舊唐書》卷149，頁4030。

81 唐代的「兼」字，作為官制用語，還有另一個意思，即「欠一階不至為兼」，跟這裡所論的「兼」字無關。詳見趙望秦，〈略論唐代官制中的「守、行、兼」制度〉，《唐史論叢》第8輯（2006），頁59-77。

館，把一批有史才的官員，召到史館中去修唐前五代史。這是傳統史官（著作郎和佐郎等）使職化的開始，也是中國歷史上史官專業化的開始。這批專業史官，在數十年之間，修完了唐前五代史、《晉書》、《南史》和《北史》等史書，今仍傳世。接著，他們在史館，便把幾乎所有心力，轉而修撰自己本朝的實錄和國史，直到唐亡，歷時約二百多年。他們在不同時期所撰成的唐《實錄》和《國史》等書稿，有的不幸毀於戰火，如安史之亂和黃巢之亂；有的幸而保存下來，特別是史官柳芳最後編撰的那部《國史》，最為珍貴，在唐滅國後，傳到了五代後晉的史館。

這批唐史館史官，身分是朝廷官員，皆善屬文和修撰，有史才，包括唐初著名的史家姚思廉、李百藥和令狐德棻，盛唐的劉知幾、吳兢、韋述和柳芳諸家，以及唐後期的韓愈、杜牧和蔣乂父子。他們皆以各自的本官，被召去禁中史館充任史官，因而帶有「修國史」、「直史館」和「史館修撰」等等使職官銜，但他們都是專任史官，並非「兼任」在史館修史。他們是皇帝欽差的使職，處於禁中，接近皇權，享有皇室的特殊禮遇和待遇。劉知幾甚至告訴我們，這個史館「館宇華麗，酒饌豐厚」。皇帝十分照顧他們的物質生活。

這些史館史官，對唐前朝幾部正史如《梁書》、《陳書》、《北齊書》、《周書》和《隋書》的修撰，貢獻明確，嘉惠後世治史者良多，影響深遠，但他們對其本朝正史《舊唐書》的編修貢獻，至今仍隱晦不顯，常為後晉那些史官的「掛名光芒」所掩蓋，殊為可惜，有待發微。

但正如杜希德的專書《唐代官修史籍考》所證，後晉史官花在《舊唐書》上的撰述，遠遠不如唐史官之多，幾乎只是「照搬」唐史官的舊文而已。從唐初到肅宗乾元二年（759）的那段

歷史，後晉史官有柳芳的《國史》可用。從肅宗到武宗這幾朝，
他們有這幾位皇帝的實錄可用。至於宣宗以後到唐亡，唐史官未
編實錄，或實錄未編成，但仍然編有《日曆》、《起居注》和
《時政記》等史書傳世，可供後晉史官採用。因此，《舊唐書》
有大約二百多年的漫長形成史，裡面包含了不少唐史館史官的心
血和舊文，後晉史官只是加以彙整。

第五部分

財臣

第十二章

宇文融和唐玄宗朝的財稅使職

> 宇文融揣摩上旨，款關謁見，天子前席而見之，恨得之
> 晚。言發融口，策合主心，不出數年之中，獨立群臣之
> 上，無德而祿，卒以敗亡。
>
> ——柳芳〈食貨論〉[1]

《舊唐書‧食貨志》開頭的第二段頗有名，把唐代高層的財
政文官，如何從唐初的職事官，演變為唐開元以降的使職，做了
一個歷史回顧，簡明扼要：

> 高祖發跡太原，因晉陽宮留守庫物，以供軍用。既平京城，
> 先封府庫，賞賜給用，皆有節制，徵斂賦役，務在寬簡，未
> 及踰年，遂成帝業。其後掌財賦者，世有人焉。開元已前，
> 事歸尚書省，開元已後，權移他官，由是有轉運使、租庸
> 使、鹽鐵使、度支鹽鐵轉運使、常平鑄錢鹽鐵使、租庸青苗
> 使、水陸運鹽鐵租庸使、兩稅使，隨事立名，沿革不一。設
> 官分職，選賢任能，得其人則有益於國家，非其才則貽患於
> 黎庶，此又不可不知也。如裴耀卿、劉晏、李巽數君子，便

時利物，富國安民，足為世法者也。[2]

這段話很可能原出自唐知名史官柳芳的《國史》，約完成於肅宗上元元年（760），由後晉史官在五代編修《舊唐書》時採入書中，可能略有增補[3]。這是一個使職登場的時代。正像我們在本書中所見，唐高層文官當中最關鍵的詞臣、史官和地方長官，到開元時都開始遭到不同形式和不同程度的使職化。財臣也不例外。在這種大時代背景下，〈食貨志〉會以這樣的一段話展開，來強調財政使職的興起，也就毫不出奇，也隱含著些許對歷史變遷的感慨。

這段話有兩個重點。第一是說唐代的財臣，經歷過一個使職化的過程。玄宗開元以前，稅賦錢穀之事，「事歸尚書省」，主要指戶部度支等司的職事官。開元（713-）以後，「權移他官」，職權轉移到一系列的財政使職，如轉運使、租庸使、鹽鐵使等等。〈食貨志〉如此把職事官和使職拿來對舉，很有一種對仗的修辭效果，反映了唐五代人，是這樣理解唐代財臣的職官演變。如果我們今人不是如此看待唐代的財臣，則重讀此段文字，當有助於我們穿越回到唐代。

第二個重點是，財臣掌管錢穀財帛事，不免會涉及人類的貪婪，嚴重影響到國家和百姓，「得其人則有益於國家，非其才則貽患於黎庶」。所以，唐代財臣可分為兩種人。一種是下一句特別點名讚揚的裴耀卿、劉晏、李巽三位「君子」，為國家人民的

---

2 《舊唐書》卷48，頁2085-2086。

3 Denis Twitchett, *The Writing of Official History under the T'ang*, pp. 232-236，中譯本《唐代官修史籍考》，頁209-212。

福祉努力，足以為後世的榜樣。言下之意，唐代財臣當中，有這幾位「君子」，當然也就有第二種人「非君子」，也就是那些所謂的「聚斂之臣」。

然而，不論是「君子」或「聚斂之臣」，他們都是財臣，都在掌管賦稅。為什麼有人會被視為「君子」，有人又被稱為「聚斂之臣」？他們的區別，究竟在哪裡？這問題牽連頗廣，涉及唐徵稅方法等重要課題，但學界似從未討論。本書擬嘗試解答。本章先論聚斂之臣，下一章再論君子。

唐代財賦史的研究，從1934年鞠清遠的《唐代財政史》開始，經過中外學者約八十年來的研究，如今已累積了十分豐碩的成果。我們擁有不少精細的財稅使職專題研究，比如括戶使、轉運使、兩稅使、鹽鐵使、度支使、戶部使等等[4]。在稅賦方面，我們也有數量可觀的專題研究，諸如租庸調、兩稅法、鹽專賣[5]。唐代財賦史是一個名家輩出的領域，其研究成果遠比唐代官制，更為深入且精緻，基本上釐清了不少課題。

故本書不擬重複論述那些前人已詳論的課題，而想開拓另一個領域，想把官制、稅賦和傳記研究結合起來，重點放在這些財臣身上，想看看他們到底是哪些高人，其出身背景如何，為何能夠獲得皇帝的青睞，出任這些可以「有益於國家」或「貽患於黎庶」的高職。為了配合本書的主題，本書也會特別關注唐代職官制度上的一個重要環節，那就是這些財臣如何出任種種新的財稅使職，如何逐漸取代了原先的財政職事官，開創了唐後半期的全

4　這領域最出色的專論是何汝泉，《唐財政三司使研究》。

5　這方面的論著極多，不能盡錄，最重要的專書有張澤咸，《唐五代賦役史草》；陳明光，《唐代財政史新編》；李錦繡，《唐代財政史稿》。

新局面，也開啟了五代與北宋的另一種官制。

一、唐初的財政職事官

唐開元以前的財政官員，都屬於職事官，有官品，職掌明確，且在《唐六典》和兩《唐書》職官志中，都有詳細的記載。這些官員主要集中在尚書六部之一的戶部，以及太府寺和司農寺。簡單說，唐初財臣最重要的職務，就是如何向全國州縣百姓徵稅，如何把徵收到的稅物，運送到京城及其他指定地點，以及如何分配稅收的使用。

戶部的長官是戶部尚書，次官為戶部侍郎，統領底下的四個司：戶部、度支、金部、倉部。戶部司的長官（郎中）和次官（員外郎），掌領全國各地州縣的戶口管理和登記，製作戶籍簿，以確定全國有多少課稅和不課稅戶口，作為徵稅的最重要依據。度支部的長官（郎中）和次官（員外郎），擬定「支度國用」，類似現代國家的年度總預算案，頗有現代意識。首先根據戶籍數據，估算出來年可以徵收到多少稅收，再決定來年的國家支出可以有多少，並且先把預估可收到的稅入，分配好其用途，用到預定的支出項目上[6]。

然而，唐代貨幣仍不發達。百姓繳稅，一般多交穀物（麥、粟、米等）或織品（絲、錦、麻等），不像現代人繳稅，多利用現

---

6 這方面最佳的史料，是儀鳳三年度支奏抄和四年金部旨符，在吐魯番出土。見大津透，〈唐律令國家の予算について——儀鳳三年度支奏抄‧四年金部旨符試釋〉，《日唐律令制の財政構造》，頁27-113；李錦繡，《唐代財政史稿》第1冊，頁16-31。

鈔、支票、信用卡，輕盈易攜，甚至還可用銀行轉帳或匯款等辦法。但唐代這些穀物織品稅物，極其笨重，要從全國各地運送到京城去上繳，或運往遠方邊地去供軍，在交通不便的中古時代，形成十分棘手的運輸難題。因此，唐玄宗朝出現一種新的使職（轉運使），專管轉運，就是為了應付這種新時代新需要才產生，以便把天下的稅物，更有效地運輸到京城或其他指定的地點。

稅物運到指定的目的地後，穀物和織物又分送不同的地點貯藏。穀物的貯藏處，通稱為「倉」，如洛陽的含嘉倉，由司農寺的長官司農卿統領。織物的貯藏處，通稱為「庫」，如京城左藏庫，由太府寺的長官太府卿主管。然而，司農寺和太府寺都只管收貯盤點，並不管支用。

於是，稅物的支用，落在金部司和倉部司的長官和次官（郎中和員外郎）的身上。顧名思義，織物屬於財帛類，其支出由金部管；穀物屬於米糧類，由倉部管，分工頗為精細。但唐前期是否真的按照這樣的分工，來管理財賦的收入和支出，頗成疑問，因為實際的例證雖有，如敦煌文書等，但很零散，有些方面並無證據。我們只能說，《唐六典》和其他律令的條文規定是如此。

以上是我們根據唐朝最早編成的一本職官書《唐六典》及其他史料，所知悉的唐幾個衙署理財的官員，其分工和職掌的大略。在實際運作的層面，我們還可以在史書列傳、敦煌和吐魯番出土文書，以及墓誌等其他史料，找到一些零星例證。比如，在敦煌和吐魯番，有大批唐代戶籍管理的文書出土，雖然都很殘破，且大多屬於唐前期，但史料價值很高，可以讓後人窺見，唐前期在當地登錄戶口和徵稅的一些細節，皆可佐證史書上的記載，但有不少問題仍有待解決。

上述這些課題，在過去半個世紀以來的唐代財政史研究，以

及敦煌和吐魯番出土文書研究當中，所論已詳備。本章要關注的是，唐初這樣「井然有序」的職事官制度，如何在大約開元年間，因無法應付日益複雜的需要（比如逃戶脫離戶籍的問題，稅物轉運的困難等等），於是皇帝便訴諸人類最原始的本能，委任使職，開始從職事官當中，任命一些主動向他獻計，或合他心意的特使，最後終於演變成後來的一系列財稅使職，也就是《冊府元龜・邦計部總序》所說：「其後財貨之任，多專置使以主之，不獨歸於臺閣。」[7]

二、宇文融登場

在唐代財政史上，宇文融大大有名，且毀譽參半。他死後，玄宗皇帝仍在思念他，因為他為玄宗的私人庫房（大盈庫），帶來巨額財富，但正統儒臣和史官，提到他時，都說他是「聚斂之臣」，主因是他向百姓徵收常賦以外的其他稅收，去「貢獻」給玄宗。他也因為掌財賦，樹大招風，被人檢舉涉嫌貪贓，最後被貶官流放到嶺南，死在那裡。

宇文融的事跡，見於兩《唐書》的本傳，但這不是最早的史料。唐代最早論述宇文融的，應當是天寶年間那位史官柳芳所寫的〈食貨論〉。這是一篇火藥味十足的評論，對宇文融任財稅特使，有許多嚴厲的評語，但也提供了一些珍貴有用的細節，讓我們理解到，玄宗皇帝當初任命宇文融為特使的一些歷史背景。宇文融看來本事不小，來頭不小。且看柳芳怎樣細寫當年宇文融，初見玄宗的一幕生動場景：

---

7 《冊府元龜》卷483，頁5768。

是時也，天子方欲因士馬之眾，賈將帥之勇，高視六合，慨然有制御夷狄之心，然懼師旅之不供，流傭之未復，思覩奇畫之士，以發皇明，蓋有日矣。而宇文融揣摩上旨，款關謁見，天子前席而見之，恨得之晚。言發融口，策合主心，不出數年之中，獨立群臣之上，無德而祿，卒以敗亡。既而天子方事四夷，國用不足，多融之能，追而悔焉。於是楊崇禮又以善計財帛見幸，然廉謹自守，與人無害，故能獲終。融死且十餘年，始用韋堅及崇禮、慎矜，皆以計利興功中人主，脅權相滅，為天下笑。而王鉷、楊國忠咸震海內，尤為暴橫，人反思融矣。大凡數子，少者帶數使，多者帶二十使，判官佐使，遍於天下，客戶倍於往時。主司守以取決，備員而已。四十年間，覆族者五，棄人賈害，豈天道歟？[8]

這段話，說得慷慨激昂，把宇文融和他隨後那一班財臣，嚴詞譴責一番，表現出柳芳這位史官，如何剛烈，與眾不同。但他也提到兩件事，跟使職有關，值得留意。

第一，宇文融的括戶，有一個重要的歷史因緣，那就是玄宗「有制御夷狄之心，然懼師旅之不供，流傭之未復」，想加強邊防，但又怕軍費不足。所謂「流傭」，指脫離戶籍和稅網，逃離本鄉的流人逃戶。宇文融就向玄宗獻計，讓他去檢括這些「流傭」，再向他們徵稅。這樣便有額外稅賦，用於安邊供軍了。於是玄宗「恨得之晚」，不久就任命他為括戶、租庸等使，授權他去跟那些他搜括到的「流傭」歸戶徵稅。

其次，宇文融和他後來「數子，少者帶數使，多者帶二十

使，判官佐使，遍於天下，客戶倍於往時。主司守以取決，備員而已」。這分明就在寫宇文融等人，如何以使職的身分，親自辟署判官，遍巡天下，權力集中，以皇帝的旨意，檢括到「倍於往時」的客戶（及稅賦），成果非凡，很討皇帝歡心。這種使職，「顛覆」了傳統正規的「主司」戶部職事官，以致他們「守以取決，備員而已」。

大凡使職的產生，都有個原因，不會無端端任命，大抵皆出於某種「需要」。開元初，為了「制御夷狄」，且「流傭」未復，稅賦不足，於是宇文融趁機向玄宗獻計去括戶徵稅。傳統上，稅賦的徵收和支用，原本是尚書省戶部（特別是戶部司和度支司）的業務。但這兩個司只管正常平時的稅賦，即所謂「常賦」，一旦發生了逃戶問題，則毫無辦法。玄宗只好「思覯」等待「奇畫之士」的出現，「以發皇明，蓋有日矣」，看來處於「被動」的地位。最後，玄宗終於等到了這位「奇畫之士」，那就是宇文融。他「揣摩上旨」，「主動」求見獻策，雙方一拍即合。在當時傳統職事官沒有辦法籌措到多餘稅賦下，玄宗也就出於人類最原始的本能（或許也帶有一些人類最原始的「貪婪」），任命獻計者新的使職，去執行這項特種任務。宇文融也跟著達成使命，「得戶八十餘萬，田亦稱是，得錢數百萬貫。玄宗以為能。」[9]

宇文融當時只是個監察御史。按照許多現代學者的理解，這只不過是個八品小官。他究竟有何本事，能夠猜中皇帝的心事，進而「款關謁見」？唐人的官位輕重，不能單看官品。監察御史雖然只有八品，但御史一向被視為是皇帝的耳目，代皇帝監管其

---

9 《舊唐書》卷48〈食貨志〉，頁2086。

他官員，身分特殊，一般都要經歷過好幾種清貴的基層官（如校書郎、京畿縣縣官等），具有相當的資歷才能當上，雖只有八品，卻是個中層的官位，頗清貴，不可小覷[10]。

此外，宇文融「款關謁見」，也凸顯了使職任命的一個重要先決條件：皇帝和特使，先前必定早就認識，必有某種「私」（personal）關係，或某種信任才行。否則，一個監察御史，怎麼可能得到玄帝的信心和信任，受命去執行像括戶徵稅那樣重大的使命？他又怎麼會有那麼大的魅力，竟能令「天子前席而見之，恨得之晚」？所謂「前席」，典出《史記》等處，如《史記・賈生列傳》：「賈生因具道所以然之狀。至夜半，文帝前席。」《漢書・賈誼傳》本條引顏師古注：「漸迫近誼，聽說其言也。」這裡是形容玄宗聽宇文融獻策，很合心意，竟聽得入神，不覺向融處移動了坐位，大有相逢恨晚之意。從這個動人的細節看，玄宗和宇文融的見面，相當隨和親切，兩人應當早是舊識，或有熟人的引見。這一切，就要從宇文融的背景說起。

三、宇文融的出身與仕歷背景

宇文融頗有來頭。他的複姓宇文，便透露他的北朝鮮卑血統。據他的《舊唐書》本傳[11]，他是北周皇室宇文氏族的後裔。他的曾祖父是隋朝的禮部尚書宇文弼。祖父宇文節，「貞觀中為尚書右丞，明習法令，以幹局見稱。時江夏王道宗嘗以私事託於節，節遂奏之，太宗大悅，賜絹二百匹，仍勞之曰：『朕所以不

10　拙書《唐代中層文官》第一章，專論監察御史、殿中侍御史和侍御史。

11　《舊唐書》卷105，頁3217。

置左右僕射者，正以卿在省耳。」」高宗永徽初年，宇文節官至
同中書門下三品宰相，「坐房遺愛事配流桂州而卒」。宇文融的
父親嶠，做官只到萊州長史，一個地方上的中高層州官，算是比
較沒落的一代。從如此的家世背景看來，宇文融家族曾經跟隋唐
皇室有過密切的關係，人脈很廣。他屬於陳寅恪所說的關隴貴族
階層，跟武后時期興起的科舉出身新貴，如張說等人，大不相
同，也不同調。他後來跟張說共事，兩人便一直處於敵對的狀
態。張說曾批評他，「此狗鼠輩，焉能為事！」[12]

　　宇文融從未考科舉。他的兩《唐書》本傳，亦未說他是以何
色入仕，但從他的家世來看，很可能是以蔭入官。他的生年也不
詳。本傳僅說他「開元初累轉富平主簿，明辯有吏幹，源乾曜、
孟溫相次為京兆尹，皆厚禮之，俄拜監察御史」。「累轉」兩
字，表示富平主簿不是他的第一個官職，只是史書省略了他之前
的所有官歷。富平（今陝西富平縣）是長安京兆府下的京縣之
一。主簿是個基層九品縣官，在縣官當中排第三位，在縣令、縣
丞之後，在最低的縣官縣尉之上，但在富平這樣的京縣當主簿，
意義卻不尋常，遠非其他偏遠窮縣的主簿可比。京畿縣的縣官都
是美職，仕宦前景極佳。也就在這段時間，他的前後兩個上司
（京兆尹）源乾曜和孟溫，「皆厚禮之」，以致他「俄拜監察御
史」，跟著他就「款關謁見」玄宗，獻策括戶。

　　宇文融在開元九年（721）第一次謁見玄宗時，主客雙方應
當都有備而來。玄宗應當熟悉這位監察御史顯赫的家世身分，對
他已有一定程度的認識，特別是他「明辯有吏幹」的才能。宇文
融應當自認有能力，有信心，有「吏幹」去括戶抽稅，才敢於謁

---

12 《舊唐書》卷105，頁3221。

見玄宗，毛遂自薦。他的謁見也要有適當管道才行。如果他跟玄宗不是舊識，則他要有人引見。這次謁見，看來很可能是宇文融的前上司源乾曜的安排，因為他正好在前一年（720），從京兆尹遷為黃門侍郎，再次出任同中書門下平章事（宰相）[13]。在這樣的條件下，玄宗以使職的方式，來任命宇文融為括戶租庸等使，也就完全符合使職制度的運作模式。這一年，宇文融的年齡，史書缺載，無法稽考，但唐人任監察御史，一般約在40歲上下。

宇文融敢於謁見玄宗，獻策括戶，他必定胸有成竹，熟悉括戶的辦法和作業細節才行，而且應當跟玄宗討論過這些細節，說服了玄宗，取得了玄宗的信任，玄宗才有可能任命他為括戶使。否則，皇帝怎麼會輕易相信一個八品官的話？這就牽涉到使職任命的一個重要條件和基礎：雙方不但要認識，或要有熟人引見，而且更重要的是，任命者必須要先對受命者，有足夠的信任才行。這種信任，其實是使職運作的一項重要因素，也是古今社會運作的一項關鍵，甚至在現代的政治社會經濟理論中，都占有重要的一席之地[14]。相反的，正規職事官的委任，就比較制式化且無私（impersonal）：任命者跟受命者往往並沒有什麼私人關係可言；信任也非任命的關鍵。

宇文融當時任監察御史，業務跟括戶無關，那他怎麼會熟悉括戶作業？答案不在監察御史，而應當要在他的前一任官（富平主簿）去尋找。主簿在唐代的縣官當中，排在第三位：縣令、縣丞之下，便是主簿，第四是縣尉。在唐初的所謂四等官制中，主簿跟州的錄事參軍一樣，是一種「勾官」，一種負責勾檢文書、

---

13 《新唐書》卷62〈宰相表〉，頁1686。

14 Francis Fukuyama, *Trust: The Social Virtues and the Creation of Prosperity*.

籍帳的官員[15]。所謂括戶，即檢括那些脫離原來戶籍，逃離本鄉，流失的戶口。國家也沒有辦法向他們徵稅，造成稅收減少。宇文融曾經在富平縣當過主簿，又有「吏幹」，看來他在管理籍帳方面，業務精湛，經驗豐富，熟悉戶籍的登錄作業。他謁見玄宗時，應當早就對州縣的戶籍帳，以及逃戶的種種內幕，有第一手的親身經歷和體驗，擬好了一套對策，才能看似「輕易」地說服並取信於玄宗，最後被任命為括戶和勾當租庸地稅等使。

除了親身經驗外，宇文融應當還有歷史經驗或知識，知道中國歷史上（特別是在他之前的北朝和隋朝），朝廷派特使去檢括客戶和逃戶，以便把他們納入稅網，早就不是什麼新鮮事，而是歷朝都曾經做過的。例如，北魏和東魏都有過括戶。隋初「高潁設輕稅之法，浮客悉自歸於編戶」[16]，也屬括戶。唐武德、貞觀年間，都施行過括戶。宇文融年輕時，甚至可能還經歷過或親身目睹過武則天長安三年（703）的那次知名括戶。他的開元括戶，也常被視為是長安年間括戶的「繼續和發展」[17]。

事實上，在宇文融之前，唐代武德和長安年間的那些括戶，也都是臨時委派特使去進行，也算是使職的運用，但規模較小。宇文融的開元括戶，則是歷來規模最大的一次，更有組織，設有十道判官等，且徵收到的巨額稅錢，啟發了唐開元以降的一系列財政使職，所以成了唐代財臣使職化的標誌性起點。

歷來論及宇文融的著作不少，但有些問題似仍未解決。例如，學界一向把重點放在宇文融的括戶，但下面擬考述，宇文融

---

15 拙書《唐代中層文官》第五章，專論錄事參軍。

16 《通典》卷7，頁156-157。

17 唐長孺，〈關於武則天統治末年的浮逃戶〉，《歷史研究》1961年第6期，頁90-95。

的成就，其實並不在括戶，而在於徵稅。他除了是括戶使，還帶有一個「勾當租庸地稅使」，幾乎被今人忽略，甚至遺忘。他徵收到一大筆常賦以外的額外稅收，「得錢數百萬貫。玄宗以為能」[18]。這才是令玄宗大為高興的事。如果宇文融只是純粹括戶，再把歸戶重編入地方戶籍了事，不向他們徵稅，則他的「得錢數百萬貫」，從何而來？

四、毛遂求官模式

柳芳的〈食貨論〉說，「宇文融揣摩上旨，款關謁見」，可圈可點，正說中了宇文融任使職的核心。這表示，他是仿戰國時代的毛遂，自薦獻計。據《史記‧平原君虞卿列傳》，毛遂是戰國趙平原君的門下食客。趙孝成王九年，秦兵攻趙，王命平原君趙勝赴楚求救，毛遂「自贊」隨同前往。到了楚國，平原君與楚王談判，自日出迄日中不決。毛遂按劍上階，直陳利害，終使楚王歃血定盟，決定楚趙聯合抗秦[19]。

戰國的毛遂，是以一個門下客的身分，去充當平原君的特使，在執行一種使職。舉凡使職，初設時往往都會帶有這種毛遂成份在內，特別是牽涉到財貨這種重大利益的使職（至於像史臣和詞臣，不涉及財貨利害關係，則無毛遂自薦事）。宇文融便是以毛遂的模式，成為玄宗的特使，得享皇恩（雖然最後敗亡）。

宇文融之後的一些財臣，跟著模仿，比如韋堅。《舊唐書‧韋堅傳》說他「與中貴人善，探候主意。見宇文融、楊慎矜父子

---

18 《舊唐書》卷48〈食貨志〉，頁2086。

19 《史記》卷76，頁2365-2368。

以勾剝財物爭行進奉而致恩顧，堅乃以轉運江淮租賦，所在置吏督察，以裨國之倉廩，歲益鉅萬。玄宗以為能」[20]。後來的王鉷也是如此。《舊唐書‧食貨志》就說，「王鉷進計，奮身自為戶口色役使」。王鉷的判官楊國忠，更是如此。他「善窺上意所愛惡而迎之，以聚斂驟遷，歲中領十五餘使」。[21]甚至連「君子」之一的第五琦，當初也是以毛遂模式，向玄宗求官[22]（詳見第十三章）。

　　當然，這裡並非說唐代的財臣，全都靠自薦得官（後來的財臣如劉晏等人就不是），而是說唐最初的幾個財稅使職，比如宇文融的括戶使和王鉷的戶口色役使，是毛遂自薦下的結果。這種毛遂模式，通常見於某種新使職初設時，是一個常被採用的可行途徑（但職事官恐無法用此模式）。君主當時可能還沒有意識到，可以用某種財稅手段，來增加國家稅收，甚至皇室財富。這時，若有「奇畫之士」到來，獻策能打動君主的心，雙方便可以一拍即合。等到這使職設置以後，君主就可以主動找其他人來繼續出任使職，不必再等下一個毛遂。但即便如此，以後若有新的毛遂到來，君主應當也會考慮。下一個毛遂，很可能會帶來新的稅賦方案，從而產生另一種新的財稅使職。毛遂模式在使職任命方面，是一個重要的因素，特別是在財稅特使上，作用不小。

五、宇文融的覆囚使和租庸地稅使

　　括戶使是宇文融所帶最為人所知的一個使職。史書上一般也

---

20 《舊唐書》卷105，頁3222。
21 《資治通鑑》卷216，頁6890。楊國忠後來官至宰相，兼四十餘使。
22 《舊唐書》卷123，頁3517。

都稱他為括戶使。但除了此職外，史料中還可見到他帶有好幾個其他使職，名目有些混亂，但大約可歸納為主要五種：（1）充使推勾（推勾使）；（2）覆囚使；（3）勾當租庸地稅使；（4）勸農使；（5）諸色安輯戶口使。學界對這些使職名及其職能，說法不一[23]，有一些問題還有待釐清。

在這幾個使職當中，推勾使、勸農使和諸色安輯戶口使，恐怕只是宇文融在數年括戶期間，因不同時間，不同工作性質，而改的不同使職官名。比如，推勾使很可能是他在括戶初期所帶的使職名，因為這時的工作重點，在於「推勾」戶籍，勾稽文書，檢括逃戶。勸農使則可能是他在括戶較後時，逃戶陸續歸來後，勸課農桑期間所帶的使職名。諸色安輯戶口使則是他在括戶後期，逃戶大批回來安居，或需安輯到某一集中地，要安撫百姓時所帶的使職。這些都符合使職「隨事立名」的特徵。

但以上宇文融的幾個使職當中，卻有兩個（覆囚使和勾當租庸地稅使）一向被學界忽略，往往一筆帶過，未有深論。這裡略為疏證。

（一）覆囚使

《舊唐書・裴寬傳》說，「時宇文融為侍御史，括天下田戶，使奏差為江南東道勾當租庸地稅兼覆田判官」[24]。《新唐書・宇文融傳》說，「玄宗以融為覆田勸農使，鉤檢帳符，得偽勳亡

---

23 孟憲實，〈唐代前期的使職問題研究〉，吳宗國主編，《盛唐政治制度研究》，頁232-242；黃進華，〈宇文融括戶與唐朝中央財政體制的演進〉，《首都師範大學學報》2007年第2期，頁22-28。

24 《舊唐書》卷100，頁3129-3130。

丁甚眾」[25]。但新舊《唐書》所謂的「覆田」，恐怕都是「覆囚」形近之誤。唐代文獻中，除了新舊《唐書》此處外，幾乎見不到「覆田」一詞，且其意義不明，但「覆囚」卻是史書上常見之詞，且意義明確，跟農事有關。

《唐會要》卷78的「諸使雜錄上」部分，記載宇文融的這個使職，就說是「覆囚使」，非「覆田使」：

> 〔上元〕二年三月十一日，關內道覆囚使邵師德等奉辭。上謂曰：「州縣諸囚未斷，甚廢田作，今遣爾等往省之，非遣殺之，無濫刑也。」至開元十年十月，宇文融除殿中侍御史，充覆囚使。[26]

由此我們得知幾件事：遣使覆囚，是唐初以來就在實行的制度。覆囚跟農作相關：「州縣諸囚未斷，甚廢田作」。此制始於漢代，到唐代成了定制，常見於史書記載。其中心思想是漢代的「天人感應」和「災害天譴」論。如果地方上發生自然災害，農耕不作，漢唐人相信其起因是州縣的冤獄不斷，獄政不治，所以要派遣使臣巡行天下去「覆囚」，去「省之，非遣殺之，無濫刑也」，也稱「慮囚」、「錄囚」等[27]。宇文融括戶期間，朝廷顯然考慮到應當寬待囚犯，以求平安，農耕豐收，稅賦增加，所以要派宇文融去「覆囚」。

---

25 《新唐書》卷134，頁4557。

26 《唐會要》卷78，頁1700。此條年代據三秦版《唐會要校證》，頁1232。

27 閻守誠、李軍，〈唐代的因災慮囚〉，《山西大學學報》2004年第1期，頁103-107。

於是，宇文融在括戶當中，也以殿中侍御史的本官，充覆囚使。《唐會要》此處對他的本官、使職和充職年月，交代十分清楚。這個覆囚使，無疑是宇文融這時的正式使職官名。從如此明確的敘述看來，這一年他應當是出使在外覆囚。他之前的本官為御史臺最低一級的御史（監察御史），現在升為殿中侍御史，為更上一等級御史，也完全符合他的官歷升遷。

（二）勾當租庸地稅使

宇文融曾經出任勾當租庸地稅使，最確實的證據仍是在《唐會要》，在卷84「租庸使」部分：

> 開元十一年十一月，宇文融除殿中侍御史，勾當租庸地稅使。[28]

這裡記載宇文融的本官、使職和充使時間，都很具體。勾當租庸地稅使，當是宇文融的正式使職無疑。《唐會要》敘述租庸使這一部分，列舉了唐開元到永泰年間，所有最重要的租庸使，等於在寫一篇唐租庸使小史。宇文融即名列榜首，是唐第一位租庸使，其後還有韋堅、楊慎矜、第五琦、元載、劉晏等知名財臣。

租庸使的職務，如果參照稍後韋堅等租庸使的經歷看來，並非括戶，而是徵稅。韋堅等人帶此使職時，就從未去括戶，而是徵稅。蕭宗寶應元年（762），元載任租庸使時，他的任務也同樣是徵稅：

> 租庸使元載以江、淮雖經兵荒，其民比諸道猶有貲產，乃按

---

28 《唐會要》卷84，頁1833。

籍舉八年租調之違負及逋逃者，計其大數而徵之。[29]

這不禁要讓我們重新思考，宇文融從開元九年到十二年，都在括戶嗎？沒有在徵稅嗎？他應當不全是在括戶，應當也有徵稅的時候。他這四年來的職務，應當可以用他這期間所帶的主要五個不同使職，分為五個不同階段和工作重點：（1）推勾簿帳，檢括浮逃客戶；（2）覆囚；（3）徵收租庸地稅；（4）勸農；（5）安輯戶口。這五個使職，並非一個完了，再接下一個，而可能是同時兼帶的，比如勾當租庸調地稅和勸農使。各階段的工作，可能會有一些重疊之處，比如在徵稅期間，可能也還在進行零星的括戶，但括戶的大部分工作，應當已經在第一個階段，他出任推勾使時就大致完成。如果宇文融一直都在括戶，又何必授給他五種不同的使職？這五個不同使職，應當都有不同的意義，各有各的工作重心。

《舊唐書‧宇文融傳》在總結宇文融這四年來的成就時，說是「得戶八十餘萬，田亦稱是，得錢數百萬貫。玄宗以為能。」[30]要注意的是，他有三大收穫：得戶、得田、得錢。他不光只是括戶，還括地，甚至還徵稅獲得「數百萬貫」。一貫等於一千文，數百萬貫即數十億文，這是一筆不小的稅賦。難怪玄宗在他死後，還在思念他。

宇文融的勾當租庸地稅使，還有一個更深遠的意義，那就是，他以一個皇帝特使的身分，「凌駕」在原本負責收稅的戶部職事官之上（這就是一種使職化），直接把收到的稅物挪用，

29《資治通鑑》卷222，頁7119。

30《舊唐書》卷48〈食貨志〉，頁2086。

「一時進入宮中」，沒有經過正規的職司太府寺，好比向皇帝提供「私房錢」。這跟唐後期那些節度使的「進奉」，如出一轍。這方面最明確的證據，見於《唐會要》：

〔開元十二年〕歲終，得客戶錢百萬〔貫〕[31]，一時進入宮中，由是擢拜御史中丞。[32]

《資治通鑑》亦云：「歲終，增緡錢數百萬，悉進入宮；由是有寵。」[33] 宇文融括戶括田後，所徵收到的這批稅物，原本就不在度支司每年所作的「度支國用」預算當中，是常賦之外的額外稅收，原就無指定用處，不屬「度支國用」，於是就彷彿「順理成章」般「悉進入宮」，成了玄宗的「專用款」。他可以挪作宮中用度、個人賞賜，也可以用於軍費安邊，使用上很有彈性。玄宗對這位能幹又能為他提供「專用款」的特使，當然「由是有寵」，把宇文融「擢拜御史中丞」。四年之間，他的本官，從監察御史，攀升到御史中丞，升官十分神速，但這點在使職當中常見。使職是一種特別注重「業績表現」的官職。表現佳，可以超資授官；表現不佳，則可能立刻被撤職。

六、常賦外的徵稅：羨餘和進奉

宇文融任勾當租庸地稅使時，他所搜括到的稅賦，是一種怎

---

31 《舊唐書》卷48，頁2086，作「得錢數百萬貫」，據補。

32 《唐會要》卷85，頁1852。

33 《資治通鑑》卷212，頁6761。

樣的稅收？學界過去一向沒有注意這個問題，以為宇文融「得錢數百萬貫」，只是一般的正常賦稅，沒有什麼稀奇，不必討論。其實，這裡面大有文章，值得細究。本章擬提出一個新的看法：宇文融為玄宗搜括到的這「數百萬貫」，絕非一般的「常賦」，即租庸調正常稅收，而是常賦外的稅收，最後被當成是一種「羨餘」（多餘的賦稅），來「進奉」給玄宗。上引《唐會要》說，這筆「數百萬貫」的稅物，「一時進入宮中」；《資治通鑑》也說「悉進入宮」，就是最好的例證。《舊唐書・王鉷傳》的史臣贊部分，對玄宗也有這樣的感歎：「如何帝王，志求餘羨。」[34] 這在在顯示，唐人遠比許多現代學者，更清楚理解到，玄宗朝這些財稅使職所徵收的稅賦，是一種常賦外加徵的「羨餘」，並非常賦。

　　羨餘和進奉，都是唐代用詞，表示常賦之外的稅賦奉獻，是一種「非正規」的收入，是討好皇帝的「私房錢」、「專用款」，所以都直接納入宮中（大盈庫或瓊林庫），不進入國家的左藏庫。這樣的進奉，因為超出常賦的範圍，都被唐人如史官柳芳等人，視為是「苛徵」，是「勾剝」百姓的稅收。宇文融等人，才會被視為是「聚斂之臣」。此詞典出《禮記・大學》：「百乘之家，不畜聚斂之臣，與其有聚斂之臣，寧有盜臣。」

　　「進奉」、「羨餘」、「常賦」、「聚斂」這幾個名詞，在唐代文獻中常連在一起使用，很有關連，顯示這是唐人關注的一件事。例如，《資治通鑑》德宗貞元十二年（796）條下此段：

> 初，上以奉天窘乏，故還宮以來，尤專意聚斂。藩鎮多以進
> 奉市恩，皆云「稅外方圓」，亦云「用度羨餘」，其實或割

34　《舊唐書》卷105，頁3232。

留常賦，或增斂百姓，或減刻利祿，或販鬻蔬果，往往私自入，所進纔什一二。[35]

再如《舊唐書・食貨志》：「其後諸賊既平，朝廷無事，常賦之外，進奉不息。」[36]《舊唐書・裴冑傳》，說他在湖南、江西等地任觀察使時，「常賦之外無橫斂」[37]。這句話看似平淡無奇，但可是讚美裴冑的，表示他是個好父母官，只向百姓徵收「常賦」，沒有「橫斂」。同樣，《舊唐書・良吏傳》中有一位閻濟美，在出任福建觀察使和潤州刺史時，「所至以簡澹為理，兩地之人，常賦之外，不知其他」[38]。這句話也是個讚美，表示他也是個好地方官，只徵常賦，不收其他加稅，因而他進了〈良吏傳〉。

從唐代文獻如此習見「常賦」一詞看來，唐人有非常強烈的「常賦」觀念。「常賦」彷彿成了唐人的一個定點「參照組」。只要是「常賦」，那就是正規的，是好的；凡是不屬於常賦的，那就是不正規的加稅，是壞的。即使是正直仁義儒臣如上引裴冑，或良吏如閻濟美，也不反對朝廷徵稅，不反對常賦。他們照常向百姓徵收常賦，還受到讚美。為了國用，常賦是必要的，合理的，百姓也還能承擔。但「橫斂」、「聚斂」等加徵，卻是百姓無力承受的，最害怕的，也是儒臣極力反對的。

一個唐代高官，比如財臣、節度使和刺史，他怎麼可能會有「羨餘」去「進奉」給皇帝？他一定是在「常賦」之外，私自向

---

35 《資治通鑑》卷235，頁7572。

36 《舊唐書》卷48，頁2087。

37 《舊唐書》卷122，頁3508。

38 《舊唐書》卷185下，頁4832。

百姓加徵其他稅收，才能取得「羨餘」。但為免皇帝起疑，他可能會謊稱他的進奉，是常賦內節約下來的「羨餘」，或「號為羨餘物」，一如白居易在〈秦中吟〉第二首〈重賦〉詩中所說：「繒帛如山積，絲絮似雲屯，號為羨餘物，隨月獻至尊。」[39]唐皇帝其實也都心知肚明，但只要不是太過貪虐，一般也都視若無睹。或皇朝正面臨戰爭或叛亂，軍需急迫，也只好默許，甚至主導這種常賦外的加徵。這種事在唐史上太多了，唐後期尤甚。在唐前期，則以宇文融、韋堅、楊慎矜、王鉷等財稅特使所為，最受注目。不同的是，他們還獲得玄宗授權許可，以特使的身分，去徵收這種常賦外的稅賦。

在宇文融等人所處的開元天寶年間，所謂常賦，只不過是租庸調等正稅罷了，其他的稅都是加徵橫斂。宇文融任租庸地稅使時，他的徵稅辦法，在《舊唐書·食貨志》有比較詳細的記載：

> 開元中，有御史宇文融獻策，括籍外剩田、色役偽濫，及逃戶許歸首，免五年征賦。每丁量稅一千五百錢，置攝御史，分路檢括隱審。得戶八十餘萬，田亦稱是，得錢數百萬貫。[40]

宇文融對歸來的逃戶，「每丁量稅一千五百錢」。這是一種全新的徵稅法，不屬於傳統的租庸調，不是常賦，而是宇文融想出來的新點子，且經玄宗的授權徵收。然而，在柳芳等儒家正統派看來，這還是違背常賦的做法，所以宇文融在唐史上一直被看成是聚斂之臣。

---

39 《白居易集箋校》卷2，頁82。
40 《舊唐書》卷48，頁2086。

宇文融之前的括戶，比如長安三年的括戶，未見有徵稅的記載，似乎是在括戶之後，就把歸戶重編入州縣戶籍，以待來年徵收正常的租庸調。宇文融的辦法，則跟以往的括戶大不相同。他是先向歸戶徵收每丁1500文，但「免五年征賦」，免去未來五年的常賦租庸調，以吸引他們歸來。這看來是項優惠稅，有誘人之處。這可以解釋何以他能括到八十萬的逃戶，也可以解答何以他的本傳會說，「融之所至，必招集老幼宣上恩命，百姓感其心，至有流淚稱父母者」[41]。平心而論，宇文融的徵稅方案看來並不苛刻，因此在後來王鉷和楊國忠等更「毒」的財臣當道時，「人反思融矣」。

宇文融「得戶八十萬」，一般每戶約有五人，但即使以每戶只有一丁計算，每丁稅1500文，則宇文融總共可得錢12億文，跟〈食貨志〉所說的「得錢數百萬貫」相符。這是一筆巨款。

相較之下，杜佑《通典》記天寶中天下計帳，「戶約有八百九十餘萬，其稅錢約得二百餘萬貫」[42]。這裡的「稅錢」指「戶稅錢」，但因戶有高下等級，戶稅錢不同，杜佑是「今通以二百五十為率」，以250文為平均數，得出這個數字。換言之，天寶中全國的戶稅錢，也只不過是「二百餘萬貫」，即20多億文，但宇文融的稅穫，竟高達「數百萬貫」的12億文，跟天寶中的全國戶稅錢相比，以戶口比例來說，不但毫不遜色，且猶有過之。

這筆稅錢「悉進入宮」，成了玄宗的專用款。他原本的目的，說是要「制御夷狄」，供邊軍使用。然而，進了宮中之後，卻成了唐史上的一個「謎」，始終未見其蹤影和用處。開元期

---

41 《舊唐書》卷105，頁3219。

42 《通典》卷6，頁110。

間，玄宗的確在邊區駐有好幾支長駐軍，比如洮州的臨洮軍、鄯州西北的安人軍[43]，但這些軍隊都是以屯田的方式，自給自足，或以常賦的「度支國用」預算來補充軍糧，未見有任何記載說，玄宗曾把宇文融括收到的那「數百萬貫」，用於邊軍。

同樣，宇文融之後的楊慎矜、韋堅、王鉷和楊國忠等人，也莫非如此，主動向玄宗獻上新的抽稅辦法，得到主子的同意後，就去搜括民間常賦外的稅賦，納入宮中，「以剝下獲寵」。這是「聚斂之臣」的典型做法，而劉晏、李巽等「數君子」，雖同樣為財稅特使，卻不是這樣做。他們不直接向百姓徵稅，而改徵間接稅：鹽稅，避免了直接的衝擊。

七、四族皆覆，為天下笑

宇文融死後，玄宗朝又出現另四個聚斂之臣：楊慎矜、韋堅、王鉷和楊國忠。他們獲得使職的方式，也跟宇文融一樣，都是毛遂模式。他們同樣是徵收常賦外的稅賦，但手段之嚴苛，則大大超越宇文融，「人反思融矣」。

《舊唐書・食貨志》就說，楊慎矜「為御史，專知太府出納，其弟慎名又專知京倉，皆以苛刻害人，承主恩而徵責」[44]。「知太府出納」是一種以「知」字開頭的使職官名，表示楊慎矜這時在任使職。最明確的證據在《冊府元龜・邦計部總序》，清楚記載他那些年帶有一系列的財稅使職：「明年〔指開元二十六年738〕，以侍御史楊慎矜充太府出納使」；天寶「三載〔744〕，以

43　《唐會要》卷78，頁1688。
44　《舊唐書》卷48，頁2086。

御史中丞楊慎矜充鑄錢使」；「六載〔747〕，以戶部侍郎楊慎矜又充兩京含嘉倉出納使，諸道鑄錢使，仍加諸郡租庸使」[45]。

在這長達九年期間，楊慎矜帶有這些財稅使職，他的實際做法是什麼？可惜史書未載，不得而知，但從「苛刻害人，承主恩而徵責」以及《舊唐書・韋堅傳》說「楊慎矜父子，以勾剝財物爭行進奉而致恩顧」[46]這些話看來，他應當也跟宇文融和後來的韋堅、王鉷等人一樣，對百姓橫徵常賦之外的加稅或加役，再把稅物當成「羨餘」，「進奉」給皇帝，才落得聚斂之臣「苛刻害人」的惡名。

韋堅也是如此。他跟宇文融一樣，採毛遂模式，求得使職。玄宗在天寶二年（743），命他為陝郡（即陝州，約今河南三門峽市）太守（刺史），「加兼知勾當租庸使，又加兼勾當緣河及江淮轉〔運〕處置使」[47]。他是租庸使，又同時是轉運使。跟宇文融的租庸使一樣，韋堅任此職時，應當也是向江淮百姓加徵常賦之外的稅收，再進奉給玄宗，「歲益鉅萬，玄宗以為能」。

至於他充當轉運使，所為何事？《資治通鑑》透露了一些細節：「江、淮南租庸等使韋堅引滻水抵苑東望春樓下為潭，以聚江、淮運船，役夫匠通漕渠，發人丘壟，自江、淮至京城，民間蕭然愁怨。二年而成」[48]。可以想見，開鑿這條人工運河（即廣運潭）很不容易，所以韋堅要「役夫匠通漕渠」，徵用了大批民夫（這是常賦外的勞役），還要挖掘人家的「丘壟」（墳墓田地），弄得「民間蕭然愁怨」，二年才完成，以運送江淮租賦到京師。

---

45 《冊府元龜》卷483，頁5769。

46 《舊唐書》卷105，頁3222。

47 《冊府元龜》卷483，頁5769。

48 《資治通鑑》卷215，頁6857。

接著，他「乃請於江淮轉運租米，取州縣義倉粟，轉市輕貨，差富戶押船，若遲留損壞，皆徵船戶」[49]。這是徵用民戶為「船戶」，要他們負責運輸，若有「遲留損壞」，還要賠償。這些都是百姓在常賦外的負擔。

至於王鉷，據《舊唐書・食貨志》，他同樣是以毛遂模式，求得一個財稅使職：

> 又王鉷進計，奮身自為戶口色役使，徵剝財貨，每歲進錢百億，寶貨稱是。云非正額租庸，便入百寶大盈庫，以供人主宴私賞賜之用。[50]

這段話內涵十分豐富，值得細讀。所謂「王鉷進計」，便是他主動向玄宗獻策，提出新的徵稅方案（說穿了，就是常賦外的加稅），所以玄宗才在天寶四載（745）命他為「戶口色役使」。這個財稅使職，在唐史上僅此一見，是一個專為王鉷量身打造的嶄新使職，好讓他可以獲得皇帝授權去徵稅。那他徵什麼稅？

他的《舊唐書》本傳有比較詳細的說明，徵百姓的「腳錢」和「高戶」的漕傭也：「時有敕給百姓一年復。鉷即奏徵其腳錢，廣張其數，又市輕貨，乃甚於不放。輸納物者有浸漬，折估皆下本郡徵納。又敕本郡高戶為租庸腳士，皆破其家產，彌年不了。恣行割剝，以媚於時，人用嗟怨」[51]。

此外，據《資治通鑑》，他還徵收那些已喪生的戍邊人的租

49 《舊唐書》卷48，頁2086。

50 《舊唐書》卷48，頁2086。

51 《舊唐書》卷105，頁3229。

庸。「舊制，戍邊者免其租庸，六歲而更。時邊將恥敗，士卒死者皆不申牒，貫籍不除。王鉷志在聚斂，以有籍無人者皆為避課，按籍戍邊六歲之外，悉徵其租庸，有併徵三十年者，民無所訴」[52]。連戍邊人死了，都可以向他的家人追收「欠稅」，可以想見王鉷之嚴苛。楊炎後來向德宗上奏疏，建議徵兩稅時，他還特別提到王鉷的苛徵：

> 至天寶中，王鉷為戶口使，方務聚斂，以丁籍且存，則丁身為往，是隱課而不出耳。遂案舊籍，計除六年之外，積徵其家三十年租庸。天下之人苦而無告，則租庸之法弊久矣。[53]

這條史料最珍貴之處，在於楊炎稱王鉷為「戶口使」，即別處所說「戶口色役使」的省稱。「戶口使」一詞，容易令人望文生義，以為此使專管戶口登錄。但從楊炎的奏疏看來，王鉷其實是要徵稅，徵百姓積欠的租庸、「腳錢」和「高戶」的漕傭也。

王鉷「剝財貨，每歲進錢百億，寶貨稱是」。這個「百億」的數額[54]，比起宇文融所括收到的「數百萬貫」（估算為12億文，見上），猶有過之，以致那些「高戶」家產皆「破」。他的本傳說他「恣行割剝，以媚於時，人用嗟怨」，應當不是史臣的惡意中傷，而是當時的百姓，的確感受到王鉷徵稅之苛刻沉重，也難怪史臣如柳芳，要把他列為「聚斂之臣」。

52　《資治通鑑》卷215，頁6868-6869。

53　《舊唐書》卷118，頁3420-3421。

54　《舊唐書》卷105，頁3229，作「歲進錢寶百億萬」；《資治通鑑》卷215，頁6869，作「歲貢額外錢百億萬」，疑皆衍一「萬」字。

　　至於王鉷「云非正額租庸，便入百寶大盈庫」這句話，更是傳神，可細細玩味。王鉷以一個財稅特使的身分，每歲徵收到「百億」的巨額稅款，原本應當充作國用，但他卻「理直氣壯」地說，這不是「正額租庸」，所以他要把這大筆稅賦，「理所當然」地送進了「百寶大盈庫」，想必令當時仁者，為之鉗口結舌。但什麼是百寶大盈庫？

　　大盈庫即皇帝的私房錢庫也。唐朝皇帝，也跟東漢以後許多朝代的皇帝一樣，對皇室和國家錢財，不是分得那麼清楚，常常混在一起支用[55]。宇文融、王鉷等一班臣子，便是利用這一點，向皇帝獻計，吹噓他們如何如何本事，可以括收到一大筆額外的稅賦，送進皇室的私房錢庫，可供皇帝自由使用，不必經過度支司的「度支國用」預算。玄宗聽了這班臣子的「進計」，往往也就見獵貪婪「大喜」，任命他們新的財稅使職。這便是唐代財稅特使興起的典型模式。他們的基本策略，就是在常賦之外，想出種種新奇的名目，來徵抽老百姓的稅。比如德宗時的判度支趙贊，便想出有名的間架稅（根據京師兩房屋中間的間架寬度大小來抽稅）。不過，趙贊是為了應付德宗當時「討河朔及李希烈，物力耗竭」[56]，或不得已。玄宗時的五大聚斂之臣，則不是為了籌軍費，而是在開元天寶的承平時代，橫徵暴斂。

　　唐代這種常賦外的加徵，現代國家也常為，比如遺產稅、投資所得稅等等，但新稅目大抵是為了解決國家預算赤字等問題，或另有目的，如打房稅，專門用於「打房」，且稅收直接撥入國

55　參考加藤繁，〈漢代國家財政和帝室財政的區別以及帝室財政的一斑〉，《中國經濟史考證》，頁26-134。

56　《舊唐書》卷48，頁2087。

庫，不會進入國家元首的私人口袋。然而，唐代的這種加稅所得，則往往直接送入皇室的大盈庫，如宇文融的「悉進入宮」，王銲的「便入百寶大盈庫」，用途完全不透明。好的話可能用於軍費，壞的話則是中飽皇帝私囊，正像《新唐書》卷134史臣贊所說，為了「外奉軍興，內蠱豔妃」也[57]，以致引起正統儒臣和史臣的強烈憤怨，進而把這些財臣形容為「剝下益上」。

　　名相陸贄，曾經勸德宗廢去瓊林、大盈庫。他在一篇很有名的奏疏〈奉天請罷瓊林大盈二庫狀〉中說：

> 今之瓊林、大盈，自古悉無其制，傳諸耆舊之說，皆云創自開元。貴臣貪權，飾巧求媚，乃言：「郡邑貢賦所用，盡各區分。稅賦當委之有司，以給經用；貢獻宜歸乎天子，以奉私求。」玄宗悅之，新是二庫，蕩心侈欲，萌柢於茲。迨乎失邦，終以餌寇。[58]

在陸贄看來，開元天寶那些財稅特使的花言巧語是，「稅賦當委之有司，以給經用」，也就是常賦要送進國家的左藏庫等「有司」，以供「經用」，即正規「度支國用」預算下的支出。然而「貢獻」，即這些特使所搜括到的常賦外「羨餘」，卻可以「進奉」給皇帝。玄宗「悅之」，所以才會有瓊林、大盈庫的誕生，「自古悉無其制」。但陸贄認為，這就造成皇帝的「蕩心侈欲」，最後引發了安祿山之亂。朱泚之亂期間，德宗逃到奉天，但他仍然在行宮廊下，貯存各道的「貢獻」之物，難怪陸贄要奉勸他罷

---

57 《新唐書》卷134，頁4567。

58 《陸贄集》卷14，頁421-422。

去這二庫。白居易在上引〈重賦〉詩中的結尾，更形容那些「羨餘物」，「進入瓊林庫，歲久化為塵」，諷刺意味十足。

天寶十四載，安祿山叛唐，他是「以誅楊國忠為名」[59]出兵的。這位楊國忠（本名楊釗），足以引發如此一場大叛亂，其來頭自不小，也跟王鉷屬於同一類聚斂之臣。他是楊貴妃的從祖兄，曾經擔任過王鉷的判官，有財稅經驗。他後來所兼的使職之多，在唐史上是有名的。《資治通鑑》天寶七載（748）條下說：「度支郎中兼侍御史楊釗善窺上意所愛惡而迎之，以聚斂驟遷，歲中領十五餘使。」[60]

不過，他最重要的還是財稅使職，計有天寶四載的司農出納錢物使和水陸轉運使；天寶七載的判度支；以及十載的陝郡水陸運使[61]。他的出納錢物使和水陸運使，沿自楊慎矜和王鉷先前設置的相同或類似使職，但他的判度支，卻是個全新的使職，為肅宗朝第五琦任度支使的前身。第十四章再詳論。

《新唐書》卷134的史臣贊，給玄宗朝這幾位財稅特使的聚斂和他們「四族皆覆」的下場，作了一個總結：

> 天寶以來，外奉軍興，內蠱豔妃，所費愈不貲計。於是韋堅、楊慎矜、王鉷、楊國忠各以裒刻進，剝下益上，歲進羨緡百億萬為天子私藏，以濟橫賜，而天下經費自如，帝以為能，故重官累使，尊顯烜赫。然天下流亡日多於前，有司備員不復事。而堅等所欲既充，還用權媚以相屠脅，四族皆

---

59 《舊唐書》卷9〈玄宗紀〉，頁230。

60 《資治通鑑》卷216，頁6890。楊國忠後來官至宰相時，兼四十餘使。

61 《冊府元龜》卷483，頁5769。

覆，為天下笑。夫民可安而不可擾，利可通而不可竭。觀數
子乃欲擾而竭之，斂怨基亡，則向所謂利者，顧不反哉！
鉷、國忠後出，橫虐最甚，當方毒，天下復思融云。[62]

這裡最重要的指責，就是說這幾個財臣，「歲進羨縉百億萬為天
子私藏，以濟橫賜，而天下經費自如」。這句話其實可以用來定
義何謂「聚斂之臣」。聚斂的意思，不只是抽重稅而已，而是指
他們想出種種新稅目，誘使皇帝為他們設置新的使職，去徵收常
賦以外的稅收，然後再把這樣的稅收，當成是「羨縉」，「為天
子私藏」，嚴重擾亂了百姓的生活和國家的財政。這樣的財臣才
算是聚斂之臣。

宇文融、楊慎矜、韋堅、王鉷和楊國忠五人，完全符合這個
定義，因此柳芳等史官，才會痛斥他們為「聚斂之臣」，不是沒
有道理的。當中又以王鉷和楊國忠最晚出，卻也最「橫虐」，最
「毒」。宇文融還算是五人當中最好的一個，故王、楊當道時，
「天下復思融云」[63]。他們精於為皇帝帶來「度支國用」預算以外
的稅賦，因而受到寵愛，然而一旦完成徵稅使命之後，往往隨著
失去恩寵（特別是宇文融），也就很容易被同黨或其他官員陷
害，或自相殘殺（如韋堅、楊慎矜、王鉷、楊國忠和李林甫），
同歸於盡，最後落得「四族皆覆，為天下笑」的下場。

撰寫《新唐書》卷134的史臣，只譴責了這班聚斂之臣，沒

---

62 《新唐書》卷134，頁4567-4568。

63 《新唐書》的這一句話，很可能源出柳芳的〈食貨論〉，跟柳芳的用詞和口
吻十分相像：「融死且十餘年，始用韋堅及〔楊〕崇禮、慎矜，皆以計利興
功中人主，脅權相滅，為天下笑。而王鉷、楊國忠威震海內，尤為暴橫，人
反思融矣。」《文苑英華》卷747，頁3907。

有對玄宗置一詞。然而，撰寫《舊唐書》卷105的史臣，卻對玄宗頗有微詞：

> 玄宗以聖哲之姿，處高明之位，未免此累，或承之羞，後之帝王，得不深鑑！

並且在「贊曰」部分，對玄宗追求常賦以外的稅賦「餘羨」，發出這樣沉痛的感歎：「財能域人，聚則民散。如何帝王，志求餘羨。」[64]

八、玄宗朝財稅使職的特徵和意義

宇文融等五位玄宗朝財稅特使的事跡和他們的徵稅方式，其特徵是什麼？意義為何？可以給我們怎樣的啟示？

第一，這五子所帶的使職，舉其要者，有括戶使、租庸使、太府出納使、含嘉倉出納使、鑄錢使、戶口色役使、（水陸、陝郡）轉運使，以及楊國忠的判度支，全屬財稅使職，無官品，非傳統的職事官，而且都是玄宗親自任命的嶄新使職，前所未見。

第二，這五子取得這些使職的模式，幾乎如出一轍，那就是用毛遂的方式，獻策徵稅，自薦求官。玄宗聽了，往往「大喜」，當下就為他們特別設了全新使職。這種通常只是「一次性」的額外加稅方案，以使職特使方式來進行，也最為恰當，最快捷，最有彈性。如果要特別設一個正規常設的職事衙署，來負責這種額外加稅，反而複雜不便。

64《舊唐書》卷105，頁3232。

這可以解釋，何以唐朝廷習慣上，喜歡以增設新使職的方式，來應付新增事務，而不是創設新的職事司。事實上，有唐二百九十年，朝廷幾乎沒有增設什麼新的職事官職和衙署，但卻新設了數百個大大小小的使職，作為替代。《唐六典》和兩《唐書》職官志所列的那些職事官，全都繼承前朝，只有極少數幾個是新設，如武則天時代的拾遺和補闕。

第三，這五子所加徵的稅，都是正常稅賦（租庸調）以外的稅賦，因此也就可以「理所當然」地，當成是常賦外的「羨餘」，進入玄宗的百寶大盈庫，成了皇帝的專用款，由宦官管理，數額和用途皆不透明。這開了一個先例。從此國家的稅賦，不管是常賦或非常賦，都可以送入皇帝私房的大盈庫，好讓天子「取給為便」。

例如，肅宗時，從第五琦任度支使開始，他便把常賦或非常賦，都送入大盈庫，但有個特殊原因。楊炎在大曆十四年（779），倡議設兩稅法時，在奏疏中特別透露這點。原來當時「京師多豪將，求取無節，琦不能禁，乃悉以租賦進入大盈內庫，以中人主之意，天子以取給為便，故不復出。是以天下公賦，為人君私藏，有司不得窺其多少，國用不能計其贏縮，殆二十年矣」。他又說，「先朝權制，中人領其職，以五尺宦豎操邦之本，豐儉盈虛，雖大臣不得知，則無以計天下利害」。因此楊炎「請出之以歸有司」。德宗也同意了，下詔「凡財賦皆歸左藏庫，一用舊式」[65]。然而，國家財賦進入皇帝私人大盈庫，後來還是時有所聞。例如，就在楊炎上奏後約八年，在德宗貞元四年（788）二月，度支員外郎元友直為河南、江、淮南句勘兩稅錢帛

---

65 《舊唐書》卷118〈楊炎傳〉，頁3420。

使，「運淮南錢帛二十萬至長安，李泌悉輸之大盈庫。然上猶數
有宣索，仍敕諸道勿令宰相知。泌聞之，憫悵而不敢言」[66]。唐後
期貞元到大中年間，更設立使職，稱為瓊林庫使或大盈庫使，由
宦官出任，掌管皇帝的私房錢庫[67]。

　　第四，這些額外加徵的稅收，相當巨額，如宇文融的十多億
文，王鉷的百億文，但卻進了大盈庫，不在正規職司的管控下，
更不在「度支國用」的國家預算內，嚴重擾亂了國家財政，又加
重了百姓的稅負擔，所以當時的儒臣和史官，才會在這樣的背景
脈絡下，形容這五子是「聚斂之臣」，合情合理，並非無的放
矢。

　　第五，如果這五子，能夠像後來的第五琦和劉晏那樣，為國
家增加賦稅，但又不擾民，達到「民不加賦，而國豐饒」[68]的高
上境界，則史官應當不會說他們是聚斂臣，反而會尊稱他們為
「君子」，就像史官稱劉晏為「君子」一樣。

　　第六，細察這五子所帶的使職，只有楊國忠的「判度支」，
跟當時的正規職司度支司有關連，「侵奪」或取代了度支司的某
些職權。楊慎矜和楊國忠的出納使，也對原本的正規職司（太府
寺長官太府卿），構成衝擊（見第十四章）。至於宇文融的括戶
使和王鉷的戶口色役使，則僅在玄宗朝一見，屬「一次性」使
職，事畢即罷，以後再也沒有任命。

　　第七，租庸使在玄宗以後，也不常設，僅見於戰亂期間和唐
末期，往往因軍需不足，才特別委任。此使的作用，不可望文生

---

66 《資治通鑑》卷233，頁7510。

67 李錦繡，《唐代財政史稿》，第4冊，頁392-394。

68 《舊唐書》卷123，頁3523。

義，並非要徵收正常的租庸調（這由戶部司和度支司負責），而是要加徵常賦外的稅物。從後來第五琦、元載等人任「租庸使」時所徵收的稅物看來（一為商稅，一為欠稅），這個「租庸」跟租庸調制無關，只是泛指「稅」。最有名的一個案例，莫過於安史之亂期間，道州刺史元結一上任，就接連收到租庸使發來多達二百多道的牒文，催促他向州內的百姓，加徵額外的稅，但道州百姓遭到賊亂，「大半不勝賦稅」。元結只好向皇帝上奏，幸而獲准，免去大幅的加稅，只上繳一小筆稅額了事[69]（見第十七章更詳細的討論）。

第八，比較特殊的是轉運使。唐初的正常稅物，原本由各州縣發綱運送，但效率不甚佳。韋堅的轉運使，改善了稅物的運送，是進步的措施，但韋堅為了疏通河道，加徵人役來開鑿廣運潭，又強徵「富戶」資源來轉運，「民間蕭然愁怨」。這個使職是為了改善稅物轉運，立意原本良善，只是韋堅、王鉷等人把它弄得民怨四起。後來裴耀卿和劉晏任轉運使，才想出更完善的配套辦法改進，又不增加民間負擔，才演變成唐後期極其重要的轉運使，且跟鹽鐵使合體，成了鹽鐵轉運使。

第九，要注意的是，在五子橫徵加稅的時期，玄宗朝的常賦（租庸調）仍然照常徵收，度支國用預算仍然每年訂定。最好的證據是，宰相李林甫從開元二十四年（736）起，實施「度支長行旨」制度，就是一種「長行」常設的預算方案，但每年頒行「旨條」修訂[70]，規定各地租庸調來年的徵收細節。安史亂前，州縣依然每年上繳租庸調。換言之，在玄宗朝，即使設置了新的財

69　元結，〈奏免科率狀〉，《元次山集》卷8，頁124-125。

70　陳明光，《唐代財政史新編》，頁37-38。

稅使職，正規職事官制度下的財政司署，大抵仍在正常運作一段時間。

第十，玄宗朝新設的這些使職，大多只是「一次性」的，如括戶使和戶口色役使，事畢即罷，對後代沒有影響，只有兩個新使職比較重要，即裴耀卿的轉運使和楊國忠的判度支，補充或逐步替代了職事官的某些功能，但這也只是唐財臣使職化的開始，還沒能完全取代戶部和度支等司。在接下來一百多年間，還要繼續演變，整個使職化的過程，才逐漸完成。

九、結語

總結來說，唐玄宗朝這些財稅使職，其興起的模式相當特殊，有別於史館史官和翰林學士等使職：先是有毛遂自薦，獻計徵收常賦外的稅賦，玄宗心動，就任命這些毛遂一個個嶄新的使職，授權他們去徵稅，再把徵收到的稅賦，送入玄宗的私房大盈庫，成了皇帝的專用款。這種加徵方式，脫離了常賦的租庸調範圍，擾亂了國家的度支國用預算，增加了百姓的稅賦負擔，所以史官把這些新型的財稅特使，稱為「聚斂之臣」。但這些財稅特使當中，有兩個（轉運使和判度支）也開始逐步取代傳統職事官財臣的職權，形成一種使職化的現象。

不過，唐財臣的使職化，不像唐史官的使職化那樣直接快速，是一職代一官的迅速取代（史館史官在貞觀初就取代著作郎），而比較類似詞臣的使職化（同時並用中書舍人、知制誥和翰林學士三種詞臣），是一種「雙軌制」。也就是說，在玄宗朝，唐朝廷仍在繼續沿用舊有的職事官，如戶部度支等司中的官員，來管理財賦，但又同時任命轉運使和判度支等新型使職，作

為補充。安史之亂期間，因軍需猛增，才賦予鹽鐵轉運使越來越大的權力，去開發鹽利和一整套的漕運和鹽政制度。到德宗以降，鹽鐵轉運使、度支使和戶部使，才形成所謂的財政「三司」使。至此，唐財臣的使職化，才算大致完成。

安史之亂期間，榷鹽的發現及其妙用，讓第五琦、劉晏等後來主鹽稅的財稅特使，成了「君子」，不再是「聚斂之臣」，因為鹽稅是一種間接稅，不直接加徵在百姓身上，只加在官鹽售價上，所加的鹽價也還合理，看起來「不像」是常賦以外的加徵。史書上有一妙語，形容第五琦主鹽政時的成就，說是「民不加賦，而國豐饒」[71]。百姓不加稅，沒有額外重稅的感覺，朝廷卻可收到巨額鹽稅，且占全國每年總稅收的大半。雙方皆大歡喜。這麼美好的事情，如何辦到？且看下一章分解。

---

71 《舊唐書》卷123，頁3523。

第十三章

第五琦和鹽鐵使及理想的稅法

至蜀中，琦得謁見，奏言：「方今之急在兵，兵之強弱
在賦，賦之所出，江淮居多。若假臣職任，使濟軍須，
臣能使賞給之資，不勞聖慮。」玄宗大喜，即日拜監察
御史，勾當江淮租庸使。

——《舊唐書・第五琦傳》[1]

上面這段話，寫得輕快、活潑，很有「喜感」，一種喜劇效
果：臣子向皇帝獻計，皇帝「大喜」也。如此場面，史書中難得
一見。這位臣子又是採用毛遂模式，成為君主的財稅特使。比起
之前的宇文融、韋堅等人，第五琦更為大膽，也更有「創意」。

他原本是韋堅任轉運使時的僚佐，熟悉漕運，有財賦經驗。
韋敗亡後，北海郡太守賀蘭進明奏用他為錄事參軍，一種專責稽
查簿籍文書的州級勾官[2]。第五琦的這個錄事參軍，跟宇文融括戶
前的富平主簿，有異曲同工之妙。兩者都是一種勾官，只是一個
在州，一個在縣，都屬擅長稽查的官員，在管理財賦方面，正好
派上用場。安史之亂期間，賀蘭令他到蜀中奏事，他便趁機施展
他的毛遂口舌，主動獻策，說要幫皇帝解決軍糧不足的最棘手問

---

1 《舊唐書》卷123，頁3517。
2 拙書《唐代中層文官》第五章，專論錄事參軍。

題，於是玄宗又像當年見到宇文融和王鉷等人一樣，「大喜」，當天就任命第五琦為江淮租庸使，本官監察御史。

這裡之所以說第五琦大膽又有創意，是因為他非常坦率告訴玄宗，如果玄宗能給他一個使職（「若假臣職任」），他就能「使濟軍須」，「能使賞給之資，不勞聖慮」，彷彿他在跟玄宗談判任職條件那樣。他看來那麼有自信，能夠做到別人做不到的事，用「江淮居多」的稅賦，來解決當前的軍費，一派胸有成竹的樣子，十足毛遂本色，不但毫無愧色，還帶有幾分「大膽的可愛」，用詞又不無創意也。

後來的事證明，第五琦真的做到了，圓滿完成使命，成了唐朝廷在安史之亂期間的第一大財稅功臣，死後還被代宗追贈為太子少保，是個很高的榮譽。史官對他的評價頗佳。他沒有像宇文融、韋堅之流，被視為「聚斂之臣」，而跟裴耀卿、劉晏等人一樣，被視為「君子」。史官給他的評語是，「第五琦促辦應卒，民不加賦，而國豐饒，亦庶幾矣」[3]，也就是幾乎可以跟那位「神童」劉晏相比。他是怎麼做到的，特別是「民不加賦」這一點？

他不就跟宇文融一樣，毛遂求官，雙雙都是財臣嗎？為什麼他是「君子」，宇文融卻又是「聚斂之臣」呢？學界過去似從未

---

3 《舊唐書》卷123，頁3523。史官對他的唯一劣評是：「然鑄錢變法，物貴身危，其何陋哉！」這是指他擔任鑄錢使時，「乃請鑄乾元重寶錢，以一當十行用之。及作相，又請更鑄重輪乾元錢，一當五十，與乾元錢及開元通寶錢三品並行。既而穀價騰貴，餓殍死亡，枕藉道路，又盜鑄爭起，中外皆以琦變法之弊，封奏日聞」。見《舊唐書》卷123，頁3517。但《舊唐書》此說，有欠公允。第五琦的這個貨幣改革，其實非常有遠見，只是當時人的接受度不高，未能成功。此事須放在唐代開元通寶銅錢，長期短缺下來檢討，見拙作〈唐人在多元貨幣下如何估價和結帳〉，待刊。

注意這問題，沒有討論。其實這牽涉到肅宗以降，唐朝廷徵稅方式的一些重大變革——從直接稅改為間接稅，意義深遠。本章擬申論此點和第五琦如何催生了鹽鐵使，以及榷鹽的妙用。

一、第五琦的崛起

2010年，第五琦（712-782）的墓誌在西安近郊出土[4]。這是幸與不幸。幸的是，我們今人得以見到他更早的傳記史料，遠比他兩《唐書》本傳更早的史料，記載了他的出身和早年官歷，並且從另一種角度來呈現他的一生，跟兩《唐書》本傳的寫法大不相同。不幸的是，他的墓誌出土，表示他的墓被盜了，或被破壞了，否則墓誌原本深埋在地下墓室中，原不應當出土。但能夠見到他的墓誌和拓片，也讓今人感覺到，第五琦和我們的距離，好像沒有那麼遙遠。他一下子變得平易近人許多，不再像是唐人了。他的墓誌，當年恐怕只有他的家人、撰誌者、書碑者和刻工少數幾個人可以讀到。如今隔了一千二百多年，我們也能讀到了，一大眼福也。

兩《唐書‧第五琦傳》都太簡略，《新唐書》刪節尤甚。若只讀他的本傳，我們會誤以為，第五琦是「白手起家」，靠自己的努力闖出一片天，因為《舊唐書》說他「少孤，事兄華」[5]，好

4　第五琦墓誌的拓片照片、釋文和考釋，見李舉綱、王亮亮，〈西安新見《唐第五琦墓誌》考疏〉，《書法叢刊》2010年第5期，頁18-23。

5　《舊唐書》卷123，頁3516。唐人的所謂「孤」，通常只是指父親去世了，母親猶健在。例如，李紳「六歲而孤，母盧氏教以經義。」《舊唐書》卷173，頁4497。元稹「八歲喪父。其母鄭夫人，賢明婦人也，家貧，為稹自授書，教之書學。」《舊唐書》卷166，頁4327。但元稹成年後，卻在〈祭翰

像是個孤兒。《新唐書》也只不過說他「少以吏幹進」[6]，如此簡單一句，就把他約30歲之前的所有事跡打發掉了。

讀墓誌，我們才知道，他的家世十分顯赫，非「少孤」那麼簡單。他的複姓「第五」，表示他家出自戰國時齊國「諸田之後」，「田氏漢初徙奉園陵者，故多以次第為氏」，有第一至第八。第五氏即田氏的其中一支。他的祖上幾代都有人做官，特別是漢代有一位第五倫，官至三公之一的司空。另有一位第五興，為兗州刺史，皆漢名臣。他的祖父第五舉，官至鄜州司馬，也是高官。父親第五庭，做到唐右監門衛長史，死後贈太子少保，顯然對皇室有過某種功勳。右監門衛是唐代的十六衛府之一，在長安。這意味著，第五琦從小跟隨父親家人，住在京城，家族在京早就有了種種關係。這可以解釋，何以墓誌會說他是「京兆人」，且他後來也能夠到長安的韋堅轉運使府任職。第五琦這樣的家世，再次證明，正史上有傳的那些唐代官員（也就是那些仕宦比較有佳績者），很少能單靠自己「白手起家」，絕大多數都是家中祖上幾代都做過官（通常還是高官），有廣泛的人脈和厚實的家族資源，才能培育出像第五琦那樣的下一代。

他雖「少孤」，但他的墓誌說他「年十五明經高第」，透露他的家族為他提供了完整、扎實的經典教育。他15歲就「明經高第」，在唐史上是少見的。接著，他就任一系列的地方官：黃梅尉、楊子丞、貶南豐尉，又在天寶年間回到長安，任韋堅的轉運使僚佐。

林白學士太夫人文〉中，說自己「況積早歲而孤，資性疏愚」，《元稹集校注》卷60，頁1410。

6 《新唐書》卷149，頁4801。

　　韋敗亡後，他轉任江南道信安郡（衢州）須江丞。此時唐的
州改為郡，他結識了郡太守賀蘭進明。賀蘭調任北海郡（即青
州，今山東濰坊）太守，便奏用他為錄事參軍。安史之亂時，賀
蘭受命為河北招討使，所以第五琦的墓誌中，說他是「青州從
事，充河北招討判官」，也就霍然可解。他奉賀蘭之命，前往蜀
中奏事，見到玄宗時，早擁有豐富的財稅經驗。山東就在江淮之
北，他又曾在揚州任過縣丞，當然知道當時「賦之所出，江淮居
多」，且江淮在安史之亂期間，未受到戰火嚴重波及，不少士人
（如蕭穎士、李華等人）家族紛紛逃到那裡避難，經濟生活未受
重大影響，於是他向玄宗獻計，去徵收江淮租賦來助軍，雙方也
就像宇文融當年見玄宗一樣，一拍即合。

　　不過，玄宗任命第五琦為監察御史，充江淮租庸使後，就讓
位給肅宗。因此，至德元年（756）冬十月，肅宗剛從即位的靈
武，遷移到彭原（寧州，今甘肅寧縣）後不久，第五琦就到彭原
行在去見他。《資治通鑑》記此事云：

> 第五琦見上於彭原，請以江、淮租庸市輕貨，泝江、漢而上
> 至洋川，令漢中王瑀陸運至扶風以助軍；上從之。尋加琦山
> 南等五道度支使。琦作榷鹽法，用以饒。[7]

這段話是中國史書典型的「濃縮敘事法」，摘要般的敘事，把好
幾件事情壓縮在一兩句話內，看似淡淡幾筆，毫無鋪陳和細節，
實際上背後卻隱藏著豐富的內涵和典章制度，值得考掘。

---

7 《資治通鑑》卷219，頁7001-7002。《通鑑》此處的敘事，又比兩《唐書》
　略詳，故這裡引《通鑑》。

　　「請以江、淮租庸市輕貨」這一句，是第五琦向肅宗提的一套徵稅計畫。準備到了江淮，以租庸使的身分，徵收那裡的「租庸」。這裡的「租庸」並非「租庸調」的「租庸」稅，而是泛指「稅」。《新唐書・食貨志》補充了一個細節，「請於江淮置租庸使，吳鹽、蜀麻、銅冶皆有稅，市輕貨繇江陵、襄陽、上津路，轉至鳳翔」[8]。這看來是一種商品稅，加在「吳鹽、蜀麻、銅冶」上，但為了方便運輸，改「市輕貨」，轉折成絲帛等比較「輕」的東西，以便轉運。

　　「泝江、漢而上至洋川，令漢中王瑀陸運至扶風以助軍」這一句，是第五琦詳細的稅物轉運計畫：舊有的水路（淮入汴，再入黃河）因戰亂不通，他要溯長江，入漢水，到洋川郡（即洋州，今陝西洋縣），然後再「令」鄰近的漢中郡（即梁州，今陝西漢中）太守，以陸運的方式，繼續把稅物運送到扶風的行在以助軍。

　　在交通不便的唐代，這樣大規模的稅物轉運，困難可想而知。即便是「輕貨」，所涉及的船隊和船員想必還是不少。此之所以唐朝廷從玄宗朝起，就不斷要任命轉運使的一大原因。這計畫的水路部分，起點當是江淮，沿著長江，終點是洋州，但全是逆水行船，更增添困難。從漢中開始，連水路也沒有了，只得陸運，但陸運（一般靠牛或騾車等）又要比水運，更緩慢且更艱辛。這就是為什麼，肅宗要「令」一位宗室成員漢中王李瑀，來協助陸運稅物到扶風。李瑀就是那位不願做皇帝的「讓皇帝」李憲之次子，天寶十五載，從玄宗幸蜀，至漢中因封漢中王，加漢中郡太守[9]。

---

8 《新唐書》卷51，頁1347。

9 《舊唐書》卷95，頁3015；郁賢皓，《唐刺史考全編》，頁2793。

「令漢中王瑀陸運至扶風以助軍」這一句，也暗藏了一個玄機。第五琦見肅宗時，他們都在彭原，但從這一句看來，當時他和肅宗就知道，江淮的租庸，不會運到彭原（那會增加許多的陸路運輸費用），而是運到比較接近漢中的扶風（又稱鳳翔，今陝西扶風）。這可以解釋，何以肅宗剛到彭原不久，又要繼續往南移動，在大約四個月後，於至德二年（757）二月抵達扶風[10]，以便在扶風迎接江淮軍糧的到來。李泌在靈武時，也勸過肅宗：「且幸彭原，俟西北兵將至，進幸扶風以應之；於時庸調亦集，可以瞻軍。」[11]

果然，肅宗一行人到達扶風十天，「旬日」，江淮租庸運到了漢中。漢中距離扶風雖然還有大約355公里，但肅宗已信心滿滿說：「今大眾已集，庸調亦至，當乘兵鋒擣其腹心」，即正面迎戰安史叛軍[12]。第五琦主導的這次江淮租庸轉運，使唐朝廷得以有足夠的軍需資源，繼續平定安史之亂。肅宗對第五琦，一直心存感激。這就是這一類財稅特使，可以「有益於國家」的一大例證。

第五琦得到肅宗授權，去徵收江淮租庸，雖然是為了軍需，但在當時儒臣看來，仍然是常賦之外的加徵，是一種「聚斂」的行為，不可取。這方面最有趣的一個例證，就是當時的宰相房琯，竟對肅宗諫曰：

往者楊國忠厚斂，取怨天下。陛下即位以來，人未見德。

---

10 《資治通鑑》卷219，頁7017。

11 《資治通鑑》卷218，頁6998。

12 《資治通鑑》卷219，頁7018。

琦，聚斂臣也，今復寵之，是國家斬一國忠而用一國忠矣，
將何以示遠方、歸人心乎？」上曰：「天下方急，六軍之命
若倒懸，無輕貨則人散矣。卿惡琦可也，何所取財？」琯不
能對，自此恩減於舊矣。[13]

正統儒臣對「常賦」的堅持，在房琯身上表現得最徹底。即使是
在國家面臨安史之亂，垂亡之際，他們還是反對常賦外的任何加
徵。像第五琦這樣的財臣，不是為了私利，也不是為了提供皇帝
私房錢，而是為了平亂軍需的加徵，房琯還是認為不妥，更把他
形容為「聚斂臣」，甚至比成楊國忠之流：「斬一國忠」，再「用
一國忠」。但肅宗也反駁得很合理：沒有這樣加徵得來的「輕
貨」，則軍人都要逃「散矣」，無人願意賣命打仗。所謂「輕
貨」，在這裡指絲帛之類比較「輕」的紡織品，在唐代可以當成
貨幣來使用，也可以當成薪餉發給軍人。肅宗又對房琯說，「你
可以討厭第五琦，但你有什麼辦法弄到財物嗎？」房琯無話可
說，從此肅宗對這位宰相的恩寵，就大不如前了。

　　就所知，唐史上也就只有房琯一人，說過第五琦是「聚斂
臣」，未見有其他官員響應。第五琦這時才剛任租庸使，還未任
鹽鐵使等更重要的財稅特使。他之「有益於國家」的貢獻，還沒
有完全顯現出來，房琯的論斷下得太快了些。第五琦後來掌財賦
多年後，大家對他的評價是十分正面肯定的。史官就把他比成是
「庶幾近」劉晏那樣的「君子」。

　　正因為他從江淮轉運輕貨，挽救了肅宗和唐朝廷，第五琦從
此升官神速。單單在肅宗乾元元年（758）這一年，他就同時出

---

13 《唐會要》卷84，頁1834。

任多達六種使職：諸道館驛使、諸色轉運使、河南五道支度使、兩京司農太府出納使、諸道鹽鐵使、判度支。然後，他在乾元二年（759），也就是他在彭原見肅宗後大約三年，他就當上了宰相。這一年他才不過48歲。他以稅賦救了肅宗，肅宗對他的感激之情，也於此可見。

第五琦充任的這幾個使職當中，最重要的有三個：轉運使、鹽鐵使和判度支。轉運使後來跟鹽鐵使二合一，成為鹽鐵轉運使，判度支又稱度支使，再加上後來興起的戶部使，這三者便組成唐後期著名的三司使，也是唐後半期最固定常設的財職，主宰著唐的國家命運至巨[14]。第五琦無疑是唐財稅特使中的關鍵人物，承先啟後，把財臣從以往的聚斂之臣，轉變為「有益於國家」的君子型、專業型使職。

二、毛遂模式和鹽鐵使的誕生

鹽鐵使這個使職的誕生，無疑又是第五琦毛遂自薦的結果。他在彭原第一次見到肅宗時，所提的徵稅方案，只不過是以「徵江淮租庸為輕貨」來助軍。當時他還沒有提到以榷鹽助軍。但徵收江淮租庸為輕貨，是一種常賦外的加徵，第五琦因而遭到宰相房琯在肅宗面前，批評為「聚斂臣」。看來這種「聚斂」之法，不能長期使用，只能是一次性的徵收，下不為例。因此，這批輕貨在第二年二月運達鳳翔後，也只是暫時解決軍需，安史之亂尚未平息，軍需仍很急迫。第五琦要解決軍費，他就要想出更久

14　吳麗娛，〈論唐代財政三司的形成發展及其與中央集權制的關係〉，《中華文史論叢》1986年第1輯，頁169-204。

遠、常設且有效的徵稅方法。

於是，他想到了榷鹽。這在當時是一種新穎的徵稅法，而一種新穎的使職鹽鐵使，就這樣誕生了。這兩者都是安史之亂時戰爭的產物，由第五琦催生。戰爭是非常時期，往往能催生一些不尋常的新制度，新發明（如二戰期間的原子彈）。

關於鹽稅和鹽鐵使這樣的誕生背景，我們還有一個很好的同時代證據，見於殷亮的〈顏魯公行狀〉，寫當年顏真卿在平原郡（德州），抵抗安史叛軍，「軍用已竭」的一幕：

> 公以兵興半年，軍用已竭，思所以贍濟之，未得其略。……〔清河行人李華〕於是復詣平原，與公相見。公因問以足用之計，華遂與公數日參議，以定錢收景城郡〔滄州〕鹽，沿河置場，令諸郡略定一價，節級相輸，而軍用遂贍。時北海郡〔青州〕錄事參軍第五琦，隨刺史賀蘭進明招討於河北，覩其事，遂竊其法，乃奏肅宗於鳳翔，至今用之不絕，然猶未得公本策之妙旨焉。[15]

依此，這樣的榷鹽法，原本是在顏真卿的河北地區實行，「軍用遂贍」。第五琦當年是河北招討使賀蘭進明的招討判官（見其墓誌），隨他往河北援助顏真卿時，見到此事，「遂竊其法」，「奏肅宗於鳳翔」。

「奏肅宗於鳳翔」這句話所提到的奏事地點，很有意義，因為這意味著，第五琦在彭原見肅宗時，只有「徵江淮租庸為輕貨」的辦法，還沒有獻上榷鹽的妙計。他是約兩年後，隨肅宗移

---

15 《顏魯公文集》，《四部叢刊初編縮印》本，附錄，頁102。

到鳳翔，戰亂未平，軍需仍不足時，才又毛遂獻策榷鹽。這可以解釋，何以肅宗是在兩年後（即乾元元年758年），才任命他為鹽鐵使，並帶有度支郎中尋兼御史中丞的本官。兩年前在彭原，第五琦的使職，只不過是以監察御史的本官去充任江淮租庸使。現在，他的本官升為度支郎中兼御史中丞，升官神速，透露肅宗對他徵收江淮租庸的表現滿意，因而再授給他一個全新的使職鹽鐵使，讓他去全責榷鹽贍軍。

從這些背景和事件看來，我們可以再次發現，唐代財稅使職的誕生，幾乎都帶有很強烈的毛遂模式。在第十二章我們見過，宇文融的括戶使和租庸地稅使、韋堅的轉運使、王鉷的戶口色役使等等，都是這些臣子，先主動向皇帝獻策，皇帝心動「大喜」後，才給他們特別設全新的使職。這次鹽鐵使的誕生，也不例外，同樣是毛遂模式下的產物。

這跟唐代其他使職的誕生有些不一樣。比如，詞臣的使職化（知制誥和翰林學士），未見有毛遂自薦獻計，常由皇帝或宰相發現職事官不足，才主動以命使的方式來補充。史官的使職化（史館史官），則略帶有毛遂自薦的意味。例如，唐史館和史官的設置，是因為當初令狐德棻向高祖上奏建議，修撰唐以前的魏、梁、陳、北齊、北周和隋等六代史，才促成其事。但史官的毛遂自薦，除了令狐德棻外，遠不如宇文融和第五琦等財臣那樣明顯露骨。刺史的使職化，同樣未見毛遂，而是一種自然加官式的演變，就便任命鄰近州的刺史去兼使職（見第十八章）。只有財臣，我們才見到一個又一個的毛遂，獻上各種各樣的徵稅或漕運方案，因而促成一個又一個新的財稅使職的誕生。

這意味著，財稅特使是一種比詞臣和史官更為專業的領域。他們雖然不重文采，但不僅需要「吏幹」，還須具備專門的稅賦

或漕運經驗和知識，才能勝任。這可以說明，何以唐代的財職，有一種濃厚的「師徒制」意味，有「師徒相傳」的專業化傾向。比如，第五琦曾經是韋堅的轉運幕僚，楊國忠曾任王鉷的判官，唐後半期那些鹽鐵轉運使和度支使，有不少更是劉晏的門生，或他門生的門生，師徒代代相傳，如韓洄、元琇、裴腆、包佶、盧貞、李衡等人[16]。

三、榷鹽為理想稅法

榷鹽並非始於唐代。早在先秦，《管子·海王篇》就在討論榷鹽的優點。西漢桓寬的《鹽鐵論》（公元前81年），便是漢代一場激烈的「宮廷鹽鐵辯論」的紀錄，官員們在激辯鹽鐵專賣的優缺點。但漢代沒有大規模、有計畫以榷鹽來徵收國家賦稅。南北朝時期，個別地區也實行過榷鹽[17]。但唐朝是第一個發現榷鹽之妙用的朝代——原來它竟是如此有效，如此理想的徵稅工具。更妙的是，唐朝廷徵收到巨額的鹽稅後，老百姓猶不知覺，以為朝廷只徵常賦，沒有向他們加徵常賦外的稅賦，大家沒有「痛感」。雙方皆大歡喜。這就是《舊唐書·第五琦傳》中所說的那句妙語：「民不加賦，而國豐饒」。

這是怎樣做到的？說穿了，出奇簡單。羊毛還是出在羊身上。「民不加賦」這句話，說得很委婉，不全對。民還是被抽了

---

16 《唐會要》卷87，頁1885。Denis Twitchett, "The Salt Commissioners after the Rebellion of An Lu-shan," *Asia Major* 4（1954）: 60-89，對唐代鹽鐵轉運使的專業化和師徒門生關係，有詳細的探討。

17 《通典》對唐以前的榷鹽歷史，有簡明的敘述，見卷10，頁224-230。

稅，不過是一種「間接稅」，沒有直接加在他們身上，而是加在鹽價上。民買鹽時，自然就被間接抽了稅，只是史官以為他們「傻傻」地，不太知覺。

權鹽不只在傳統中國實行，也在過去人類歷史上，在世界好些其他地區推行過，如威尼斯、法國、哈布斯堡帝國、鄂圖曼帝國和印度[18]。這都因為鹽是一種特殊的物品，是古今中外人體所不可缺少的物質，是人類賴以維繫生命的必需品[19]，不同於茶酒等非必需品，因此非常適合作為一種徵稅的工具，且可以大規模實行。早在1948年，明清史專家杜聯喆，就把中國的權鹽，放在世界史的視野下來觀看，形容權鹽是一種「理想的財稅管理工具」（an ideal article for fiscal management）[20]，其重點在「理想」兩字。這想必是杜聯喆在世界史學的視野下，觀察到的心得。中國傳統學者當中，未見有人如此推崇權鹽為「理想工具」者。本章採納杜聯喆的「理想」說，來探討唐代的權鹽。

唐朝權鹽法，首先要嚴密控制所有產鹽區，包括江淮沿岸的海鹽產區，山西運城那兩個巨大的內陸鹽池（安邑和解縣），四川的井鹽，以及陝北鹽州的池鹽等等，同時要明令禁止人民生產私鹽和盜賣官鹽。這樣鹽便成了朝廷專賣。更把產鹽區的鹽戶組織起來，他們所產的鹽以低價賣給朝廷在地方上所設的「場」和「監」等鹽政單位，再把鹽加上約十倍或以上的稅額，由鹽商去

18　S.A.M. Adshead, *Salt and Civilization*; Mark Kurlansky, *Salt: A World History*.

19　從人類學的角度來研究鹽在中國早期社會的意義，見陳伯楨，〈中國早期鹽的使用及其社會意義的轉變〉，《新史學》第17卷第4期，2006年12月，頁15-72。

20　Li Jung, "Account of the Salt Industry at Tzu-liu-ching chi," trans. Lien-che Tu Fang, *Isis* 39（1948）: 228-234. "Introductory Note," p. 238.

承包，最後轉售給各地的百姓。這樣，朝廷便可以收到一筆巨額的鹽稅了。

在唐代，鹽不但是人類維繫生命不可或缺的，也是日常生活中的一項重要的必需品，主要用於醃漬和保存食物。今人的每年鹽消耗量很低，因為我們有冷藏設備，不再需要用鹽來保存食物。但唐代（甚至到清代和上世紀中冰箱還不常見時），鹽的消耗量驚人，且每家每戶都必須購買，形成一個巨大的銷售市場。

至於唐人的食鹽量，學界論述時，一般只引用《唐六典》中的一條令文為證：「丁男日給米二升，鹽二勺五撮〔35.5g〕」[21]。但《唐六典》成書於開元二十七年（739），當時還沒有實行榷鹽法。這條史料又只是令文，只是官方給公糧者的一個官定額度，並非實際食鹽消耗量，略顯不足。但韓愈在〈論變鹽法事宜狀〉中，有一處卻討論到唐人的食鹽量，取自實際生活案例，史料價值更高，可以補《唐六典》令文的不足：

> 通計一家五口所食之鹽，〔張〕平叔所計，一日以十錢為率，一月當用錢三百，是則三日食鹽一斤〔661g〕，一月率當十斤〔6.61kg〕。[22]

這些數字來自一個唐代官員，且出現在呈給皇帝的奏疏中，作為朝廷評估是否要變革榷鹽法的一項重要數據，應當是最強的證據

21　《唐六典》卷19，頁527；妹尾達彥，〈唐代河東池鹽の生產と流通——河東鹽稅機關の立地と機能〉，《史林》第65卷第6期（1982），頁35-72；于賡哲，〈唐代人均食鹽量及鹽的使用範圍〉，《唐史論叢》第10輯（2008），頁178-185。

22　《韓昌黎文集校注》卷8，頁651。

了。依此看來，唐人（韓愈應當是指長安地區的居民）一家五口，一個月的食鹽量，竟高達6.61公斤。平均每人每天的食鹽量是44g，這比《唐六典》令文的規定35.5g略高。如此看來，唐人一個月食鹽量高達1.32公斤，一年達15.84公斤。從今人的觀點看，這是非常驚人的用量。

相比之下，據2014年美國波士頓Tufts大學所作的一項全球鈉攝取量和心血管原因死亡研究[23]，目前世界衛生組織（WHO）所建議的每人每天鈉攝取量，只有2g（換算為鹽等於5g），但世人目前的每天平均鈉攝取量，已遠超過這建議量將近一倍，達到3.97g（等於鹽9.87g），導致全球每年有165萬人，死於心血管疾病。然而，唐人的每天平均食鹽量，更為驚人，竟高達44g，是今天世人平均食鹽量的446%，是世界衛生組織建議量的880%。

不過，唐代的家庭用鹽量如此之高，主要應當不是用於烹飪，而是用於醃漬和保存蔬菜和肉類，製作醬菜和臘肉等物[24]。醬菜是唐代除穀糧之外，最重要的一種配菜。軍隊供給兵卒糧料中，必有醬菜。如代宗大曆十二年（777）五月十日，中書門下狀奏：「當上百姓，名曰團練，春秋歸，冬夏追集，日給一身糧及醬菜。」[25]憲宗元和四年（809）十二月，度支上了一道奏疏，皇帝的敕批也提到醬菜：「其供軍醬菜等價直，合以留州、使錢

---

23 Dariush Mozaffarian, *et al.*, "Global Sodium Consumption and Death from Cardiovascular Causes," *New England Journal of Medicine* 371（August 2014）: 624-634.

24 關於醬和醬菜製作的用鹽量，以及鹽在餵養馬牛等畜牧業和工業用途，見于賡哲，〈唐代人均食鹽量及鹽的使用範圍〉，《唐史論叢》第10輯（2008），頁179-183。

25 《唐會要》卷78，頁1702。

充者，亦令見錢匹段均納。」[26] 從奏敕如此重視軍中的醬菜，且是軍隊唯一的配菜看來，軍中兵卒大概只要煮一大鍋飯或粥，配上一點點醬菜，就可以打發一餐了。唐代一般百姓的日常生活，許多時候應當也是如此。看來家家必有醬菜，而醬菜的製作，就需要用到大量的鹽。醃漬魚和肉類，同樣需要大量的鹽。

　　唐代以降的各朝代，榷鹽之所以能夠成功，之所以能成為重要的稅收來源，也跟古代的用鹽量遠遠高於現代，有莫大的關係。否則，如果對現代家庭（特別是許許多多不再醃漬醬菜等食品的家庭），實行榷鹽，恐怕也收不到多少鹽稅，成效有限，不足以占國家稅收的大宗。

　　但在唐代，鹽是一個理想的市場，榷鹽是理想的稅法。此法剛在顏真卿的河北推行時，就「軍用遂贍」；在肅宗時剛推出，也非常成功，第一年就歲入40萬貫（差不多可以支付京畿官員們的一年俸料錢）[27]。唐代的鹽利，最盛時在元和年間，達到約720萬貫（實估），超過全國總稅收的一半或以上[28]，就因為鹽是必需品，且每家每戶用鹽量大，遠勝今時，市場龐大，鹽稅又定為成本的十倍或以上。

　　相比之下，唐的榷茶和榷酒，都不是很成功，因為茶酒皆非必需品，是可有可無的商品，甚至對許多窮苦人來說是奢侈品。百姓可以選擇不喝茶，不喝酒，但鹽卻非吃非買不可。茶和酒也可以輕易生產，在家中即可私產，即使官方禁止私種茶和私釀

---

26 《唐會要》卷83，頁1821。

27 《舊唐書》卷13〈德宗紀〉，頁364。貞元年間，京畿官員們的每年俸料錢，總數大約為50到60萬貫。

28 李錦繡，《唐代財政史稿》，第5冊，頁183-186。

酒，但管控不易，民間仍有很大的空間去私產。但鹽有固定的產區，個人不易生產（特別是四川的井鹽，須探鑽數千尺深的鹽井才能採得），並非家中就可以私產，管控相對容易。所以唐的茶稅和酒稅收入，不很重要，遠遠不如鹽稅[29]。

第五琦並非唐代第一個榷鹽的特使。早在玄宗開元元年（713），左拾遺劉彤上表建議榷鹽，玄宗「令宰臣議其可否，咸以鹽鐵之利，甚益國用。遂令將作大匠姜師度、戶部侍郎強循俱攝御史中丞，與諸道按察使檢校海內鹽鐵之課」。但似乎沒有下文。到了開元十年（722）八月，又下敕：「依令式收稅。如有落帳欺沒，仍委按察糾覺奏聞。其姜師度除蒲州鹽池以外，自餘處更不須巡檢。」[30]看來姜師度只管蒲州鹽池，其他地區的榷鹽細節，不得而知，似未全國施行。此外，《舊唐書》有一段記載說，「玄宗已前，亦有鹽池使。景雲四年三月，蒲州刺史充關內鹽池使。先天二年九月，強循除幽州刺史，充鹽池使，此即鹽州池也。開元十五年五月，兵部尚書蕭嵩除關內鹽池使，此是朔方節度常帶鹽池使也。」[31]這些看來都屬地區性的鹽課。

然而，第五琦卻是第一個有計畫、有組織去榷鹽的財稅特使，且榷鹽不只限於某些地區，而是逐漸遍及全國。《唐會要》保存了一段記載：

乾元元年〔758〕，加度支郎中，尋兼中丞，為鹽鐵使。於

29　Denis Twitchett, *Financial Administration under the T'ang Dynasty*, pp. 49-50. Twitchett, p. 51也指出，唐代的「鹽鐵使」一詞，只是沿用了漢代的「鹽鐵」典故，實際上唐代只有鹽專賣，從未有鐵專賣。

30　《唐會要》卷88，頁1902。

31　《舊唐書》卷48，頁2110；可能原出自《唐會要》卷88，頁1907。

是始立鹽鐵法，就山海井竈，收榷其鹽，立監院官吏。其舊
業戶洎浮人欲以鹽為業者，免其雜徭，隸鹽鐵使。盜煮私
鹽，罪有差。亭戶自租庸以外，無得橫賦。人不益稅，而國
用以饒。[32]

這裡有幾件事值得注意。第一，第五琦是以度支郎中，不久又加
兼御史中丞，去充任鹽鐵使。這就是一種使職化，因為度支郎中
原本主管度支國用預算，御史中丞乃監督其他官員的御史臺第二
把交椅，但現在第五琦卻不是去做這些事，而是以這兩個官為
「本官」，去充當一種皇帝為他特設的使職鹽鐵使，負責榷鹽，
「始立鹽鐵法」。第二，第五琦把「山海井竈」產鹽區的「舊業
戶洎浮人」組織起來，編為「亭戶」，「免其雜徭，隸鹽鐵使」，
且設立「監院官吏」來榷鹽。於是，人民不加稅（「民不益
稅」），但國用卻富饒起來。鹽稅充分發揮了它的間接稅功能。

　　《管子‧海王篇》有一段名言：

使君施令曰：「吾將籍於諸君吾子。」則必囂號，今夫給之
鹽筴，則百倍歸於上，人無以避此者，數也。[33]

翻譯成白話：「假若君上命令說：『我就要對所有大人小孩直接
徵稅了。』那必然會引起大家大聲喧鬧反對。現在取給於徵收鹽
稅，即使百倍利潤歸於君上，人們也是無法逃脫的，這就是理財
之道。」管子看透人民無法逃避鹽稅，所以向齊桓公鼓吹榷鹽才

---

32 《唐會要》卷87，頁1882。
33 李勉註譯，《管子今註今譯》，〈海王第七十二〉，頁1005。

是「理財之道」。他似未意識到，榷鹽比起房屋稅和田稅等直接稅，還有其他優點。

唐代的韓愈，比管子更進一步，洞悉榷鹽背後的更深層含義。比如，他在〈論變鹽法事宜狀〉中就說：

> 國家榷鹽，糶與商人，商人納榷，糶與百姓：則是天下百姓無貧富貴賤皆已輸錢於官矣；不必與國家交手付錢，然後為輸錢於官也。[34]

這裡最有卓識的一句話是，榷鹽使到人民，不分「貧富貴賤」，「皆已輸錢於官矣」，是一種非常「公平」的稅法。天下百姓，不管窮人富人，家家有稅。只要食鹽買鹽，都一定會被抽到鹽稅。韓愈是極少數發現榷鹽有此「公平」妙用的唐代官員。更妙的是，他還說，百姓買鹽，就等於交了稅，簡單省事，不必親手把錢交給官府，才算交稅。

這等於說，鹽稅的徵收十分簡便。韓愈隱約暗示了這點，但沒有進一步的發揮。從古今中外的世界徵稅歷史看，越簡單，越容易徵收的稅，就越能成功。鹽稅正是如此。百姓買鹽，把錢交給鹽商，就好比「輸錢於官也」。官府和人民再也不必煩惱收稅和交稅問題，也不需要任何多餘的戶籍登錄和公文手續。

此外，間接稅的另一優點是，它對百姓的衝擊是間接的，人民甚至不易覺察他被抽了稅。目前台灣的營業稅5%，跟唐代的鹽稅一樣，頗有異曲同工之妙：直接加在某些非民生必需品的售價上，但很有技巧地「隱藏」起來，往往沒有在售價標籤上明示

---

34 《韓昌黎文集校注》卷8，頁650。

稅款多少（頂多只寫上「含稅」兩字了事），用的正是中國古代榷鹽的老方法。台灣的消費稅，只列在某些發票上（如三聯式）。消費者許多時候甚至不易發現，他到底被抽了多少稅[35]。

四、鹽價問題

《新唐書・食貨志》對第五琦的榷鹽法，補充了幾個細節，特別是關於鹽價：

> 天寶、至德間，鹽每斗十錢。乾元元年，鹽鐵、鑄錢使第五琦初變鹽法，就山海井竈近利之地置監院，游民業鹽者為亭戶，免雜徭。盜鬻者論以法。及琦為諸州榷鹽鐵使，盡榷天下鹽，斗加時價百錢而出之，為錢一百一十。[36]

天寶至德年間的鹽價，每斗（6公升）才10錢。第五琦任諸州榷鹽鐵使時，「盡榷天下鹽」，榷鹽遍及全國各地。他的辦法是在舊鹽價上，加鹽稅1000%（十倍），每斗鹽售價110文。

關鍵問題是：鹽稅高達成本的十倍，是否太苛？這樣的鹽價，是否合理？從史書中「民不益稅，而國用以饒」、「民不加賦，而國豐饒」，以及《舊唐書・劉晏傳》所說，「而人無厭苦」[37]這麼多讚美正面的話判斷，當時的百姓看來可以接受這樣

35　相比之下，美國的銷售稅（sales tax），公開透明，一般是在付帳時才另外計算，消費者清楚知道他付了多少稅款，未和商品售價混和在一起。

36　《新唐書》卷54，頁1378。

37　《舊唐書》卷123，頁3514。

的鹽價。鹽稅是一種「間接稅」，優點之一就在於它是「間接」的，不像租庸調等直接稅那樣有「瞬間直接的衝擊」，人民比較無「痛感」，比較容易接受。

　　事實上，第五琦時代的鹽價每斗110文，是我們所知唐代最低者。德宗貞元四年（788），江淮海鹽每斗310文，河中兩池鹽每斗370文，是唐代所知最高的鹽價。順宗永貞元年（805），江淮鹽降價，每斗250文，河中兩池鹽300文。穆宗長慶元年（821），每斗300文[38]。大致而言，唐代鹽價大約每斗250-300文。

　　但這只是官府賣鹽給鹽商的承包權價。鹽商再把鹽賣給百姓時，還要加上他們的利潤。百姓實際所付的市場鹽價，比上述權價要高。然而，唐後期鹽的權價和市價，涉及複雜的「虛估」和「實估」問題。簡單說，據李錦繡的研究，「我們可以肯定唐後期鹽的市場價格在200文左右」，但這是「實錢」。官府制定的權價300文是「虛錢」。經實虛錢換算後，鹽商仍可獲利約一倍[39]，在合理範圍。鹽商恐不能隨意哄抬市價，因為他們也要面對其他同業和私鹽的削價競爭[40]。唐官府只管以權價將鹽批發給鹽商，

38　李錦繡，《唐代財政史稿》，第5冊，頁179-183。

39　李錦繡，《唐代財政史稿》，第5冊，頁181-183。

40　唐代的私鹽是個複雜課題，但至今未有人做過精細的研究。僅有的初步研究見周勁，〈唐代後期私鹽治理措施〉，《四川理工學院學報》2009年第4期，頁5-10；陳學英，〈淺談唐後期私鹽問題出現的根源和影響〉，《西北民族大學學報》2005年第5期，頁58-60。唐私鹽未必都是民間私自生產，更可能多出自官鹽，例如從官鹽場被亭戶竊取流出，或亭戶私自額外多產，或在運銷過程中被官吏盜賣。南宋的私鹽來源就是如此，見梁庚堯，《南宋鹽權：食鹽產銷與政府控制》，第8章〈南宋的私鹽〉，且南宋「私鹽以價低而質美獲得消費者的喜愛」，「售價不及官鹽的一半」（頁472）。清代人民食鹽，也有一半來自私鹽。見張小也，《清代私鹽問題研究》，頁104。唐代的私鹽市

至於鹽的販售，由鹽商自行經營，官府並未干預，是一個自由買賣的市場，鹽價也要受到市場供求律的約束。

大體而言，唐代的鹽市場價，百姓看來還能負荷，未見有強烈的反彈聲浪。《新唐書·食貨志》說：「鹽估益貴，商人乘時射利，遠鄉貧民困高估，至有淡食者。」[41]但從這史料看來，「淡食」只限於「遠鄉貧民」，且發生在建中年間，包佶任汴東鹽鐵使的某段時間和某些地區，是少數個別地區和階層的現象，並未形成整個社會危機。此外，今人又常好引用韓愈的話，「鹽商納榷，為官糶鹽，子父相承，坐受厚利」，以為韓愈在控訴鹽商從中謀取暴利，恐有斷章取義之嫌。從上下文看，韓愈事實上是在替鹽商講話：

〔張〕平叔請限商人鹽納官後，不得輒於諸軍諸使覓職，掌把錢捉店、看守莊磑，以求影庇。請令所在官吏嚴加防察，如有違犯，應有資財，並令納官，仍牒送府縣充所由者。臣以為鹽商納榷，為官糶鹽，子父相承，坐受厚利，比之百姓，實則校優。今既奪其業，又禁不得求覓職事，及為人把錢捉店、看守莊磑，不知何罪，一朝窮蹙之也！若必行此，則富商大賈必生怨恨，或收市重寶，逃入反側之地，以資寇盜。此又不可不慮。[42]

場，應當也相當龐大，極有待唐經濟史家的進一步研究。從百姓的觀點看，私鹽的通行，可以對官鹽形成競爭，抑制官鹽價的哄抬，未嘗不是「好事」，只是會造成官府減少鹽稅收入。鹽商也可能以販售官鹽為掩護，私底下卻大多在售賣私鹽，因為私鹽不必繳稅，鹽商利潤更高，有強烈的誘因。

41 《新唐書》卷54，頁1379。

42 《韓昌黎文集校注》卷8，頁652。

事緣穆宗長慶二年（822），戶部侍郎判度支張平叔上奏，主張變革榷鹽法，撤消鹽商制度，由官府自行賣鹽。皇帝下詔公卿詳議，彷彿是漢代《鹽鐵論》的唐代翻版。韓愈呈上一長篇奏疏，反對變法（韋處厚也上奏疏反對）[43]。理由之一，韓愈說是鹽商有「厚利」，其命運「比之百姓」，實際比較「優」（「實則校優」）。但如果現在要「奪其業」，不讓他們賣鹽，又不讓他們去「求覓職事」，韓愈不禁感嘆，「不知何罪，一朝窮蹙之也」！顯然，他是在替鹽商發聲。言下之意，鹽商的「厚利」也還合理，應當讓他們繼續賣鹽，否則他們可能會「逃入反側之地」，去資助「寇盜」，情況更不妙。

韓愈在奏疏中又說，「臣以為百姓困弊，不皆為鹽價貴也。今官自糶鹽，與依舊令商人糶，其價貴賤，所校無多」[44]。這就是說，若變法讓官府賣鹽，跟依照舊法讓商人賣鹽，鹽價的貴賤，相差並不多，「與舊每斤不校三四錢以下」。韓愈這些話，是在奏疏中對穆宗說的，不可能違背事實，而且以他當時的唐代高官身分，這是他的親身見證之說，具有很強的證據力，可證當時的鹽價應還算合理，因為即使官自賣鹽，鹽價也差不多。這個持平之論，可以幫助我們理解，當時的鹽價是否被鹽商哄抬。

綜上，唐代榷鹽，一切猶在探索階段，猶有節制，沒有濫用這種稅法，還未見宋元明清鹽專賣所衍生的種種陋習。榷鹽如果善用，可以是理想的理財工具，但如果濫用，則不免擾民不便。

43　韋處厚的奏疏見《冊府元龜》卷493，頁5901-5902。

44　《韓昌黎文集校注》卷8，頁651。

五、鹽鐵使及其地方附屬組織

　　唐代的兩大直接稅當中，租庸調涉及複雜的戶籍登錄，兩稅法則需要在地州縣的戶口管理，兩者更需要州縣和方鎮的配合徵收和送繳，整個過程是十分繁雜的。唐鹽稅的徵收，相對簡單許多，不需要任何戶籍登錄或管理，也幾乎沒有州縣和方鎮的配合徵收。鹽稅完全由鹽鐵轉運使（以及後來的度支使），和屬下的一系列龐大組織和官吏，自行負責。他們要管理鹽的生產、課稅、運輸，以及最後把鹽利送繳朝廷。

　　這等於說，唐朝廷現在要做起生意來了，而且還是全國性的大生意，要組織亭戶去生產鹽，把鹽加稅後，賣給鹽商，再由他們轉賣給百姓。這簡直就像在經營一個遍及全國的大企業。朝廷要在各州縣產鹽區，設置生產收購網（組織亭戶，收購他們生產的鹽），然後還要有課稅銷售網（加鹽稅，售給鹽商）。同時，為了防範私鹽，監督運輸，還得設立一支全國性的鹽警部隊。又為了運輸鹽產和鹽利，還得有一個完整的運輸網。這就需要聘用不少自己的鹽官，和數千名下層吏員。唐朝這個鹽政大企業，恐怕比現代的許許多多大型國營企業，還要複雜。唐朝是第一個設立這種大型國營事業的朝代。

　　這就是為什麼，第五琦榷鹽法中，有一項重要的配套，值得特別提出，那就是他在產鹽區所設的地方管理單位「監院」。劉晏後來接任鹽鐵轉運使後，更把這種鹽政單位，跟漕運結合起來，發展出一套更複雜的地方附屬機構。這意味著，鹽鐵使是唐代第一個設有自己地方組織的使職，好比一個「小朝廷」，有自己設在道州縣的各級鹽務衙署，為他辦事，就像皇帝有道州縣府幫他處理地方事務一樣。

　　這樣的鹽鐵使，已經不是一個普通的高官了，應當等於是一個國營大企業的總裁，掌管國家的一大半財賦，且可以聘用自己的領導班子和屬下僱員，不受吏部職事官制度的限制。其權力之大，遠在許多高官之上，甚至在宰相之上。唐的鹽鐵轉運使，有不少後來也都升任宰相，或在當鹽鐵轉運使之前，曾經做過宰相。皇帝許多時候，也的確要依靠這個大財臣金主，才有錢財來支付皇室開支、官員俸料和軍費。新舊《唐書》後半期的各皇帝本紀，都很清楚紀錄了各鹽鐵轉運使（以及度支使和戶部使）的委任、調職和他們的主要事跡、奏疏等等，顯示皇室是如何重視這三個使職。

　　為了管理這個國營大企業，鹽鐵使的地方組織，變得相當複雜，有上下層級，自成一套行政和人事系統。它有自己的行政專員，如某某鹽鐵院留後、知某某監院官、知某某巡院官[45]（這些好比是大企業的區域總裁、各州縣分公司總經理、各州縣的巡警首長）。除此之外，各監院和巡院還會有一系列的中低層判官、推官、巡官，以及數千個低層胥吏在辦事。他們全都由鹽鐵使或其屬下官員自行辟署聘任，獨立於職事官僚體系之外，只對鹽鐵使或其屬下負責。

　　學界過去的研究，把這些地方單位，僅分為巡院、監和場三大類了事[46]，恐怕欠妥。巡院的分類最為混亂。好幾種唐代財政

---

45 唐代文獻中常見「知院官」一詞，即指知某某監院或巡院的長官。須先弄清此「院」是巡院，還是監院，才能判斷「知院官」的真正意涵。知院官是相當高層的長官，跟最基層的「巡官」相去甚遠。

46 見高橋繼男的一系列較早研究。李錦繡綜合了高橋的研究成果，並補充一些新的「巡院」名稱、官職和細節，見她的《唐代財政史稿》，第4冊，頁323-379。

史的專書，都把幾種不同性質，不同等級的「院」，全歸類為
「巡院」，容易誤導人。比如，把區域性最高一級的鹽鐵院，如
上都院、江陵院和福建院等等，也列為「巡院」（實際上，史料
只說這些是「院」或「留後」，未說是「巡院」）。這樣就跟
「縣」一級比較小的巡院，如鹽鐵垣曲分巡院、鹽鐵集津分巡
院，全都搞混在一起了，未能釐清它們的不同等級和功能。

　　何汝泉最近的專書《唐財政三司使研究》，終於理清了
「院」、「監院」和「巡院」的區別。他把鹽鐵使屬下的機構，分
為四種，最清晰可辨：第一種（最高一級）是設於「大都要邑」
或要津的鹽鐵院，又稱轉運院、鹽鐵轉運院、留後院等等，都僅
單稱「院」，不叫「巡院」，如江淮留後院、東都院和嶺南院
等，等於是鹽政的區域總部，直接向坐鎮在長安京師的鹽鐵轉運
使負責。第二種是監院，一般有個「監」字，如杭州的臨平監，
設於產鹽區，負責徵收鹽稅並把官鹽賣給鹽商，是榷鹽和售鹽給
鹽商的單位，也負責一些監督職務。第三種是場院，或僅稱「某
某場」或「鹽亭」，設於個別的鹽場，由監院督管，主要管理產
鹽作業的亭戶。第四種是巡院，設於運河交通要道上和嶺南等
地，主要負責緝捕私鹽，監督漕運，並協助朝廷「訪察」州縣和
方鎮等地方官員的違法行為，具有御史的某些監察功能[47]。

　　這裡我想換一個角度，來討論這個「院」、「監院」和「巡
院」的老問題。過去的研究，似未充分利用一條第一手的絕佳史
料證據，見於晚唐杜牧寫給鹽鐵使裴休的一封信〈上鹽鐵裴侍郎
書〉，現仍保存在他傳世的文集中[48]。信寫於宣宗大中五年

47　何汝泉，《唐財政三司使研究》，頁40-76。

48　《杜牧集繫年校注》卷13，頁889-892。裴休是以戶部侍郎的本官去出任鹽

（851），當時杜牧任湖州刺史。但在這之前幾年，他曾經在江南的池州、睦州等地當過刺史，親眼目睹了那裡的鹽務作業，「實見其弊」。他發現，「今諸監院，頗不得人，皆以權勢干求，固難悉議停替」，把持權位，難以整頓，且都在霸凌當地的鹽商，逼得他們「破散將盡」，逃亡他鄉，而「江淮自廢留後已來，凡有冤人，無處告訴」。

所謂「留後」，指江淮留後院，原本設在揚州，是鹽鐵使設在「大都要邑」的那種最高一級的區域總部「院」（即何汝泉分類中的第一類），並非「巡院」。但在杜牧時代，為了「除煩去冗」，江淮留後院被停罷了，導致江淮地區的鹽商，若被監院欺凌，有冤屈，都無處投訴。於是，杜牧寫了這封信，請求他的好友鹽鐵使裴休，重新設置江淮留後院。信的最後一段這樣說：

> 今若蒙侍郎改革前非，於南省郎吏中擇一清慎，依前使為江淮留後，減其胥吏，不必一如向前多置人數。即自嶺南至於汴宋，凡有冤人，有可控告，奸贓之輩，動而有畏，數十州土鹽商，免至破滅。除江淮之太殘，為侍郎之陰德，以某愚見，莫過於斯。若問於鹽鐵吏，即不欲江淮別有留後，若有留後，其間百事，自能申狀諮呈，安得貨財，表裏計會，分其權力，言之可知。伏惟俯察愚衷，不賜罪責。某再拜。

從如此豐富的細節，我們得知，江淮留後院的權責極大，不僅江

鐵轉運等使。見《舊唐書》卷18下，頁628。但杜牧在信中，都稱裴休為「侍郎」，沒有稱他為「鹽鐵使」。這是唐人的稱謂習慣，一般只稱其「官」，不稱其「職」，所以使職所帶的本官有一些作用，並非全虛。

淮，甚至連「嶺南至於汴宋」，凡有冤人，都可向它投訴。它是一個區域性的最高鹽政組織，管轄該區域的所有監院。何汝泉把這樣的「院」，列為第一級最高機構，據所知是唐史學界中的第一人，最具卓識，最有眼光。如果把這樣強大的「院」，和縣一級的巡院，全搞混在一起，恐誤導讀者。

　　杜牧信中還透露一個非常有意義的細節，可以讓我們了解，鹽商和監院的關係：「至如睦州百姓，食臨平監鹽，其土鹽商被臨平監追呼求取，直是睦州刺史，亦與作主不得。」杜牧曾經在睦州當過刺史（847-848年間），這想必是他夫子自道其親身經驗。睦州治所在今浙江建德。「臨平監」即設在杭州的臨平監院[49]，其屬下有鹽場（場院）。浙江建德位於杭州以南約140公里，但睦州的土鹽商，都向臨平監取得官鹽，才能販賣給睦州百姓，可知監院的一大功能，是負責從它屬下的眾多鹽場，取得亭戶所生產的鹽，然後再加上約十倍的鹽稅，再把鹽賣給鹽商，最後才由鹽商自行去販售給百姓。從此時開始，官府不再插手鹽的運銷。

　　然而，杜牧告訴我們，這些鹽商都「被臨平監追呼求取」，也就是都被勒索強取財物。為什麼監院官吏可以這樣做？顯然因為他們掌控著官鹽的供應。鹽商若不提供額外財物給他們，則他們可以不批售官鹽給鹽商，或減少供應量，讓鹽商無鹽可轉買。這點，連睦州刺史也無法可管，任由臨平監的官吏們欺壓鹽商。他們甚至被迫得投訴無門（因為江淮留後院被廢了）。於是，杜牧才寫了這一封信，向他的鹽鐵使好友裴休求助，請他重設江淮留後院。在這裡，杜牧也跟韓愈一樣，在為鹽商發聲。這似可扭

---

49 《新唐書》卷41〈地理志〉，頁1059。《新志》把設有這種「監」的地方，又稱為「鹽官」。杭州還有另一監院，叫新亭監。

轉鹽商在唐史上「謀取厚利」的奸商形象。鹽商其實也常會被鹽官欺負，並非一味奸詐。明清鹽官的貪汙是有名的。至於唐代鹽官的貪婪行為，學界目前還未有什麼研究。

綜上，我們可以得出一個結論：江淮地區的監院，由揚州的江淮留後院管轄。這兩種「院」皆非「巡院」。杜牧此信完全沒有提到巡院，顯示巡院並非唐官鹽榷稅和運銷過程中的一環，而是另有功能。什麼功能？

「巡院」中的「巡」字，以往的研究似未深究，但它應當是有意義的，即「巡察」、「巡檢」之意，表示這種組織的性質。這可由兩種史料證實。

第一，劉晏當初設立巡院時，最主要的目的，就是要「捕私鹽」。換言之，巡院只是一種巡警組織，專門負責偵察私鹽的販賣和走私，且有捕捉、審判、處罰及處決犯人的大權[50]。所以朝廷後來也常敕令巡院去監督，去「訪察」地方官員的種種不當和違法行為，都跟它的巡察職能有關。但巡院不涉及鹽稅的徵收，也不售鹽給鹽商。

第二，圓仁的《入唐求法巡禮行紀》，曾多處提到巡院。例如，文宗開成五年（840）八月廿三日，「齋後，到左街功德巡院，見知巡押衙」；「廿四日，辰時，巡院押衙作狀，差巡官令參見功德使。」[51]這裡的功德使，指長安的左右街功德使，是一個負責管理長安僧尼（包括外國僧人）的使職，向由宦官出任，設有自己的巡院[52]。圓仁之所以到功德使巡院，是因為他剛從五台

---

50 何汝泉，《唐財政三司使研究》，頁71。

51 《入唐求法巡禮行紀校註》卷3，頁342-344。

52 劉淑芬，〈中古的宦官與佛教〉，《鄭欽仁教授榮退紀念論文集》，頁45-69；

山來到長安，「擬學聖法，伏請寄住城中寺舍，尋師聽學」，所以他要到巡院去遞交狀文，申請居留許可[53]。由此看來，巡院具有巡檢，訪察、保安的職能，類似現代的警察局。

功德使巡院，跟鹽鐵使巡院，同樣帶有一個「巡」字，顯然並非偶然，而是兩者的功能類似。鹽鐵巡院應當也和功德使巡院一樣，具有巡察、巡檢和保安的職能。依此看來，鹽鐵巡院是一個特種組織，屬警察單位，獨立於運銷系統之外，不歸監院管轄，應直屬留後院或鹽鐵使指揮，就像英國在殖民統治印度時期，實施榷鹽的「鹽政警察」（salt police）[54]。

然而，以往的研究未理清「巡院」之意，把它的功能誇大了，又跟監院等單位混淆了。杜牧這封信，讓我們見識到官鹽榷稅、運銷的實際運作，鹽商的困境，留後院的重要地位，以及監院的真貌。

監院和巡院沒有統屬關係。巡院是警察單位。它甚至可以糾彈監院違法的官吏。但監院因為在鹽的運銷上，占舉足輕重地位，且負責徵收鹽稅，它無疑又比巡院重要得多。監院官員的地位，也比巡院的高。這一點，我們可以用晚唐一位鹽官後半生精采的官歷來證明。

文宗開成五年（840）的〈唐故知鹽鐵轉運鹽城監事殿中侍御史內供奉范陽盧府君墓銘并序〉，有一段話寫唐後期一位鹽官

　　查明昊，〈從唐五代功德使一職的變遷看宦官勢力的消漲〉，《宗教學研究》2009年第3期，頁67-73。

53　黃清連，〈圓仁和唐代巡檢〉，《中央研究院歷史語言研究所集刊》第68本第4分（1997），頁899-942，特別是頁928-929，論及圓仁向左街功德使巡院遞狀，申請居留長安寺院的許可。

54　S.A.M. Adshead, *Salt and Civilization*, pp. 284-320.

盧伯卿（774-840）的仕歷如下：

> 時泉貨之司願移公猗氏之理以成権筭之用，授大理評事，充東渭橋給納使巡官，尋以本官知京畿雲陽院，遷監察御史，充兩池使判官。俄以統職有歸，不得專任，改知閬中院，轉殿中侍御史，領鹽城監。[55]

盧出身在一個典型的唐代仕宦家庭。他的四代祖是武則天時代的黃門侍郎盧獻，跟狄仁傑同僚。他祖上幾代都做官。盧弱冠考中明經，年輕時出任過三個縣的縣官：絳州萬泉尉、陝州安邑尉、河中府猗氏縣主簿。接著，他開始進入鹽政系統任使職，也就是上引文所說的那五個鹽官。正因為這樣，他的墓誌說他一生「嘗尉三縣，蒞五職」（此「職」指使職），仕宦成績亮眼。下面把他這五個使職，做成一個表，以顯示他如何在鹽政單位中，步步高升：

表13.1：盧伯卿的五個鹽政使職

任職機構	機構性質	京　衘	使　職
東渭橋院	度支院	大理評事	出納使巡官
京畿雲陽院	度支巡院	大理評事	知京畿雲陽院
安邑解縣兩鹽池	度支鹽池	監察御史	兩池使判官
山南西道閬中院	度支巡院	監察御史	知閬中院
楚州鹽城監	鹽鐵監院	殿中侍御史	知鹽城監

---

55 《唐代墓誌彙編》，開成049，頁2204-2205。

　　唐後半期，度支使和鹽鐵使分掌全國東西兩半的鹽政和財賦。度支使屬下，也就跟鹽鐵轉運使一樣，設有院、監院、巡院和場院（如山西安邑解縣的鹽池和四川的井鹽等）。盧最初是在度支的渭橋院，任某個出納使的巡官，接著任雲陽縣巡院的主管，再任山西安邑解縣鹽池使的判官，然後又任閬中巡院的主管，最後才在鹽鐵使屬下的鹽城監院當主管。

　　他的使職升遷，可以從他的京銜看出。從大理評事、監察御史到最後的殿中侍御史，官位一官比一官高，很有一種位階的規律，也就是他逐階升官的過程。這也表示，他最初的兩任巡院主管，都不如他最後一任鹽城監院主管。這反映監院的地位高於巡院。他是先知兩個巡院，最後才去知監院。盧晚年當這個監院的主管，其地位和權勢可以想見一斑，也難怪他死後得以歸葬洛陽，且有相當長篇的墓誌，顯示他這位鹽官的地位，在中層之上，是個顯達的官員（關於盧的官歷，可參考本書第三章第一節中，更詳細的討論）。

　　鹽鐵使和度支使擁有如此龐大的地方附屬機構和僚佐，凌駕在州和方鎮之上。他們一般坐鎮在長安京師（如劉晏），不須駐外[56]，宛如京中另一個「小皇帝」，可以指揮自己屬下的「地方政府」，徵收鹽稅和監督漕運，送往京師，正如《舊唐書・食貨志》所說，「屬吏在千里外，奉教如目前」[57]，一如皇帝擁有州縣府一樣。

　　綜上，唐代的鹽鐵轉運使，完全不像個普通的高層官員，反

56　鹽鐵轉運使的治所，大部分時間都在長安京城，只有極少數時間，因為特殊原因，才設在潤州和揚州。見何汝泉，《唐財政三司使研究》，頁29-39。

57　《舊唐書》卷49，頁2118。

而更像是國營大企業總裁，有一種大氣派，管理一個龐雜無比的大機構，手下有數千名僱員。也因為這樣，唐的鹽鐵轉運使必須具有相當的專業。他們許多就是當年劉晏培養出來的門生，或門生的門生，自成一個特殊的集團。許多人大半生都在任鹽官，在鹽鐵系統內任職。

這讓我們想起民國二年，袁世凱的北洋政府向英、法、德、俄、日五國銀行團，借了一大筆貸款，達2500萬英鎊，以中國所有鹽稅作為抵押擔保。但當時的鹽政貪汙腐敗，外國銀行團沒有信心，所以特別在這筆稱為「善後大借款」（Reorganization Loan）的貸款合約中規定：中國政府必須僱請一位外國人，來整頓整個鹽政，以確保五國銀行團貸款的權益。於是，北洋政府在1913年6月，聘請了愛爾蘭人丁恩爵士（Sir Richard Dane），綽號「鹽王」（The Salt King）[58]，前來負責監督徵收中國的鹽稅，全面改革鹽政。他曾以英國殖民地官員的身分，管理過印度鹽政，有豐富的鹽政經驗，當時已六十多歲退休，於是便以一個外國鹽政特使的身分，來到中國。

從1913到1918年，丁恩任職期間，他「以其對食鹽問題改革趨勢的了解，運用西方管理的制度，挾銀行團之力，訂定法規，建立制度，整頓鹽場，裁併機關，統一稅率，實行就場徵稅」[59]，取得了巨大的成功。到了1915年，他上任的第三年，他在接受

58　Mark Kurlansky, *Salt: A World History,* p. 370.

59　劉常山，〈丁恩與中國鹽務的改革（1913-1918）〉，《逢甲人文社會學報》第6期，2003年5月，頁211-242，引文見頁211。較早的專書研究見S.A.M. Adshead, *The Modernization of the Chinese Salt Administration, 1900-1920.* 此書的研究精細，且使用了英國方面的原始檔案，特別是涉及五國銀行團貸款和丁恩在印度的權鹽經歷，以及他到北京出任中國第一位「洋鹽鐵使」的背後爭論。

美國一家雜誌《亞洲》（*Asia*）的專訪時宣稱，中國鹽利比前一年增加了100%[60]，簡直就是唐代劉晏榷鹽成就的「民國版」。如果丁恩是民初的「鹽王」，那麼劉晏應當可稱為唐代的「鹽皇」，第五琦則為「鹽太上皇」。鹽政最需要的，正是這樣的企業型領導人物，這樣大權在握的特使，才有辦法大刀闊斧推行複雜的鹽務。普通職事高官，恐怕無能為力。劉晏和他那一大批門生們，象徵著唐代這種專業型理財特使的崛起，不同於以往那些刻板的、毫不專業的財臣，如傳統的戶部侍郎[61]。

度支使後來也「模仿」了鹽鐵使這樣的「小朝廷」大企業架構，在他管轄的唐西半地區，亦設置度支院、監院、巡院等龐大組織。最後，戶部使同樣仿照此法，在少數幾個特殊地點（如歸州），設了幾個戶部的分院，以便管理各地徵收到戶部錢，但不如鹽鐵使和度支使的屬下地方機構那麼龐雜[62]。鹽鐵、度支和戶部，雖號稱唐代的財政「三司使」，但有輕重之別。整體而言，鹽鐵使無疑為第一，度支使第二，戶部使第三。

六、結語

要想出新的徵稅方案，又不招惹「聚斂」惡名，又要能長久實施，且又「民不告勤」，「人無厭苦」，並非易事，需要專業和

60　Mark Kurlansky, *Salt: A World History,* p. 372.

61　盧建榮，〈唐代後期（西元七五六至八九三年）戶部侍郎人物的任官分析〉，《中央研究院歷史語言研究所集刊》第54本第2分（1983），頁157-181；盧建榮，〈唐代通才型官僚體系之初步考察——太常卿、少卿人物的任官分析〉，許倬雲等編，《第二屆中國社會經濟史研討會論文集》，頁89-122。

62　何汝泉，《唐財政三司使研究》，頁224-253；頁348-357。

經驗，以及契機（如戰爭）的配合。在這方面，第五琦「竊」自顏真卿的榷鹽法，簡直就是「最理想的稅法」，在一個最佳時刻（安史亂時）及時推出。從此，再也沒有聽到房琯或其他儒臣，抨擊這些鹽鐵使為「聚斂臣」。史官更是一片叫好，還說出「民不加賦，而國豐饒」那樣的話，簡直不把鹽稅當成是「賦」。

唐代的鹽鐵轉運使，並沒有所謂「侵奪」職事官職權之事，因為唐原本就無負責榷鹽的職事官署。這個使職是嶄新的，前所未有的，是應運而生的，是特別為榷鹽才量身打造的。它發展出一套國營大企業模式的管理和經營制度，在州縣設置各級分院，僱有數千名員工，彷彿另一個「小朝廷」，有自己的地方衙署，開啟了一個全新的時代：唐以降各朝到民國政府，無不以榷鹽作為最主要的徵稅和理財工具。

第五琦以後，唐朝廷終於有了兩大徵稅利器，一是直接稅（德宗時楊炎提出的兩稅法），另一就是間接稅鹽稅。在唐後半期，鹽稅更遠比兩稅重要，緊緊維繫著唐室的命脈。這個由唐朝發揚光大的榷鹽制度，此後大放異彩，不但繼續沿用到宋元明清、民國初年和台灣日據時代，甚至遲至 2002 年，才在台灣被廢除。2014 年 11 月，中國工信部也才首次確認，大陸亦將在 2016 年取消食鹽專營[63]。

---

63 http://politics.people.com.cn/n/2014/1120/c70731-26063477.html. 這消息立刻引起不少美國媒體的關注，紛紛撰文報導，彷彿太陽底下終於發生了一件新鮮事。例如，美國知名的知識份子雜誌《板岩》（Slate）在 2014 年 11 月 24 日，有一篇詳細的報導，深入歷史脈絡，標題就是：「中國政府的鹽專營歷經二千六百年，不久將結束。」（The Chinese Government's Salt Monopoly Has Lasted for 2,600 Years. It's About to End）。這象徵西方世界對古老的中國事物，猶有一種浪漫的、域外的遐思。榷鹽在二十一世紀中國的終結，仍值得大書特書也。

第十四章

楊國忠和度支司的使職化

〔天寶〕八載，玄宗召公卿百僚觀左藏庫，喜其貨幣山積，面賜國忠金紫，兼權太府卿事。國忠既專錢穀之任，出入禁中，日加親幸。

——《舊唐書·楊國忠傳》[1]

　　第五琦向肅宗推銷他的榷鹽法，成了唐史上第一個最有意義的鹽鐵使。裴耀卿向玄宗上奏，改良漕運，成了唐史上第一個最有分量的轉運使。劉晏把鹽鐵使和轉運使，合二為一，成為唐後期財政「三司使」中最重要的鹽鐵轉運使。那麼，三司使中第二重要的度支使，又是如何演變而來？

　　答案是：從玄宗時楊國忠判度支並兼司農、太府兩寺出納使，慢慢演化而來。要看清這點，我們要回到唐前期的開元天寶年間。學界過去論度支使，大抵忽略了楊國忠所扮演的使職化角色。本章擬側重論述這一點。這也正好配合本書的唐高官使職化主題。至於度支使的其他課題，何汝泉最近的專書《唐財政三司使研究》，所論最詳備，這裡不必重複。

---

1 《舊唐書》卷106，頁3242。

一、判度支和度支使

《唐會要》卷59「別官判度支」下有一段話說：

> 開元以後，時事多故，遂有他官來判者，或尚書、侍郎專
> 判，乃曰度支使，或曰判度支使，或曰知度支事，或曰句當
> 度支使，雖名稱不同，其事一也。[2]

使職官稱，原就比較隨意，稱呼時用的官名略有不同，不足為
奇。這使職在開元天寶初設時，稱為「判度支」或「知度支
事」，正好都是本書常說的「動賓結構的官名」，乃使職初設時
典型的官名結構也。安史之亂後，此職有一段時間比較固定稱為
「度支使」，但在德宗貞元八年（792），又改為「判度支」，直到
唐末，「大多數任使者都是用『判度支』銜」[3]，以致唐後期史料
中，「判度支」和「度支使」常混用。

比如，《舊唐書・德宗紀》建中三年（782）四月條下，稱
杜佑為「判度支」。「判度支杜佑曰：『今諸道用兵，月費度支錢
一百餘萬貫，若獲五百萬貫，纔可支給數月。』」[4]但《舊唐書・盧
杞傳》提到杜佑，卻又稱他為「度支使」：「度支使杜佑計諸道
用軍月費一百餘萬貫，京師帑廩不支數月；且得五百萬貫，可支
半歲，則用兵濟矣。」[5]這正應了《唐會要》所說，「名稱不同，

---

2 《唐會要》卷59，頁1196。

3 何汝泉，《唐財政三司使研究》，頁186。

4 《舊唐書》卷12，頁332。

5 《舊唐書》卷135，頁3715。

其事一也」。在唐後期的史料中，判度支的用例，事實上比度支使還多。

　　可能基於這樣的理解，嚴耕望在《唐僕尚丞郎表》中，把開元二十二年（734）九月，以太府少卿知度支事的蕭炅，列為唐代第一個度支使。第二個是開元二十三年八月，同樣以太府少卿知度支事的李元祐。第三個是天寶七載（748）判度支的楊釗（國忠）[6]。不過，研究唐三司使最力的何汝泉，認為把這三人列為度支使是「欠妥的」，理由是《唐會要》所謂「其事一也」，「通觀其上下文，顯然是指判知度支與度支使承擔的任務或從事的工作是同一的、一致的，而不能理解為這兩種職官是完全相同，尤其在開元、天寶時，更是如此」[7]。

　　何先生所論，亦有道理。不過，既然判度支和度支使的「任務或從事的工作是同一的」，且唐後期也經常混用判度支和度支使，我們不妨把開天這三位判度支，視為唐代最早的三個度支使，不須等到肅宗乾元元年（758）的第五琦。

　　本章為了顧及史料，有時稱這使職為判度支，有時也稱度支使，「雖名稱不同，其事一也」。

　　比較關鍵的問題是，判度支或度支使所為何事？從這個使職的整個演變歷史看，開天時的判度支，職務比較簡單，而唐後期度支使，則職務越來越繁雜，往往還兼管不少其他事（比如兩稅和軍費），但這個財稅特使，不論是在開天時或唐後期，都有一個最基本、最核心的任務，那就是，他專管「錢穀」的出納，是皇帝的大帳房也。

6　嚴耕望，《唐僕尚丞郎表》，第3冊，頁765。

7　何汝泉，《唐財政三司使研究》，頁169。

二、楊國忠登場

　　蕭炅和李元祐如何得以「知度支事」？兩人史書皆無傳，事跡不詳，無從稽考。然而，楊國忠判度支事，其背景和成因清楚，可以讓我們詳考此職是如何誕生的。要了解這個使職的產生，我們有必要暫且回到唐前期，去看看楊國忠的經歷和官歷，才能看得清徹，否則若僅從唐後期的第五琦看起，則未免如隔一層霧，有些模糊。

　　《資治通鑑》天寶四載（745）條下說：

　　　楊釗侍宴禁中，專掌樗蒲文簿，鉤校精密。上賞其強明，
　　　曰：「好度支郎」。諸楊數徵此言於上，又以屬王鉷，鉷因
　　　奏充判官。[8]

楊國忠是楊貴妃的從祖兄，跟玄宗的「私」關係自然非比尋常，這正是使職誕生的溫床。他「專掌樗蒲文簿，鉤校精密」，玄宗讚美他為「好度支郎」，顯示他精於簿帳等事，亦是他後來判度支的「伏筆」。他任王鉷的判官之後，便從天寶四載起，出任一系列財政或非財政使職。但這些使職是什麼，諸書的記載卻頗混亂。最可靠最可信的記載，應當是他在天寶十一載（752）十一月，受命為宰相時，皇帝制書〈楊國忠右相制〉中所記他的整套結銜：

　　　銀青光祿大夫，御史大夫判度支事，權知太府卿，兼蜀郡長

---

8 《資治通鑑》卷215，頁6869。

史、持節劍南節度、支度、營田等副大使，本道兼山南西道
採訪處置使，兩京太府、司農出納、監倉、祠祭、木炭、宮
市、長春、九成宮等使，關內道及京畿採訪處置使，上柱
國、弘農縣開國伯楊國忠。[9]

這長串官銜，洋洋大觀，長達93字，大可用來佐證唐代使職官銜
之複雜難解，需要「解碼」。細讀之下，可知這裡除了列出他的
散官（銀青光祿大夫）、御史臺職事官（御史大夫，實際上充作
「判度支事」的本官）、暫代的某一職事官（權知太府卿）、地方
刺史類長官（蜀郡長史，即「成都大都督府長史」，以便兼領劍
南節度副使等使職）、勳官（上柱國）和爵號（弘農縣開國伯）
之外，最可留意的就是他的眾多使職，又可分成兩大類：一是節
度使、採訪使等非財稅使職，跟本章課題無關，暫不論。另一是
財稅使職，共有八個之多：（1）判度支事；（2）兩京太府、司農出
納（這實際上是兩個使，這裡故且合算為一使）；（3）監倉使；
（4）祠祭使；（5）木炭使；（6）宮市使；（7）長春〔宮〕使；（8）九
成宮使。

　　這八個使職，看似林林總總，亂無章法，其實大有關連。
《舊唐書・楊國忠傳》有一段寫天寶八載（749），玄宗招呼百官
參觀宮中左藏庫時的一幕，很可以幫助我們理解，楊國忠這時在
做些什麼，以及他所總攬的財權，又是如何巨大：

　　八載，玄宗召公卿百僚觀左藏庫，喜其貨幣山積，面賜國忠
　　金紫，兼權太府卿事。國忠既專錢穀之任，出入禁中，日加

親幸。[10]

左藏庫位於大明宮城[11]，是唐朝的國庫，收藏錢帛，「貨幣山積」（指百姓交稅時所交納的絲絹之類紡織品，唐代可以當成貨幣來使用），以支付百司月俸錢等，由太府寺從這個庫中支出。上引這個敘述最不尋常的一點是，在正規編制上，左藏庫原本由職事官太府卿主管，但這位太府卿這時卻被「架空」了，不在現場，由楊國忠在主導整個參觀行程[12]，因為他從大約天寶七載（748）起，就帶有兩京太府寺和司農寺的出納使[13]。這兩個使職，不但讓他得以主管宮中這個左藏庫（以及收藏各方貢獻寶貨的右藏庫），同時他還可以掌管司農寺屬下國家各個糧倉的出納。這就是為什麼，上段記載有一個關鍵詞，說他「專錢穀之任」，不但管「錢」帛，也管「穀」物，不折不扣是玄宗的大帳房，「出入禁中，日加親幸」，遠非傳統的職事官太府卿和司農卿可比。

三、太府司農及度支司的使職化

換句話說，職事官太府卿和司農卿，這時雙雙都遭到了使職化，被楊國忠這個皇帝欽任的特使架空了。不但如此，玄宗當時「喜其貨幣山積」，還「面賜國忠金紫，兼權太府卿事」，索性把太府卿這個職事官，也讓他去「權」知，等於在出納使之上，再

10　《舊唐書》卷106，頁3242。
11　關於左藏庫的地點，見辛德勇，〈宮城左藏庫位置〉，《隋唐兩京叢考》，頁99-103。
12　《資治通鑑》卷216，頁6893。
13　《唐會要》卷78，頁1701。

添一官，錦上添花。

　　事實上，太府卿的使職化，還不是從楊國忠開始的。早在開元二十六年九月，侍御史楊慎矜，就充太府出納使。天寶二年六月，殿中侍御史張瑄，也充太府出納使[14]。後來，在肅宗乾元元年（758），第五琦也充任過司農、太府出納使[15]。兩個職事官的使職化，已頗有一段時日了。跟唐代其他使職一樣，這兩個使職應當都可自辟判官。至少，我們知道，楊國忠任太府出納使時，是有判官的，見於《資治通鑑》天寶十一載八月癸巳條下，「楊國忠奏有鳳皇見左藏庫屋，出納判官魏仲犀言鳳集庫西通訓門」。是年冬十月，還為此特別「改通訓門曰鳳集門，魏仲犀遷殿中侍御史，楊國忠屬吏率以鳳皇優得調」[16]。

　　至於度支司和太府寺的關係，最好的解說，見於陸贄的〈論裴延齡姦蠹書〉：

> 總制邦用，度支是司；出納貨財，太府攸職。凡是太府出納，皆稟度支文符，太府依符以奉行，度支憑按以勘覆，互相關鍵，用絕姦欺。其出納之數，則每旬申聞；其見在之數，則每月計奏。[17]

在這脈絡下看楊國忠，他既是判度支，又是太府出納使，身兼兩個管財的特使，不但可以自行規畫經費開支，自行發出「度支文符」，還可以自行出納，簡直就如虎添翼，似無其他官員監管。

14　《唐會要》卷59，頁1202。

15　《冊府元龜》卷483，頁5769。

16　《資治通鑑》卷216，頁6913。

17　《陸贄集》卷21，頁671-672。

但這也正是使職特使的特權，只要皇帝信任他即可。他出任司農出納使，應當也是如此方便，因為司農寺的出納，按照律令，也須憑度支的文符。

至於楊國忠的其他幾個使職（監倉使、祠祭使、木炭使、宮市使、長春宮使、九成宮使），則跟他的司農出納使息息相關，屬於業務相關而兼領的性質。司農寺原本監管各地糧倉，準備宮中祠祭用品和木炭，採買宮中物品（宮市），以及管理同州的長春宮、陝西麟遊的夏季行宮九成宮[18]。這些業務現在都被楊國忠的木炭使、宮市使等等使職拿去了。

楊國忠出任宰相後，他似乎不再任監倉使、祠祭使、木炭使等等「瑣碎」的使職，但卻又新增了一些更重要的使職，並且保有一些原有的舊使職。天寶十一載（752）的〈楊國忠右相制〉清楚記載：

> 可守右相兼吏部尚書，集賢殿學士，修國史，崇玄館大學士，太清、太微宮使，仍判度支及蜀郡大都督府長史，劍南節度、支度、營田副大使，本道兼山南西道採訪處置使，兩京出納，勾當租庸、鑄錢等使並如故。[19]

他這些使職當中，最重要的財政使職有五個：判度支、兩京出納（應當是「兩京太府、司農出納使」的省稱），勾當租庸使和鑄錢使。他升任宰相，又遙領劍南節度副大使，但他最重要的使命，仍然是判度支等「專錢穀之任」，直到安史之亂爆發，他陪

---

18 《唐六典》卷19，頁519-530。

19 《唐大詔令集》卷45，頁223。

同玄宗一行人，匆匆逃命到劍南成都。但逃到馬嵬驛時，他就被亂軍所殺。

在亡命途中，發生了一個動人的小插曲。玄宗一行人馬，從禁苑西面的延秋門逃出（杜甫有詩〈哀王孫〉為證：「長安城頭頭白烏，夜飛延秋門上呼」[20]）：

> 玄宗西幸，車駕自延英門〔應作「延秋門」〕出，楊國忠請由左藏庫而去，上從之。望見千餘人持火炬以俟，上駐蹕曰：「何用此為？」國忠對曰：「請焚庫積，無為盜守。」上斂容曰：「盜至若不得此，當厚斂於民，不如與之，無重困吾赤子也。」命撤火炬而後行。聞者皆感激流涕，迭相謂曰：「吾君愛人如此，福未艾也。雖太王去豳，何以過此乎？」[21]

楊國忠請玄宗「由左藏庫而去」，似乎有深意。這個由他以判度支特使身分，經營數年、錢帛織品如山積的大財庫左藏，現在要由他命手下「千餘人」去持火炬焚毀了，以免落入安史叛軍手中。國忠顯然想讓玄宗在臨走前，親眼看看這驚人的場面。但玄宗動了善念，命令「撤火炬而後行」，因為叛軍來了，得不到錢帛，恐怕會厚斂百姓，不如給他們，「無重困吾赤子也」。

值得注意的是，這個左藏居然要動用「千餘人」持火炬來焚毀，則其庫房之多（有東庫、西庫、朝堂庫等，不只一庫房）[22]，範圍之大，財貨之山積，可以想見。事實上，玄宗自己的私房錢

---

20 《杜詩詳注》卷4，頁310。

21 李德裕，《次柳氏舊聞》，頁7。

22 《資治通鑑》卷216，頁6893，胡三省注。

庫「大盈庫」，也就位於這左藏地區（史書上常稱之為「左藏大
盈庫」）。《資治通鑑》寫玄宗車駕離去後，天明時，「山谷細民」
爭入宮中，「盜取金寶，或乘驢上殿」，最後也燒了這個私房大
盈庫：

> 門既啟，則宮人亂出，中外擾攘，不知上所之。於是王公、
> 士民四出逃竄，山谷細民爭入宮禁及王公第舍，盜取金寶，
> 或乘驢上殿。又焚左藏大盈庫。[23]

這個被燒毀的大盈庫，裡面應當貯藏著玄宗朝宇文融和韋堅等聚
斂之臣，所括收來的財貨寶物。

四、度支漸權百司之職

　　從楊國忠所帶的這些使職和這個左藏故事看來，他判度支時
「專錢穀之任」，所為何事，也就歷歷清晰起來了。肅宗時的第
五琦，繼楊國忠之後，也在乾元元年（758）起判度支，並同時
充任兩京太府、司農出納使和其他多種使職，職掌跟楊國忠類
似，成了肅宗的大帳房，「集財政收入和支出大權於一身」[24]。但
第五琦似是唐史上最後一位太府、司農出納使，以後未見有人繼
任，看來此使已廢，被判度支取代，不須再任命。

　　事實上，太府司農出納使所掌職務，在第五琦之後，改由判
度支主管。判度支（度支使）的職權越來越大了，「漸權百司之

---

23 《資治通鑑》卷218，頁6971。

24 何汝泉，《唐財政三司使研究》，頁178-179。

職」，使原有的職司度支司（以及太府司農，甚至金部和倉部
司），都遭到更進一步的使職化。建中元年（780），楊炎想要
「罷度支、轉運使，命金部、倉部代之」。但金倉「省職久廢，
耳目不相接」，無法回到舊制，最後還是要繼續任命判度支的使
職，來專掌錢穀的出納[25]。貞元初，陸長源在〈上宰相書〉中，
也證實「金倉不司錢穀」[26]。

　　這方面另一條很好的史料，見於杜佑貞元初的奏疏：

> 貞元初，度支杜佑讓錢穀之務，引李巽自代。先是，度支以
> 制用惜費，漸權百司之職，廣置吏員，繁而難理。佑始奏營
> 繕歸之將作，木炭歸之司農，染練歸之少府。綱條頗整，公
> 議多之。[27]

據此，肅宗以後的度支使，已非舊時度支司的司級主管度支郎中
可比。舊時職事官度支郎中所管的「度支國用」等單純業務，到
了財稅特使度支使手中，已擴大為全面管國家的錢穀出納，管兩
稅，管唐西半地區池鹽和井鹽的專賣，管左藏，管大盈庫，管司
農太府出納，管營繕，管火炭，甚至管染練等等，業務真多。由
此，可以解答為什麼楊國忠當年判度支時，竟還帶有火炭使等幾
個看似「奇特」的使職。現在，杜佑為了避免這個特使「廣置吏
員，繁而難理」，貞元初便上奏，請求把度支使所管的營繕歸還
將作監，木炭歸還司農寺，染練歸還少府監，但仍保留度支使主

---

25 《資治通鑑》卷226，頁7279。

26 《唐文粹》卷79，頁4a。

27 《唐會要》卷59，頁1192。

管錢穀出納的重任，包括收入和支出。

　　本章重點在探索楊國忠如何把度支司使職化，結果如上所考。至於度支司在唐後期的進一步使職化，學界已有詳細研究，不須在此贅論，特別是何汝泉近二十多年來的出色研究，為我們釐清了不少課題。他的結論是，度支使在唐後期一百多年的演變中，正如杜佑所說，經歷過一個從職務簡單到職務繁雜的過程，業務涉及兩稅、鹽專賣、軍費、各道節度使出兵時的「出界糧」等等。

　　為了配合它職務的繁雜，度支使下有一系列的下屬僚佐，且都由度支使全權自辟，不須經過吏部的銓選，如度支副使、判案郎官、巡官和推官、糧料使等等。同時，度支還模仿鹽鐵轉運使，設立了一系列地方下屬機構，如度支院、度支監院和場院、度支巡院、榷鹽使院、榷稅使院等等[28]。這麼龐大的使職附屬組織和人員，宛然是長安朝廷外的另一個「小朝廷」，跟鹽鐵轉運使的「小朝廷」類似，沒有其他使職可以比美。比如，節度使雖號稱一方之霸，權勢也只局限於某一地方，跟度支、鹽鐵兩使，分掌全國東西兩半財賦的大格局，遜色多了，遠遠不能相比。

五、結語

　　唐度支司的使職化，並非始於安史亂後，而是早在天寶年間，楊國忠判度支起，就遭到使職化。他以使職身分，不但總攬太府、司農的出納，還管到宮中火炭等雜事。楊國忠以後的判度支或度支使，則更進一步把這個使職的職權擴大，到了一個更繁

28　何汝泉，《唐財政三司使研究》，頁234-253。

雜的地步，職務涉及兩稅、鹽專賣、軍費、節度使出兵時的「出界糧」等等，跟當初的職事官制度支司及其司級長官（度支郎中和員外郎），只不過負責度支國用等簡單幾項事務，天差地別。

這個使職化的結果是，唐後期度支司的司級長官，雖然一直未正式廢除，但已淪為閒官，不再處理當初的度支國用等事，或淪為一種本官，僅以此去充任其他使職，比如肅宗朝的第五琦，就曾經以度支郎中的本官，去出任鹽鐵使。相反地，唐後期的度支使，則權勢巨大，職務繁多，使他成了舉足輕重的財政「三司使」之一，跟鹽鐵轉運使和戶部使，一起主宰唐後期的財政。原本傳統的度支司，蛻變成一個度支使司，不再受職事官制約束，而像鹽鐵使司那樣，有自己的附屬地方組織和一系列自辟的使職僚佐，獨立於三省六部之外，成了一個職權重，官員多的大衙署，宛然是另一個「小朝廷」。它也在關鍵地方設立度支院、監院、場院和巡院等等，彷彿擁有了自己小小的「地方政府」，專管財務，一如皇帝擁有地方州縣府一樣。

第十五章

李泌和戶部錢及戶部司的使職化

> 李泌以京官俸薄，請取中外給用除陌錢，及闕官俸、外
> 〔官〕一分職田，〔停〕額內官俸及刺史執刀、司馬軍
> 事等錢，令戶部別庫貯之，以給京官月俸，令御史中丞
> 竇參專掌之。歲得錢三百萬貫，謂之戶部別處錢，朝臣
> 歲支不過五十萬，常有二百餘萬以資國用。
>
> ——《舊唐書·德宗紀》[1]

　　德宗貞元四年（788），京官的月俸遠比外官低。例如，從三品的上州刺史，月俸80貫，而同品的御史大夫，只有60貫[2]。李泌前一年才剛接任宰相，有感於京官俸薄，想要解決這問題。但國庫的財政狀況不佳，要給這些京官們加薪，錢從何來？照慣例，當然要從徵稅而來。問題是：該徵什麼稅？

一、李泌登場

　　李泌是唐史上的傳奇人物，好談神仙，足智多謀，不戀權

1　《舊唐書》卷13，頁364。缺字據何汝泉，《唐財政三司使研究》，頁293引文補。

2　何汝泉，《唐財政三司使研究》，頁308-309；劉海峰，〈論唐代官員俸料錢的變動〉，《中國社會經濟史研究》1985年第2期，頁18-29。

位，喜歸隱為「山人」。肅宗代宗都想請他當宰相，但他「固辭」。安史之亂時，肅宗「自馬嵬北行，遣使召之，謁見於靈武。上大喜，出則聯轡，寢則對榻」[3]。君臣兩人甚至還「同榻而寢」[4]，好得不得了。德宗當時還是「奉節王，學文於李泌」[5]。代宗時，特別在皇帝起居的便殿蓬萊殿側，為他蓋了座書院。代宗時常穿著「汗衫」，「躡屨」到那裡去找他請教軍國大事[6]。那時德宗「為太子，亦與之遊」[7]。他是肅代兩帝的軍師，德宗的老師，胡三省稱他為「奇士也」[8]。這樣的高潔之士，當然不可能像楊國忠之流，去厚斂百姓，來為京官加薪。

於是，他想出了一個兩全其美的辦法，不需要徵收百姓的稅，又能給京官加薪。辦法就是徵集上引文提到的除陌錢、闕官俸、外官的職田收入，以及刺史的執刀、司馬軍事料錢等等，在戶部設立一個專庫來管理。這樣徵集到的年總收入，可達到「三百萬貫」（30億文），稱為「戶部別處錢」，用來支付京官們的月俸，每年也只「不過五十萬」貫（5億文），還有巨額的盈餘「二百餘萬」貫（實估為25億文），「以資國用」，可以用作國家的貯備金，供將來緊急時支用，如水災、和糴等等。像第五琦倡議的榷鹽一樣，這也是一件「皆大歡喜」的事，未見有反對聲音，因此也得以長久實行，直到唐亡，成效頗佳。

---

3 《資治通鑑》卷218，頁6985。《通鑑》所記的李泌事跡，許多不載於兩《唐書》，包括這裡所引用的幾條。

4 《資治通鑑》卷220，頁7035。

5 《資治通鑑》卷231，頁7441。

6 《資治通鑑》卷224，頁7199。

7 《資治通鑑》卷231，頁7441。

8 《資治通鑑》卷220，頁7037，胡三省注。

　　唐玄宗以來的各種財稅特使，第一位大多以毛遂模式得官。如果按照這個往例，德宗聽到李泌這麼美好的方案，想必又會「大喜」，然後任命李泌一個全新的財稅特使，好讓他去執行這妙策，如宇文融受命充括戶使，第五琦受命充鹽鐵使的先例。但李泌這樣的高士，在德宗的再三懇請下，不得已才當了宰相，現在雖然獻此良方，勢更不可能再去當這樣的使職。德宗便令當時的戶部侍郎兼御史中丞「竇參專掌之」，命他以「判戶部」的財政特使身分，去專掌這件事。竇參和李泌熟識。他任判戶部（這又是一個典型的動賓結構官名），可能出於李泌的推薦，就像李泌後來也「薦竇參通敏，可兼度支鹽鐵」一樣[9]。於是，唐代又一個全新的財稅使職，就這樣誕生了，且從此以後長期設置，發揮了它強大的功能，成了唐最重要的三司使之一。

二、第一位戶部使

　　從前面的敘述看來，李泌無疑是唐代戶部使誕生的第一大功臣。這是他向德宗提出的新點子，他是第一人。竇參雖然是唐史上第一位出任此財職者，事實上他對這個新法毫無貢獻，只不過因為獻策者李泌不可能出任此使職，竇參才被任命去執行這計畫罷了。不過，奇妙的是，唐史學界在爭論誰是唐的第一位戶部使時，卻又另有人選，既不是李泌，也不是竇參，而是晚至憲宗元和二年（807）的武元衡[10]。這時，距離李泌首次獻策的德宗貞元四年（788），已將近二十年之遙了。

9　《資治通鑑》卷233，頁7518。

10　何汝泉，《唐財政三司使研究》，頁358。

武元衡之所以被選為第一位戶部使[11]，是因為何汝泉認為，戶部使的本官，要六部侍郎以上的級別才算數，而且要「他官專判」才行。武元衡之前的幾個人，比如竇參和王紹，都不符合這條件。何汝泉認為，竇參是在執行「本職」，不是「他官專判」。王紹只是個郎官，還不到侍郎等級，也不算[12]。然而，戶部錢早在二十年前就開始徵集實行，武元衡不但不是獻策者，同時他也只不過是這新法實行中途的一個執行者罷了。若從他開始看戶部使的產生和演變，肯定看不清源頭。他這樣的「第一」名，又有什麼意義呢？這裡我頗同意何汝泉所說，戶部使「產生的源頭不能不追溯到貞元四年戶部錢的設置」[13]。

我們在前面幾章見過，唐代皇帝在財稅使職的產生上，幾乎都是被動的，都像柳芳所形容的玄宗那樣，在「思覩奇畫之士，以發皇明，蓋有日矣」。換言之，皇帝都在等待毛遂來獻策，心動後，再任命他一個新的使職去執行。因此，探討一種使職的誕生起源時，我們要追問的，應當不是「誰是第一位特使」，而應當是「誰是第一位獻策者」。誰是那個想出新方案的人，這個人

---

11 唐代這個新使職，在正式任官制書和碑誌中都稱為「判戶部」，不叫「戶部使」。「戶部使」這職稱，在唐代文獻中似僅出現兩次。一次在《新唐書》卷223下，頁6355：「〔崔〕胤次湖南，召還守司空、門下侍郎、平章事，兼領度支、鹽鐵、戶部使。另一次在《盧氏雜說》，此書不傳，但據《唐語林校證》卷7，頁639引：「夏侯孜為戶部使」。《太平廣記》卷233，頁1786同。然而，唐史學界習慣上都稱此使為「戶部使」，或許是為了跟「三司使」的用法配合。本書順從此慣例。

12 何汝泉，《唐財政三司使研究》，頁275-276。不過，竇參雖然是戶部侍郎，專管戶部事，但戶部錢並非戶部司原有的職務。所以竇參也不算是在執行「本職」，而是在出任一個專判戶部錢的使職。

13 何汝泉，《唐財政三司使研究》，頁273-274。

才最重要。雖然在唐代財政史上，第一個獻策者，往往也是第一個特使（如宇文融和第五琦），但有時也不一定如此。比如貞元四年設置戶部錢[14]，獻策者是李泌，第一個被任命去執行的特使，卻是竇參。本章從李泌說起，這樣才對得起這位高人。

三、除陌和墊陌

李泌構想的戶部錢，有幾個來源：闕官俸料錢、外官闕官職田錢、停額內官俸料錢、停刺史執刀、司馬軍事錢等，這些前人所論已詳[15]，不必贅論。但戶部錢最主要的一個來源，所謂的「除陌錢」，前人雖已論及，但「除陌」和相關的「墊陌」等事，卻是唐史上一個糾纏不清的問題，歷來各家說法不一[16]。這裡擬比較詳細疏證[17]。先看《新唐書·食貨志》的一段記載：

> 李泌以度支有兩稅錢，鹽鐵使有筦榷錢，可以擬經費，中外給用，每貫墊二十，號「戶部除陌錢」。[18]

---

14 在貞元四年之前，戶部也「掌有錢物，但數量較少，在當時龐大的軍國費用中，所起的作用甚微」，而且這些錢物是「收貯在度支使司所掌倉庫」。見何汝泉，〈貞元四年前的戶部錢〉，《唐財政三司使研究》，頁293-300。這部分何書的分析甚詳，此不贅述。至於李泌的戶部錢，由戶部使司收貯，跟貞元四年之前的戶部錢無甚關係，故本章從李泌說起。

15 以何汝泉所論最詳最清晰，見其〈戶部別貯錢的來源〉，《唐財政三司使研究》，頁313-331。

16 王怡辰，〈論唐代的除陌錢〉，《史學彙刊》第22期（2008年12月），頁19-44，檢討了除陌錢研究的爭論。

17 我在另一論文〈唐代除陌法和除陌錢新解〉，待刊於《唐史論叢》2016年第23輯，對這個課題有更詳細的考釋。

18《新唐書》卷55，頁1401。

所謂「中外給用」，即「中外給用錢」，也稱「內外支用錢」、
「內外給用錢」，或單稱「給用錢」等等，常見於唐代敕詔。例
如，元和十五年（820）六月敕：「其度支所準五月二日勅，應
給用錢，每貫抽五十文」[19]；穆宗長慶元年（821）九月敕：「其內
外公私給用錢」[20]；文宗開成元年（836）正月一日赦詔：「其京兆
府附一年所支用錢物斛斗草等」[21]。

　　中外或內外，指京師和地方。所謂中外或內外給用錢或支用
錢，即指朝廷、州及方鎮可以「支用」的預算經費。元和十五年
五月，穆宗剛上台頒的一篇詔書，曾經提到這種「內外支用
錢」，指的就是「送上都及留州、留使、諸道支用、諸司使職掌
人課料等錢」[22]。由此我們得知，這種「給用錢」或「支用錢」，
最大宗的要算州和方鎮在兩稅下可以留用的部分，以及「諸司使
職掌人課料等錢」，包含官員們的各種俸料錢[23]。

　　「每貫墊二十文」中的「墊」字含義，歷來未見有學者解
讀。我認為跟現代漢語的「墊」字含義一樣，即「墊付」之意。
最好的例證，見於《夏侯陽算經》中的一道數學題：

> 今有錢五千四百六十三貫四百五十文，準例每貫納五十文充
> 墊陌，問合墊幾何？答曰：二百七十三貫一百七十二文五
> 分。[24]

---

19 《唐會要》卷91，頁1975。

20 《唐會要》卷89，頁1936。

21 《冊府元龜》卷484，頁5790。

22 《舊唐書》卷16，頁478。

23 參看陳明光，《唐代財政史新編》，頁321及頁328-329。

24 錢寶琮點校，《夏侯陽算經》，收在《算經十書》卷下，頁454。《夏侯陽算

這道數學題，原本應當是要教導唐代那些算學生，如何計算戶部錢這一類需要「除墊」的稅錢，且有實際算題佐證，讓我們清楚知道，戶部錢是怎樣算出來的。唐代一貫是一千文錢，「每貫納五十文」即5%。用現代的演算方法，可得：

$$5,463,450 \times 0.05 = 273,172.5 \,(\text{0.05 為 5\% 的小數式})$$

這跟《夏侯陽算經》所給的答案正合，一文一分都不差。若以方鎮在兩稅下可以留用的經費來說，「每貫墊二十文」的意思，就是方鎮要在每一貫中「墊付」2%給中央。這便是「墊陌」，也就是上引文所說的「充墊陌」。中央收到這種方鎮墊陌的錢，便稱為「墊陌錢」。

《新唐書・食貨志》上引文說，「每貫墊二十，號『戶部除陌錢』」。這裡先說「墊二十」，然後又說是「除陌錢」。為什麼它不沿用先前的「墊」字，直接說成是「戶部墊陌錢」，而要說成是「戶部除陌錢」呢？「除陌」和「墊陌」有什麼不同？

其實，「除陌」也就是「墊陌」。以上例「每貫墊二十文」來說，方鎮要在留使的兩稅中，「墊付」2%給中央。這也就等於說，方鎮要在兩稅中扣「除」2%給中央。這樣，說成是「墊陌錢」或「除陌錢」，都可以。《新志》用「除陌錢」，可能是不想重複前面的「墊」字，而且「除陌」的說法，更古老，源自南朝梁武帝時代的「除陌」法[25]。「墊陌」和「除陌」只是說法略微不

經》約成書於785年左右，見李兆華，〈傳本《夏侯陽算經》成書年代考辨〉，《自然科學史研究》2007年第4期，頁551-556。

25　拙文〈唐代除陌法和除陌錢新解〉，待刊。

同，實際上方鎮交納的錢數是相同的。這就是為什麼，胡三省注《通鑑》，有一處就說「墊陌錢」即「趙贊所行除陌錢也」[26]。

「除」和「墊」同義，還有唐代敕令上的證據。例如，穆宗長慶元年（821）九月敕：「宜每貫一例除墊八十，以九百二十文成貫」[27]。這裡用了「除墊」一詞，顯示「除」就是「墊」，「墊」就是「除」，完全同義，跟上引《新志》前面說「每貫墊二十」，接著又說是「戶部除陌錢」，異曲同工。

唐代文獻中，還常可見到「抽貫」、「每貫抽」，甚至「抽取」等詞，也都跟「除陌」和「墊陌」同義。例如，元和十五年（820），穆宗剛即位時，下了一道詔書說：

> 五月壬寅朔。癸卯，詔：「……其京百司俸料，文官已抽修國學，不可重有抽取；武官所給校〔較〕薄，亦不在抽取之限。」[28]

「抽修國學」一句，是說要從京官俸料中，徵抽若干文，以翻修國子監。「不可重有抽取」一句，則是穆宗體貼這些文官，因為他們之前已被國子祭酒鄭餘慶，徵抽1%的月俸，去整修國子監，所以今年放免，不可再重複「抽取」；武官本來就俸薄，也不必「抽取」。換言之，他們的俸料錢，不必再被「除陌」或「墊陌」。

---

26 《資治通鑑》卷229，頁7392。陳明光也認為「墊陌」即「除陌」，見《唐代財政史新編》，頁323。

27 《唐會要》卷89，頁1936。

28 《舊唐書》卷16，頁478。

長慶二年（822）三月，穆宗又下詔說：

> 近者師旅屯集，饋餉頗多，不免於諸道留州使錢內，每貫抽
> 二百文以充軍用。[29]

這是當年為了籌軍費，下詔要對諸道留州、留使錢，每「貫抽」
20%，比李泌戶部錢每貫抽2%，高出十倍。不過，這只是戰爭
期間的緊急措施，跟李泌的戶部錢無關，是一種額外的加徵。但
這裡的「每貫抽」，跟上一例的「抽」和「抽取」一樣，都等同
「除陌」，也就是從每貫「扣除」若干文的意思。因此，「除陌」
的「除」，就是「扣除」的「除」，也就是從每一貫中，扣除百
分之幾的意思。

四、戶部錢的特點

貞元四年（788），李泌向德宗提他的戶部錢點子時，他用
的是一種除陌法（每一貫扣「除」百分之幾的方法），來徵集戶
部錢。這種「除陌法」，源自南朝蕭梁時代的貨幣「除陌」，原
本跟徵稅無關，但唐代卻用了這種計算法來徵稅。「陌」是
「佰」的通假字，即「百」字。「除陌」應當讀作「除百」才
是，一種「除去百分之幾」的計算法。

李泌的「戶部除陌錢」，從中外給用錢中，除去2%，所得
到的稅錢，便是「除陌錢」。然而，唐史學界常把李泌的「除陌
錢」，跟趙贊在德宗建中四年（783）六月所徵收的除陌交易

---

29 《冊府元龜》卷65，頁722。

税，混淆了，甚至還跟玄宗天寶九載（750）二月敕令中的「除陌錢每貫二十文」[30]，也搞在一起，越論越亂。我另有一專文釐清此事[31]，此不贅。

除陌錢並非專稱，並不專指李泌的除陌，也不專指趙贊的除陌，亦不專指天寶九載的除陌。所謂「除陌錢」，是個通稱，可以指任何「扣除百分之幾」計算出來的錢。李泌對「中外給用錢」扣除2%，徵收到戶部錢，所以它是一種除陌錢。趙贊在「天下公私給與貿易」的，扣除5%，徵收到交易稅，所以他的也是除陌錢。天寶九載的「除陌錢」更特別了。它是皇帝敕定，官方民間都可以從每一貫錢幣（1000文）中，合法扣除2%，成為980文，但仍當作一貫來使用。這根本不是稅錢，而是貨幣除陌「短錢」（類似梁朝的除陌「短錢」），以應付貨幣短缺問題。

但學界常把天寶的這種貨幣除陌「短錢」，當成是趙贊的那種除陌稅錢，然後又把李泌的戶部除陌錢，跟趙贊的除陌稅錢，也全扯在一起討論，讓人越讀越迷糊。這是三種不同的東西，不同的錢，原本不應當混淆，但不幸當時的敕令和奏疏等文獻，「不巧」都用上了「除陌」兩字，把後人（包括司馬光）迷惑了，誤導了。但只要弄清，「除陌」只是一種計算法，迷惑應當就可以消解。

李泌戶部除陌錢有一大特點，就是它徵集的對象，不是廣大的百姓人民，而是「中外給用錢」。這是李泌最有創意的地方。他沒有在常賦（兩稅）之外又加斂百姓，沒有增加他們的稅務負擔。這點，跟他的高人和山人性格，頗為相配。

---

30 《唐會要》卷66，頁1364。

31 〈唐代除陌法和除陌錢新解〉，待刊。

　　其實，李泌的戶部錢，徵抽對象為「中外給用錢」，跟趙贊的徵抽對象「天下公私給與貿易」[32]，有一大部分相同。相同的是，兩人都要徵「中外給用錢」，即官方往來的經費部分。不同的是，趙贊還要加徵「私給與貿易」，即民間私貿易買賣的部分。趙贊之所以失敗，正因為他的稅法，特別是在民間實行時，太複雜，太繁瑣，弄得民怨四起，難以執行。德宗又因朱泚之亂，逃命奉天，於是約半年後，就在興元元年（784）正月，匆匆緊急下敕「停罷」[33]，連同趙贊同時推行的惡名昭彰「間架稅」，以及其他雜稅，以平息民憤。趙贊也落得「巧法聚斂」的罪名[34]。其實他跟王鉷和楊國忠等「聚斂之臣」不一樣。他是為了替國家籌軍費才不得不徵稅，沒有私心，只是方法太嚴苛，不受百姓歡迎。

　　李泌就在趙贊失敗後約四年，推行戶部錢。他應當是汲取了趙贊的前車之鑑，變得精明起來，不去碰「私貿易」部分，只徵公家往來給用經費，而且徵收率只有2%，比趙贊的交易稅略低。中外衙司（包含方鎮，至少那些不叛逆的方鎮），以及某些官員們，也就按規定墊付，未聞有反對抗議之聲，無不聽話，圓滿成功，得以長期實行，直到唐亡[35]。

　　李泌的方法，相當簡化，不像趙贊的那麼複雜。從世界徵稅歷史看，越簡單、越容易抽的稅，越能成功，越不會有反對聲音。李泌的方法正是如此。其中央部分，比如中央發給官員的俸

32　《唐會要》卷84，頁1830。

33　《資治通鑑》卷229，頁7392；卷233，頁7509。《舊唐書》卷49〈食貨志〉，頁2128，記為「興元二年」罷，誤。

34　《舊唐書》卷12，頁336。

35　關於戶部錢的詳細研究，見何汝泉，《唐財政三司使研究》，頁301-347。

料錢，即「諸司使職掌人課料等錢」，其徵收方式，很可能便是
預先「除陌」了2%，再放發給官員們。簡單俐落。

　　至於「送上都及留州、留使」的兩稅部分，因為這種稅錢，
原本就留在州和方鎮那裡，所以便由州和方鎮「墊付」給中央。
陳明光說，這「實質上是中央財權向地方方鎮爭奪更多財力的一
個有效手段」[36]，很有道理。

　　上文說，戶部錢的徵集，對百姓沒有直接的衝擊。不過百姓
最後可能還是會受到一些間接的影響。比如，在兩稅方面，可能
會被州或方鎮加徵，以補償他們在「墊付」戶部錢給中央時的
「損失」，但大體上百姓應當不會感受到瞬間直接的衝擊。這點
跟鹽稅的間接衝擊相似，比較沒有「痛感」。李泌的戶部錢法，
也從未見有儒臣批評為「聚斂」，可以長期徵收。另一個關鍵原
因恐怕是：儒臣是這項戶部錢的直接受益者。戶部錢最主要的設
置目的，原本就是要增加京畿官員的月俸。儒臣如果要表示「愛
民」，反對徵戶部錢，那麼他們的月俸也會跟著被大砍。這關係
到他們的切身利益，大家就以「沉默」為貴了。

　　就這樣，唐朝廷以李泌的除陌2%方法，從「中外給用錢」
中徵抽到一大筆錢，再加上闕官俸、外官職田錢、額內停官俸及
刺史的執刀、司馬軍事等錢，每年可徵集到高達300萬貫的「戶
部除陌錢」。這辦法長年施行，慢慢也演變成一種「常賦」了，
戶部使也始終長期任命。到貞元中，稅茶錢也由戶部使司收管，
成了戶部錢的一部分。宣宗大中年間，單是茶稅項，就約有60
萬貫的歲入。戶部錢後來增置的收入來源當中，還有外官闕官祿

36　陳明光，《唐代財政史新編》，頁328。

米和長春宮營田收入等[37]。

　　戶部錢除了支付京畿官員月俸外，若有盈餘，則用於救災、和糴、京司行政費、宮廷開支費和若干零星的軍費（如給諸軍冬衣）[38]。然而，軍費（特別是討伐叛逆藩鎮，諸道用兵的出界糧費），是項龐大開支。判度支杜佑，曾經作過一個精準的估計：「今諸道用兵，月費度支錢一百餘萬貫，若獲五百萬貫，纔可支給數月。」[39]以戶部錢一年總收入，僅有約三四百萬貫來判斷，若用於軍需，僅能支撐幾個月。據此看來，戶部錢或許可用於零星的軍需（如上面提到的「諸軍冬衣」），但不可能用於大規模的征討出兵軍費。因此，憲宗元和年間討伐叛逆的藩鎮時，負責軍費的度支使（判度支），都要臨時上奏皇帝，請求加徵。

　　例如，元和中討伐淮西和河北時，便曾經這樣做。當時，李泌的除陌法，顯然給了宰相兼判度支皇甫鏄一些「靈感」，於是他便模仿這除陌法來徵收戰爭稅。度支的正常收入，最大宗的原本是鹽稅和兩稅，但這時顯然不足了，軍費又吃緊，皇甫鏄便上奏，請在常設的戶部錢之外，「復抽五十送度支以贍軍」：

　　　　會吳元濟、王承宗連衡拒命，以七道兵討之，經費屈竭。皇

37　何汝泉，《唐財政三司使研究》，頁324-330。

38　何汝泉，〈戶部別貯錢的用途〉，《唐財政三司使研究》，頁332-347。

39　《舊唐書》卷12，頁332。據圓仁的《入唐求法巡禮行記校註》卷4，頁434，武宗會昌三年（843）九月討伐河北道昭義之叛時，「供軍每日用廿萬貫錢，諸道般載不及，遂從京城內庫般糧不絕」。這等於每月的供軍費達到600萬貫，比杜佑的估計每月100餘萬貫，高出約六倍。但圓仁的身分，只是個日本和尚，在唐代中國求佛法。他的數字很可能是「道聽塗說」得來，可供參考，但不如杜佑的可靠。

> 甫鎛建議，內外用錢每緡墊二十外，復抽五十送度支以贍
> 軍。[40]

這明顯是在「模仿」戶部除陌錢的徵收方式，來加徵軍費。上引
文「內外用錢每緡墊二十外」一句，指常設的戶部錢徵收率
2%。現在皇甫鎛也打「內外用錢」的主意，要加「抽」五十文
（5%）以助軍，比戶部錢的徵收率2%還高。然而，他這額外的
加徵所得，卻不是送戶部收管，而是「送度支」，因為度支使負
責各方鎮兵出界征討的糧料費，可證這次加徵跟李泌的戶部錢無
關，而是度支使「模仿」了李泌除陌錢的加徵法，但「送度支」
收管，不經由戶部除陌錢。事實上，這應當是度支使皇甫鎛自行
上奏皇帝，加徵5%的戰爭稅來贍軍。他並非利用戶部所徵到的
除陌錢來贍軍。晚唐的度支使，權勢很大（比戶部使更強大）[41]，
又是皇帝特使，可以主動上奏皇帝，獲准後就可自行徵稅來籌軍
費，完全不須經過戶部，只是「模仿」了戶部的除陌法。

　　皇甫鎛正因為在戶部錢徵收之外，還對「內外用錢」加徵
5%的贍軍稅，在當時儒臣看來，似乎成了「常賦」外的一種橫
徵，加上他「自掌財賦，唯事割剝，以苛為察，以刻為明」，以
致他被裴度、崔羣等宰臣，猛烈抨擊為「聚斂媚上，刻削希
恩」[42]。唐後期的財政特使當中，絕大部分都是專業型的「君
子」，皇甫鎛倒是極少數的「非君子」之一。

---

40 《新唐書》卷54，頁1389。

41 何汝泉，《唐財政三司使研究》，頁224。

42 《舊唐書》卷135，頁3739-3740。

五、戶部司的使職化

　　舊有的戶部司，有司級長官郎中、員外郎各兩員，「掌領天下州縣戶口之事。凡天下十道，任土所出而為貢賦之差」[43]。簡單說，就是掌管全國三百多個州，一千五百多個縣的戶籍，製作戶籍簿，以確定全國有多少課稅和不課稅戶口，作為徵稅的最重要依據。在唐初實行租庸調時，戶部司的職掌當然十分重要。

　　然而，到了玄宗開元天寶年間，戶籍的登錄已「不為」。安史之亂更把整個戶籍制度摧毀了，人口嚴重流失，朝廷徵收不到足夠的常賦（租庸調），就實行常賦外的橫徵，比如任命第五琦以江淮租庸使的名義，到江淮去徵「吳鹽、蜀麻、銅冶」[44]等雜稅；元載也以同樣的特使名義，到江淮去「按籍舉八年租調之違負及逋逃者，計其大數而徵之」[45]，連過去八年的欠稅也要括收，可知民戶流失之多，國家財政之困。幸好，戰亂期間開始實施的榷鹽，徵收到不少鹽稅，舒緩了國用和軍費之急。在這樣的背景下，戶部司成了幾乎沒有作用的閒司。

　　楊炎在大曆十四年（779）向德宗建議行兩稅法時，對開元到代宗大曆末數十年來的戶籍和租庸調狀況，有一段權威而精采的描述：

　　　初定令式，國家有租賦庸調之法。開元中，玄宗修道德，以寬仁為理本，故不為版籍之書，人戶寖溢，隄防不禁。丁口

---

43 《唐六典》卷3，頁64。

44 《新唐書》卷51，頁1347。

45 《資治通鑑》卷222，頁7119。

轉死，非舊名矣；田畝移換，非舊額矣；貧富升降，非舊第
矣。戶部徒以空文總其故書，蓋得非當時之實。舊制，人丁
戍邊者，蠲其租庸，六歲免歸。玄宗方事夷狄，戍者多死不
返，邊將怙寵而諱，不以死申，故其貫籍之名不除。至天寶
中，王鉷為戶口使，方務聚斂，以丁籍且存，則丁身焉往，
是隱課而不出耳。遂案舊籍，計除六年之外，積徵其家三十
年租庸。天下之人苦而無告，則租庸之法弊久矣。迨至德之
後，天下兵起，始以兵役，因之饑癘，徵求運輸，百役並
作，人戶凋耗，版圖空虛。軍國之用，仰給於度支、轉運二
使。[46]

這些話並非史官後來的綜述，而是楊炎在奏疏中親自對德宗所
說，當不假。既然「租庸之法弊久矣」，而「人戶凋耗，版圖空
虛」，那戶部司還有什麼作為呢？楊炎兩稅法的革新精神，正是
「戶無土客，以見居為簿」，再也不需要靠過去戶部司所維護的
那種戶籍制度，便可就地徵收，而兩稅又是由新設的度支使司負
責，戶部司變得更閒簡無事了。因此，兩稅實行後兩年，在德宗
建中三年（782），戶部侍郎判度支杜佑的奏疏就說：

天寶以前，戶部事繁，所以郎中、員外各二人判署。自兵興
以後，戶部事簡，度支事繁，唯郎中員外各一人。請回輟郎
中、員外各一人，分判度支案，待天下兵革已息，卻歸本
曹。[47]

---

46 《舊唐書》卷118，頁3420-3421。
47 《通典》卷23，頁637。

所謂「天寶以前，戶部事繁」，即指天寶以前，戶部司要掌管戶籍和租庸調等事，事務繁重，所以那時戶部司有「郎中、員外各二人判署」。但安史兵亂後，變成「戶部事簡，度支事繁」，因為戶部這時已無戶籍可管（貞元時，陸長源在〈上宰相書〉中也提到這點：「戶部無版圖」[48]），無稅可徵，反而是度支使變得「事繁」，因為度支使這時要負責唐西半部的漕運和鹽稅，且從德宗建中元年（780）起，還負責兩稅的徵收和軍費。

杜佑這時正在「判度支」，他發現手下「唯郎中員外各一人」在辦事[49]。所以他要上奏德宗，請戶部司原有編制內的二員郎中和員外郎，「回輟郎中、員外各一人，分判度支案」，等天下「兵革已息」後，再「卻歸本曹」。

杜佑的這篇奏疏，提供了一個最明確的例證，清楚顯示戶部司的使職化，是怎樣產生和展開的。因為戶部司成了閒司，所以它的司級官員（郎中和員外郎），現在可以被派去「支援」事繁的度支使司，甚至可以戶部郎中和員外郎為本官，去出任其他使職。例如，唐代翰林學士當中，就有三個人的本官是戶部郎中：韋處厚、高鈦和王源中[50]。換句話說，這三個戶部郎中，都沒有去管財賦，卻跑去學士院教皇帝讀書或寫制誥。這就是唐代之所以會產生許多所謂「本官」的一大原因。他們大抵是先成閒官，然後才以其本官去充任其他各種使職。但這也算是在充分運用這些閒官，不致於「浪費」人材。

48　《唐文粹》卷79，頁4a。

49　據《唐六典》卷3，頁79-80，度支司的確只有郎中和員外郎各一員。金部司和倉部司亦同，只有戶部司有郎中和員外郎各二人。

50　丁居晦，《重修承旨學士壁記》，《翰苑群書》卷6，頁35-37。

　　杜佑上奏後約六年，在德宗貞元四年，李泌提出戶部錢時，他便「以度支有兩稅錢」（度支司現在要管兩稅），才把京官月俸錢的徵收和管理業務，放在已成閒司的戶部司，故名「戶部錢」。但要注意的是，如今這個戶部司變成全新的使司，其主管（判戶部或戶部使），也是全新的特使，無官品，不再屬於傳統的職事官制度。原有的戶部司，成了「令外之官」掌管的「令外之司」（戶部使司）。遭到了最徹底的使職化，簡直脫胎換骨，成了一個全新的衙署。竇參判戶部時，這個戶部司已非舊時的「職司」，而是個「令外之司」的「使司」（使職的衙署），因此我們恐怕也不能說竇參是在掌「本職」。

六、結語

　　唐初，戶部司原本掌管戶籍和租庸調徵收。但玄宗以降，戶籍崩壞，逐漸不修。安史之亂，更摧毀了整個戶籍和租庸調制度。唐代的財賦，改由各種新任命的使職來掌判。原有的戶部司成了戶部使的辦公衙署，主要掌管戶部錢，跟之前掌戶籍和租庸調，相去甚遠。

　　戶部錢是李泌向德宗提出的新徵稅方案，主要是向中央和地方的支用經費（包含州和方鎮的兩稅留用部分），以一種「除陌」百分扣除法，徵抽2%，再加上闕官俸料錢和後來的稅茶錢等，設立一個專庫來管理，主要用於增加並支付京畿官員們的月俸。戶部錢剛設立時，年收入即高達約300萬貫（30億文），但京畿官員月俸每年才不過約50萬貫（5億文），所以它還有盈餘約250萬貫（25億文），可以充作國用貯備金，以應付緊急開支，比如救災及和糴等。

　　唐後期討伐叛逆的藩鎮，常有戰爭，軍需不足，則同樣以「除陌」百分扣除法，在戶部錢的徵收之外，再加徵5%或更高的稅，充作軍費，但亂平即止。這種一時性的軍費稅，因為也以除陌法來徵收，學界也常把它跟戶部除陌錢混淆。

　　自從趙贊對民間徵抽交易稅以後，從李泌的戶部錢開始，直到唐亡，唐朝廷就沒有再對百姓徵抽「常賦」（兩稅）以外的直接稅（州縣官員自行擅自對百姓加徵，那是另外一回事）。朝廷似乎從趙贊的失敗，和李泌的成功中，得到「啟示」，知道對百姓直接徵稅，會引發強烈反彈，不如對「內外給用錢」徵稅，包括龐大的戰爭稅。這樣百姓和儒臣，都再也沒有反對聲音。其實，百姓最後可能還是會受到一些影響，但即便有，也是「間接」的，一如間接稅鹽稅，對百姓沒有造成什麼「痛感」。這就是間接稅的妙用。在唐代賦稅史上，戶部錢常常沒有被學者當成一種「稅」來討論，可見李泌之法是如何「隱密」，如何大有巧思。

　　戶部司閒簡無事後，唐朝廷原本可以設立另一個新的職司，來取代舊司，但它卻不這樣做，而是把新設的戶部錢，讓這個舊有的戶部司來管理，使它變成了一個使司，其主管也不再是有官品的職事高官，而是一個皇帝特使的使職，沒有官品，但權力更大，跟皇帝的關係也更密切。這就是一種使職化，以特使來掌財計。

　　使職的出現，改變了唐政府原有的三省六部架構。唐後半期的財政高官，紛紛從傳統的職事官，一躍而成皇帝的特使，權勢巨大。這讓我們見識到官制演變的一些機制。唐代官場就像是官制運作的一個實驗場。我們可以從中見到一些活生生的案例，也可理解到，天下不可能有所謂永遠「完美」的制度，可以永恆運作不變。各種制度總有改變的一天。唐後期正因為環境改變了，

朝廷徵收不到傳統的賦稅（租庸調），所以改命特使去徵收其他「間接」形式的稅，如鹽稅和戶部錢，這樣才能應付不斷改變的時代和環境。

第六部分

牧守及總結

第十六章

唐州府定位和刺史的職望與選任

> 杭州戶十萬，稅錢五十萬，刺史之重，可以殺生，而有
> 厚祿。[1]
>
> ——杜牧〈上宰相求杭州啟〉

　　刺史是州的長官，唐詩中雅稱為「使君」。唐代有三百多個
州，下統一千五百多個縣。每一州需由中央派遣一位刺史，去主
持州政。每一縣也需一位縣令，來主持縣政[2]。朝廷要管理數量如
此龐大的州縣和州縣官，是項龐雜的行政工作。在唐代高層文官
當中，刺史無疑是人數最多的一群。在兩《唐書》、墓誌和碑刻
等文獻中，刺史的出現頻率非常之高，幾乎隨處可見。這是一個
龐雜無比的官員群體，不只有漢族士人，還有軍人，甚至外族蕃
將。專研刺史的論著不多[3]。最重要的一種專書，無疑是郁賢皓的
五冊大作《唐刺史考全編》，對任何刺史研究，都是一套重要的
工具書。

1　《杜牧集繫年校注》卷16，頁1019。
2　拙書《唐代中層文官》第四章，專論縣令。
3　長部悅弘，〈唐代州刺史研究──京官との關連〉，《奈良史學》9號
　　（1991），頁27-51；劉詩平，〈唐代前後期內外官地位的變化──以刺史遷
　　轉途徑為中心〉，《唐研究》第2卷（1996），頁325-345；張衛東，《唐代刺
　　史若干問題論稿》。

本章擬先專論唐代刺史最關鍵的一個課題：州府的定位跟刺史的職望與選任。解決了這個問題，我們才能有穩固的基礎，來探討其他課題，諸如刺史的稅官角色（第十七章），以及刺史如何兼充都督、都護、節度使及其他使職（第十八章）。

一、州府定位的類別與目的

我們在史料中若初次遇到一位刺史，首先要怎樣「評估」他？要怎樣才能深一層認識他？

首先要問：這位刺史是在怎樣的州府任官？該州府的「定位」為何？是重要的「輔」州？還是戶數稀少的「下」州？是個都督府州，還是個上州？有了這個基本了解，我們才有可能去評估這位刺史的官場地位、歷練、仕宦成就和前景，甚至俸錢等等細節。換言之，並非每州刺史都一樣。大州刺史，如汴州（治今河南開封）刺史，跟小州刺史，如高州（治今廣州高要）刺史，相去如天差地別。唐代官員在品評同僚時，應當也都會下意識地馬上先想到他任刺史的州府定位。這應當是他們做官多年，必然會累積的常識，一種「官場行情」，好比今人所說的「學界行情」那樣的常識。唐州府的定位，也就成了今人認識刺史的第一步。

學界過去討論唐代州府，一向採用「等級」的說法，如翁俊雄的〈唐代州縣的等級制度〉。我從前也沿用「等級」說。但近來重新細讀原始材料，發覺「等級」說不妥，因為這不是單一的「等級制度」。唐朝廷並不曾給唐代的三百多個州，只排一個等級，按高低順序位置。實際上，唐朝廷為三百多個州府，依其府級、地望和戶數，分成三大類別，每一類當中又再有等級的定

位。「定位」一詞，比「等級」精準多了。

　　《通典》在記敘此事時，用的正是一個「定」字（「定天下州府」也），定位而已，未提「等級」：

　　　　開元中，定天下州府，自京都及都督、都護府之外，以近畿之州為四輔。同、華、岐、蒲四州謂之四輔。八年，都督刺史品卑者，借緋魚袋〔此句離題甚遠，疑衍〕。按《武德令》，三萬戶以上為上州。《永徽令》，二萬戶以上為上州。顯慶元年九月敕，戶滿三萬以上為上州，二萬以上為中州。先以為上州、中州者，仍舊。至開元十八年三月敕，太平時久，戶口日殷，宜以四萬戶以上為上州，二萬五千戶為中州，不滿二萬戶為下州。六千戶以上為上縣，三千戶以上為中縣，不滿二千戶為下縣。其餘為六雄、鄭、陝、汴、絳、懷、魏六州為六雄。十望、宋、亳、滑、許、汝、晉、汜、虢、衛、相十州為十望。十緊、初有十緊州，後入緊者甚多，不復具列。及上中下之差。凡戶四萬以上為上州，二萬五千以上為中州，不滿二萬為下州。亦有不約戶口以別敕為上州者。又謂近畿者為畿內州，戶雖不滿四萬，亦為上州。其親王任中、下州刺史者，亦為上州。王去任後，即依舊式。天寶中，通計天下凡上州一百九，中州二十九，下州一百八十九，總三百二十七州也。[4]

翁俊雄根據《通典》此條說，「唐代除了在全國具有戰略意義的五十七州設置大、中、下都督、都護府外，將其餘二百餘州劃分為府、輔、雄、望、緊、上、中、下八個等級」[5]。然而，《通典》

4　《通典》卷33，頁909。

5　翁俊雄，〈唐代的州縣等級制度〉，《北京師範學院學報》1991年第1期，頁9。

其實並未說這是八個等級。若依這八等說，那便是一種從上到下排序的單一標準：府為第一等、輔第二等，以此類推，上州成了第六等，中州第七等，下州第八等。但細讀《通典》原文，意思應當不是這樣。

實際上，開元定天下州府，用的不是「八個等級」的單一標準，而是按照州府的府級、地望和戶口來給它們定位，用的是至少三種類別標準。以府級來說，分為「京都及都督、都護府」；以地望而言，分為「四輔、六雄、十望、十緊」；以戶口來說，又有「上中下之差」。如果把「八個等級」，改稱為三種類別（府級、地望、戶口），或許比較適宜，比較不會產生誤解。

《唐六典》也有一段記載，類似上引《通典》此條，但其中有一句，卻是《通典》所無，深具啟發意義，那就是它還多了一個「邊州」的定位：「安東、平、營、檀、媯、蔚、朔、忻、安北、單于、代、嵐、雲、勝、豐、鹽、靈、會、涼、肅、甘、瓜、沙、伊、西、北庭、安西、河、蘭、鄯、廓、疊、洮、岷、扶、柘、維、靜、悉、翼、松、當、戎、茂、嶲、姚、播、黔、驩、容為邊州。」[6] 據此可知，這種「定天下州府」的舉動，不是要給州府排一個單一的高低「等級」，而是要依不同的尺度（府級、地望、戶數、邊州等等），來給三百多個州府，做不同目的的定位。

換言之，唐的州府，可以有兩種或以上的定位，不單只是一種。《舊唐書・地理志》一般只列州府的一種定位，但它對下面四個州，卻有特殊處理，給了這四州兩種定位：

---

6 《唐六典》卷3，頁73。

　　華州上輔[7]

　　同州上輔[8]

　　襄州緊上[9]

　　光州緊中[10]

以地望而言，華州和同州屬輔州，但以戶數定位，兩者又是上州。襄州地望為緊州，戶數為上州。光州地望為緊州，戶數為中州。這四個州，同時有兩種定位，並無任何衝突矛盾。在理解上，也不構成任何問題。其他州府也可以仿照這四州，有兩種或更多的定位，但在兩《唐書·地理志》和《元和郡縣圖志》等地理書，我們幾乎只見到一種定位。以上四例，可能是《舊唐書》編纂成書後的「漏網之魚」。若依其體例，原本應刪除其中一種定位，但不知何故，無意中留存了下來[11]。

　　《唐會要》也保存了一條開元十八年（730）十一月的敕文，也是一段很珍貴的州府定位史料：「靈、勝、涼、相、代、黔、巂、豐、洮、朔、蔚、嬀、檀、安東、疊、廓、蘭、鄯、甘、肅、瓜、沙、嵐、鹽、翼、戎、慎、威、西、牢、當、郎、茂、驩、安、北庭、單于、會、河、岷、扶、拓、安西、靜、悉、姚、雅、播、容、燕、順、忻、平、靈、臨、薊等五十九州，為邊州。揚、益、幽、潞、荊、秦、夏、汴、澧、廣、桂、安十二

7　《舊唐書》卷38，頁1399。

8　《舊唐書》卷38，頁1400。

9　《舊唐書》卷39，頁1549。

10　《舊唐書》卷40，頁1577。

11　據所知，這四例是陳志堅最先指出，見其《唐代州郡制度研究》，頁6。《新唐書·地理志》也有幾個這類例子，見陳書，頁6。

州，為要州。都督刺史，並不在朝集之例。」[12] 這裡有兩種州府定位分類：明確規定靈勝等 59 州為「邊州」；揚益等 12 州為「要州」。這次定位的目的，是為了規定這些「邊州」和「要州」的都督和刺史，不需要在歲末入京師長安「朝集」述職[13]。唐朝之所以要給州府不同的定位，主因是各種定位的目的不同，用處不同。

以「京都及都督、都護府」這種府級定位來說，其關鍵目的便在那個「府」字。這是比「州」高一級的地方單位。所謂「京都」，指長安（上都）、洛陽（東都）和太原（北都）。這三都是唐前期最重要的「三府」，分別又稱為京兆府、河南府和太原府。至於都護府，設在邊疆外族地帶（如安西、安北都護府），都督府設在邊州（如靈州）和內地的戰略要州（如廣州），都具有「府」的地位，比一般的「州」高一等。

唐代的州分輔雄望緊，本章稱之為「地望定位」。「地望」一詞仿照唐五代人的用法。比如，叔孫矩寫的〈大唐揚州六合縣靈居寺碑〉，便形容揚州「惟揚大都，地望雄極」[14]。五代後周太祖廣順三年（953）十一月的一道敕，更給「地望」和「戶數」定位，作了清楚的區分：「天下縣邑，素有等差。年代既深，增

---

12 《唐會要》卷24，頁536-537。這裡所列舉的邊州，其實只有56個，非文中所說的59個，跟《唐六典》所列的50邊州，大抵相同，但不完全吻合，還有待校證。造成這個差異，也可能是因為《唐六典》所列的邊州，其定位年代跟《唐會要》的不同。不同年代的定位，有可能會對「邊」名單有所增刪。

13 關於朝集制度，見雷聞，〈隋唐朝集制度研究——兼論其與兩漢上計制之異同〉，《唐研究》第7卷（2001），頁289-310。

14 《全唐文》卷745，頁7716。

損不一。其中有戶口雖眾，地望則卑，地望雖高，戶口至少，每至調集，不便銓衡。」[15]這就是為什麼，在上引《通典》的「定天下府州」記載，會特別提到唐代有敕令規定，「近畿者為畿內州，戶雖不滿四萬，亦為上州」。這是因為，唐代也有像周太祖敕中所說的現象：畿內州「地望雖高」，但「戶口至少」。然而，這些畿內州太重要，即使戶口少（表示稅收少），朝廷還是要「別敕」這些州「亦為上州」，以示其崇高地位。

後唐也曾經因為地望考慮，「重定」了當時「三京諸道州府」的「地望次第」。此事見於明宗長興三年（932）四月戊午中書奏：「奉敕重定三京諸道州府地望次第者。據《十道圖》舊制，以王者所都之地為上。本朝都長安，遂以關內道為上。今宗廟宮闕現都洛陽，請以河南道為上，關內道第二，河東道第三，餘依舊制。又本朝都長安，以京兆府為上。今都洛陽，請以河南府為上。其五府按《十道圖》，以關內道為上，遂以鳳翔府為首，河中、成都、江陵、興元為次。中興初，升魏博為興唐府，鎮州為真定府，皆是創業興王之地，不與諸府雷同。今望以興唐、真定二府升在五府之上，合為七府，餘依舊制。」[16]對後唐來說，魏博興唐府和鎮州真定府，「皆是創業興王之地」，以地望為重，所以要重新排在「五府之上」，不跟其他五府「雷同」。

至於戶數定位的目的，顯然是為了賦稅。上引杜牧的名言「杭州戶十萬，稅錢五十萬」，便把戶數和稅錢連繫起來說，可知唐人一提到戶數，便會聯想到稅錢。唐朝廷以州的戶數來定其上中下等，應當也屬這種考量，意味著朝廷可以從上等州，收到

---

15 《五代會要》卷20，頁325。

16 《冊府元龜》卷14，頁165。

最多的稅糧，中等州次之，下等州最少，只是沒有說得如此直截了當。到了明朝，朝廷定縣的等級，便明確說是以「稅糧」來作標準，且縣官的品秩跟縣等級掛鉤，一如唐代的州縣官品秩，跟戶口掛鉤一樣：

> 是歲定各縣為上中〔下〕三等。稅糧十萬石之下者，為上縣，知縣從六品，〔縣丞從七品〕，主簿從八品。六萬石之下者，為中縣，知縣正七品，縣丞正八品，主簿從八品。三萬石之下者，為下縣，知縣從七品，丞簿如中縣之秩。[17]

明朝定縣等級，連戶數都不必提，因為稅糧多，戶數自然也多。唐代不提稅糧，只提戶數，實際上是異曲同工。這等於說唐的上州，戶數多，刺史可以收到的稅錢也多，但他的責任也就比較大，稅務工作應當也比較繁重，所以他所能得到的「補償」，便是他的官品、職望、甚至俸錢，都比較高，高於中州和下州刺史。實際上，唐代刺史的考課，便跟他的收稅業績息息相關（見第十七章）。

　　兩《唐書・地理志》和《元和郡縣圖志》，在標注州的定位時，並非一律以戶數來定州等，而是另有一個「優先順序定位」的大原則。這原則就是：先定府級州，再定輔雄望緊州，最後剩下那些不屬府級，也不屬輔雄望緊州者，才據戶數把它們定為上中下三等。

　　因此，我們在這三種地理書中看到一個恆常有規律的現象：像長安、洛陽等「京都」府級州，便自然劃歸為府級，不再以戶

---

17 《明實錄・太祖實錄》卷28下，頁474。

數定為上中下等（雖然另有敕令規定，近畿州等同上州）。像洪州、靈州這些都督府州，便直接標注為「都督府」，亦屬府級州，同樣不再以戶數來定位。像同州、華州等州，既非京都府級，亦非都督府級，但屬於「輔」州，於是便標為「輔」，不再以戶數定州等。至於杭州、潤州等，既非京都府級，亦非都督府級，更非輔雄望緊州，這才用上戶數定位，分為上中下三等。這便是「優先順序定位」：先以京都府和都督府州為優先，再定輔雄望緊州，最後剩下大約二百多個州，才以戶數來定其上中下等級。

不過，《通典》卻沒有採用這種「優先順序定位」，也就是說，《通典》完全不理會京兆府等府、都督府和都護府，也不理輔雄望緊州的定位，只以戶數標準，把全國所有州府，定為上中下三等了事。所以《通典》說「天寶中，通計天下凡上州一百九，中州二十九，下州一百八十九，總三百二十七州也」[18]。這327州是包括了太原府等府、各級都督府、都護府和輔雄望緊州[19]。這是《通典》跟兩《唐書‧地理志》及《元和郡縣圖志》在處理州府定位上，最大不同之處。

二、州府定位的變動

唐代三百多個州府的定位，並非永久一成不變，而會隨著時

---

18 《通典》卷33，頁909。

19 陳志堅，《唐代州郡制度研究》，頁5-6，持此種看法，有別於以往翁俊雄等人的說法，認為還要在《通典》所說的327州之外，再加上府輔雄望緊州共33個，使唐代的州府總數達到360個。筆者認為陳志堅的說法正確。《通典》的327州，事實上已包括府輔雄望緊等33州在內。

代和戶數變遷改變。比如，唐後期的「京都」府級，就不只原來的三個（京兆、河南、太原），而增加了另七府：成都、鳳翔、興元、河中、江陵、興德、興唐，都有特別原因，都由州升級而來。其中五州是因為曾經有皇帝駐蹕過。安史之亂期間，玄宗奔益州，後升成都府。肅宗停駐岐州，後升鳳翔府。建中四年（783），涇原兵變，德宗奔梁州，後改興元府。唐末昭宗在奔難期間，停駐過華州和陝州，這兩州也就分別改為興德府和興唐府，但為時短暫，唐即滅亡。此外，蒲州地勢險要，一度號為中都，後升格為河中府。荊州在上元元年（760）置南都，升為江陵府[20]。

　　再如，開元的六雄州，唐後期增置另四個，成了十雄州。望州也增加到二十個[21]。到了晚唐，這種州府（以及縣）的定位，仍不時在修正。《唐會要》卷70，就收了不少州縣更改定位的史料，比如下面這條：

> 新升緊州　鄆州、徐州，並會昌四年〔844〕五月升。蔡
> 州，元和十四年〔819〕四月，重定淮西州縣及官吏祿俸，
> 以蔡州為緊，其刺史俸錢一百八十千，長史以下有差。[22]

蔡州升為緊州，顯然是因為平定淮西之叛。其刺史俸錢猛增至

20　程志、韓濱娜，《唐代的州和道》，頁53-54。翁俊雄，〈唐代的州縣等級制度〉，《北京師範學院學報》1991年第1期，頁12，僅列後增的五府，未提興德府和興唐府。

21　翁俊雄，〈唐代的州縣等級制度〉，《北京師範學院學報》1991年第1期，頁12。

22　《唐會要》卷70，頁1461。

「一百八十千」（18萬），且「長史以下」的官員，都有高低不等的加俸，應當也是為了安撫平淮西後的刺史和州縣官。

三、州府定位和刺史職望

　　因此，如果我們知道，唐代一個高官是在「府」級單位任地方長官，我們就能對他做更進一步的合理評估。比如，他的地位肯定比一般「州」級的刺史更為崇高。他顯然歷經了一番奮鬥，才能爬升到這種府級太守。他的年齡應當不小，當在中年以上，約50歲上下。他的仕途看來坦順。他的仕宦前景應當也看好，可能還會繼續升任其他高官。這一切，無以名之，姑且稱之為唐人做官的「職望」。他的俸錢也比其他州級刺史高。

　　這種府級的實際長官，官銜也略有不同。在京都者，稱為尹，如京兆尹、河南尹等等，不叫刺史。在都督府和都護府任長官，便稱為都督和都護，或大都督府長史（比如在揚州、荊州等大都督府的場合）。

　　唐代一個高官，如果不能在府級單位任地方長官，那退而求其次，在輔雄望緊州任刺史，也算是「第二線選擇」，比上不足，比下有餘。這些州大抵根據它們跟「京都」的遠近及其戰略、經濟地位等因素，依次定為輔雄望緊。例如，四輔州（同、華、岐、蒲），位於京師長安兩側，有如輔翼。六雄州則為「東都之屏障或戶口眾多、地勢衝要之州」[23]。詩人元稹曾經任同州刺史（兼州內的長春宮使）。他的這個履歷，就要放在唐代州府的

23　翁俊雄，〈唐代的州縣等級制度〉，《北京師範學院學報》1991年第1期，頁12。

這個「四輔」定位下來看，才能顯出它的意義。

如果一個高官，既不能在「府」級的單位任長官，也無法在輔雄望緊州任刺史，那他也不必太氣餒。他還有一個辦法：可以爭取到戶數多的上州去任刺史。這正是晚唐詩人才子杜牧使用過的好方法。他在宣宗大中三年（849），曾經寫過一封信給宰相，今仍保存在他傳世的文集中，題為〈上宰相求杭州啟〉[24]，請求外派到杭州去任刺史。他原本在京師長安，以司勳員外郎的本官任史館史官，一種專業又清貴的史館使職，已非普通京官可比。他自己在信中，也形容這個史官職為「史氏重職」。那他為什麼還要求外任？原來他看上杭州是個上州肥缺，「杭州大郡」也。他甚至還以羨慕的口吻，露骨地說，「杭州戶十萬，稅錢五十萬，刺史之重，可以殺生，而有厚祿」。

據上引《通典》所記的州府定位，杭州不是府級單位，也非輔雄望緊州，那就要用戶數來定位了。上州的定位，戶口最低為二萬戶以上，最高也不過是四萬戶以上。杜牧夢寐以求的杭州，據《元和郡縣圖志》，定為上州，「開元戶八萬四千二百五十二」。跟杜牧時代最接近的元和戶數，則是「五萬一千二百七十六」[25]。杜牧信中說「杭州戶十萬」，可能取整數而言，略有誇大。但即使是五萬戶，也是個不小的數字，難怪他要求外放杭州了。

然而，杜牧求杭州沒有成功。第二年，他又一連寫了三封信給宰相，文情並茂，苦求湖州。湖州就在杭州隔鄰，也是個上州，「元和戶四萬三千四百六十七」[26]。杜牧改求湖州，顯然評估

---

24 《杜牧集繫年校注》卷16，頁1018-1019。

25 《元和郡縣圖志》卷25，頁602。

26 《元和郡縣圖志》卷25，頁605。

湖州地位略遜於杭州，他的任職條件比較能配得上，成功機率比較高。果然，他這次達成願望，外放湖州一年。他這些年求外任，最大的原因無疑是為了養家糊口。外任某些上州刺史的俸錢，比京官高。他寫給宰相的這幾封信，處處透露自己的貧窮，比如最有名的這一段：「某一院家累，亦四十口，狗為朱馬，縕作由袍，其於妻兒，固宜窮餓。是作刺史，則一家骨肉，四處皆泰；為京官，則一家骨肉，四處皆困」[27]。杜牧這裡所說的「刺史」，不是泛指任何州的刺史，而是指杭州或湖州這樣的富庶上州刺史，才足以讓他「一家骨肉，四處皆泰」，才有豐厚的俸錢和「稅錢」等等好處。這就是為什麼，我們在史料中初識某一刺史時，要特別留意他任刺史之州，「定位」為何的一大原因。

再以杜牧來說，他任湖州刺史之前，在長安跟妻兒「窮餓」過活。但他外放湖州，一年後回到京城，卻完全換了一幅樣子，竟有能力在長安城南知名的風景區樊川，蓋起房子。他的錢從何而來？這個謎，由他的外甥裴延翰在〈樊川文集序〉中，給我們揭露了：「上五年〔指大中五年，851〕冬，仲舅自吳興守拜考功郎中、知制誥，盡吳興俸錢，創治其墅。」[28]這是說，他的仲舅杜牧從湖州（吳興）回到長安，以考功郎中的身分去知制誥，卻在花「吳興俸錢，創治其墅」。顯然，杜牧在湖州，積存了不少「俸錢」。

杜牧任湖州刺史，年約48到49歲。元積任同州刺史，年約44到45歲。白居易任杭州刺史，年約51到53歲。年齡和任刺史的州府定位有一定的關係。唐代一個士人，剛考中進士，年約

----

27 《杜牧集繫年校注》卷16，頁1019。
28 〈樊川文集序〉，《杜牧集繫年校注》，頁3。

30歲時，當然不可能去出任杭州這種上州，或同州這種輔州的
刺史。這些州的刺史，需要年齡比較大，有歷練的官員來擔任。
唐人任官，一般都得按部就班。年輕時出任無甚地望之州或中下
州的刺史，是合理自然的事，也是一種必要的磨練。

　　比如杜牧40歲時，便在黃州（下州）任刺史。接下來的幾
年，他又任池州和睦州刺史。這些州的戶口數和繁華程度，都不
如他後來的湖州。所以，他也是歷經一番打拼，才能求得湖州刺
史。不過，我們常在近世出土墓誌中，見到某些士人，年過
50，還在寂寂無聞、偏荒的窮郡小州任刺史，那就有些不得意，
有些悲涼了。

　　肅宗時的李勉，為「鄭王元懿曾孫也」，曾任好幾個重要方
鎮的節度觀察使。《舊唐書》記他的父親「擇言，為漢、襃、
相、岐四州刺史、安德郡公，所歷皆以嚴幹聞」[29]。這短短的一句
話，看似平淡無奇，但如果我們懂得解讀，它其實飽含意義，因
為「漢襃相岐」可不是普通的州，而都是重要的大州府。據郁賢
皓的《唐刺史考全編》，李擇言任這四州刺史，在玄宗開元十二
年（724）到開元二十年（732）前後。以兩《唐書・地理志》考
之，漢州是上州；襃州即梁州改名，後又升為興元府，開元時為
都督府州；相州也是都督府州；岐州在開元時更是個輔州，後升
為鳳翔府。《舊唐書》這句話等於說，李擇言當這四州刺史，職
望都很高，仕宦成就是不凡的。不料，《新唐書》好改前史，把
這句話簡化成「父擇言，累為州刺史，封安德郡公，以吏治
稱」[30]，把李擇言任刺史的四個州名統統刪去，整個意思便落空

---

29 《舊唐書》卷131，頁3633。
30 《新唐書》卷131，頁4506。

了。這樣我們便無從去評估李擇言當刺史的成就了。

　　唐代官員貶官，其貶官之州府，也常暗藏玄機。比如，柳宗元被貶永州柳州，韓愈被貶潮州，韋執誼被貶崖州，這些都是最重最嚴厲的懲處，因為這些州都是窮極僻左之地。然而，同樣貶官，張九齡晚年罷相被貶荊州，卻不算是很重的懲罰，因為荊州還是個很重要的都督府州。畢竟，張九齡是玄宗倚重的詞臣，玄宗不免要給他一些面子。

　　綜上，要評估唐代某一刺史的地位、職望和俸錢等仕宦細節，我們首先要知道他是在怎樣定位的州府任刺史。這樣我們才能有一個適當的觀察點，否則如霧裡看花。州府定位在兩《唐書・地理志》和《元和郡縣圖志》等處，都有清楚的記載，一查便知，不失為今人深入認識唐代刺史的有用指南。只是，各種地理書的史料年代不一樣，各書對某一州府的定位，可能會不盡相同，必要時須重新考訂。

四、刺史的官品和職望

　　前面我們見過，唐代對三百多個州府，都做過各種定位。這些定位都有其特定意義和用處。比如，唐後期把益州、岐州和梁州等州都升格為府，就只因為曾經有皇帝駐蹕過，展示皇權的意味濃厚。然而，這些州升為府之後，刺史的頭銜改為府尹，官品提升，職望提高，俸錢也增加。這對於今後在這些府任官的所有各級官員（不只是長官），也都有實質上的好處。州府定位對皇室，對刺史和其他官員，可能有不同的意涵，但對刺史來說，最有意義的，莫過於州府定位往往牽連到刺史的官品、職望和俸錢。

　　刺史的官品，依照州的定位而來。據《唐六典》，上州刺史為從三品、中州刺史正四品上、下州刺史正四品下。京兆等府的牧和尹，以及都督和都護的官品，也跟這些府級單位的定位有關連[31]。

　　不過，唐人任官，不能單單只看官品。他們也不是依照官品的高低一步一步往上升，不是依七品升六品，六品升五品那種秩序。如果涉及京官和外官刺史之間的遷轉，更為複雜。杜牧的官歷就是個好例子。且看他中年開始的仕歷，見表16.1。

表16.1：杜牧中年以後的官歷、官品和俸錢

歲　數	官　歷	官　品	俸　錢
38	膳部比部員外郎，兼史職	從六上	4萬文
40-42	黃州（下州）刺史	正四下	史料未載
42-44	池州（下州）刺史	正四下	史料未載
44-46	睦州（下州？）刺史	正四下	史料未載
46-47	司勳員外郎、史館修撰	從六上	4萬文
48	吏部員外郎	從六上	4萬文
48-49	湖州（上州）刺史	從三	8萬文
49	考功郎中、知制誥	從五上	5萬文
50	中書舍人	正五上	8萬文

　　上表的杜牧歲數和官歷，據繆鉞《杜牧年譜》。州的定位據《元和郡縣圖志》。官品據《唐六典》。俸錢據《新唐書》卷55〈食貨志〉，為會昌（841-846）年間的數字，正是杜牧生活的時代。

---

31 《唐六典》卷30，頁740以下。

上表所列的睦州，《舊唐書‧地理志》未記其州等，《新唐書‧地理志》則記為「上」州，所給的戶數為54,961戶，乃抄自《舊志》的天寶領戶數[32]。如此看來，在天寶年間，睦州為上州，應無疑問，但到了杜牧的會昌大中年間，是否仍為上州，頗成疑問。《元和郡縣圖志》也記睦州為「上」，開元戶數為55,516，元和戶數則劇跌至9,054[33]。看來《元和志》給睦州的上州定位，是根據開元戶數而來。如果依元和戶數，睦州只能算是下州。元和戶數最接近杜牧的時代，所以上表把睦州暫定為下州，存疑待考。

杜牧在詩文中，喜歡以縣名代指州名，比如他在〈唐故進士龔軺墓誌〉中說，「會昌五年十二月，某自秋浦守桐廬」[34]，即指他從「秋浦」（代指池州）到「桐廬」（代指睦州）任刺史事。他在〈祭周相公〉文中，則對這個「桐廬」，有過一段精采的描寫：

會昌之政，柄者為誰？忿忍陰汙，多逐良善。牧實忝幸，亦在遣中。黃岡大澤，葭葦之場。繼來池陽，樓在孤島。僻左五歲，遭逢聖明。收拾冤沈，誅破罪惡。牧於此際，更遷桐廬。東下京江，南走千里。曲屈越嶂，如入洞穴。驚濤觸舟，幾至傾沒。萬山環合，才千餘家，夜有哭鳥，晝有毒霧，病無與醫，飢不兼食，抑喑偪塞，行少臥多。[35]

---

32 據學界目前的主流意見，這是天寶十一載（752）或其後不久的戶數，非舊說天寶元年。見最新的研究，李宗俊，〈敦博58號文書與兩唐書《地理志》等相關問題考〉，《中國歷史地理論叢》2014年第2期，頁46-60。

33 《元和郡縣圖志》卷25，頁606。

34 《杜牧集繫年校注》卷9，頁770。此處的「會昌五年」，應為「會昌六年」之誤（頁772）。

35 《杜牧集繫年校注》卷14，頁909。

這裡杜牧形容黃岡（代指黃州）是「大澤」，池陽（代指池州）是「孤島」，桐廬（代指睦州）則是「萬山環合，才千餘家。夜有哭鳥，晝有毒霧」，戶口稀少，環境惡劣極了。從這「才千餘家」的描寫，以及《元和志》所記的元和戶數9,054看來，睦州在杜牧出剌的時代，應當已經不再是繁華的上州，而是破落的下州了。

　　從上表看來，杜牧的官品似乎可分成兩套：任京官用的是一套，任外官刺史又是另一套，兩者似乎沒有關係，因為沒有一個合理的順序。刺史的官品看來都比京官的高出許多。比如，杜牧任吏部外郎時，官品只有從六品上，但他一任湖州刺史，官品馬上突然連跳好幾品，等他又回京任考功郎中時，官品又突然下降許多。這樣忽高忽低，看來沒有邏輯可言。史書上也沒有任何解說，至今似也沒有學者研究。唐代其他官員，在京官和刺史之間遷轉，是十分常見的事，也跟杜牧一樣有這種官品忽高忽低的現象。就此看來，我們目前只能說，唐代外官刺史的官品，似乎另有一套標準，定得比京官高許多。這也意味著，如果我們處處僅以官品來看待唐代職官，那往往看不到全面，只看到皮相片面。

　　唐人對職官的評價，往往並不特別在意官品，而在意是否為京官或外官，是劇要或閒差。例如，杜牧在任黃州、池州和睦州刺史的那七年期間，他的官品都在三四品之間，官好像做得很大。然而，他並不快樂。繆鉞在《杜牧傳》中，引用杜牧詩文，對他這七年的牧守生活，有生動的刻劃。他一直覺得自己在小郡當刺史，而且都是在偏遠的地方，比如他在〈上池州李使君書〉中所說的那樣：「各得小郡，俱處僻左」[36]，一直想回京任京官。

---

36 《杜牧集繫年校注》卷13，頁876。

他在寫給吏部尚書高元裕的〈上吏部高尚書狀〉中，總結他這七年的刺史生涯，有一句話，道出心聲：「三守僻左，七換星霜，拘攣莫伸，抑鬱誰訴。每遇時移節換，家遠身孤，弔影自傷，向隅獨泣」[37]。

杜牧在46歲那年，終於有機會回到長安任司勳員外郎、史館修撰的史官職務。他在回家的路上，心情便雀躍無比，見於他的詩〈除官歸京睦州雨霽〉：「豈意籠飛鳥，還為錦帳郎。網今開傅燮，書舊識黃香_{自注：曾在史館四年}」[38]。這裡，他把自己在外七年，比作「籠飛鳥」，現在竟然能夠「飛」回京師去任「錦帳郎」（員外郎的美稱），喜悅不在話下。他從前在史館做過史官四年。現在朝廷網開一面（以東漢的傅燮自比），又把他召回京，他又可以回到他以往任職過的那個史館去任史官。舊時史館中的那些藏書，應當認得他這位舊人（自比東漢那位在東觀藏書樓讀書的黃香）。

從官制史上看，杜牧這首詩有幾個細節，頗堪玩味，也可以用作官制的證據。他這次回京，任的是「錦帳郎」即司勳員外郎，但這個官只不過是他的「本官」，用以定官品班位，計俸祿而已。他真正的工作，其實是回到史館去任史館修撰這種史官。史館修撰是一種使職，無官品，所以杜牧要兼帶一個本官，否則他這時也不必同時帶兩個官銜，既是司勳員外郎，又是史館修撰。這就印證了本書第十章所考，唐史館史官不是職事官，而是使職。杜牧在此詩中，為我們以詩證史，生動提供了具體細緻的佐證，告訴我們他回京的真正職務，是要到史館任職。「書舊識

---

37 《杜牧集繫年校注》卷16，頁988。
38 《杜牧集繫年校注》卷3，頁403。

黃香」更是可圈可點的神來之筆，最可以證史。

　　但問題是，從官品上看，杜牧在外任刺史，即使是下州刺史，官品也有正四品下，可是他一回京任員外郎，官品便要突然下降到從六品上。那不是降職嗎？但杜牧顯然一點也不在乎，反而高興得很。他在後來寫給宰相求杭州的那封信中，形容自己當時是「再復官榮，歸還故里，重見親戚」[39]，從「籠飛鳥」解脫了，成了清貴的郎官「錦帳郎」。杜牧此例，並非孤案，而是唐人在外官和京官之間遷轉時的通例。類似的案例還有許多，可查唐人官歷，此不贅述。

　　不過，杜牧回京約一年後，卻又去求杭州和湖州刺史外任，似乎很矛盾，其實另有因由，合情合理，不難理解。關鍵在於，杭州和湖州都是富庶大州，跟杜牧之前任刺史的黃州、池州和睦州等「僻左」小州，大不相同，不可相提並論也。這就是為什麼，在評估刺史的職望時，州府的定位那麼重要。杜牧在〈上宰相求杭州啟〉中說，他當年外放黃州等三州，乃「七年棄逐」[40]，被人排擠出外，據繆鉞的研究，是受到宰相李德裕的排擠。唐代官員，若得不到宰相的歡心，那麼他被「棄逐」的地方，一般也就是像黃州那樣的「僻左」下州了。唐人一般有重京官，輕外官的傾向，但這點不能一概而論，要放在適當的脈絡下來理解。如果這個外官是大州要郡如杭州湖州刺史，唐人不但不會「輕」，反而會向宰相連番苦求外放。

　　唐後期頗有幾個像杜牧那樣求外任的案例，所求所得，也都相當不錯，都是大州刺史，可供借鏡參照。比如，穆宗的集賢學

---

39 《杜牧集繫年校注》卷16，頁1019。

40 《杜牧集繫年校注》卷16，頁1018-1019。

士薛放，當時以高層京官禮部尚書判集賢院事，卻跟杜牧一樣，「孤孀百口，家貧每不給贍，常苦俸薄。放因召對，懇求外任。其時偶以節制無闕，乃授以廉問。及鎮江西，惟用清潔為理，一方之人，至今思之。」[41]這表示，薛放任洪州（治今江西南昌）刺史兼都督，又兼領江西觀察使。洪州是個大府，俸錢應當優厚。這樣的外官無疑是優缺，唐人並不「輕」。

再如，文宗時代的中書舍人韋辭，也曾「苦求外任」。他「與李翱特相善，俱擅文學高名。疏達自用，不事檢操。〔宰相韋〕處厚以激時用，頗不厭公論，辭亦倦於潤色，苦求外任，乃出為潭州刺史、御史中丞、湖南觀察使。在鎮二年，吏民稱治。」[42]潭州（治今湖南長沙）是個中都督府，俸錢應當不少，韋辭又同時兼領湖南廉問（觀察使）。這樣的外官刺史也不遜於京官。但如果像是柳宗元被貶的永州柳州，劉禹錫被貶的朗州，韓愈被貶的潮州，或宰相韋執誼和李德裕被流放的崖州，那就全是窮州僻壤，州縣殘破，戶口凋零，雖貴為正四品下的一州刺史，亦無甚職望可言了。

五、州府定位和刺史俸錢

杜牧和薛放跟韋辭，都曾因「俸薄」而求外任刺史，但求的都是大州上州刺史，不是中下窮州。這顯示，唐代州府的定位，不但影響到刺史的官品和職望，同時也決定了他的俸錢。武宗會昌六年（846）十二月，中書門下的奏疏中有一段話，頗堪玩味：

---

41 《舊唐書》卷155，頁4127。
42 《舊唐書》卷160，頁4215。

中書門下奏：「應諸州刺史，既欲責其潔己，須令俸祿稍
充，但以厚薄不同，等給無制，致使俸薄處無人願去，祿厚
處終日爭先。」[43]

中書門下既然如此上奏，應是當時「諸州刺史」所面對的俸錢困
境：「厚薄不同，等給無制」。「俸薄處」指那些戶數少，稅錢少
的窮郡小州，「無人願去」。「祿厚處」指杜牧所求的杭州那種富
庶大州，「戶十萬，稅錢五十萬」，有人「終日爭先」，搶著要
去。這篇中書門下奏疏所反映的現實面，是我們在評估唐後期刺
史俸錢的一個重要參考指標。

　　如果把刺史的官品和這種「厚薄不同」的俸錢數，結合起來
看，更有意義。中下州刺史雖然名分上都是四品官，但如果被派
到一個「俸薄處」去當刺史，那這四品官又還有什麼意義呢？

　　唐前期刺史（以及其他州縣官）的俸錢，由各州縣設置的公
廨本錢，放高利貸所得的利錢支付。由於各州縣的每月利錢所
得，豐厚不同，刺史的俸錢也會因各州的條件不同而有差異，這
點學界論述已詳，不必贅論[44]。唐後期刺史的俸錢，有大曆十二
年的定額「刺史八十貫文」[45]，但此處所謂的「刺史」，應當是指
上州，可參照會昌年間的定額「上州刺史，八萬」[46]來作佐證。
但唐後期中下州刺史的俸錢，卻從未見有文獻上的定額。不過，
即使是在上州，刺史俸錢定額八萬文，也只不過是陳寅恪所說

---

43 《冊府元龜》卷508，頁6094。

44 陳明光，《唐代財政史新編》，頁72-90，頁112-115；李錦繡，《唐代財政史
　　稿》第3冊，頁24-42。

45 《唐會要》卷91，頁1968。

46 《新唐書》卷55，頁1403。

「紙面之記載」的「法定俸料」。他的著名結論是：「唐代中晚以後，地方官吏除法定俸料之外，其他不載於法令，而可以認為正當之收入者，為數遠在中央官吏之上」[47]。

上州這些紙面定額的俸料，連同他們可能有的其他「正當之收入」，從何而來？陳老沒有細論，但據今人研究，來自兩稅中「留州」部分的稅錢[48]。在個別地區，部分也可能來自青苗錢和鹽利等[49]。但由於各州的戶數和稅賦收入不同，這就造成了中書門下在會昌六年奏疏中所說的現象：各州刺史俸祿「厚薄不同，等給無制」。

白居易在〈蘇州刺史謝上表〉中，曾說過「江南諸州，蘇最為大。兵數不少，稅額至多」[50]。所謂「蘇最為大」，是指蘇州在江南諸州，戶數最多。蘇州在地望上是緊州，元和戶數多達100,880[51]，冠江南。以戶數來說，也是個上州。「稅額至多」，則蘇州在兩稅法下，可以「留州」部分的稅錢必定也多，刺史所能分到的俸錢，應當高於法定俸錢的「八萬文」。杜牧求外任時說，「杭州戶十萬，稅錢五十萬」，他心中顯然在盤算著，一旦他任杭州刺史，他可以分到多少俸錢，但他後來未能去杭州，而去了湖州。然而，湖州也是個上州，戶數也不少，稅錢應當也很多。難怪杜牧任湖州刺史一年，就積存了不少他外甥裴延翰所說

47　陳寅恪，〈元白詩中俸料錢問題〉，《金明館叢稿二編》，頁76。

48　陳明光，《唐代財政史新編》，頁210-218。

49　劉海峰，〈唐代官吏俸料錢的財政來源問題〉，《晉陽學刊》1984年第5期，頁90-91；劉海峰，〈再析唐代官員俸料錢的財政來源〉，《中國社會經濟史研究》1987年第4期，頁86-89及頁45。

50　《白居易集箋校》卷68，頁3672。

51　《元和郡縣圖志》卷25，頁600。

的「吳興俸錢」。第二年回到長安，就能「創治其墅」，蓋起自己的房子來了。相反的，在中下窮州，戶數少，稅額少，留州部分的稅錢相對變少，刺史的俸祿自然減少。由此看來，唐代官員在出任刺史之前，應當就對他即將前去的那個州的戶數和俸祿，打聽妥當，才決定要不要去赴任。

六、州府定位和刺史的選任

唐刺史的職望、仕宦前景，甚至官品和俸錢，都跟州府的定位息息相關。其實，唐刺史的選任和人選，也跟州府定位有密切關連。當皇帝、宰相在選派某某官員去出任某州刺史時，他們必然會先考慮到最關鍵的一個問題：這個出缺的州，是怎樣的定位？是邊區的都督府州（如靈州），還是內地的都督府州（如潭州）？是輔州（如同州），還是僻左小州（如嶺南端州）？

如果是最外圍的都督或都護府州（如西州），則選派的刺史（例兼充都督或都護），往往會因當地的軍事需要，最好是個專業武將（如婁武徹），甚至是藩將（如阿史那承獻），或文武雙全的士人（如裴行儉、郭元振、婁師德）。如果是派駐內地都督府的，則可以不必是軍人，可以改用文士（如張九齡曾任荊州大都督府長史）。同理，如果重要的輔雄望緊等州出缺，朝廷派去的刺史，例必也是精選的資深士人官員。但如果是嶺南、黔中、福建等偏荒小州刺史出缺，則朝廷可能派一個資淺的士人，或被貶的官員，或甚至不派刺史，任由當地豪強去出任，或由當地節度使自行委任[52]。

---

52 王承文，〈唐代「南選」制度相關問題新探索〉，《唐研究》第19卷（2013），

　　因此，在討論唐代刺史的人選和選任時，我們必須時時留意那些州府的定位，須有州府定位的脈絡背景才行，不能孤立起來看此事，否則如霧裡看花，焦點盡失。我在《唐代中層文官》第四章〈縣令〉和第五章〈司錄、錄事參軍〉，曾探討過類似的課題。縣令的職望和選任，跟該縣的定位有密切關係；司錄、錄事參軍的職望和選任，也跟該州府的定位密不可分。同理，刺史的職望和選任，也端看該州府的定位。這種相互關係，在《唐代中層文官》的〈縣令〉和〈司錄、錄事參軍〉兩章中，已有詳細的討論，其結論也適用於刺史，這裡就不贅述了，只簡單交代。

　　從州府定位、官品、職望和俸錢等因素來看，我們可以把唐代刺史，粗略分成三個等級。第一等是府級的尹、重要都督府和都護府州的都督和都護。第二等是輔雄望緊州和上州的刺史。第三等是中下州的刺史，特別是嶺南、黔中、福建等偏遠州的刺史。這裡面當然還可以再細分。例如，在第一等級當中，安北和安東都護的地位，可能不如安南都護那麼重要。唐大都督府（揚、益、并、荊等）的實際長官（大都督府長史），其地位也比一般都督（比如洪州都督）的高。但大體而言，這三個等級，可供我們在評估唐代那三百多個州府的長官時，有一個大致的標尺，不致於把這三百多個州府長官，一概而論，「一視同仁」，全看成是同一等級的「齊頭式」官員群體。

　　唐代一個官員，可以在怎樣定位的州府任長官，要看他的出身（如是否考中進士）、官資、年齡和他過去的吏治而定。出身平庸，年輕資淺，或遭貶逐者，一般大約只能任中下州的第三等

　　頁113-153。這類刺史常稱為「攝刺史」，或「知州事」，見陳志堅，《唐代州郡制度研究》，頁41-65。

級刺史，如杜牧年輕時任黃、池、睦三州刺史。壯年稍有歷練者，可任第二等級刺史。年長資深，過去宦績優秀者，可任府級長官或第一等級刺史。當中有軍事才幹的，或武官出身，又可任邊州都督和都護，如郭元振任涼州都督長達十六年。唐朝廷在選任這些地方長官時，在政府有效率運作時，應當都考慮到這些因素，大抵都還算有一個「譜」，不致於亂無章法。只是，唐朝廷也跟其他朝代一樣，例必重視京師、近畿地區、戰略要道，以及賦稅豐厚的州縣，對於嶺南、黔中、福建等偏遠窮州縣，那些對朝廷沒有多少稅賦利益的州縣，不免就鞭長莫及，疏於照顧了。

　　陳子昂的奏疏〈上軍國利害事〉之〈牧宰〉篇[53]，是他在武則天臨朝的垂拱元年（685）呈上的。一開頭就問，幫助皇帝「共理天下欲致太平者，豈非宰相與諸州刺史縣令邪？」接著他說，「臣竊觀當今宰相，已略得其人矣，獨刺史縣令，陛下獨甚輕之」。有現代學者引用這段話，得出唐朝「不重視刺史和縣令選授」的結論，沒有深考。其實，子昂在這篇奏疏中的口吻，很像現代國家的地方立法委員，在為自己選區的選民，爭取利益，希望中央多多照顧地方，不要忽視他所代表的那個地區。

　　子昂代表什麼「選區」？他自己透露了內情：「臣比在草茅，為百姓久矣，刺史縣令之化，臣實委知，國之興衰，莫不在此職也。」所謂「草茅」，指他在做官之前的老家四川梓州地區也。他看到的，只不過是他老家地區的現象罷了，恐怕不能推而論及全國州縣。中央朝廷不重視那裡，恐怕是那裡屬於僻遠地區，無甚經濟和稅賦利益，或那裡屬於「俸薄處」，無人願去，吸引不到子昂所說的「賢明刺史」，去的不外乎是「貪暴刺

---

53 《陳子昂集》卷8，頁207-209。

史」，令子昂大失所望，才呈上這篇奏疏，督促皇帝要重視刺史縣令的選任。所以，子昂這些話，要放在適當的背景下來看，不能斷章取義，用以證明唐朝廷「甚輕」刺史縣令的選授。同理，太宗朝馬周的一段名言，「今朝廷獨重內官，縣令、刺史，頗輕其選」[54]，也要放在適當的脈絡下看。那是馬周把京官和外官拿來相比，認為朝廷看重京官多於外官。

張九齡的〈上封事〉奏疏，也論及這個問題，但他有具體的舉例，論證力較強，把全國分區而論，且注意到我們現代所說的「南北差距」、「城鄉差距」等，不籠統發言，比子昂和馬周的上事深入而持平得多。特別是他提到了「京輔近處、雄望之州」以及「大府」的定位，顯示他留意到，地望如何會影響到刺史和縣令的選授。不是每個州縣都一樣：

> 是以親人之任，宜得其賢；用才之道，宜重其選。而今刺史、縣令，除京輔近處、雄望之州，刺史猶擇其人，縣令或備員而已。其餘江、淮、隴、蜀、三河諸處，除大府之外，稍稍非才。[55]

這段話是九齡對玄宗皇帝說的，非常明確指出，朝廷重視哪一些地方的刺史和縣令的選任，又忽略了哪一些其他地區。這應當符合當時的實況，否則當著皇帝的面，九齡怎敢這麼說？

從張九齡這段話看來，唐代在「京輔近處、雄望之州」，刺史和縣令還算「重其選」。除此之外，其餘州縣（當指邊區偏遠

---

54 《唐會要》卷68，頁1416-1417。

55 《張九齡集校注》卷16，頁846-847。

州縣）則「刺史猶擇其人，縣令或備員而已」。

　　以其他史料考之，我們得知，唐代對「京輔近處、雄望之州」縣令的委派，還是相當重視的（不只是重刺史），因為這些州的屬縣，鄰近京畿，或具有戰略和稅賦價值，其地望和職望還算崇高，士人官員一般樂於前往[56]。只有偏遠州縣比較不吸引官員，甚至有官員被任命後，常藉故推延，遲遲不肯赴任，以致朝廷經常要限他們在一定時日內啟程上路。比如，敬宗寶曆元年（825），御史臺奏：「近日新除刺史赴官，多違條限，請准舊制，不逾十日。如妄稱事故不發，常參官奏聽進止。」皇帝也准了此奏，「從之」[57]。

　　至於「江、淮、隴、蜀、三河」等其他地區，則「除大府」（比如常州、揚州、益州、廣州、交州等）還重視刺史縣令的選授外，其他偏遠地區就「稍稍非才」了。總的來說，據九齡的奏疏，唐朝廷委派刺史縣令，無疑最重視「京輔近處」和那些具有戰略和稅賦價值的地區，比較忽略偏遠州縣。這些地方，中央鞭長莫及，或無人願去，以致「稍稍非才」。這不但是唐朝的地方行政問題，也是現代各國政府面對的難題。偏鄉地區總是不容易照顧周全。唐朝皇帝看來也沒有靈丹妙方。

　　不過，唐朝有幾個皇帝，倒是認真在關注刺史的選任。第一例是太宗。《貞觀政要》記其事：

　　貞觀二年，太宗謂侍臣曰：「朕每夜恆思百姓間事，或至夜半不寐。惟恐都督、刺史堪養百姓否？故於屏風上錄其姓

56　拙書《唐代中層文官》第四章〈縣令〉第三節「赤畿縣令的選任」。

57　《唐會要》卷68，頁1424。

名，坐臥恆看。在官如有善事，亦具列於名下。朕居深宮之
中，視聽不能及遠，所委者惟都督、刺史。此輩實理亂所
繫，尤須得人。」[58]

若以張九齡奏疏所透露的細節考之，我們可以合理地問：太宗在
屏風上所錄的刺史姓名，是全國三百多個州府完整的都督刺史名
單嗎？他的屏風，容得下這三百多人的名字嗎？還是他只選錄了
「京輔近處、雄望之州」和「江、淮、隴、蜀、三河諸處」的
「大府」都督刺史姓名，不及偏遠窮州的刺史？真實的答案應當
很有意義，只是如今無從去稽考了。

第二例可舉唐後期的宣宗。《東觀奏記》有一條記載：

上校獵城西，漸及渭水，見父老一二十人於村佛祠設齋。上
問之，父老曰：「臣禮泉縣百姓，本縣令李君奭有異政，考
秩已滿，百姓借留，詣府乞未替，來此祈佛力也。」上默
然，還宮後，於御扆上大書君奭名。中書兩擬禮泉令，上皆
抹去之。踰歲，宰執以懷州刺史闕，請用人，御筆曰：「禮
泉縣令李君奭可懷州刺史。」莫測也。君奭中謝，宸旨獎
勵，始聞其事。[59]

此事可以佐證，宣宗重視刺史的選任，更精選刺史，任命賢明的
人選，去出任要州的刺史。懷州不是普遍的州。它是唐代的六雄
州之一。但假設是（比如說）嶺南潮州刺史出缺，宣宗還會派君

---

58 《貞觀政要集校》卷3，頁157。
59 《東觀奏記》卷中，頁110。

奭去嗎？看來不可能。即使任命，君奭也未必願去潮州。

《東觀奏記》還記載了宣宗另一事，頗可透露這位皇帝關心州府之程度：

> 上每孜孜求理，焦勞不倦。一日，密召學士韋澳，盡屏左右，謂澳曰：「朕每便殿與節度、觀察使、刺史語，要知所委州郡風俗、物產。卿宜密採訪，撰次一文書進來，雖家臣與老，不得漏洩。」澳奉宣旨，即采《十道四蕃志》，更博探訪，撰成一書，題曰《處分語》，自寫面進，雖子弟不得聞也。後數日，薛弘宗除鄧州刺史，澳有別業在南陽，召弘宗餞之。弘宗曰：「昨日中謝，聖上處分當州事驚人。」澳訪之，即《處分語》中事也。君上親總萬機，自古未有。[60]

鄧州是個上州。此段記載細節豐富，值得細考之事頗多，但最令人感佩的是，宣宗關注州郡地理的用心。《十道四蕃志》是武后中宗時代中書舍人梁載言所作，到晚唐宣宗時，成書已約一百五十年，但書中所記唐州府風俗、物產等地理知識，似乎並沒有過時，仍值得韋澳參考採用，可惜此書今已失傳。宣宗在接見刺史之前，特別先做足功課，預先了解州郡的風土物產等事，不把中謝當成一種例行儀式。這種精神令人耳目一新。假設陳子昂活在宣宗時代，他如果知道，唐代皇帝當中，也有像宣宗那樣細心留意刺史選任者，他還會上書說出「獨刺史縣令，陛下獨甚輕之」那樣的話嗎？

---

60 《東觀奏記》卷中，頁110。

七、結語

唐代的州府等級，過去的研究一向說分為府、輔、雄、望、緊、上、中、下八個等級，但這是一種單一的分級標準。本文重考原始史料，發現唐的州府，其實可依三種標準來定位：依府級、依地望、依戶口。朝廷在定天下州府，用的是一種「優先順序定位法」，最先定府級州，當中又細分京都府和都督府州；接著以地望定其他州，分「四輔、六雄、十望、十緊」州；最後剩下大約二百個州，既非府級州，亦非輔雄望緊州，才依戶數把它們再分為上中下三等。戶數定位的目的，跟州的稅賦收入有密切關係。

唐代刺史是高官當中，人數最多的一個群體，也是最龐雜的群體，不只有漢族士人，還有軍人，甚至有外族蕃將等等。我們要更深一層認識某一刺史，最佳的途徑便是追問他任刺史之州，屬於什麼定位。這樣我們才能開始評估，這位刺史的官場地位、歷練、仕宦成就和前景，甚至俸錢等等細節。這些都跟州府定位有直接的關連。

唐朝廷在委任一個刺史之前，必然也會考慮到該州府的定位，才能委派適當的刺史人選。從張九齡等唐人的言論看來，唐朝廷在任命刺史時，也跟其他朝代一樣，重視京師、近畿地區、戰略要州，以及賦稅豐厚的州府，對於嶺南、黔中、福建等偏遠窮州，以及那些對朝廷沒有多少稅賦利益的州，不免就無法兼顧了。

從刺史的角度看，能夠在府級州或上州充當刺史，除了遠勝任中下州的刺史之外，還有另一個實際的好處。那就是，如果是在開元以前，這些州的刺史往往還可同時兼都督都護等高官，開

元以後則經常兼節度觀察等使，成了地方大員。這些便是本書第
十八章要討論的課題。

第十七章

唐刺史的稅官角色

> 況當今國用,多出江南。江南諸州,蘇最為大。兵數不
> 少,稅額至多。
>
> ——白居易〈蘇州刺史謝上表〉[1]

　　刺史是一州的長官。州內的大小事務,他當然都要掌握。有些突發性的,臨時性的事,比如州內發生叛亂,或遭到蠻夷掠奪,他可能還要帶兵作戰。不過,暫且不理這些突發臨時任務,我們要問,刺史在承平時代,在正常狀態下,他主管的事務有哪些?他最重要的使命又是什麼?

　　上引白居易的〈蘇州刺史謝上表〉,是他在54歲那年,敬宗寶曆元年(825)剛抵蘇州時寫的,感謝皇帝任命他為蘇州刺史。蘇州是個戶口殷實的大州,跟白居易時代最接近的元和戶數為100,880,其地望定位是緊州[2]。若以戶數定位,十萬多戶肯定是個上州。戶口多,意味著稅額也多。白居易出任刺史,當然深知刺史的使命,和州內稅務緊密相連。所以他在謝上表中,跟皇帝特別提到蘇州「稅額至多」,不亦宜乎?他一來就注意到蘇州的「稅額」,看來他應當是個好刺史、好稅官。

1　《白居易集箋校》卷68,頁3672。
2　《元和郡縣圖志》卷25,頁600。

　　然而，唐刺史在今人眼中，跟縣令一樣，常是「親民之官」，「撫字黎庶」而已，恐怕很少有人會想到，他其實是個不折不扣的「稅官」。研究唐代財政史的學者一般都知道，刺史負責監督州內稅務[3]，但他們的研究重點是稅制上的種種細節，至今似未見有專題論文，以刺史為重點，來考察他的稅官角色。本章擬專論這點。

一、職官書中的刺史職掌

　　唐代職官書對刺史的職能，有一套標準的職掌描寫，列出刺史們的業務範圍，頗像現代大企業交給主管們的那種 job description（職務描述）。但唐代的這種職掌描述，見於各種職官書中的刺史條下，各書大同小異，常高度抽象，不易理解，不同於現代企業的職務描述那樣明確易懂。這裡姑且以最早的《唐六典》為例（後來的職官書如《舊唐書・職官志》等，大抵皆照抄《唐六典》，無甚新意）：

> 京兆、河南、太原牧及都督、刺史掌清肅邦畿，考覈官吏，宣布德化，撫和齊人，勸課農桑，敦諭五教。每歲一巡屬縣，觀風俗，問百姓，錄囚徒，恤鰥寡，閱丁口，務知百姓之疾苦。部內有篤學異能聞於鄉閭者，舉而進之；有不孝悌，悖禮亂常，不率法令者，糾而繩之。其吏在官公廉正己清直守節者，必察之；其貪穢諂諛求名徇私者，亦謹而察之，皆附于考課，以為襃貶。若善惡殊尤者，隨即奏聞。若

獄訟之枉疑，兵甲之徽遣，興造之便宜，符瑞之尤異，亦以
上聞。其常則申於尚書省而已。若孝子順孫，義夫節婦，志
行聞於鄉閭者，亦隨實申奏，表其門閭；若精誠感通，則加
優賞。其孝悌力田者，考使集日，具以名聞。其所部有須改
更，得以便宜從事。若親王典州及邊州都督、刺史不可離州
局者，應巡屬縣，皆委上佐行焉。[4]

《唐六典》這段職掌描寫，沒有像本章那樣露骨，把刺史說成是
「稅官」，但在它隱晦的公式化語言中，仍有幾個頗堪玩味的
「關鍵詞」，暗喻收稅的意思。比如，「勸課農桑」便跟稅賦有密
切關係。為什麼要「勸課農桑」？因為這是要鼓勵農業生產，農
人有了豐收，才有足夠的穀物來交糧稅。否則，農作歉收，稅也
將收不足，達不到朝廷的估額。再如，「閱丁口」也是個關鍵
詞，輕描淡寫，看似無關痛癢，其實大有深意。熟悉敦煌吐魯番
戶籍文書的學者都知道，「閱丁口」就是人口普查，而唐代「閱
丁口」的目的很單純，純粹是為了確定一州及其屬縣，到底有多
少課戶，多少丁口，以便按戶按人頭收各種稅賦，並分配徭役而
已，不作其他用途（如現代國家把人口普查，用作未來的國民教
育和福利規畫等）。

　　西方學者對中國職官書上的這種描述，常稱之為「理想化」
（idealized）。意思是，這是朝廷給刺史定出的一套「理想」，希
望刺史應當做什麼，關心什麼，以達到這個「理想」。但實施起
來，現實環境往往不同，理想未必能實現。許多時候，刺史真正
所做的事，跟職官書中的描述，相去甚遠。所以，這種「理想化

4《唐六典》卷30，頁747。

的描寫」，對於我們了解唐代刺史真正所為何事，幫助不大，用現代話來說，「看看就好」，「參考就好」，不必太認真看待。

我們要的是具體執行的實例，可以讓我們見到刺史的實際工作內容細節。這種實例，無法在職官書中找到，但可見於兩《唐書》的列傳部分，近世出土的敦煌吐魯番文書和墓誌，以及唐人文集中的奏疏和自述。這些史料，才真正記載了刺史做過些什麼事。這些實例，才能加深我們認識刺史的職能，特別是他的稅官角色。

既然上引《唐六典》的一段話，是一種高度公式化的「職官書語言」，隱晦抽象，不易掌握，那麼如果我們要用最淺白的現代中文，來描寫唐代刺史的任務，描述他最核心的工作內容，我們該怎麼寫？

從兩《唐書》列傳和其他史料中所見的實際案例，唐代刺史最核心的業務，不外乎以下幾種：第一，監督州內各縣的徵稅事務，依規定上繳，並分配徭役（徭役也屬稅賦的一種，如租庸調中的庸）；第二，維持州內的法紀和治安，必要時審理訟案，或率領兵卒，平定叛亂；第三，主導州內的大型建設工程，如疏通河渠，修築城牆和橋梁，興建學校等等；第四，每年巡視屬縣並考核屬下官吏；第五，教化百姓，興學勸善，祭神祈雨，以及《唐六典》提到的向朝廷申報「符瑞」、「孝子順孫，義夫節婦，志行聞於鄉閭者」等枝節末事[5]。

---

5 唐代那些兼充都督和節度使的刺史，還兼管軍政，此不贅。見馬俊民，〈唐朝刺史軍權考——兼論與藩鎮割據的關係〉，《南開大學歷史系建系七十五周年紀念文集》，頁61-68；張達志，〈藩鎮與州之軍力強弱〉，《唐代後期藩鎮與州之關係研究》，頁96-132。但唐刺史若不兼都督和節度使，是否還有軍權，卻是個爭論的問題。蓋唐刺史承南北朝舊習，皆持有「持節某州諸軍

　　細察這五大業務，可以發現，刺史的最重要工作，無疑是監督州內的稅賦並上繳。簡單說，唐刺史本質就是州最高一級的「稅官」（tax collector）也，跟羅馬帝國時代的總督（provincial governors）也主掌收稅類似[6]。其他業務，有些是臨時性的，如帶兵出外作戰；有些是可有可無的，如主持州內的大型建設，教化百姓等等。但唐刺史如果督稅上繳不周，達不到朝廷所定的稅額，那肯定是嚴重的失職，會遭到懲罰。然而，如果疏於大型建設或教化百姓，只能說這位刺史並非良吏，平庸無能，不算什麼重大過失。從朝廷的觀點看，即使是平庸無能的刺史，他至少也要能負責收稅並上繳，因為稅賦攸關國家常年收入和朝廷命脈，乃一等一的大事也。

二、撫字黎庶和稅務

　　唐朝詔令中，常見皇帝期望刺史「切須撫字」、「撫字黎庶」等語，也就是對百姓要「安撫體恤」。撫字安民當然是一種仁政，是儒家所推崇的。然而，唐代（以及中國歷朝）的這個「撫字」政策，其實都跟稅賦，脫不了鉤。比如，睿宗有一道〈誡勵風俗敕〉便說：「諸州百姓，多有逃亡，良由州縣長官，撫字失所。」[7]正因為州縣長官（刺史和縣令）沒有好好安撫體恤百姓，

事」的稱號，杜佑認為這是唐「仍舊存之」的虛銜，嚴耕望也持類似意見，相反的看法見夏炎，〈刺史的軍事職掌與州級軍事職能〉，《唐代州級官府與地域社會》，頁18-38。

6　Clifford Ando, "The Administration of the Provinces," *A Companion to the Roman Empire,* pp. 185-188.

7　《文苑英華》卷465，頁2374。

擅徵苛稅，造成他們有許多無法負擔，逃亡他鄉。這裡略而未說的是，逃亡的後果，是課戶減少，收稅不足。換句話說，州縣長官要完成收稅官最基本的使命，稅務圓滿成功，考績上等，最好的政策就是從根本處做起，善待百姓，不要貪虐，不向他們加徵額外的雜稅。這樣農民有了豐收，可以快樂生活，自然也會快樂地、心甘情願地繳稅，不但不會逃亡，反而可能還會為這位「撫字得人」的刺史，立個德政碑和遺愛碑。

從這個收稅視角看，唐刺史的其他業務，看似跟稅賦無關，其實也都大有關係。比如，貞觀時有位良吏賈敦頤，「二十三年，轉瀛州刺史。州界滹沱河及滱水，每歲泛溢，漂流居人，敦頤奏立堤堰，自是無復水患」[8]。「奏立堤堰」是這位刺史在推行大型建設，效果是州內「無復水患」，農人得以豐收，敦頤受到百姓愛戴，他自然也就可以圓滿完成他做刺史的收稅使命。

再如，唐刺史常要執行的祈雨和祭神活動，乍看跟收稅更是毫無關連，其實息息相關。唐初另一位良吏田仁會，「永徽二年，授平州刺史，勸學務農，稱為善政。轉郢州刺史，屬時旱。仁會自曝祈禱，竟獲甘澤。其年大熟，百姓歌曰：『父母育我田使君，精誠為人上天聞。田中致雨山出雲，倉廩既實禮義申。但願常在不患貧。』」[9]「倉廩既實」這四字，顯示田仁會「自曝祈禱」後有效，州內的稅賦也跟著豐收起來，糧倉堆滿穀物。

韓愈當年貶官到潮州，有一次正逢大雨，他也做了刺史該做的事：跑去祭大湖神，並寫下一篇洋洋灑灑的〈潮州祭神文〉（其二），裡面就很明確把祭神跟賦稅掛鉤：

8　《舊唐書》卷185上，頁4788。

9　《舊唐書》卷185上，頁4793。

維年月日，潮州刺史韓愈，謹以清酌脮脩之奠，祈于大湖神
之靈曰：「稻既穟矣，而雨不得熟以穫也；蠶起且眠矣，而
雨不得老以簇也。歲且盡矣，稻不可以復種，而蠶不可以復
育也。農夫桑婦將無以應賦稅繼衣食也。非神之不愛人，刺
史失所職也。」[10]

這裡韓愈吐露，他很擔心天若再下雨，破壞農桑，「農夫桑婦將
無以應賦稅繼衣食也」，交不出賦稅，又無以為生。那他做為刺
史收稅官，乃「失所職也」。這裡的「失所職」有兩個意思：韓
愈不但自責不能好好照顧百姓失職，他恐怕也覺得未能完成他最
基本的州稅官任務，對朝廷失職。看來韓愈即使是貶官，即使是
在潮州這樣的偏荒窮州，他還是得負責收稅。

武宗會昌三年（843），杜牧在黃州當刺史時，州內發生旱
災。杜牧照慣例以刺史身分，向城隍神祈雨。第一次祭似乎無
效，於是他再祭一次，寫了一篇擲地有聲的祈雨文，裡面就透露
了黃州地區種種苛稅的惡習和根源，是難得的稅賦史料：

牧為刺史，凡十六月，未嘗為吏，不知吏道。黃境鄰蔡，治
出武夫，僅五十年，令行一切，後有文吏，未盡削除。伏臘
節序，牲醪雜須，吏僅百筆，公取於民，里胥因緣，侵竊十
倍，簡料民費，半於公租，刺史知之，悉皆除去。鄉正村
長，強為之名，豪者尸之，得縱強取，三萬戶多五百人，刺
史知之，亦悉除去。繭絲之租，兩耗其二銖，稅穀之賦，斗
耗其一升，刺史知之，亦悉除去。吏頑者笞而出之，吏良者

10　《韓昌黎文集校注》卷5，頁319。

勉而進之。……謹具刺史之所為，下人之將絕，再告於神，
神其如何？[11]

此篇比韓愈的〈祭神文〉更進一步，把州內稅賦之煩苛和旱災串
聯在一起，有因果關係。杜牧在文中要「再告於神」，他作為刺
史，已盡了責任，希望神快降甘霖，拯救「將絕」的百姓「下
人」。那他做了些什麼事呢？幾乎都跟稅務有關，頗堪玩味。

　　祭文一般都是高度公式化的文字，無甚新意，但杜牧此篇，
卻屬奇文，細節豐富，讓我們見識到黃州的苛稅雜目，是他屬下
吏員在作威作福，欺壓百姓。比如，每逢伏日、臘日等節氣，需
要的各種祭祀用品，都均攤給百姓，但鄉下小吏，卻趁此機會，
從中貪取十倍的財物，數量竟是交給國家正稅的一半（「半於公
租」）。

　　此外，那些「鄉正村長」和「豪者」，還在黃州的三萬戶
中，多收取五百人的賦稅以中滿私囊。杜牧屬下的官吏，在收取
蠶絲正稅時，每一兩（41.3g）要多收兩銖（8.26g）作損耗；在
收穀物正租時，每一斗（6000ml）也要多收一升（600ml）作損
耗[12]。這一切收稅陋習，杜牧對城隍神說，「刺史知之，悉皆除
去」。換言之，刺史作為州內最高層的稅官，他要負責監管他屬
下的里胥，在實際收稅時，有沒有背地裡耍花樣，私自徵稅。幸
好，黃州不是所有吏員都如此惡劣。「吏頑者」，杜牧「笞而出
之」；「吏良者」，他則「勉而進之」。

11　《杜牧集繫年校注》卷14，頁902-903。
12　這裡的換算，據胡戟，〈唐代度量衡與畝里制度〉，《胡戟文存》，頁348-
　　361。

　　杜牧這篇祭文，還有一個重要意義，在於它透露了州縣別徵雜稅，未必是刺史（或縣令）本人所為，而是他屬下的胥吏，甚至「鄉正村長」和「豪者」所為。這是一種從上到下的層層剝削，層層分贓，各取所需稅物，恐怕是唐代（以及中國歷代）各州府相當普遍的現象。然而，刺史是一州的收稅長官，他應當對他下層所為負責，要嚴查嚴管。但唐代州的範圍不小，一般最小的州都有二三個屬縣，大州可多達十個以上；下層吏員和鄉正村長，更是繁多不可悉數。刺史一個人是否真的有能力，像杜牧所說的那樣「知之」，然後「悉皆除去」，頗成疑問。

　　杜牧還有另一篇奇文，可以讓我們認識到，唐代刺史一「下車」，就該做的一些事。此奇文其實是一篇墓誌〈唐故處州刺史李君墓誌銘〉，寫他的朋友李方玄，剛到池州當刺史的一些事：

> 始至，創造籍簿，民被徭役者，科品高下，鱗次比比，一在我手。至當役役之，其未及者，吏不得弄。景業〔方玄的字〕常嘆曰：「沈約身年八十，手寫簿書，蓋為此也，使天下知造籍役民，民庶少活。」復定戶稅，得與豪滑沉浮者，凡七千戶，哀入貧弱，不加其賦。[13]

李方玄一到任，就建立百姓名冊，審核所有應該服徭役的百姓名單，一手掌握（「一在我手」），把勞役分派給那些該服徭役的；至於不該服的，「吏不得弄」，不能從中得到漁利。接著，他又定戶稅，把附於豪強大戶的七千餘家，列為貧窮戶，不再加他們的稅。杜牧的這段描述，生動刻畫了唐刺史負責稅賦徭役的實際

---

13 《杜牧集繫年校注》卷8，頁734。

操作內容，在正史列傳中並不多見。

州刺史在稅務方面，能夠為州民做的，還有一樣，那就是向朝廷奏免百姓的賦稅。這正是唐代一位鮮卑王族後裔，唐代「文學史上一位傑出的少數民族作家」元結[14]，在道州當刺史時，所做的仁心善事。元結是北魏常山王元遵的第十二代孫，在天寶十二載（753）考中進士。代宗廣德二年（764），他來到偏荒的湖南道州任刺史，發現道州「被西原賊屠陷。賊停留一月餘日，焚燒糧儲屋宅，俘掠百姓男女，驅殺牛馬老少，一州幾盡。賊散後，百姓歸復，十不存一，資產皆無，人心嗷嗷」[15]。他在長詩〈舂陵行〉前的小序中說得更清楚：「道州舊四萬餘戶，經賊已來，不滿四千，大半不勝賦稅」[16]。

所以他向朝廷上奏，請求把租庸使不斷催繳的徵率錢物共136,388.8貫，減免132,480.9貫，只繳不到百分之三的3,907.9貫，減幅達到百分之九十七以上，並獲得朝廷「敕依」，准其所奏[17]。第二年，元結又再次上奏，以州境未安，「人實疲苦」為由，請求把原先道州的「配供上都錢物」共132,633.035貫，「放免」91,606.546貫，只繳41,026.489貫，約原來稅額的百分之三十一。這次也同樣獲得朝廷「敕依」[18]。元結在這兩篇奏疏中所列舉的稅額，都非常具體，且精確到一貫（一千文）的個位數，顯

---

14 喬象鍾、陳鐵民主編《唐代文學史》上冊，頁564。元結的鮮卑胡族血統，過去我們幾乎沒有留意，但在族群意識高漲的今天，他的胡人血統，才備受注目，成了唐多元文化的表徵。

15 〈奏免科率狀〉，《元次山集》卷8，頁125。

16 《元次山集》卷3，頁34。

17 〈奏免科率狀〉，《元次山集》卷8，頁124-125。

18 〈奏免科率等狀〉，《元次山集》卷9，頁133-134。

示這些數字都經過他細心的計算。

事實上，元結先前已向租庸使「申請矜減」，但「使司未許」，於是他才改為直接向皇帝上奏。這種做法，在當時可能是不尋常的，也可能是因為元結在安史之亂期間，曾率領他的鮮卑族人和一批義軍，在山南東道唐州（今河南泌陽）一帶抵抗史思明的叛軍，保衛疆土，得到玄宗、肅宗和代宗的高度賞識，連肅宗都知道「元結有兵在泌陽」[19]。他之所以能出任道州刺史，據他的好友顏真卿後來為他寫的墓碑，是因為「上以君居貧，起家為道州刺史」。看來，他跟唐皇室的關係密切，得以直接上奏，為道州百姓奏減稅額。

正因為他「行古人之政」，據顏碑說，「二年間，歸者萬餘家，賊亦懷畏，不敢來犯。既受代，百姓詣闕，請立生祠，仍乞再留。觀察使奏課第一，轉容府都督兼侍御史、本管經略使，仍請禮部侍郎張謂作〈甘棠〉以美之」。「歸者萬餘家」，表示道州的稅收增加了，所以元結才獲得「觀察使奏課第一」，且升任比刺史更高一級的容管經略使。元結在道州最重要的事跡，就是他處理州民無力繳稅的應變才能，對百姓如此體恤，吸引逃亡者紛紛歸來，最後反而為朝廷帶來更多的稅收，一直為後代所稱頌。這位鮮卑後裔，不但詩文寫得「質樸古淡」[20]，極富韻味，名列唐代名家之一，沒想到他作為一個稅官，也表現得如此悲憫精湛。

---

19 顏真卿，〈容州都督兼御史中丞本管經略使元君表墓碑銘〉，《顏魯公文集》卷5，頁33-35。

20 楊承祖，《元結研究》，頁374。

三、刺史收稅和考課

　　既然刺史的首要使命是收稅督賦，那麼他的年終考課，當然主要便根據他的稅務業績來評量。由於刺史負責一州各屬縣的稅務，他屬下各縣令的稅務工作，也會間接影響到他個人的年終總業績。比如，如果州內某個縣令貪虐，別徵科稅，導致該縣的戶口逃亡，稅收流失，這也會影響到整個州的總稅收，以及刺史個人的考課，因為某一縣逃亡的戶數，最終也會算在州每年課戶走失的總數內。

　　從這個角度看，刺史每年巡視屬縣，考核縣令等縣官的業績，並非只是「形式工作」，而牽涉到刺史個人的利益和年終考績。刺史對縣令其中一項最重要的評鑑項目，就是這些縣令是否有增加戶口，開闢荒田等事。用現代話說，就是刺史和縣令有沒有「擴大稅源」；或有沒有走失民戶，課戶逃亡，造成稅賦減少，「稅基萎縮」。宣宗會昌六年五月敕，清楚說明此點：

> 刺史交代之時，非因災沴，大郡走失七百戶以上，小郡走失五百戶以上者，三年不得錄用，兼不得更與治民官。增加一千戶已上者，超資遷改。仍令觀察使審勘，詣實聞奏。如涉虛妄，本判官重加懲責。[21]

這個「大郡走失」戶數，是包含整個州各屬縣的。刺史為什麼會「走失」民戶？因為他撫字不當，有虐政，造成課戶受不了額外苛稅逃亡，或他監督屬縣不力，縣戶口流失。那麼，他又如何增

---

21 《唐會要》卷69，頁1432。

加民戶？最好的辦法，莫如施行善政，不擅自徵收諸色榷稅，勤於教化興學，疏通河渠，名聲遠播，那些逃亡的戶口便會聞風歸來。這就是史書上常說的「招輯逃亡」。然而，並非刺史一人做好「招輯逃亡」的事就可以，他屬下的所有各縣縣令，也要能配合執行，齊心合作，才有成效。所以，刺史每年巡視屬縣的工作，絕非「形式」，而牽涉到實質利益。

唐前後期的敕令，特別是在皇帝登基和改元時所發出的德音和赦文中，常提到這種民戶增減，對稅賦的衝擊，且定有獎懲辦法。在唐後期，刺史之上，更多了一層監督，由各道的觀察使來監督刺史的稅務，如下引道州刺史陽城的案例。

以實例考之，唐初的陳君賓便很有「招輯逃亡」的本事。他的《舊唐書》本傳說，「貞觀元年，累轉鄧州刺史。州邑喪亂之後，百姓流離，君賓至纔期月，皆來復業。二年，天下諸州並遭霜潦，君賓一境獨免，當年多有儲積，蒲、虞等州戶口，盡入其境逐食。太宗下詔勞之」[22]。不過，這樣一來，蒲、虞等州戶口流失，這兩州的刺史應當會遭到懲處，考課不佳。

代宗時，「崔瓘，博陵人也。以士行聞，莅職清謹。累遷至澧州刺史，下車削去煩苛，以安人為務。居二年，風化大行，流亡襁負而至，增戶數萬。有司以聞，優詔特加五階，至銀青光祿大夫，以甄能政。遷潭州刺史、兼御史中丞，充湖南都團練觀察處置使。」[23]所謂「削去煩苛」，就是像後來的杜牧那樣，「悉皆除去」各「鄉村里正」等所私定的苛捐雜稅，這樣才能吸引到「流亡襁負而至，增戶數萬」。崔瓘州內的稅賦跟著大增。他因

---

22 《舊唐書》卷185上，頁4783。

23 《舊唐書》卷115，頁3375。

此得到加官獎勵，升遷到更重要的大州潭州去任刺史，並兼充一個更尊貴的使職（湖南都團練觀察處置使）。同樣，韓滉「建中初，繼為蘇州、潤州刺史，安輯百姓，均其租稅，未及踰年，境內稱理」[24]。這樣一來，韓滉圓滿達成他州內的收稅任務，考課必佳。

代宗時的蕭定，是唐高祖宰相宋國公蕭瑀的曾孫，系出名門。他先任袁州刺史，後「歷信、湖、宋、睦、潤五州刺史」。「大曆中，有司條天下牧守課績，唯定與常州刺史蕭復、豪州刺史張鎰為理行第一」。細察其課績內容，蕭定在「勤農桑，均賦稅，逋亡歸復，戶口增加」等項，又在另二人之上，而這些業務全都涉及稅賦。於是他獲得提拔，「尋遷戶部侍郎、太常卿」[25]。

有些刺史，為了增加戶數以取得好的考績，不惜使出不正當的手法來達成目的，比如憲宗元和六年（811）二月制所說：「自定兩稅以來，刺史以戶口增減為其殿最，故有析戶以張虛數，或分產以繫戶名，兼招引浮客，用為增益。至於稅額，一無所加，徒使人心易搖，土著者寡。觀察使嚴加訪察，必令指實。」[26]

唐刺史的考課根據收稅業績，這方面最有名最動人的一個案例，莫過於德宗時的知名大儒陽城。他是「北平人，代為官族。好學，貧不能得書，乃求入集賢為書寫吏，竊官書讀之，晝夜不出。經六年，遂無所不通，乃去陝州中條山下。遠近慕其德行，來學者相繼於道」[27]。李泌當宰相時，把他薦給德宗，徵召入京，先任諫官諫議大夫，敢於直言，曾替當時身陷風暴中的陸贄發

24 《冊府元龜》卷692，頁8255。

25 《舊唐書》卷185下，頁4826。

26 《唐會要》卷84，頁1839。

27 《順宗實錄》卷4，《韓昌黎文集校注》，頁716。

聲，斥陸的敵對裴延齡「奸佞」。德宗大怒，把他改任國子司業，很受學生（包括柳宗元）的愛戴。後來他涉嫌在家中藏匿一個有罪的前學生，被貶為道州刺史。

道州的治所在今湖南道縣，離長安1488公里，在柳宗元後來被貶的永州之南約119公里，是個中州，元和戶數18,338[28]，跟蘇州和杭州等稅賦大州相比，屬於窮州，常為貶官之所。但即使是貶官，即使是在這樣偏遠的窮州，陽城這位仁慈的大儒，還是得負起他做刺史的最基本使命，那就是收稅。《順宗實錄》記此事最詳，為兩《唐書》記載所本：

> 在州，以家人禮待吏人，宜罰者罰之，宜賞者賞之，一不以簿書介意。賦稅不登，觀察使數誚讓。上考功第，城自署第曰：「撫字心勞，徵科政拙，考下下。」觀察使嘗使判官督其賦，至州，怪城不出迎，以問州吏，吏曰：「刺史聞判官來，以為己有罪，自囚於獄，不敢出。」判官大驚，馳入，謁城於獄，曰：「使君何罪？某奉命來候安否耳。」留一兩日未去，城固不復歸館。門外有故門扇橫地，城晝夜坐臥其上，判官不自安，辭去。其後又遣他判官崔某往按之，崔承命不辭，載妻子一行，中道而逃。[29]

陽城如此精采的另類行為，更為刺史的首要使命，就是收稅，增添另一最佳例證。如果賦稅不登，他的頂頭上司觀察使還會「數誚讓」，數度責備他，並且派判官來督促他繳上他州內的賦稅。

---

28 《元和郡縣圖志》卷29，頁712。

29 《順宗實錄》卷4，《韓昌黎文集校注》，頁717。

他的考課，端看收稅業績。陽城乃飽讀詩書的儒者，看來不適合當刺史這種錢穀稅官，但他不幸被貶官，被迫當上刺史，顯然過於仁慈，不願催促道州的窮苦百姓交稅，於是自認自己拙於收稅，業績不佳，自署其考第「撫字心勞，徵科政拙，考下下」。據郁賢皓的考釋，陽城被貶在道州約七年，從貞元十四年到二十一年（798-805）[30]。上引這案例，應當是發生在他被貶的第一年。以後幾年，道州未聞再有「賦稅不登」的事。看來大儒陽城慢慢也學會處理收稅事了。順宗剛上台不久，便把他（以及陸贄）召回京，但可惜兩人都已經在貶所去世了。

四、額外加徵

　　《唐六典》等職官書的刺史職掌描述，沒有明確說刺史要負責稅務，那是因為這些志書，慣用一套公式化的特殊用語，似乎恥言刺史須做收稅督賦這種錢穀事，所以用了「撫和齊人，勸課農桑」這種高度僵化的隱語，通篇見不到一個「稅」或「賦」字。但唐朝廷絕非刻意要隱瞞此事，而是職官書的那種公式化語言使然。事實上，唐皇帝對刺史（以及縣長官縣令）必須負起稅務重任，一向大方公開宣示，特別是在皇帝登基或改元時刻，更以「赦文」的方式，鄭重昭告天下刺史縣令，須注意收稅的種種細節，並且不要巧立名目，不得「別有科率」。

　　唐前期實施租庸調稅制，其細節近人研究甚詳。簡單說，中央尚書戶部的一個預算部門（度支司），根據一州的戶口、課丁、田畝、物產等數據，定出該州來年須負責上繳的租庸調品項

---

30 《唐刺史考全編》，頁2470。

與數量，繳往京城或其他指定地點（比如把穀物直接送往邊州供軍用）。這方面最佳的史料，就是高宗〈儀鳳三年度支奏抄・四年金部旨符〉，在新疆吐魯番出土，讓我們見到唐租庸調徵收和使用的一些操作細節[31]。

　　唐前期刺史最重要的稅務工作，便是監督州內屬縣的收稅，在限期內（一般在秋冬兩季），把中央所估定的稅物和稅額，徵集完畢，然後和縣一起安排運輸和典綱人員，把稅物解送到京或其他指定地點。課戶所繳的稅物，一般由「鄉正村長」或其他基層單位接收，再轉送縣和州。刺史負責整個監督，確保屬縣繳上的稅物，達到中央所估定的品項和額量。

　　這種稅務工作，在條文上看似簡單，實行起來困難重重。玄宗開元九年十月敕，便反映了刺史等官，在執行稅務時的一些難題，以及他們的應付之道：

> 如聞天下諸州送租庸，行綱發州之日，依數收領，至京都不合有欠。或自為停滯，因此耗損，兼擅將貨易，交折遂多，妄稱舉債陪填，至州重徵百姓。或假托貴要，肆行逼迫。江淮之間，此事尤甚。所由既下文牒，州縣遞相稟承，戶口艱辛，莫不由此。[32]

唐代的稅物，幾乎都是笨重的穀物（租）或織品（庸調），體積和重量驚人，運輸是一大難題。在「行綱」之時，不免會有「耗

---

31 大津透，〈唐律令國家の予算について——儀鳳三年度支奏抄・四年金部旨符試釋〉，《日唐律令制の財政構造》，頁27-113；李錦繡，《唐代財政史稿》第1冊，頁16-31。

32 《冊府元龜》卷487，頁5829。

損」，如中途遭到偷竊、攔劫、沉船等事。這些都要由負責的官員去「陪填」。官員當然不願自行「陪填」。辦法便是「至州重徵百姓。或假托貴要，肆行逼迫」。

這便是唐代（以及中國其他朝代）稅務的一大癥結。中央朝廷所估定的稅額，一般都還在合理可行的範圍內（戰爭期間另有課徵，屬特殊案例）。但問題是，在民間實收時，各層級的收稅官吏會刁難加徵。一種如上引稅物的運輸耗損，造成「陪填」和加徵。另一種更常見，則是各層官吏們的貪婪，以其權位向百姓巧立名目，別有加徵，如杜牧上引文所寫的黃州案例，以致「戶口艱辛」，逃亡他鄉。

所以，唐代涉及稅務的敕令，不論是唐前期或後期，最常見的字眼便是「不得更別有科率」之類的警言，如代宗的〈改元永泰赦〉所說：

> 自廣德元年〔763〕已前，天下百姓所欠負官物，一切放免。在官典腹內者，不在免限。其百姓，除正租庸外，不得更別有科率。刺史縣令，與朕分憂。凋瘵之人，切須撫字。一夫不獲，情甚納隍。有能招輯逃亡，平均賦稅，增多戶口，廣闢田疇，清節有聞，課效尤著者，宜委所在節度觀察具名聞奏，即令按覆，超資擢授。其有理無能政，迹涉贓私，必當重加貶奪，永為殿累。[33]

這裡訂定詳細的獎懲規定，但顯然無效。四十年後，到了順宗即位，他的〈順宗即位赦〉中，還是有「不得別有科配」和「不得

---

33 《唐大詔令集》卷4，頁24。

擅有諸色榷稅」這樣的話：

> 天下百姓，應欠貞元二十一年二月三十日已前榷酒及兩稅錢
> 物，諸色逋懸，一物已上，一切放免。京畿諸縣，一應今年
> 秋夏青苗錢，並宜放免。天下諸州府，應須夫役車牛驢馬腳
> 價之類，並以兩稅錢自備，不得別有科配，仍並以兩稅元敕
> 處分，仍永為恆式，不得擅有諸色榷稅。常貢外不得別進物
> 錢。金銀器皿、奇綾異錦、雕文刻鏤之類，若已發在路者，
> 並納左藏庫。[34]

這段話除了涉及「放免」欠稅等項，最可玩味的是「不得別有科
配」、「不得擅有諸色榷稅」和「常貢外不得別進物錢」這幾句
話，全都涉及正稅之外的加徵。順宗時，唐已在實行兩稅法。兩
稅法把州的總稅賦收入，分成三份：一份「留州」，供州縣官員
俸料和其他州內雜項；一份「送使」，供節度觀察使的軍費醬菜
等；剩下的一份，「上供」給朝廷[35]。順宗此敕特別提到，「夫役
車牛驢馬腳價之類，並以兩稅錢自備」，意思是這些運輸費用
（「腳價之類」），原本應當在兩稅錢中「自備」，也就是在兩稅
「留州」的稅額部分預算去支用，但有些州可能沒有做好這種預
算，或有預算但又向百姓額外加徵。由此看來，地方上的「別有
科配」，無奇不有。

　　地方官別徵稅物，部分可能拿來作「進奉」，以討好皇帝。
唐後期有些皇帝，亦頗好「進奉」，來者不拒。但順宗看來想做

---

34 《唐大詔令集》卷2，頁10。

35 陳明光，《唐代財政史新編》，頁210-229。

一個好皇帝，不想要這種「進奉」，所以特別規定地方長官「常
貢外不得別進錢物」。那些已發送在路上的「金銀器皿」等珍玩
奇物，原本專供皇帝玩賞使用，但順宗也不想要，請納入「左藏
庫」，當成是一般的國家財貨收藏。

　　唐後期的這種進奉，不但節度使常為，刺史也同樣有進奉。
《舊唐書・食貨志》有一段話，特別指出這點：

> 裴肅為常州刺史，乃鬻貨薪炭案牘，百賈之上，皆規利焉。
> 歲餘又進奉。無幾，遷浙東觀察使。天下刺史進奉，自肅始
> 也。[36]

裴肅因為向皇帝進奉而得到好處，不久就從常州刺史，升遷到更
重要的州（越州）任刺史，且兼尊貴的使職浙東觀察使[37]。刺史
作為稅官，若無善政，往往會巧立各種名目來收稅，正像《舊唐
書・食貨志》所說：「通津達道者稅之，蒔蔬藝果者稅之，死亡
者稅之」[38]。

五、結語

　　唐刺史主要為州內最高層級的稅官，跟羅馬帝國那些總督亦
主要負責監督地方稅務，十分類似。不論中外古今，地方對中央
最切實、最有價值的貢獻，便是上繳稅賦，以維持整個帝國的常

---

36 《舊唐書》卷48，頁2088。

37 《舊唐書》卷13〈德宗紀〉，頁388，貞元十四年（798）九月條下，「以常州
　　刺史裴肅為越州刺史、浙東觀察使」。

38 《舊唐書》卷48，頁2087-2088。

年收入和皇室開支。唐刺史作為州長官，他最關鍵的使命便是收繳稅賦。至於其他職務，比如推動州內大型建設工程（疏通河渠、興建學校等），招輯逃亡，開闢荒田，甚至祭神祈雨，教化百姓，看似跟收稅無關，其實也都涉及稅務，因為這些業務的最終目的，是要達到農產量提高，課戶增加，穀物豐收，民心安定，不思逃亡，這樣刺史的稅務工作才能圓滿達成。稅務業績，也衝擊到刺史的年終考課。

我們過去常把刺史、縣令之類的地方官，尊稱為「父母官」，意思是他們關心百姓疾苦，興修水利，灌溉良田，減輕徭賦等等，像父母一般愛護著州縣子民。但深一層看，這些舉動，也莫不隱約透露出刺史最根本的稅官本色。換句話說，這種「愛」，是有「條件」的，最終目的是盼望子民們，快樂地交上足夠或甚至超額的稅，大家皆大歡喜也。

第十八章

唐刺史和他的使職帽子

> 劍南西川節度副大使，管內支度、營田、觀察處置、管
> 押近界諸蠻及西山八國、雲南安撫等使，銀青光祿大
> 夫，檢校吏部尚書兼門下侍郎、同中書門下平章事，成
> 都尹，臨淮郡開國公，食邑三千戶武元衡
>
> ——〈蜀丞相諸葛武侯祠堂碑〉[1]

　　本章的標題，看似玩笑，其實大有深意。上引武元衡的長串
碑刻結銜，便可以為這標題做佐證。武元衡當時任劍南西川節度
副大使，同時也是成都尹。尹是唐代地方府級單位的實際長官：
像京兆府、成都府的尹，等於是州刺史的「府級版」，地位比刺
史略高一級[2]。武元衡的節度使府，設在劍南成都府（治今四川成
都）。他的「原型」是成都尹，但他卻另外「戴上」多達六頂使

1　陸增祥編撰，《八瓊室金石補正》卷68，頁15。南港中研院傅斯年圖書館藏
　　有此碑的一個清代拓本，雖有破損，但頗能讓人見到此碑的巨大氣勢及其書
　　法真貌。北京圖書館藏有一比較完整的拓本，其影印本見《北京圖書館藏中
　　國歷代石刻拓本匯編》，第29冊，頁42-43，但大幅縮小，有些字跡不清。
2　唐代有三百多個州和府（如京兆府、成都府等）。在州的場合，其長官為刺
　　史，但在京兆等府，其實際長官稱為尹；在大都督府，則稱為大都督府長
　　史。後兩者等級職望較高。為了稱呼方便，本章統稱三者為刺史或刺史類長
　　官，正如郁賢皓的大作《唐刺史考全編》，亦以「刺史」一詞涵蓋這三大類
　　官員一樣。

職帽子：(1)劍南西川節度副大使；(2)管內支度使；(3)營田使；(4)觀察處置使；(5)管押近界諸蠻及西山八國使；(6)雲南安撫使。像武元衡這樣戴上多頂使職帽子的州府級長官，在唐開元以後越來越常見，唐末尤甚，乃地方行政的一大特徵。本章擬考釋其源流演變及意義，以配合本書的使職化主題。

在前面幾章，我們見過，唐代一些重要的高官，曾經歷過一個使職化的過程。比如，唐初的中書舍人這種詞臣職事官，在唐後期慢慢被使職知制誥和翰林學士取代。同樣，唐初的財臣，如戶部侍郎等職事官，在開元以後慢慢被一系列的財政使職（租庸使、轉運使、鹽鐵使等等）所取代。那麼，唐代最關鍵的一種高層地方官刺史，是否也有過類似的使職化？

有，但唐代刺史的使職化，其方式跟詞臣及財臣的使職化，又大不相同，那便是戴上各種使職帽子，有其特色，以解決唐代地方行政的特殊需要。古今中外各種官職的演變，總是為了應付不斷改變的時局和環境。刺史是州長官，他要負起的職務主要為稅賦和治安，且涉及不同的地方環境，以及廣闊的領地，他的使職化過程，自然跟中書舍人這種京官和皇帝近臣，以及財臣這種專業的理財官不一樣。

一、刺史和他的使職帽子

首先，我們不妨對漢代以來中國歷代地方長官，做一個宏觀的回顧。這當中，便牽涉到官制起源和演變。其中的大規律，據廖伯源的創新研究，便是從最初的使者（使職），轉變為固定行政官（職事官）。起初，西漢刺史為「專職監察之使者」，到東漢演變為「地方行政長官」，「但東漢州刺史仍有使者之身分。

至魏晉南北朝，州刺史漸失去使者身分，為純粹之地方行政長官，其演變過程才算徹底完成[3]。魏晉南北朝亂世，各地軍戎屢見，刺史又多了一項皇帝特使的任命，常以「使持節都督諸州軍事」的方式，在都督區督軍。這個督軍使命，最初也是使者性質。但最遲到北周，都督便從使者性質，演變為有編制的行政職事官，改稱為總管。隋唐承北周制，刺史都督（武德七年之前稱總管）都是有官品的職事官，非使職，且都督例必由刺史兼充。在更外圍的邊疆（如安西和安東），還有都護府。但都護只是都督的邊疆升級版，也例由都督或刺史兼領。

大約從唐高宗時代起，為了軍事需要，唐在邊州設置了多支常駐邊防大軍，以屯田方式耕戰，自給自足。這些邊軍的最高統率，最初稱為「軍使」，和刺史都督無關。但到了唐睿宗景雲年間，朝廷開始委任就近邊州的刺史都督，來統領這些邊軍，並授給他們一個「使持節」的節度使稱號，表示他們是皇帝特使，也就是使職，無官品，並以刺史都督的職事官銜，去統率邊軍。於是，唐代著名的節度使制，就這樣誕生了。不論是唐前期或後期，節度使也都例必由刺史兼充，而且常常也同時帶有都督的官銜，特別是在唐前期。

唐代的節度使（以及觀察處置、團練等使），從唐初至唐亡，都是一種使職，從來沒有官品，符合本書第二章的定義。即使到了唐後期，節度觀察等使，成了固定常設的官職，他們也仍然是使職，可自辟幕佐，帶有皇帝特使身分，從來沒有成為職事官。如果按照中書舍人的使職化模式，唐前期的刺史都督，到了唐後期，應該被節度觀察等使所取代，成了閒官。但這樣的模

---

3 廖伯源，《使者與官制演變——秦漢皇帝使者考論》，頁319。

式，沒有發生。

　　那麼，我們要怎樣來看待唐刺史的使職化？可稱之為「加官式的蛻變」（都督時期）或「加官式的使職化」（節度使時期）。唐初有刺史這種職事官，主管本州的稅務和治安。朝廷又沿襲北周隋朝制度，在邊州和內地戰略州，給這些州的刺史，加上都督的職務，兼管本州和鄰近數個州的軍事。景雲開元以降，邊州的刺史都督，又獲得新的「加官」，兼充節度使。安史之亂後，內地戰略區也駐有軍隊時，內地某些戰略州的刺史，便兼充節度使。至於內地非戰略州，刺史則兼領觀察使、團練使、防禦使等等。某些接近「蠻夷」地區州，如桂管等州，則設經略使，也都由刺史兼領。

　　從這角度看，唐刺史從來沒有被「取代」過。他從唐初一直到唐亡，始終存在，始終是重要的職事官，不像中書舍人後來被翰林學士取代那樣，成了閒官。事實上，唐刺史不但不是閒官，反而越到後來，他的職官角色越加越多。在唐初，他可加官為都督和都護；景雲開元後，可再加官為節度使、觀察使、團練使等，甚至不固定常設的巡按使和黜陟使等。這是一種「加官式的蛻變」。唐前期刺史加官為都督和都護的時代，由於都督和都護也是職事官，所以我們不能說，唐前這段時期的刺史，遭到使職化。但開元以降，刺史都督兼充節度等使職，我們便可以把這以後的刺史（包含府級的尹和大都督府長史），形容為「戴上各種使職帽子的職事官」，歷經一種「加官式的使職化」。這就是唐代刺史獨特的使職化過程，和詞臣及財臣那種「取代式」的使職化，不太一樣。

　　為了配合本書的主題，本章擬詳考刺史兼充都督、都護和後來節度觀察等一系列使職的過程，以及這種加官兼充使職化的意

義，特別是它在應付地方行政上的功用。這是以往研究所忽略的。至於其他課題，諸如都督府管區，刺史和都督的民政與軍政，節度觀察等方鎮和中央及屬州的關係，唐代地方行政為二級制或三級制，近人所論已詳[4]，這裡不必重複。

二、刺史兼充都督

唐代地方長官有好幾個等級。最基本的一級，是州的長官刺史，以及縣的長官縣令。在唐前期，刺史之上，還有都督和都護。開元以降，刺史都督之上，又還有更高等級和權力的節度使、觀察使等。不過，在這幾種長官當中，最基本最核心的人物，莫過於刺史。其他更高層級的地方長官，往往由刺史兼領，由刺史去充任。

例如，唐初的都督（及其前身總管），例必是由某一州的刺史去兼充。因此，我們可以說，大總管和都督，只不過是加了大總管和都督官銜的刺史。同樣，唐後期的節度使和觀察使，也常由刺史（或說都督）去充任，其本質是刺史。從這角度看，唐地方長官的「基本款」，無疑是刺史。他才是最基本的「原型」。其他更高層級的長官，比如都督和節度使，都從這個「原型」變化出來，由刺史去兼充。這「原型」模式，類似英文的「原型動詞」，可以變化出動詞的過去式、進行式和未來式等等。釐清了

4　這方面論著極多，不具引。以下幾本專書最重要：艾沖，《唐代都督府研究》；夏炎，《唐代州級官府與地域社會》；王壽南，《唐代藩鎮與中央關係之研究》；張國剛，《唐代藩鎮研究》；李方，《唐西州行政體制考論》；陳志堅，《唐代州郡制度研究》；張達志，《唐代後期藩鎮與州之關係研究》；郭聲波，《中國行政區劃通史：唐代卷》。日文和英文論著也不少。

這一點，對於我們理解唐代州級或以上的地方長官及其演變，很有幫助。

　　嚴耕望在〈中國地方行政制度〉一文中曾經說過，「唐初復改郡稱州，置刺史，又於重要之州置都督府，以刺史兼都督，統督數州，其制一如隋文帝時，惟名稱小異耳」[5]。郁賢皓《唐刺史考全編》〈凡例〉第七條也說，唐代「總管或都督按慣例皆兼任所在州刺史，故本書均作為刺史列入」[6]。這看來是兩位學者的平日讀書心得，言簡意賅，惜未見他們有專文細論此事。過去也未見有其他學者深論發微[7]。這裡擬比較詳細檢討刺史兼充都督的種種例證，特別是碑誌中的證據。

　　唐都督例必由刺史去兼領，這點在正史和一般史書文獻上，不易發現，因為這些文獻為了簡便，都把都督的全銜省略了，僅稱之為（比如說）荊州都督、原州都督等等，不說他也是該州刺史，以致都督的「原型」（刺史）隱晦不顯，造成後世的一些誤解。

　　然而，都督的全套官銜，卻可以讓我們見到他的「原型」真面目。他肯定不僅僅是都督而已，他同時也是都督治所州的刺

5　《嚴耕望史學論文集》，頁866。

6　《唐刺史考全編》，頁29。

7　王壽南，〈唐代都督府之研究〉，《慶祝歐陽澤民先生七秩華誕人文社會科學論文集》，頁81-82，引用了一些都督全銜，以證都督例兼所治州刺史，但所引的例證，除了乙速孤行儼那條外，其他都是死後贈官為都督，或親王遙領都督者，非實任都督者，證據略嫌不足。岑仲勉，〈貞石證史‧于志寧贈幽州都督〉，《金石論叢》，頁57-58，引了幾條碑誌證據，欲證唐都督例由刺史兼充，然例證為于志寧死後贈官都督，非實任都督，可再補考。岑仲勉，《通鑑隋唐紀比事質疑》，頁44，引《資治通鑑》記綏州刺史兼都督劉大俱案例，為實任都督，則有舉一反三之效。

史。有一個極佳的例證,見於初唐詩人楊炯所寫的〈瀘川都督王湛神道碑〉。王湛在高宗龍朔三年(663)出任瀘州都督,但他的全銜卻是:

使持節都督瀘榮瀠珍四州諸軍事、瀘州刺史。[8]

王湛的這個官銜,跟南北朝常見的「都督諸州軍事」一樣,他既是都督,又是「瀘州刺史」[9]。他首先是個刺史,他的都督府,就設在他任刺史的瀘州,但皇帝又同時授他「使持節」,去「都督瀘榮瀠珍四州諸軍事」,所以他又可簡稱為「瀘州都督」[10]。本書第十七章已詳考,刺史最關鍵的角色是稅官。因此,我們可以設想,這位王湛都督,既是瀘州最主要的稅官,又是瀘、榮、瀠、珍四州的軍事指揮,比一般僅任刺史的州長官,更多了一層軍事色彩。

　　唐劉憲撰〈大唐故右武衛將軍上柱國乙速孤府君碑銘并序〉,記述唐初將領乙速孤行儼(636-707)的事跡和官歷甚詳。他出身於軍人世家,本姓王,「五代祖有功於魏,始賜而氏焉」。永徽中國子明經高第,又在武后中宗年間,屢任好幾個州的都督,每次都兼領該州刺史:

證聖元年〔695〕,制除使持節萬州諸軍事,萬州刺史。……

8　《楊炯集》卷8,頁117。

9　《唐刺史考全編》卷240,頁3105,即根據楊炯此神道碑,把王湛列為瀘州刺史,任期從龍朔三年到乾封二年(663-667)。

10　陳子昂在〈申州司馬王府君墓誌〉,便把王湛簡稱為「瀘州都督」。見《陳子昂集》卷6,頁134。

　　聖歷二年〔699〕，授使持節都督夔歸忠萬渝涪肅等七州諸軍事，守夔州刺史。三年〔700〕，授使持節都督廣韶端康封岡等十二州諸軍事，守廣州刺史。長安三年〔703〕，授使持節泉州諸軍事，守泉州刺史。神龍元年〔705〕，授使持節都督黔〔辰〕沅等州諸軍事，守黔州刺史。[11]

跟王湛都督一樣，這位乙速孤行儼都督，曾歷任萬州、夔州、廣州、泉州和黔州的州級稅官，又曾負責「都督」這幾個州及其鄰近州的軍事。稅賦和軍事，正是唐地方行政最重要的兩件大事，也是羅馬帝國各省總督的兩大重任。

　　都督的這種全銜，在墓誌和任官制書中都很常見。這裡再舉二例。第一例見於唐初李百藥的〈夔州都督黃君漢碑銘一首并序〉[12]。碑文詳述這位唐初將領的家世、事跡和官歷，可補黃君漢在兩《唐書》中無傳之憾。李百藥又是唐初著名史官之一，所記當有所本。文中提到黃君漢曾任懷州大總管（都督的前身）[13]：「以功拜使持節總管懷、陜、恭、西濟四州諸軍事、懷州刺史。

11　此碑為明代萬曆進士趙崡在陝西醴泉縣發現，錄文初見於《金石萃編》卷75，頁18-24，但有許多缺字和倒錯。這裡引自《全唐文》卷234，頁2365。

12　《日藏弘仁本文館詞林校證》卷459，頁204-207。

13　總管起源於北周，從魏晉南北朝的「都督諸州軍事」改名而來。嚴耕望，《魏晉南北朝地方行政》，頁450-535，論北周總管最詳。頁450說北周總管「實都督制之後身也」；頁529結論又說它「即魏都督制之易名，非新制也」。隋及唐初沿用北周總管制，高祖武德七年（624）才改總管為都督。唐初總管跟後來的都督，名雖不同，其實一也。故本章不分總管都督，一併論之。從北周開始，總管就是固定常設的職事官，有官品，並非「為戰爭而設」。為戰爭而設的是唐代的「行軍大總管」，一種行軍元帥，屬臨時差遣的使職，無官品，跟總管大不相同，不可混淆。

封號國公，食邑三千戶。」從如此明確的用語看來，黃君漢任懷州大總管時，必然也兼懷州刺史，主管懷州的稅賦，並兼管鄰近數州的軍事。他後來又因戰功出任潞州都督：「軍還，除使持節都督潞、澤、蓋、韓、遼五州諸軍事、潞州刺史」。這同樣清楚顯示，黃君漢任潞州都督時，也同時是潞州刺史，並兼領幾個鄰州的軍事。

第二例見於高宗顯慶元年（656）的〈冊張允恭鄯州都督文〉。張允恭原任蘭州都督，但在這一年因「罷蘭州都督，鄯州置都督」[14]，他受命為鄯州都督。任命制書說：「是用命爾為使持節都督鄯、蘭、河、儒、廓、淳、濛七州諸軍事、鄯州刺史，封如故。爾其鎮靜幽荒，式清姦宄。」[15]

從以上數例看來，都督的全銜都有一定的套式，都帶有「使持節都督」等字眼，並列出他「都督」軍事的各鄰州，最後才說他是都督治所州的刺史，跟南北朝的都督結銜完全相同[16]。這種都督由刺史兼充的全套結銜，甚至也見於死後贈官為都督者，如張九齡寫的〈故特進贈兗州都督駙馬都尉觀國公楊公墓誌銘并序〉，便提到這位楊公，死後獲贈都督，「有制贈持節都督兗州諸軍事、兗州刺史」[17]。

唐都督制源自漢末魏晉。但魏晉都督並非由治所州刺史兼充，以致常和同駐一州的另一位刺史發生衝突。嚴耕望這樣形容兩者：「二者之關係既不正常，又常同駐一城，故往往發生齟

---

14 《舊唐書》卷4〈高宗紀〉，頁76。

15 《唐大詔令集》卷62，頁338。

16 詳見嚴耕望，《魏晉南北朝地方行政制度》所引的許多案例。

17 《張九齡集校注》卷18，頁960。這種例子還有許多，不具引。

齬，魏世尤甚。」[18]他引用《晉書·陳騫傳》：「出為都督揚州諸軍事……時〔牽〕弘為揚州刺史，不承順騫命。帝以為不協相構，於是徵弘，既至，尋復以為涼州刺史。」[19]這顯示，揚州當時有陳騫任都督，管軍政，又有另一官員牽弘任刺史，管稅賦等民政，兩人同處一州。都督地位略高於刺史，但牽弘卻不聽陳騫的命令。皇帝也因兩人不協，另作安排，把牽弘改為涼州刺史。嚴耕望的結論是：「故西晉之末，即令都督兼領治所之州刺史，既免爭衡不睦，又收事權統一之效，實為一大進步。」[20]唐的都督，便繼承西晉末以來的這個「進步」傳統，由刺史兼充。唐代史料中，未見有不同的刺史和都督兩人，同時駐在同一州城的案例。

三、刺史或都督兼充都護

　　刺史加授「使持節都督諸州軍事」官銜，便可成為都督。同理，刺史加授都護銜（或說刺史加都督再加都護銜），也可成為都護。在職權方面，都督比刺史大，都護又比都督略大，但三者有一共同點：同樣是刺史；三者的「原型」都是刺史。都督和都護，可視為刺史職權的「擴充延伸」，是一種「加官式的蛻變」，好比現今大學的院長和系主任，例由教授兼充，其「原型」為教授。

　　都護由刺史兼充，跟都督由刺史兼領一樣，在兩《唐書》列傳中常常沒有明說，須從他們的完整官銜才能看出。《舊唐書·郭孝恪傳》說：「貞觀十六年〔642〕，累授金紫光祿大夫，行安

18　嚴耕望，《魏晉南北朝地方行政制度》，頁104。

19　《晉書》卷35，頁1036。

20　嚴耕望，《魏晉南北朝地方行政制度》，頁106。

西都護、西州刺史。」[21] 這是史書上極少數提到都護由刺史兼充的案例。郭孝恪任西州刺史，又任安西都護。他的刺史職務，在其本傳中還有一些細節可以佐證：「其地高昌舊都，士流與流配及鎮兵雜處，又限以沙磧，與中國隔絕，孝恪推誠撫御，大獲其歡心。」這段敘述顯示，孝恪不僅管軍政，有「鎮兵」，他還「推誠撫御」西州的「士流與流配」，行使他刺史管民政的職能。

另一個史書案例，見於《舊唐書・地理志》描述安南都護府的沿革時：「至德二年〔757〕九月，改為鎮南都護府，後為安南府。刺史充都護，管兵四千二百。」[22] 安南都護府設在交州（治今越南河內），交州刺史按慣例兼充安南都護，一直到唐末都如此，如晚唐的高駢等人。

都護的完整結銜，跟都督的一樣，往往僅見於墓誌。例如，〈唐天山縣南平鄉令狐氏墓誌〉，保存了安西都護柴哲威的結銜：「貞觀廿三年〔649〕九月七日……敕使使持節西伊庭三州諸軍事兼安〔西〕都護、西州刺史、上柱國譙國公柴哲威。」[23] 命官制書中應當也有完整官銜，但此類制書鮮少傳世。以下《冊府元龜》此條，應當源自制書：「高宗永徽二年〔651〕十一月丁丑，以高昌故地置安西都護府，以尚舍奉御天山縣公麴智湛，為左驍衛大將軍兼安西都護、府〔當為「西」字之誤〕州刺史，往鎮撫焉。」[24] 這兩例清楚顯示，柴哲威和麴智湛任安西都護時，兩人也同時是

---

21 《舊唐書》卷83，頁2774。

22 《舊唐書》卷41，頁1749。

23 柳洪亮，《唐天山縣南平鄉令狐氏墓誌考釋》，《文物》1984年第5期，頁78-79。

24 《冊府元龜》卷991，頁11641。《宋本冊府元龜》卷991，頁3993作「西州刺史」。

西州刺史。

　　唐中葉以後就放棄了安西、安北、單于、安東等都護府，不再派駐本朝刺史或都督去兼充都護，頂多只任命當地外族首領出任都護，任其自治[25]，但唐從未放棄安南都護府。直到晚唐，中央仍派遣本朝的官員，如高駢等人，出任交州刺史兼安南都護。不過，唐後期安南都護也經歷過一些演變，其都護不再像唐前期那樣僅是都護，而兼充了「本管經略使」，就像其他地區的刺史都督，也歷經演變，兼充節度使一樣。但因為安南地區（今越南北部）特殊，朝廷始終不稱其長官為節度使，而授予經略使的使職，跟鄰近的桂州、容州等派駐經略使一樣。例如，《舊唐書・德宗紀》貞元二十年（804）三月己亥，「以國子祭酒趙昌為安南都護、御史大夫、本管經略使」[26]。安南有些時候，其都護還可兼充招討使，如《舊唐書・憲宗紀》元和八年（813）八月癸未，「以蘄州刺史裴行立為安南都護、本管經略招討使」[27]。

四、刺史或都督兼充節度使

　　唐代節度使的起源，學界目前的主流看法，大抵認為源自唐初的都督[28]。這個說法，當然很有依據，但似還可進一步推敲。

25　王世麗，《安北與單于都護府：唐代北部邊疆民族問題研究》；李大龍，《都護制度研究》。

26　《舊唐書》卷13，頁399。

27　《舊唐書》卷15，頁446。

28　例如，嚴耕望，《魏晉南北朝地方行政制度》，頁1-2；王壽南，《唐代藩鎮與中央關係之研究》，頁15；蘇基朗，〈唐代前期的都督制度及其淵源〉，《唐宋法制史研究》，頁81；艾沖，《唐代都督府研究》，頁222-224。桂齊

歷來似乎未見有人說（像本節擬詳考的），節度使其實源自刺史的加官而來。也就是說，在邊地某些重要之州，唐朝廷先加給刺史一個都督的官職，又在都督之上，加「使持節」的節度使職官名，於是就產生了節度使。

前面已詳考，都督和都護例必由刺史去充任，他們的「原型」就是刺史。所以，與其說節度使從都督或都護演變而來，我們似乎不如回到最初的原點，直接說節度使是從刺史加官演變而來，是刺史加授新官職的結果。當然，說節度使源自都督，比較「直觀」一些，比較容易理解，但我們還是不要忘了，都督的原型是刺史。

節度使例必由刺史兼充這一點，在唐前期，可能有學者會感到懷疑，因為這時期的史料往往說，節度使由某某都督兼領，未直接說由某某刺史充任。但如果都督例必由刺史兼充的話，那麼唐前期史料說，節度使由都督兼領時，那不也就等於說，節度使亦由刺史充任嗎？在唐後期，這方面的史料就很明確，有非常多的例證，往往直截了當地說，某某節度使由某刺史兼充（不再提都督），比如肅宗乾元元年（758）九月庚午朔條下，「右羽林大將軍趙泚為蒲州刺史、蒲同虢三州節度使」[29]；肅宗上元二年（761）春正月辛卯，「溫州刺史季廣琛為宣州刺史，充浙江西道節度使」[30]。

目前學界大抵同意，唐代第一個節度使，是睿宗景雲二年

遜，〈唐代都督、都護及軍鎮制度與節度體制創建之關係〉，《大陸雜誌》第89卷第4期（1994），頁15-42，則認為節度使制跟唐之都護體制「甚有關連」，但目前唐史學者（如艾沖等），都把都護視為是都督的一類。

29 《舊唐書》卷10，頁253。

30 《舊唐書》卷10，頁260。

（711）的賀拔延嗣[31]，最早見於《通典‧職官典》：「自景雲二年四月，始以賀拔延嗣為涼州都督，充河西節度使。」[32]可惜賀拔延嗣的事跡，僅此一見（《唐會要》和《新唐書》的記載，跟《通典》同），沒有其他史料可證，他是否也以涼州刺史的身分去兼充涼州都督。不過，從前面所考，唐代都督例必皆由刺史充任看來，賀拔延嗣任河西節度使時，他既是涼州都督，應當也同時是涼州刺史。郁賢皓的《唐刺史考全編》便根據這條史料，把他列為711-712年的涼州刺史[33]。據《舊唐書‧地理志》，河西節度使的治所，就在涼州[34]。

　　如果賀拔延嗣此例還有疑慮的話，我們還可以再舉杜佑父親杜希望的案例為證。新舊《唐書》記他的鄯州官歷，都只說他是「鄯州都督」，從未說他也是鄯州刺史，如《舊唐書‧吐蕃傳》：「鄯州都督杜希望為隴右節度使」[35]，時在玄宗開元二十六年（738）；《新唐書‧玄宗紀》：「吐蕃寇河西，崔希逸敗之，鄯州都督杜希望克其新城。」[36]然而，孫逖寫的〈授杜希望鴻臚卿制〉，卻保存了他在鄯州時的全銜：「朝議郎，守太僕少卿員外置同正員，使持節都督鄯州諸軍事，兼鄯州刺史，隴右節度副使，仍知經略度支〔應作「支度」〕[37]營田等留後事，賜紫金魚袋杜

31　王壽南，《唐代藩鎮與中央關係之研究》，頁15-16；張國剛，《唐代藩鎮研究》，頁168-171；艾沖，《唐代都督府研究》，頁215-216。

32　《通典》卷32，頁895。

33　《唐刺史考全編》，頁473。

34　《舊唐書》卷38，頁1386。

35　《舊唐書》卷196上，頁5233。

36　《新唐書》卷5，頁140。

37　唐代的度支使和支度使，常在史書中混淆弄錯，見卞孝萱，〈唐代的度支使與支度使〉，《中國社會經濟史研究》1983年第1期，頁59-65；齊勇鋒，〈度

希望」[38]。我們這才明確知道，杜希望任鄯州都督時，也同時是鄯州刺史，只是兩《唐書》記載都督的官歷，一向習慣省略他的刺史銜。賀拔延嗣和其他許多唐前期以都督充任節度使的案例，也都可以作如是觀，其原有的刺史官銜，想必是被兩《唐書》等史料所省略了。

《舊唐書·職官志》記節度使此官時說：「至德已後，天下用兵，中原刺史亦循其例，受節度使之號。」[39]所謂「其例」，指至德以前，邊州刺史就「受節度使之號」。至德以後，中原刺史也「循」唐前期邊州刺史之「例」，「受節度使之號」。因此，我們可以說，唐前期的節度使，一向就由邊州刺史兼充，只是這時的刺史，往往還兼充都督，以致史書記載時，為了簡便，一般只記節度使由都督兼充，省略了他的刺史銜。

到了安史之亂以後，都督大抵已被節度使取代，唐後期史料中，都督的記載大幅減少。這時，唐史料提到節度使，便不再提及都督，只說是由刺史兼節度使。這種例證太多，俯拾皆是，且隨手引三例為證。代宗大曆十二年（777）五月「甲戌，以前安南都護張伯儀為廣州刺史、兼御史大夫，充嶺南節度使」[40]；德宗建中二年（781）五月「庚寅，以浙江西道為鎮海軍，加蘇州刺史韓滉檢校禮部尚書、潤州刺史，充鎮海軍節度使、浙江東西道觀察等使」[41]；敬宗寶曆二年（826）十一月，「甲申，以右僕射、

支使與支度使〉，《歷史研究》1983年第5期，頁78。

38 《文苑英華》卷397，頁2016。參考郁賢皓，《唐刺史考全編》，頁440，杜希望條下。

39 《舊唐書》卷44，頁1922。

40 《舊唐書》卷11，頁312。

41 《舊唐書》卷12，頁329。

同平章事李逢吉檢校司空、同平章事，兼襄州刺史，充山南東道
節度使、臨漢監牧使」[42]。

前文說唐後期的史料提到節度使，不說是由都督，只說是由
刺史兼充節度使。不過，這條通則有一個小小的變異，那就是在
揚州、荊州等大都督府的場合。由於這些大都督府，例由親王遙
領，它們的實際長官是都督府長史。以揚州為例，設有大都督
府，其實際長官為揚州大都督府長史。晚唐宰相李德裕曾任此
官。《舊唐書‧文宗紀》開成二年（837）五月條下，「以浙西觀
察使李德裕檢校戶部尚書，兼揚州大都督府長史，充淮南節度
使」[43]。這是因為揚州是漕運的重要樞紐，地位顯赫，一向只設大
都督府，不設刺史。即便是在唐後期，這些都督府仍不廢，仍然
保持唐州府定位中的「府」級地位，比一般的州高一等。於是，
它的實際長官兼節度使時，便只能說是由「揚州大都督府長史」
兼充，無法說由「揚州刺史」兼領，因為揚州從來沒有任命刺
史。它的大都督府長史，就等同刺史。

五、刺史兼充的其他使職

刺史除了可以兼充節度使之外，還可以兼領其他一系列的使
職，其結果就是上引成都尹武元衡，一人可以帶六個使職之多。
細察他所帶的這六個使職，各有各的功能使命，都是為了應付成
都府的特殊環境和需要而加授的，有一定的任命規律可尋。底下
對武元衡節度使之外的另五個使職，略作疏證。

---

42 《舊唐書》卷17上，頁521-522。
43 《舊唐書》卷17下，頁569。

（1）管內支度使。《舊唐書・職官志》有一解：「凡天下邊軍，有支度使，以計軍資糧仗之用。每歲所費，皆申度支會計，以長行旨為準。」[44]劍南西川西邊有吐蕃，南邊有南詔，它的邊境駐有軍隊。武元衡帶有這個使職，以應付「軍資糧仗」，是很自然合理的事。

（2）營田使。唐代凡帶支度使的節度使，幾乎都會多帶一個營田使。《資治通鑑》胡三省注，對此有一解：「凡邊防鎮守轉運不給，則開置屯田以益軍儲，於是有營田使。」[45]武元衡帶有營田使，表示劍南西川的軍隊，依賴屯田來自給自足，邊耕邊戰。

（3）觀察處置使。簡稱觀察使，也是節度使最常加帶的一種使職。以唐後期的實例考之，有不少節度使同時帶有觀察處置使，比如武元衡便是。其他例證極多，且引三個。《舊唐書・肅宗紀》乾元三年（760）四月戊午，「以右丞蕭華為河中尹、兼御史中丞，充同、晉、絳等州節度、觀察處置使」[46]。《舊唐書・憲宗紀》元和十四年（819）四月丙子，以「裴度可檢校左僕射，兼門下侍郎、平章事、太原尹、北都留守，充河東節度觀察處置等使」[47]。《舊唐書・武宗紀》武宗會昌二年（842）三月，「劉沔可檢校右僕射，兼太原尹、北京留守，充河東節度、管內觀察處置等使」[48]。

不過，也有些刺史，不帶節度使，僅帶都團練使，再加觀察處置使。這通常見於江南西、湖南和福建等地。例如，常袞〈授

---

44 《舊唐書》卷43，頁1827。
45 《資治通鑑》卷210，頁6661。
46 《舊唐書》卷10，頁258。
47 《舊唐書》卷15，頁468。
48 《舊唐書》卷18上，頁590。

路嗣恭洪州觀察使制〉：「可使持節都督洪州刺史，充江南西道都團練、觀察處置等使，檢校戶部尚書及散官勳封如故。」[49]元稹〈有唐贈太子少保崔公墓誌銘〉：「尋拜蘇州刺史，遷湖南都團練、觀察處置使兼御史中丞、潭州刺史。」[50]于邵〈為福建李中丞謝上表〉：「臣以二月二十四日特奉渥恩，授臣福建都團練、觀察處置等使，福州刺史兼御史中丞。」[51]

　　觀察使的職務，主要是監督和考核管內的刺史。例如，武宗會昌六年（846）五月敕：刺史「增加一千戶以上者，超資遷改。仍令觀察使審勘，詣實聞奏。如涉虛妄，本判官重加貶責。」[52]宣宗大中三年（849）二月中書門下奏：「諸州刺史到郡，有條流，須先申觀察使，與本判官商量利害，皎然分明，即許施行。」[53]

　　（4）管押近界諸蠻西山八國使。〈蜀丞相諸葛武侯祠堂碑〉上作「管押」，但兩《唐書》和其他碑誌，一般作「統押」，如權德輿所撰另一位劍南節度使韋皋的先廟碑〈唐故光祿大夫，檢校太尉兼中書令，成都尹，劍南西川節度副大使知節度事，并管內支度、營田、觀察處置、統押近界諸蠻西山八國、雲南安撫等使，上柱國，南康郡王，贈太師韋公先廟碑銘并序〉[54]。所謂「西山八國」，指「八國生羌」（白狗君、哥鄰君、逋租君、南水

---

49 《文苑英華》卷408，頁2068。

50 《元稹集校注》卷54，頁1326-1327。

51 《文苑英華》卷585，頁3026。

52 《唐會要》卷69，頁1432。

53 《唐會要》卷69，頁1432。

54 《權德輿詩文集》卷12，頁196。

君、弱水君、悉董君、清遠君、咄霸君）[55]，在德宗貞元三年
（787）為西川節度使韋皋招納。韋之後的西川節度使都帶有這個
使職。這就是一種「因地」而設的使職。

（5）雲南安撫使。這個使職，在德宗貞元十一年（795）初
設，也是因劍南西川的特殊需要，「因地」而置。《資治通鑑》
這年「九月，丁巳，加韋皋雲南安撫使」。胡注：「以安撫南詔
為官名」[56]，可佐證本書第二章所說，使職官名，起初常以動詞描
述職務取名。《新唐書・方鎮表》便把這使職的設立，繫於此年
之下。不過，韋皋並非一直都在任雲南安撫使。大約在貞元末
年，他曾經把房式（宰相房琯之姪）「表為雲南安撫使」[57]。由此
看來，節度使所帶的各種使職，不一定都要自行一肩扛起。他可
以把其中一二個使職，推薦給其他官員去分擔，展現使職命官方
式的彈性。

武元衡這個案例，顯示唐代州刺史和府尹等長官，可以兼好
幾個使職，層層授官，端視當時的環境和需要而定。這是唐後期
使職盛行時代的一大特徵。他們所帶的使職，可以因事因地取名
命官，隨時加授，也就是《舊唐書・食貨志》所說，可以「隨事
立名，沿革不一」。杜佑在編撰《通典》時，面對使職這種「廢
置不常」的現象，不得不發出這樣的感歎：

> 按察、採訪等使以理州縣。節度、團練等使以督府軍事。租
> 庸、轉運、鹽鐵、青苗、營田等使以毓財貨。其餘細務因事

---

55 《資治通鑑》卷232，頁7480。

56 《資治通鑑》卷235，頁7570。

57 《舊唐書》卷111，頁3325。

　　置使者，不可悉數。其轉運以下諸使，無適所治，廢置不
　　常，故不別列於篇。[58]

唐刺史所帶的種種使職，也像《通典》所說的那樣「不可悉
數」，比如靈州、勝州等地的刺史兼節度使，常會多帶押蕃部落
使；淄青、平盧等地刺史，因臨近新羅渤海，一般都兼帶押新
羅、渤海兩蕃使[59]。范陽節度使，因為臨海，常會多兼「河北海
運使」。

　　暫且不論那些「廢置無常」的使職，據史料所見，唐刺史兼
充的使職，最主要、最常見者，約有六個：節度使、觀察使、都
團練使、防禦使、經略使、招討使[60]，在唐文獻碑誌中隨處可
見，亦不難掌握。比如，唐後期白居易和元稹的好友李建，年輕
時曾經任過容州的招討判官，壯年時又任過鄜州防禦副使，因為
他在容州的上司房濟（也是他的岳父），當時任容管經略、招討
使；在鄜州的上司路恕，當時任鄜州刺史、鄜坊節度使又兼觀
察、防禦使[61]。

　　這六種使職，常見於唐後期的皇帝赦文中，如宣宗的〈大中
元年正月十七日赦文〉：

---

58 《通典》卷19，頁473-474。

59 姜清波，〈試論唐代的押新羅渤海兩蕃使〉，《暨南學報》27卷第1期
　　（2005），頁90-94。

60 這個使職有寧志新的詳細考釋，〈兩唐書職官志「招討使」考〉，《歷史研
　　究》1996年第2期，頁168-171。

61 元稹，〈唐故中大夫尚書刑部侍郎上柱國隴西縣開國男贈工部尚書李公墓誌
　　銘〉，《元稹集校注》卷54，頁1333-1338；賴瑞和，〈唐後半期一種典型的
　　士人文官──李建生平官歷發微〉，《唐史論叢》第17輯（2014年2月），頁
　　17-45。

> 節度使各與一子正員九品官。東都〔留〕守、度支、鹽鐵、
> 觀察使、置都團練〔「置」字疑衍〕、都防禦、經略、招討
> 使……各與一子出身。[62]

這裡把節度觀察等使，跟度支、鹽鐵使等重要財臣並列，表示這
些無疑是皇朝最重要的地方使職，在皇帝登基改元時，會獲得特
別嘉獎，「各與一子正員九品官」或「各與一子出身」。

憲宗元和元年（806）三月，御史中丞武元衡上奏，建議這
六種地方使職，跟其他高官一樣，在受命後，要有「皆入閣謝」
的儀式：

> 「中書門下、御史臺五品以上官，尚書省四品以上官，諸司
> 正三品以上官，及從三品職事官，東都留守，轉運、鹽鐵、
> 節度、觀察使、團練、防禦、招討、經略等使，河南尹、同
> 華州刺史，諸衛將軍三品以上官除授，皆入閣謝。其餘官許
> 于宣政南班拜訖便退。」從之。[63]

這六種使職除授，跟「轉運、鹽鐵」等權勢很大的財臣一樣，
「皆入閣謝」，也就是進入皇帝的內朝便殿紫宸殿謝[64]，而跟「其
餘官」在中朝宣政殿「拜訖便退」不同。皇帝也准了此奏，顯示
這批官員在皇帝心目中，占居最重要地位，備受尊寵。

---

62 《文苑英華》卷430，頁2181。

63 《唐會要》卷25，頁553。

64 關於「入閣」（也寫作「入閤」）的意義，見杜文玉，〈唐大明宮紫宸殿與內
朝朝會制度研究〉，《江漢論壇》2013年第7期，頁120-127。此文也收在杜
文玉的新書《大明宮研究》。

六、刺史兼充各種使職的意義

　　在唐開元以前，唐刺史的使命，主要是收稅（見第十七章）和州內治安。這時，都督也設於邊州和內地戰略州，負起督軍任務，由刺史兼充。這種刺史兼都督的基本地方行政架構，源自南北朝，從唐武德到開元初，行用了大約一個世紀，相當穩定。但任何一種制度，總是在穩定之後，一旦遇到某種新需要，便會感到不足，於是開始蛻變。景雲二年（711），睿宗正式任命「賀拔延嗣為涼州都督，充河西節度使」，就是這種蛻變的開始。

　　乍看之下，以都督充節度使，似乎沒有什麼特殊。但從官制看，則意義重大，因為這意味著，唐皇室要以節度使這種使職，來取代都督這個職事官，由皇室直接授權，讓節度使去行使統率邊軍的使命。本書第二章已論及，使職永遠比職事官尊貴，永遠享有更大的權力，更能獲得皇帝的寵信，且其任命基礎，必須要先獲得皇帝的信任，或跟皇帝有某種「私」關係者。這點在唐後來的節度觀察使制度上，處處都可以見到，有其特別意義。

　　換言之，唐的節度觀察等使，並非普通的職事高官，而是一個使職，是皇帝的特使，也常會得到皇帝的寵信和重用。例如唐前期的朔方節度使牛仙客，「能節用度，勤職業，倉庫充實，器械精利；上聞而嘉之」[65]。玄宗甚至不理大臣張九齡等人的強烈反對，把他任命為宰相，雖然張九齡嘲諷他「本河湟一使典，目不識文字」[66]。再如唐後期，韋皋任劍南西川節度使，長達二十一年，是德宗異常信任和依賴的節度使。貞元十三年（797），韋

65　《資治通鑑》卷214，頁6822。
66　《舊唐書》卷106，頁3237。

皐大破吐蕃，「生禽莽熱獻諸朝。帝悅，進檢校司徒兼中書令、南康郡王，帝製紀功碑褒賜之」[67]，並由德宗的長子李誦（後來的順宗）親自書碑[68]，其寵愛如此。江西觀察使韋丹去世後四十年，因「有大功德被于八州」，管內人民仍感念他的治績，宣宗皇帝於是特別命令當時的史官杜牧，為他寫了一篇〈唐故江西觀察使武陽公韋公遺愛碑〉，以「美大其事」[69]。從歷任皇帝跟這些節度觀察使的種種密切關係看來，這類使職都受到皇室高度的尊寵和倚重。

刺史和都督一樣，也是職事官。刺史兼充節度觀察等使，便意味著原先的一位職事高官，現在享有使職的特權和特殊地位了。他跟朝廷有更密切的關係，比一般不兼充節度使的刺史，地位更崇高。因此，節度觀察等使，無疑是唐代三百多個刺史當中的菁英，往往是最有吏幹、最傑出的一批地方高官。

這種可以兼充節度觀察使的刺史，屬於難得的人選，但朝廷也不需要太多這類刺史，大約只要五十個足夠，以便任命他們在那些重要之州，也就是從前那些都督府州（如靈州、并州等）兼充節度使，或在從前那些賦稅地區，充觀察使，如越州和宣州觀察使。唐的這類方鎮，在元和盛時，達到約四十八個[70]。這些駐有節度觀察等使的州，其實也就是從前的都督府州或賦稅大州，顯示這些地區，才是唐朝廷真正關注用心的。至於其他二百多個

67　《新唐書》卷158，頁4936。

68　此碑和完整拓片似未傳世。現存碑文頗為殘缺，見《金石萃編》卷105，頁11-14。

69　《杜牧集繫年校注》卷七，頁693。

70　《唐會要》卷84，頁1839：「元和二年十二月，史官李吉甫等撰《元和國計簿》十卷，總計天下方鎮，凡四十八道。」

州，則仍然像唐前期一樣，僅派駐刺史，地位略遜。

　　我們要判斷一個唐代官員的仕宦成就，不妨留意他有沒有做過節度觀察等使。這是一個頗有用的評估標準。唐刺史有沒有兼節度觀察經略等使，頗能看出這位刺史的才幹（特別是吏幹），他在皇帝心目中的地位，以及他個人的官場地位和成就，他是否「官達」等等。若以唐代知名士人高官的官歷考之，唐前期的張說，曾以相州刺史兼河北道按察使，又以幽州大都督府長史，充河北節度使。張九齡曾任桂州刺史，充桂管經略使，兼嶺南按察使。這兩人的仕宦成就，都高於其他同時代的知名詩人，如王維、孟浩然等人。唐後期，另一個傑出的案例是元結。他曾任道州刺史，且起家約九年後，便迅速獲得皇帝的賞識，官至「使持節都督容州諸軍事兼容州刺史，充本管經略守捉使，賜紫金魚袋」[71]，等於是一個大權在握的方鎮。元稹曾以越州刺史，兼浙東觀察使，又以鄂州刺史，充武昌軍節度使。李德裕更出任過一連串的刺史兼節度觀察使，如潤州刺史充浙西觀察使，以及揚州大都督府長史兼淮南節度使等等。他們兩人也屬士人官員當中之「官達」者。

　　這數人當中，元結是肅宗相熟的鮮卑王族後裔，在安史之亂期間，率領一支同族人義軍，替唐皇朝保衛疆土，甚得皇室信任。另四人（張說、張九齡、元稹和李德裕）則都跟皇帝有過一段「私」關係，曾擔任過皇帝最親近的詞臣。元稹更以他的「營鑽」本事，迅速獲得穆宗的信任。這意味著，唐代官員要出任節度觀察等使，最便捷的途徑便是先取得皇帝的注意和信任。這點，也符合使職任命的一般條件。

---

71 〈再讓容州表〉，《元次山集》卷10，頁157。

　　這幾個兼充過節度觀察等使的士人，他們的官場地位，也都高於其他未兼充過這些使職的同時代知名士人，比如韋應物、韓愈、劉禹錫、白居易、杜牧等人。韋、韓等數子，雖有文才和文名，且都當過刺史，卻始終只停留在刺史的階段，沒有更進一步，以刺史去兼節度觀察等使，似乎不無遺憾。唐代那些「官達」者，鮮有不做過節度觀察等使的。

　　從這個視角，我們來觀看邊塞詩人高適的官歷，便十分有趣，且有意義。《舊唐書‧高適傳》有一妙語說：「有唐已來，詩人之達者，唯適而已。」[72]《舊唐書‧文苑傳》更說：「開元、天寶間，文士知名者，汴州崔顥、京兆王昌齡、高適、襄陽孟浩然，皆名位不振，唯高適官達，自有傳。」[73]我們感興趣的是，《舊唐書》說高適「官達」，是基於什麼理由？是因為他曾經任過節度使，還是因為他晚年回朝，被代宗「用為刑部侍郎，轉散騎常侍」這種高官？

　　代宗把高適從劍南西川召回朝，命他為刑部侍郎和散騎常侍，看起來好像是把他升為高層京官，實際上是把他投置閒散，因為刑部侍郎和散騎常侍等官，雖然高品，但在代宗時代就已經是閒官，沒有太多作為。為什麼要把他召回朝？原來這是一種「變相的懲處」，因為就在高適任西川節度使時，「代宗即位，吐蕃陷隴右，漸逼京畿。適練兵於蜀，臨吐蕃南境以牽制之，師出無功，而松、維等州尋為蕃兵所陷」。

　　高適兵敗，失松維等州，杜甫作〈東西兩川說〉為高適辯解：「頃三城失守，罪在職司，非兵之過也，糧不足故也。」[74]但

---

72 《舊唐書》卷111，頁3331。

73 《舊唐書》卷190下，5049。

74 《杜詩詳注》卷25，頁2210；參考周勛初，《高適年譜》，頁120。

朝廷顯然不悅，於是「代宗以黃門侍郎嚴武代還，用為刑部侍郎，轉散騎常侍，加銀青光祿大夫，進封渤海縣侯，食邑七百戶」[75]，把他投置閒散，但念在他以往當過節度使的功勞，還是給他加官加祿，如周勳初所說，「蓋崇其爵祿且置諸閒散，聊示統治者之所謂恩榮而已」[76]，沒有把他貶官到邊州。如此看來，《舊唐書》斷不會把高適這種「投置閒散」的高官，視為他的「官達」。何況，節度使這種皇帝特使，也絕對比侍郎和常侍這種職事官，尊貴許多。

　　《舊唐書》之所以會說高適的「官達」，最重要的一個原因，應當是指高適出任過好幾個重要方鎮的節度使，比如以揚州大都督府長史，兼充淮南節度使（後來的李德裕也任過此職）。代宗時，他更以軍功代替崔光遠，成為成都尹，兼充劍南西川節度使（後來的韋皋和武元衡也任過此職）。《舊唐書》總結時說，高適「累為藩牧，政存寬簡，吏民便之」，給了他一個好「藩牧」，好節度使的正面評價。他死時，贈官「禮部尚書，諡曰忠」[77]，頗能透露他在代宗心目中，雖然兵敗，還是有一定分量。高適這個案例，反映的是唐朝廷和唐代官員，對節度觀察使的高度重視，猶甚於其他高品職事官，如侍郎和常侍。

　　既然唐節度觀察等方鎮，在元和盛時的數量，大約是四十八個，這便意味著，大約有四十八個州的刺史，會獲得皇帝的授權，行使節度、觀察、團練、防禦、招討、經略等等使命。這些菁英使職等級的刺史，跟皇帝的關係，比一般的刺史密切，他們也就多在京城設有進奏院（猶如現在的「駐京辦」），派駐自己

75　《舊唐書》卷111，頁3331。

76　周勳初，《高適年譜》，頁121。

77　《舊唐書》卷111，頁3331。

的進奏官，發送進奏報，和皇帝維持一條直接的溝通管道[78]。他們當中，有些因特權在握，既有其治州屬州的民戶，又有其土地和賦稅，於是可以公然和朝廷對立，不再繳送稅賦，如河北三鎮、淮西等，但大部分的方鎮，仍然聽命於朝廷，按時上供賦稅，有些甚至經常還有羨餘和進奉，深得皇帝的歡心。正如《舊唐書・食貨志》所說：「韋皋劍南有日進，李兼江西有月進，杜亞揚州、劉贊宣州、王緯李錡浙西，皆競為進奉，以固恩澤。」[79]

南北朝形成的刺史都督制，到了唐代，都督大抵被節度使完全取代，名存實亡，但刺史卻沒有被替代，反而兼充起節度觀察等使職。這是唐代官制演變的自然趨勢，增設了好幾種南北朝所沒有的新使職，也是唐皇權擴張的表現。皇室藉著這些兼帶各種使職特權的刺史，對地方進行更多樣化、更深入專業的管治，更有效地掌握了地方的賦稅、治安、軍事和民政，比起南北朝單純的刺史都督制，更為精細，開了明清總督和巡撫制度的先聲。

但並非所有唐代刺史，都可以兼節度觀察等使。唐方鎮數量，若以元和時四十八個為基準，再以唐的大約三百個州來計算，也就是最多只有大約四十八個州的刺史，約百分之十六的刺史，會兼充節度觀察等使，掌握地方大權。其他約百分之八十四的刺史，仍然在剩下的逾二百多個州（其中不少是中小州），只扮演著刺史最起碼的角色，擔當一個最普通的州級稅官角色，沒有什麼大的權力，在唐史上默默無聞。

---

78 張國剛，〈唐代藩鎮進奏院制度〉，《唐代藩鎮研究》，頁121-131；更詳細的研究，見王靜，〈朝廷和方鎮的聯絡樞紐：試談中晚唐的進奏院〉，鄧小南主編《政績考察與信息渠道：以宋代為中心》，頁235-273；福井信昭，〈唐代の進奏院〉，《東方學》第105輯（2003），頁47-62。

79 《舊唐書》卷48，頁2087。

七、刺史兼使職的官銜解讀

　　唐刺史兼了多種使職，以致他的整個結銜，再加上檢校官等，變得異常冗長複雜，難以解讀。宋代洪邁在《容齋隨筆》中有一條札記〈舊官銜冗贅〉說：

> 國朝官制，沿晚唐、五代餘習，故階銜失之冗贅，予固已數書之。比得皇祐中李端愿所書「雪竇山」三大字，其左云：「鎮潼軍節度觀察留後、金紫光祿大夫、檢校刑部尚書、使持節華州諸軍事、華州刺史兼御史大夫、上柱國。」凡四十一字。自元豐以後，更使名，罷文散階、檢校官、持節、憲銜、勳官，只云「鎮潼軍承宣使」六字，比舊省去三十五，可謂簡要。會稽禹廟有唐天復年越王錢鏐所立碑，其全銜九十五字，尤為冗也。[80]

　　宋代官制「沿晚唐、五代餘習」，其結銜也跟唐代的一樣，「失之冗贅」。洪邁這裡舉的一個宋代結銜41字，還不算太冗長。唐代還有長達72字者，例如幽州節度使劉濟墓誌上的結銜：[81]

80　《容齋隨筆・容齋三筆》卷4，頁470。

81　劉濟夫婦合葬墓近年在北京房山長溝鎮被發現，規模宏大，形制特殊，並在2012年8月到2013年6月間，由北京市文物研究所進行搶救性考古發掘。初步報告見劉乃濤，〈劉濟墓考古發掘記〉，《大眾考古》2013年第2期，頁26-33。劉濟和他夫人的墓誌，也在墓中出土，但本書截稿時，石本墓誌全文尚未公布。然據劉乃濤的報告，劉濟石本墓誌和《權德輿詩文集》及《全唐文》中所收的集本墓誌，「吻合並相互印證」。

> 故幽州盧龍節度副大使，知節度事、管內支度、營田、觀察
> 處置、押奚契丹兩番、經略盧龍軍等使，開府儀同三司，檢
> 校司徒兼中書令，幽州大都督府長史，上柱國，彭城郡王，
> 贈太師劉公墓誌銘并序[82]

解讀這類長串結銜的第一步，最好先將各個官銜分類。這裡總共
有七大類官銜，依其出現的先後秩序，可以做成一個簡表：

表18.1：幽州節度使劉濟結銜

官銜種類	官　　銜
使　　職	1. 幽州盧龍節度副大使，知節度事
	2. 管內支度使
	3. 營田使
	4. 觀察處置使
	5. 押奚契丹兩番使
	6. 經略盧龍軍使
散　　官	開府儀同三司
檢校官	檢校司徒兼中書令
職事官	幽州大都督府長史
勳　　官	上柱國
封　　爵	彭城郡王
死後贈官	太師

---

82 《權德輿詩文集》卷21，頁317。目前唐人文集的現代校點本，在處理這種
　　長串墓誌和行狀結銜時，都依唐人樣式，不予標點。《權德輿詩文集》也是
　　如此，但本章為了方便閱讀，還是給這長串結銜加上標點。

　　這七大類官銜，最重要的是職事官和使職，其次是檢校官。至於散官，只是敘階，定章服等，在唐後期越來越不重要。勳官到唐後期，也幾乎沒有什麼作用，只是榮譽加官而已。封爵原本是一種食邑制度，但到唐後期，實質意義也不大，一般已無食實封。死後贈官是皇帝的追贈，純屬榮譽。

　　因此，我們首先要找出劉濟的職事官是什麼。這樣一來，我們會很驚訝發現，劉濟的官銜一長串，但他只不過就是個刺史罷了，然因幽州的州府定位是大都督府，所以他不叫刺史，改稱「大都督府長史」，是幽州地區的實際行政長官。這才是他的「原型」，他的「本色」。雖然他貴為皇帝的特使節度使，但他還是要有一個職事官，也就是他最基本的州刺史類職事官銜「幽州大都督府長史」。這跟李德裕任淮南節度使時，同時也是揚州大都督府長史一樣。

　　接著，在這個原型之上，朝廷授給他六個使職之多。最重要的是節度使，但幽州的地位特殊，其節度使例由親王遙領，所以劉濟名義上只是「幽州盧龍節度副大使」，似乎是個副官，其實不是，所以後面又加給他「知節度事」，表示他才是幽州盧龍軍的實際節度使，因為那位遙領的親王節度使，只是名義長官，並未赴任視事。這種情況，跟上引成都尹武元衡兼劍南西川節度副大使的案例相似。

　　劉濟的另三個使職（管內支度使、營田使、觀察處置使），是邊區節度使常兼充的。成都尹武元衡也兼帶這三者。他最後兩個使職（押奚契丹兩番使、經略盧龍軍使），卻是特別為他量身打造的，因為幽州鄰近奚和契丹，且他負責「經略盧龍軍」，所以他要兼掛這兩個使職。

　　嚴格說來，劉濟不是以幽州盧龍節度副使的身分，去兼幽州

大都督府長史。更正確的說，他是以幽州大都督府長史的「原型」，去兼那六個使職。這好比我們常說，某某教授兼系主任，一般不會倒過來說，某某系主任兼教授一樣。唐朝廷命官時，也常用「刺史或尹，充某某使」的表述模式，如元稹的〈有唐贈太子少保崔公墓誌銘〉，「以公為檢校禮部尚書兼鳳翔府尹、御史大夫，充鳳翔隴州節度、觀察處置使」[83]；杜牧的〈李訥除浙東觀察使兼御史大大制〉，「可使持節都督越州諸軍事，守越州刺史兼御史大夫，充浙江東道都團練觀察處置等使」[84]，都是佳例。

劉濟是戴上六頂使職帽子的州刺史類官員，顯示到了唐後期，朝廷用這種「加官式使職化」的方式，來靈活調整各地區刺史的功能，可以因地、因事，甚至因人，特別量身打造一些使職，如劉濟的押奚契丹兩番使、經略盧龍軍使。這是唐後期地方行政的一大彈性措施，可以更有效管治不同的地區，遠比南北朝單純的刺史都督制，職能可以更多樣化。

除了職事官和使職，劉濟的檢校官也很值得留意和討論。他其實帶有兩個檢校官：司徒和中書令。這並不稀奇。唐後期一個方鎮幕主或使府僚佐，所帶的檢校官可以有兩三個，甚至還可帶有御史大夫、御史中丞等御史臺的憲銜。檢校官一般都是中央三省六部中的職事官，如僕射、尚書、郎官等，大抵是一些遭到使職化，失去實權的職事官。朝廷於是把這些官銜，頒授給出任各種使職者，作為檢校官使用，但不職事[85]。

---

83 《元稹集校注》卷54，頁1327。

84 《杜牧集繫年校注》卷18，頁1055。

85 賴瑞和，〈論唐代的檢校官制〉，《漢學研究》第24卷第1期（2006年6月），頁175-208；賴瑞和，〈論唐代的檢校郎官〉，《唐史論叢》第10輯（2008年2月），頁106-119；馮培紅，〈論唐五代藩鎮幕職的帶職現象——

現代學者常稱檢校官為「虛銜」，但它其實有一些作用。比如，劉濟帶有檢校司徒，他便可以自稱或被他人尊稱為「劉司徒」。這點在唐代詩文中，尤其常見，比如杜牧的〈上昭義劉司徒書〉[86]，便是他寫給昭義節度使劉悟的一封信。他稱劉悟為「劉司徒」，因為劉悟當時帶有「檢校司徒」的官銜。杜牧文集中還有〈上河陽李尚書書〉、〈上鹽鐵裴侍郎書〉等書信，用的都是收信者的檢校官銜。唐代出任使職的官員，若帶有檢校官，一般都喜用檢校官銜來自稱，或喜如此被人稱呼，反而不喜用其使職官銜。

劉濟的散官開府儀同三司、勳官上柱國，都是此類官銜當中最高的一個等級，符合他的崇高官位。他的封爵「彭城郡王」，是封爵當中的「郡王」級，比一般高官所能得到的「郡公」、「縣公」級，更為崇高。死後贈官「太師」，是唐代三師（太師、太傅、太保）中最高的一個。這都顯示劉濟在憲宗皇帝心目中地位，得到憲宗極大的尊寵。他是在元和五年（810）被他自己的次子劉總「置毒而進之」害死[87]。憲宗「不視朝三日，命諫議大夫弔祠法賻，廷尉卿持節禮冊，又詔宰臣德輿銘於壽堂，所以加恩報勞，始終滲漏之澤也」[88]。這可以為唐皇帝跟不少節度使的不尋常密切關係，提供另一個極佳的例證。「宰臣德輿」即權德輿，德宗時的詞臣大手筆，憲宗時已升任宰相，應當跟劉濟無

以檢校、兼、試官為中心〉，收在《唐代宗教文化與制度》，高田時雄編（京都：京都大學人文科學研究所，2007），頁133-210。

86 《杜牧集繫年校注》卷11，頁835。

87 《舊唐書》卷143，頁3902；《資治通鑑》卷238，頁7678。但權德輿為他寫的墓誌，沒有提到劉濟是被他的兒子毒死。

88 《權德輿詩文集》卷21，頁318。

私交，但憲宗顯然看重他的文筆，特別命令他為劉濟撰寫墓誌。「朝廷授命宰相為特定河北將帥寫墓誌，是極其少見之事」[89]。

　　現代唐史教科書，談到唐代官制和官銜時，一般只提職事官、散官、勳官和爵號四種，簡稱「職散勳爵」了事。我曾經在他處批評這是一種「過於簡化」的交代，會把一個初學唐史的學生（甚至學者），弄得更加糊塗[90]，不知所措。以劉濟的那長串結銜為例子，它就超越了「職散勳爵」的範圍，多了使職、檢校官等項。使職更是唐後期結銜中最重要的部分，檢校官在文獻和碑誌中，也隨處可見。光知道「職散勳爵」，無法解讀這樣的結銜。事實上，唐後期的官銜，最重要的反而是使職、職事官和檢校官三種，使職尤其複雜難解。至於「職散勳爵」中的散官、勳官和爵號，反倒不重要，因為這三者都沒有什麼實質意義，也很容易理解掌握，有問題一查職官書就解決。使職就不是如此容易解決。絕大部分的使職，甚至不載於職官書（見第三章）。

　　韓愈為他的汴州上司董晉所寫的行狀〈故金紫光祿大夫，檢校尚書左僕射、同中書門下平章事兼汴州刺史，充宣武軍節度副大使，知節度事、管內支度、營田、汴宋亳潁等州觀察處置等使，上柱國，隴西郡開國公，贈太傅董公行狀〉[91]，也讓我們見識到唐後期結銜之冗長。但解讀過劉濟的官銜，董晉的結銜就容易多了，可迎刃而解。最重要的一項，仍然是他的職事官汴州刺史。他是以此官去「充宣武軍節度副大使」等使職，可證他又是

89　盧建榮，《飛燕驚龍記：大唐帝國文化工程師與沒有歷史的人（763-873）》，頁124，並對這篇墓誌作了深入的解讀。

90　賴瑞和，〈論唐代的檢校官制〉，《漢學研究》第24卷第1期（2006年6月），頁176-177。

91　《韓昌黎文集校注》卷8，頁576。

一位戴了多頂使職帽子的刺史。但董晉的使職，比幽州的劉濟略少，只有四個：宣武軍節度副大使、管內支度、營田、汴宋亳潁等州觀察處置使。宣武軍設於汴州（治今河南開封），所以這個使職要由汴州刺史去「充」。汴州雖處內地，但既然有駐軍，它的節度使便像邊區一樣，兼支度和營田使，以屯田方式供軍。

　　從檢校官、散官、爵號和死後贈官看，董晉的官位雖高，但仍不及劉濟。他的檢校官是「尚書左僕射、同中書門下平章事」，是個宰相銜，但不職事。唐史上稱這種「方鎮宰相」為「使相」，常賜給重要方鎮的節度使。然而，劉濟的檢校官卻是「司徒兼中書令」，其「司徒」是唐的三公（太尉、司徒、司空）之一，官品比董晉的「尚書左僕射」更高。劉濟的散官「開府儀同三司」（從一品）也比董晉的散官「金紫光祿大夫」（正三品）高。董晉的爵號「隴西郡開國公」，也比劉濟的「彭城郡王」略低。他的死後贈官「太傅」，也在劉濟的「太師」之下。

　　像劉董兩人如此冗長的結銜，一般僅見於命官制書、碑誌和行狀等文獻，在兩《唐書》列傳或詩文中，當然不便如此冗贅，是以常常都會簡化為比較簡短的形式。比如，《舊唐書·德宗紀》貞元元年（785）九月，記劉濟的任命，便僅記為「辛巳，以權知幽州盧龍軍府事劉濟為幽州長史、兼御史大夫、幽州盧龍節度觀察、押奚契丹兩蕃等使」[92]，省略了幾個使職。「幽州長史」應當也是「幽州大都督府長史」的簡化。他當時的憲銜似只有「御史大夫」。他死時所帶的「檢校司徒兼中書令」，是他就任幽州盧龍節度使多年後才頒授的：檢校司徒在順宗永貞元年（805）[93]，

---

92 《舊唐書》卷12，頁351。

93 《權德輿詩文集》卷21，頁317說，「在順宗朝，論道進律，就加司空，又拜

檢校中書令更晚至憲宗元和五年（810）[94]。

　　同樣，《舊唐書·德宗紀》貞元十二年（796）七月乙未條下，記董晉的任命，也只說是「以東都留守、兵部尚書董晉檢校左僕射、同中書門下平章事、汴州刺史、宣武軍節度使、宋亳潁觀察使」[95]，省略了他的支度和營田使及其他官銜。貞元十五年（799），董晉在汴州去世時，《舊唐書·德宗紀》記他的官銜，更進一步簡化：二月「丁丑，宣武軍節度使、檢校左僕射、平章事、汴州刺史董晉卒」[96]，但至少還保存了他最基本的使職、職事官和檢校官，畢竟這三項是唐後期官銜中最切要者。然而，這種簡化的官歷，若用來作遷官途徑研究和統計之用，容易失誤。在這方面，《新唐書》的簡化尤甚，故本書引用官歷資料時，都盡可能不徵引《新唐書》。

八、二級制或三級制？

　　唐朝廷為了應付某一種地方上的需要，它最常用的辦法，往往就是臨時授一個使職，給該地區的刺史，任命他去執行新的使命，以處理當時面對的問題。從朝廷的角度看，它只不過是增設一些新使職罷了，並非要設立什麼新的地方行政區。但唐史學界有一個常見的傾向，就是把刺史的這些層層加官，看成是「行政區劃體制」的層層設立。例如，艾沖說，唐代開元以後，出現了

司徒」。

94 《舊唐書》卷14，頁431。

95 《舊唐書》卷13，頁384。

96 《舊唐書》卷13，頁389。

一種新的地方行政管理體制，那就是節度使司制度[97]。但唐朝廷是否把節度使制，看成是「新的地方行政管理體制」，頗成疑問。它只不過是授命某些刺史，去兼充節度觀察等使罷了，以便更有效地應付唐前期邊區駐軍的統率問題，以及安史亂後，邊區和內地的防禦，以確保和延續皇權的命脈。正像古今中外的所有官制一樣，這是一種權宜辦法，就像拉丁文所說的 ad hoc 方法那樣，西方中古官制亦常見[98]，原就無意（也無法）做有系統的規畫，更說不上什麼地方行政區劃。

　　過去數十年來，唐史學界一直在爭論，唐的行政區劃，到底是二級制、三級制，甚至四級制[99]。其癥結點，就在於唐朝廷任命刺史新的使職，其目的跟現代學者所關心的課題，並不相同。對唐朝廷來說，它的地方行政區劃，到底是二級制，還是三級制，恐怕一點也不重要。這個行政區劃，是在現代學科（歷史地理學和地方政府）專業下產生的新問題，恐怕從來不是唐朝廷關心或思考過的課題，因為我們從來沒有在任何歷史文獻中，發現任何證據，可以顯示唐代的皇帝和官員，曾經討論過行政區劃，或爭論過這樣的二三級問題。他們最關心的是，新任命的官職，比如都督、節度使和經略使，是否足以應付地方所需。若足夠，則不必再改變，繼續行用。到了不足以應付時局時，則另採其他權宜變動辦法，重新授予刺史新的使職，讓他們去執行新的使命，以應付新的需要和環境。這便是官制演變的機制，也是唐朝

97　艾沖，《唐代都督府研究》，頁214。

98　例如 Ellen E. Kittell, *From ad hoc to Routine: A Case Study in Medieval Bureaucracy.*

99　這方面的論著極多。郭聲波，《中國行政區劃通史：唐代卷》，頁3-31〈緒言〉，對這個課題做了最有用的全面綜述。

廷多次給刺史加戴多頂使職帽子的原因，有其明確的目的，不是要進行現代的地方行政區劃。

然而，現代學者關心的，卻是地方行政區劃的問題，不在職官，跟唐朝廷的著眼點很不相同，所以才引發那麼多的爭論。這種爭論，恐怕永遠不會有圓滿的「正確」答案，永遠無解，因為各家的說法，只是視角不同，觀點不同，各說各話，但看來也都能自圓其說。二級或三級說，似都能言之成理，都可成立。但這樣的爭論，是否還有意義，值得懷疑。這裡就不涉及了。或許，一開始，二級或三級的這種問法，就錯了。我們應當還有更好的提問方式。

九、結語

唐代刺史也跟其他重要高官一樣，經歷過一個使職化的過程。但其使職化，又跟中書舍人及財臣的大不相同。刺史從兩漢開始出現，經魏晉南北朝，到隋唐已成了固定常設的職事官，有官品。唐初，就因為戰略等因素，把都督官銜授給某些邊州和內地要州的刺史，讓他們去兼充都督，督鄰近數州的軍事。這就是唐刺史加官式演變的開始。換句話說，刺史是個「原型」，好比英文的「原型動詞」，加上適當的詞尾，便可以變化出過去式、未來式和進行式。於是，刺史加都督銜，便成了都督；加都護，便成了都護。不過，都督和都護仍然是職事官，有官品，非使職。

大約從景雲開元以降，唐刺史才開始兼充一系列的使職，以擴張其職能，以應付開元以後的時局和需要。最初是兼節度使，取代刺史原先兼充的都督和都護。到了唐後期，刺史所能兼的使

職就不斷增加，可以因時、因地、因人隨時設置，比如邊區駐軍的支度使、營田使，劍南西川的管押近界諸蠻及西山八國使等等，但最重要常見的使職有六種：節度使、觀察處置使、都團練使、防禦使、經略使和招討使。

因此，唐後期的節度使，說穿了只不過是戴上節度使帽子的刺史。唐刺史可以戴上各種各樣的使職帽子，去執行皇朝任命的各種使命。這便是他獨特的使職化模式，是一種「加官式」的使職化，跟中書舍人和財臣那種「取代式」的使職化，比如中書舍人後來完全被知制誥和翰林學士取代，成了閒官，大不相同。唐刺史不但從來不曾淪為閒官，他反而越到唐後期，所加的官（使職）越來越多，越來越重，成了大權在握的一方之霸，其中有些跋扈者，更成了唐河北三鎮那種幾乎完全獨立的小朝廷。

然而，要留意的是，並非所有唐刺史都可兼各種使職。能兼節度使等使的刺史，都是有吏幹，有才華，或得到皇帝特別寵信者，且都在那些都督府州或大州上州任刺史才行。以元和方鎮的基準數四十八個來計算，只占少數，大約只占唐約三百個州刺史當中的百分之十六。另外百分之八十四的刺史，一般是在偏荒中下州（總數超過二百多個），默默無聞地繼續充當最基本的「原型刺史」而已，主要負起州級稅官的角色，權力不大，沒有兼充節度觀察等使。

過去的論著，都把節度觀察等使孤立起來研究，不管刺史。本章把刺史和他所兼充的種種使職，結合起來考量，發現刺史才是節度觀察等使的「原型」。唐代這些戴上各種使職帽子的刺史，他們的性格是獨特的，既是職事官，又兼使職，兩者都有實權，構成了唐官制演變的一大特徵，也讓我們見識到，職事官的使職化，不一定只有單純的「取代」模式（如翰林學士取代中書

舍人），也可以是像刺史那樣的「加官式」使職化模式。

　　唐刺史由於兼了多種使職，他的結銜便異常冗長，可長達六七十個字，不易解讀。最簡便的辦法，是先把他最基本的職事官銜（刺史、尹、或大都督府長史）分離出來，再注意他兼了多少個使職，最後看看他的檢校官銜有哪些，基本上便可讀通了。至於散官、勳官、爵號和死後贈官等，都簡單易懂，或查一查職官書便可解決。但唐刺史所兼帶的使職，卻是最複雜的，因為許多根本不載於職官書中。

第十九章

總結

　　本書研究了唐代五大類高層文官：宰相、詞臣、史官、財臣、地方牧守，有三大主題：一是探討他們的「使職化」，如何從普通的職事高官，演變成皇帝的特使；二是釐清他們官職的特徵和深層意義；三是解讀他們經常複雜的官銜，好讓我們讀唐人官歷，好像讀今人履歷表般一目了然。各章後面都有一「結語」，陳述各章的「微觀」結論。這裡擬從「宏觀」角度，略述本書得出的幾個大結論。

　　第一，這五大類官員，無疑是唐代「最有權勢，最接近皇帝皇權，最全面掌控國家財賦，以及在地方上治理百姓最重要的官員」。疏理了他們使職化的過程，我們就能看清唐代的官制，如何從唐初的三省六部職事官制，逐漸轉變為玄宗以降，比較鬆散的、隨意的使職制。所謂使職，簡單說，就是皇帝的特使或特使的僚佐。唐經常以特使的方式來治國，意味著唐皇權的進一步擴張。

　　第二，學界以往一般把唐的使職化，說成是使職「侵奪」了職事官的職權。但本書的研究發現，這樣的說法未免太過粗糙，且太過負面。本書認為，唐的使職都是為了應付某種「需要」而設置，是因為時代和環境改變，自然應運而生的，不宜說成是「奪權」。這點，在財臣和地方牧守的使職化，可以看得最清楚。

　　第三，唐這些高官的使職化，並非只是「一個使職取代一個職事官」的單純替代方式，而是隨機應變的，可以是多種形式的。比如，詞臣的使職化，就是一種「雙軌制」。草詔的正規職事官，原本是中書舍人，但個別皇帝可以隨他的喜愛和需要，同時任命知制誥、翰林學士或甚至集賢學士來草詔。職事官制和使職，可以雙軌並行，直到晚唐都如此。

　　但史官的使職化，就比較單純，從唐初便以史館史官來取代著作郎，其使職化在唐前期即已完成。財臣的使職化，則有不少是採「毛遂模式」：有官員獻上財稅妙策，皇帝就「大喜」，然後命他一個全新的使職（如鹽鐵使），因為職事官制中原本就無權鹽的官員。命使的目的，都是為了更有效地徵稅，特別是號稱「人無厭苦」[1]的間接稅（如鹽稅和戶部錢），以應付唐後期不斷增加的龐大軍費和國用。

　　至於地方牧守的使職化，最特殊。唐一直都保留刺史這種職事官。刺史從來沒有淪為閒官，但朝廷在有需要時，便會給某些州的刺史添加各種使職（如節度使和觀察使），以新增使職的方式，來擴充刺史原有的功能和職權。本書稱之為「加官式的使職化」。

　　第四，唐高官們的這種使職化，使得他們的官銜變得相當複雜，不易解讀。最大的問題是，單看那一連串結銜，我們常常不知道這位官員，當時的主要專任官職是什麼，而有所誤判。最複雜的，莫過於唐後期刺史和節度使的官銜（詳見第十八章第七節「刺史兼使職的官銜解讀」）。

　　即使是史館史官的官銜，看似最簡單不過，其實也處處暗藏

---

1 《舊唐書》卷123〈劉晏傳〉，頁3514。

陷阱。比如，許敬宗早年的一段官歷：「貞觀八年，累除著作郎、兼修國史，遷中書舍人。」[2]一般讀者的理解是：他經過幾次升遷，受命為著作郎，便到史館「兼差修國史」，然後再升為中書舍人，把「修國史」看成只是很普通的動賓片語，在描述其職務。過去似從未有學者發現，「修國史」這毫不起眼的三個字，事實上是一個專用的使職官名（詳見第十一章的討論）。正確的解讀應當是：貞觀八年，許敬宗經過幾次升遷，受命為著作郎，同時以著作郎為本官，到史館去出任「修國史」這種使職，後來又升遷為中書舍人。換句話說，許敬宗的真正職務，並不是去秘書省當著作郎，而是到史館去專職修史。此之所以他在九年後，貞觀「十七年，以修《武德》、《貞觀實錄》成，封高陽縣男，賜物八百段」。

　　第五，唐代的使職，正是北宋「官、職、差遣」制度的源頭[3]。北宋官制最讓人「迷惑」和「著迷」的一點就是：本官不做本司事，卻跑去處理其他職司的事務。其實，我們在本書多處見過，唐代官員也常常如此，屢見不鮮，不必訝異。例如，有些唐代的中書舍人，不在中書舍人院草詔，卻跑去學士院當翰林學士。度支郎中不管財務，卻跑去知制誥等等。這就是《唐六典》等職官書常說的，「以本官充某職」、「以他官兼領某職」的現

2 《舊唐書》卷82，頁2761。

3 孫國棟，〈宋代官制紊亂在唐制的根源〉，《唐宋史論叢》，頁256-270；劉後濱，〈唐後期使職行政體制的確立及其在唐宋制度變遷中的意義〉，《中國人民大學學報》2005年第6期，頁35-41；梅原郁，〈宋初的寄祿官及其周圍〉，原載《東方學報》（京都）第48冊（1975），頁135-182。中譯本見《日本學者研究中國史論著選譯》第五冊（北京：中華書局，1993），頁392-450。

象。唐代早就行之有年，不讓宋人「專美」。理解了唐代的做法，宋代那些所謂的「寄祿官」和「官、職、差遣」制度，也就霍然可解了。

主要的不同點是，唐制只有「官」（職事官）和「職」（使職），無差遣（故本書盡量避免使用「差遣」一詞）。宋制則有官（職事官），有職（等於唐文館職）[4]，有差遣（等於唐使職）。宋制特別增設了文館職一類，以顯示「文學才能的高下」[5]。唐制則把文館職放在「職」的部分，不另立一類，且宋代的差遣職位，比唐的使職更繁多，更龐雜。

第六，本書一開始，提出一個新論：使職並非在職事官制之後才產生，而是人類最原始的發明之一，早在人類有了語言，掌權者就曉得以任命特使的方式，來為他服務。使職才是官制起源的「種子」，也是後來官制不斷演變的一大機制。本書各章便以這個「使職論」來切入立論，反覆以不同的官職來印證此說。這個「使職說」，完全適用於唐代，應當也可用於其他朝代的官制研究。希望今後能有更多的歷代官制研究，可以採用使職為切入點。

第七，從本書的論述，讀者可以發現一個頗為「奇特」的現象：唐朝幾乎沒有設立什麼新的職事官署。一旦有了新的需要，比如唐初為了修前朝五代史，或肅宗時為了榷鹽，唐皇帝都不設新的、有官品的職事官，而去任命無官品的、特使性質的使職，如史館史官和鹽鐵使，來處理這些新事務，直到唐亡都如此。事實上，整個唐朝將近三百年，唐所創設的新職事官，屈指可數，

4　李昌憲，〈宋代文官帖職制度〉，《文史》第30輯（1988），頁109-135。

5　陳仲安、王素，《漢唐職官制度研究》，頁99。

如武則天時代的拾遺和補闕。其他職事官，全都是沿用前朝已有的，而這些舊有的職事官，從唐初起，就有許多變得無用，或僵化無效率，淪為閒官，於是皇帝就改為任命許許多多的使職，來處理國家事務，主因是這些特使，跟皇帝有「私」關係，比較「聽話」，比較能夠配合皇權的需要，比較有彈性和效率，遠比職事官好使喚。

第八，總結本書的論述，唐代的使職，明顯可分為兩種：「顯性使職」（官名上有一個「使」字，如鹽鐵使）和「隱性使職」（官名上無「使」字，如集賢學士，修國史等）。一般而言，顯性使職大多可以設立「使府」或「使司」，可自辟僚佐，組成自己的一套辦事班子。如節度使、鹽鐵使等，都有判官、推官、巡官等一系列僚佐（史料中常統稱之為「從事」）。隱性使職則好比是「獨行俠」，如史館史官、翰林學士等，因為職務單純，單靠自己的能力就能完成使命，所以不需要另外組成「使府」，屬下沒有辦事的班子。可能正因為隱性使職沒有「使府」，因此他們的官名上也就沒有一個「使」字，但不論是顯性或隱性，他們都是皇帝的特使，都沒有官品，具有許多共同的使職特徵。

本書的起點，原是為了解決我個人的一大迷惑，一大好奇：如何把唐人的官歷，讀得好像讀今人履歷表那樣透徹。但為了達成這目的，本書卻不得不繞了一個大圈子，先去深入研究唐代的使職及其相關的職權等課題，才能釐清當中的許多使職官名問題（如知政事、知制誥、修國史），最後到此才圓滿結束。我的迷惑不但解決了，從此可以津津有味細品唐人的官銜，同時希望本書也解開了唐代高層文官的種種使職之謎。

唐職事官和使職特徵對照表

職事官	使職
有官品，屬九品官	無官品，不屬九品官
本官即理本司事，如中書舍人，就在中書舍人院草詔	本官不理本司事，卻跑去其他使司，以其本官充使職，如劉知幾以「散騎常侍」為本官，去史館任「修國史」使職。這等於說，使職多以他官充任
皆沿襲自前朝，唐僅新設極少數新的、前朝所無的職事官，如拾遺和補闕，屈指可數	現有職事官無法處理之事，唐即設新的使職來應付，「隨事立名」，數量達數百個
必屬三省六部九寺等傳統衙署	不屬三省六部等，由皇帝掌控
編制內官員，員額固定	非編制內官員，無定員
官銜相對簡單	官銜複雜（見第十八章）

職事官	使　職
官名固定，不可隨意變更	官名可變通，如「判度支」和「度支使」可互用
官名不帶動詞，如御史大夫、禮部侍郎	官名常為描述性的動詞＋賓語的結構，如平章事、修國史
官名例必載於職官書	官名絕大部分不載於職官書
普通官員，權力不如使職	特使或特助性質，常掌握大權
任命循正常的一般程序	由皇帝欽點或由使府隆重禮聘
一般無賜章服和加銜	常可獲皇帝賜章服和加銜，如檢校官、憲銜和試銜等
不可在自己家鄉任地方官	使府僚佐常在自己家鄉任職
任期一般為三四年一任，常需要宦遊	任期從數天到二十多年，隨皇帝或使府的意思，不需要宦遊

後記

　　一年將盡，這本書終於完稿了。寫完第十九章〈總結〉，那天晚飯，我跟妻子和小女維維安說：「我今早寫完那本書了，可以休息了。」那場「美好的仗」已經打完了，現在可以卸下我的「軛」，可以準備從清大退休了。

　　這本小書差點不能完成。《唐代中層文官》的〈後記〉，紀錄小女十歲時的一句童言稚語。她有一次悄悄告訴別人說：「我爸爸可能不會寫《唐代高層文官》了，因為他說他要多花點時間來陪媽媽和我。」

　　這句話沒有應驗。

　　寫完《唐代中層文官》後約二三年，我並不急於繼續寫這本書，只寫了幾篇論文（見參考書目），而騰出大部分時間，來閱讀達爾文的演化論和人類演化的著作，以解決我個人的另一個大迷惑，大好奇：人類從何處來到這地球？中國史上的那些現代智人（homo sapiens）又是從何處來？從非洲走出來的？還是源自周口店的北京人？人類語言的起源，跟人類演化息息相關，又是怎麼一回事？

　　這期間的閱讀，最初以為跟我的職官和使職研究，沒有什麼關係。後來慢慢發現，它給了我一個很珍貴的、很長遠的歷史觀。我學會從目前人類最古老的化石，七百萬年前的薩海爾人（Sahelanthropus tchadensis）開始看人類歷史，中間經過二百萬

年前的直立人（*homo erectus*），約四十萬年前的尼安德塔人（Neanderthal）[1]，再到我們這種約十五萬年前出現在地球上的現代智人。這包含了上中新世（Upper Miocene）和整個舊石器及新石器時代。

這樣久遠的歷史觀有一個好處，那就是觀看人類活動，可以不必局限在歷史學者常愛「畫地自限」的所謂「有文字記載的歷史」，只有大約五千年，而可以回到舊石器時代，人類學會說話，開始發展出語言的時代，也就是大約十五萬年前或更久遠。人類有了語言之後，掌權者就可以開始授官命職，任命使職了，不必等到「有文字記載」的五千年前。本書的「使職論」，就是在這樣的背景下孕育的。

第十章〈劉知幾與唐史館史官的官與職〉，對本書的誕生，起了關鍵作用，也是全書最早寫完的一章。它起源於 2010 年夏天，清大歷史所研究生徐夢陽的碩士論文口試答辯。會中發生的那場激烈爭論，那個「奇異的插曲」，彷彿科學家做實驗時的一次意外失誤，卻讓我有了一大驚喜的發現：原來劉知幾的史館史官，竟是一種使職。這樣就引發了一連串的後續效應，解決了好些從前看不清的使職問題。我的使職研究，不是從宰相開始，而是始於史館史官。

這可以解釋，何以本書會把史官納入高層文官中。一方面，史官的使職官名，如「修國史」，看起來不像官名的官名，其實非常有意義，可以發人深省，引伸出許多討論。另一方面，我的

1　瑞典古基因學家 Svante Pääbo 最近出版了一本專書 *Neanderthal Man: In Search of Lost Genomes*，透露他如何克服重重困難，成功為尼安德塔人的整個基因組（genome）定序。

老師杜希德，早年以唐代財政史起家，晚年卻研究史官和唐代正史的修撰。我把史官列入本書，算是步上杜老師的後塵，亦有「向大師致敬」之意。愛屋及烏，我後來甚至研究過劉知幾讀書的物質條件，寫過一篇論文〈劉知幾與唐代的書和手抄本：一個物質文化的觀點〉，呈給一個紀念杜公的物質文化研討會。

　　我大學念台大外文系。大二時黃宣範老師教我「英語語言學概論」，我深受他的啟發，原本想將來專攻語言學。但在大三遇到王秋桂老師，上過他的「西方漢學」等課。大學畢業後，普林斯頓大學東亞所給了我全額獎學金，杜希德老師正好又在普大，我便自然而然走進了唐史。然而，我對語言學，始終不能忘情，至今仍然對人類語言的起源、語言接觸和變遷等大問題，深感好奇。

　　語言和授官命職，是人類早在舊石器時代，就衍生的東西。兩者有不少相似相通處，也有不少可以相比之處。本書經常提到使職和官制的演變，常讓我想起歷史上各種中外語言的變遷，甚至死亡，如唐代的粟特文。在語言學界，今天恐怕沒有一個語言學家，會相信世界上有一種所謂「完美的」、不變的語言。人類的語言，都是永遠隨著時代和環境，不斷在改變，不斷在演化。不能跟上時代的，便會死去，如梵文，或演化出新的語言，如拉丁文演化出後來的法文、義大利文等羅曼語系。這跟生物演化的道理是相同的。中國官制也是這樣，不斷在演變，不可能永遠固定不變，永遠完美。但在中國官制史的研究上，卻有不少學者仍深信，比如說，唐代的三省六部制是「最完美的制度」，把它後來遭到使職的「奪權」，看成是一種「破壞」，一種「崩解」。

　　本書的第三章〈唐職官書不載許多使職的前因與後果〉，從官制和語言變遷的比較角度寫成，算是我對大學時代「語言學舊

愛」的一次「懷念」與「告白」。

今後，我可以開始寫那本構思許久而難產的「偉大的唐史小說」了，只是不知道何年何月才能完成。

2014年冬至—2015年歲末

參考書目

(一)傳統文獻

《入唐求法巡禮行記校註》，〔日〕圓仁（794-864）撰，白化文、李鼎霞、許德楠據小野勝年本修訂校註（石家莊：花山文藝出版社，1992）。

《八瓊室金石補正》，〔清〕陸增祥（1816-1882）編撰（北京：文物出版社，1984年縮印1925年希古樓原刻本）。

《大唐新語》，〔唐〕劉肅（約活躍於807年）撰，許德楠、李鼎霞點校（北京：中華書局，1984）。

《元次山集》，〔唐〕元結（723-772）撰，孫望點校（北京：中華書局，1960）。

《元和郡縣圖志》，〔唐〕李吉甫（758-814）撰，賀次君點校（北京：中華書局，1983）。

《元稹集校注》，〔唐〕元稹（779-831）撰，周相錄校注（上海：上海古籍出版社，2011）。

《太平廣記》，〔宋〕李昉等編（成書於978年）（北京：中華書局，1961年校點本）。

《廿二史考異》，〔清〕錢大昕（1728-1840）撰，方詩銘、周殿杰校點（上海：上海古籍出版社，2004）。

《文苑英華》，〔宋〕李昉等編（北京：中華書局，1966年影印宋殘本和明刊本）。

《日藏弘仁本文館詞林校證》，〔唐〕許敬宗（592-672）編，羅國威整理（北京：中華書局，2001）。

《王績詩文集校注》，〔唐〕王績（590-644）撰，金榮華校注（台北：新文豐，1998）。

《冊府元龜》，〔宋〕王欽若（962-1025）等編（北京：中華書局，1960年影印明崇禎十五年（1642）刻本）。

《北京圖書館藏中國歷代石刻拓本匯編》，北京圖書館金石組編（鄭州：中州古籍出版社，1989）。

《史通通釋》，〔唐〕劉知幾（661-721）撰，〔清〕浦起龍通釋，王煦華校點（上海：上海古籍出版社，2009）。

《白居易集箋校》，〔唐〕白居易（772-846）撰，朱金城箋校（上海：上海古籍出版社，1988）。

《石林燕語》，〔宋〕葉夢得（1077-1148）撰，侯忠義點校（北京：中華書局，1984）。

《全唐文》，〔清〕董誥（1740-1818）等編（北京：中華書局，1983年影印清嘉慶十九年（1814）內府原刻本）。

《全唐詩》，〔清〕彭定求（1645-1719）等編（北京：中華書局，1979年繁體排印本）。

《因話錄》，〔唐〕趙璘（834年進士）撰（上海：上海古籍出版社，1979年新一版排印本）。

《安祿山事蹟》，〔唐〕姚汝能（約活躍於755年前後）撰，曾貽芬校點（上海：上海古籍出版社，1983）。

《次柳氏舊聞》，〔唐〕李德裕（787-850）編，收在丁如明輯校，《開元天寶遺事十種》（上海：上海古籍出版社，1985）。

《宋本冊府元龜》，〔宋〕王欽若等編（北京：中華書局，1989年影印宋殘本）。

《李德裕文集校箋》，〔唐〕李德裕（787-850）撰，傅璇琮、周建國校箋（石家莊：河北教育出版社，2000）。

《杜牧集繫年校注》，〔唐〕杜牧（803-853）撰，吳在慶校注（北京：中華書局，2008）。

《杜詩詳注》，〔唐〕杜甫（712-770）撰，〔清〕仇兆鰲（1638-1713以後）詳注（北京：中華書局，1979年校點本）。

《沈佺期宋之問集校注》，〔唐〕沈佺期（約656-約716）、宋之問（約656-712）撰，陶敏、易淑瓊校注（北京：中華書局，2001）。

《明實錄·太祖實錄》（台北：中央研究院歷史語言研究所，1962年影印

本）。

《東觀奏記》，〔唐〕裴庭裕撰（活躍於841-891年），田廷柱點校（北京：中華書局，1994）。

《直齋書錄解題》，〔宋〕陳振孫（約1183-1262）撰，徐小蠻、顧美華點校（上海：上海古籍出版社，1987）。

《金石萃編》，〔清〕王昶（1725-1806）編撰，《石刻史料新編》本（台北：新文豐，1977年影印清原刻本）。

《封氏聞見記校注》，〔唐〕封演（活躍於755-800年）撰，趙貞信校注（原1933年哈佛燕京社引得特刊之七；北京：中華書局，2005年新排印本）。

《貞觀政要集校》，〔唐〕吳兢（670-749）撰，謝保成集校（北京：中華書局，2003）。

《重修承旨學士壁記》，〔唐〕丁居晦（822年進士，840年卒；835-840年間曾兩度任翰林學士）撰，收在《翰苑群書》卷6，《翰學三書》本，傅璇琮、施純德編（瀋陽：遼寧教育出版社，2003）。

《唐大詔令集》，〔宋〕宋敏求（1019-1079）編（北京：商務印書館，1959年排印本；北京中華書局2008年影印）。

《唐六典》，〔唐〕張說等奉敕撰（於739年完成），陳仲夫點校（北京：中華書局，1992）。

《唐文粹》，〔宋〕姚鉉（967-1020）編，《四部叢刊初編》影印元翻宋小字本。

《唐代墓誌彙編》，周紹良主編（上海：上海古籍出版社，1992）。

《唐代墓誌彙編續集》，周紹良、趙超主編（上海：上海古籍出版社，2001）。

《唐國史補》〔唐〕李肇（818-821年間任翰林學士）撰（上海：上海古籍出版社，1979年排印本）。

《唐會要》，〔宋〕王溥（922-982）撰（上海：上海古籍出版社，1991年點校本）。

《唐會要校證》〔宋〕王溥（922-982）撰，牛繼清校證（西安：三秦出版社，2012）。

《唐摭言校注》，〔五代〕王定保（870-940）撰，姜漢椿校注（上海：上海

社會科學院出版社，2003）。

《唐語林校證》，〔宋〕王讜（約活躍於1086-1107年）撰，周勳初校證（北京：中華書局，1987）。

《夏侯陽算經》，收在《算經十書》，錢寶琮校點，《李儼錢寶琮科學史全集》（瀋陽：遼寧教育出版社，1998），第4卷。

《容齋隨筆》，〔宋〕洪邁（1123-1202）撰，孔凡禮點校（北京：中華書局，2005）。

《桂苑筆耕集校注》，〔新羅〕崔致遠（868-884年留唐）撰，黨銀平校注（北京：中華書局，2007）。

《張九齡集校注》，〔唐〕張九齡（678-740）撰，熊飛校注（北京：中華書局，2008）

《梁溪漫志》，〔宋〕費袞（1190-1194）撰，《知不足齋叢書》本。

《通典》，〔唐〕杜佑（735-812）撰，王文錦等點校（北京：中華書局，1988）。

《野客叢書》，（宋）王楙（1151-1213）撰（北京：中華書局，1987）。

《陳子昂集》，〔唐〕陳子昂（661-702）撰，徐鵬點校（修訂本；上海：上海古籍出版社，2013）。

《陸贄集》，〔唐〕陸贄（754-805）撰，王素點校（北京：中華書局，2006）。

《景龍文館記、集賢注記》，〔唐〕武平一（活躍於706-731）、韋述（691-758）撰，陶敏輯校（北京：中華書局，2015）。

《隋唐嘉話》，〔唐〕劉餗（劉知幾次子，活躍於天寶初，曾任史官）撰，程毅中點校（北京：中華書局，1979）。

《隋書》，〔唐〕魏徵（580-643）、令狐德棻（583-666）撰（北京：中華書局，1973年校點本）。

《新唐書》，〔宋〕歐陽修（1007-1072）、宋祁（998-1061）撰（北京：中華書局，1975年點校本）。

《楊炯集》，〔唐〕楊炯（650-693年後）撰，徐明霞點校（北京：中華書局，1980）〔和《盧照鄰集》同印為一書〕。

《資治通鑑》，〔宋〕司馬光（1019-1086）撰（北京：古籍出版社，1956年校點本）。

《嘉定王鳴盛全集》，〔清〕王鳴盛（1722-1797）撰，陳文和主編（北京：中華書局校點本，2010）。

《管子今註今譯》，李勉註譯（台北：商務印書館，1988）。

《劉禹錫全集編年校注》，〔唐〕劉禹錫（772-842）撰，陶敏、陶紅雨校注（長沙：岳麓書社，2003）。

《劉禹錫集箋證》，〔唐〕劉禹錫（772-842）撰，瞿蛻園箋證（上海：上海古籍出版社，1989）。

《增訂唐兩京城坊考》，〔清〕徐松（1781-1848）撰，李健超增訂（西安：三秦出版社，1996；2006年修訂版）。

《翰林志》，〔唐〕李肇（818-821年間任翰林學士）撰，收在《翰苑群書》卷1，《翰學三書》本，傅璇琮、施純德編（瀋陽：遼寧教育出版社，2003）。

《翰苑群書》，〔宋〕洪遵（1120-1174）編，收在《翰學三書》。

《翰苑遺事》，〔宋〕洪遵（1120-1174）撰，收在《翰苑群書》卷11，《翰學三書》本。

《翰學三書》，傅璇琮、施純德編（瀋陽：遼寧教育出版社，2003）（收宋代洪遵《翰苑群書》、明代黃佐編《翰林記》和清代鄂爾泰、張廷玉編《詞林典故》三書）。

《韓昌黎文集校注》，〔唐〕韓愈（768-824）撰，馬其昶校注（上海：上海古籍出版社，1986）。

《韓昌黎詩繫年集釋》，〔唐〕韓愈（768-824）撰，錢仲聯集釋（上海：上海古籍出版社，1984）。

《舊唐書》，題〔五代〕劉昫（887-946）等掛名撰（北京：中華書局，1975年點校本）。

《舊聞證誤》，〔宋〕李心傳（1167-1240）撰，崔文印點校（北京：中華書局，1981）。

《顏魯公文集》，〔唐〕顏真卿（709-785）撰。《四部叢刊初編縮印》本。

《權德輿詩文集》，〔唐〕權德輿（759-818）撰，郭廣偉校點（上海：上海古籍出版社，2008）。

（二）中文論著

丸山茂，〈唐代長安城的沙堤〉，《唐代文學研究》（中國唐代文學學會成立
　　十周年國際學術討論會暨第六屆年會論文集），第5輯（1992），頁
　　830-848。

于賡哲，〈唐代人均食鹽量及鹽的使用範圍〉，《唐史論叢》第10輯
　　（2008），頁178-185。

仇鹿鳴，〈碑傳和史傳：上官婉兒的生平與形象〉，《學術月刊》2014年5月
　　號，頁157-168。

卞孝萱，〈唐代的度支使與支度使〉，《中國社會經濟史研究》1983年第1
　　期，頁59-65。

毛陽光，〈洛陽新出土唐《劉禕之墓誌》及其史料價值〉，《史學史研究》
　　2012年第3期，頁38-43。

毛蕾，《唐代翰林學士》（北京：社會科學文獻出版社，2000）。

王世麗，《安北與單于都護府：唐代北部邊疆民族問題研究》（昆明：雲南
　　人民出版社，2006）。

王永興，〈讀《唐六典》的一些體會〉，《文史知識》2009年第2期，頁17-
　　23。

王永興，《唐勾檢制研究》（上海：上海古籍出版社，1991）。

王吉林，《唐代宰相與政治》（台北：文津出版社，1999）。

王怡辰，〈論唐代的除陌錢〉，《史學彙刊》第22期（2008年12月），頁19-
　　44。

王承文，〈唐代「南選」制度相關問題新探索〉，《唐研究》第19卷
　　（2013），頁113-153。

王素，《三省制略論》（濟南：齊魯書社，1986）。

王壽南，〈唐代都督府之研究〉，《慶祝歐陽澤民先生七秩華誕人文社會科
　　學論文集》（台北：聯經出版公司，1988），頁57-82。

王壽南，《唐代藩鎮與中央關係之研究》（台北：嘉新水泥，1969）。

王翰章，〈唐東渭橋遺址的發現與秦漢以來的渭河三橋〉，中國考古學會編
　　《中國考古學會第三次年會論文集》（北京：文物出版社，1984），頁
　　265-270。

王靜，〈朝廷和方鎮的聯絡樞紐：試談中晚唐的進奏院〉，鄧小南主編《政績考察與信息渠道：以宋代為中心》（北京：北京大學出版社，2008），頁235-273。

朱振宏，〈隋唐輟朝制度研究〉，原刊大陸《文史》2010年第2輯，後收入他的論文集《隋唐政治、制度與對外關係》（台北：文津出版社，2010），頁287-326。

艾沖，《唐代都督府研究——兼論總管府、都督府、節度司之關係》（西安：西安地圖出版社，2005）。

何汝泉，《唐財政三司使研究》（北京：中華書局，2013）。

何燦浩，〈甘露之變性質的探析〉，《寧波師院學報》1990年第1期，頁1-10。

余英時，《歷史與思想》（台北：聯經出版公司，1976）。

吳宗國編，《盛唐政治制度研究》（上海：上海辭書出版社，2003）。

吳麗娛，〈論唐代財政三司的形成發展及其與中央集權制的關係〉，《中華文史論叢》1986年第1輯，頁169-204。

岑仲勉，《岑仲勉史學論文集》（北京：中華書局，1990）。

岑仲勉，《郎官石柱題名新考訂：外三種》（北京：中華書局，2004）。

岑仲勉，《通鑑隋唐紀比事質疑》（香港：中華書局，1977）。

李大龍，《都護制度研究》（哈爾濱：黑龍江教育出版社，2003）。

李方，〈唐李元軏墓誌所見的北門學士〉，《文物》1992年第9期，頁60-61。

李方，《唐西州行政體制考論》（哈爾濱：黑龍江教育出版社，2002）。

李兆華，〈傳本《夏侯陽算經》成書年代考辨〉，《自然科學史研究》2007年第4期，頁551-556。

李宗俊，〈敦博58號文書與兩唐書《地理志》等相關問題考〉，《中國歷史地理論叢》2014年第2期，頁46-60。

李昌憲，〈宋代文官帖職制度〉，《文史》第30輯（1988），頁109-135。

李明、耿慶剛，〈唐昭容上官氏墓誌箋釋〉，《考古與文物》2013年第6期，頁87-93。

李福長，《唐代學士與文人政治》（濟南：齊魯書社，2005）。

李德輝，《唐代文館制度及其與政治和文學之關係》（上海：上海古籍出版社，2006）。

李錦繡，〈唐「王言之制」初探〉，《季羨林教授八十華誕紀念論文集》（南昌：江西人民出版社，1991），頁273-290。

李錦繡，《唐代制度史略論稿》（北京：中國政法大學出版社，1998）。

李錦繡，《唐代財政史稿》上卷3冊、下卷2冊（北京：北京大學出版社，1995-2001。修訂版全5冊；北京：中國社會科學文獻出版社，2007）。

李舉綱、王亮亮，〈西安新見《唐第五琦墓誌》考疏〉，《書法叢刊》2010年第5期，頁18-23。

李寶玲，〈唐代「文宗」現象觀察〉，收入謝海平主編，《唐代學術研討會論文集》（台北：里仁書局，2008），頁318-325。

杜文玉，〈唐大明宮內的幾處建築物的方位與職能——以殿中內省、翰林院、學士院、金吾仗院、望仙觀為中心〉，《唐史論叢》第19輯（2014年10月），頁23-42。

杜文玉，〈唐大明宮紫宸殿與內朝朝會制度研究〉，《江漢論壇》2013年第7期，頁120-127。

杜文玉，〈唐代內諸司使考略〉，《陝西師範大學學報》1999年第3期，頁27-35。

杜文玉，《大明宮研究》（北京：中國社會科學出版社，2015）。

辛德勇，《隋唐兩京叢考》（西安：三秦出版社，1991）。

周勁，〈唐代後期私鹽治理措施〉，《四川理工學院學報》2009年第4期，頁5-10。

周相錄，《元稹年譜新編》（上海：上海古籍出版社，2004）。

周道濟，《漢唐宰相制度》（台北：大化書局，1978）。

周勳初，《高適年譜》（上海：上海古籍出版社，1980）。

孟憲實，〈唐代前期的使職問題研究〉，吳宗國編，《盛唐政治制度史》（上海：上海辭書出版社，2003），頁176-263。

岳純之，《唐代官方史學研究》（天津：天津人民出版社，2003）。

林集友，〈唐刑部尚書崔凝墓誌考釋〉，《考古》1994年第11期，頁1037-1042。

姜清波，〈試論唐代的押新羅渤海兩蕃使〉，《暨南學報》27卷第1期（2005），頁90-94。

查明昊，〈從唐五代功德使一職的變遷看宦官勢力的消漲〉，《宗教學研究》

2009年第3期，頁67-73。

柳金福，〈唐劉禕之墓誌疏證〉，《乾陵文化研究》第7輯（2012），頁357-364。

柳洪亮，《唐天山縣南平鄉令狐氏墓誌考釋》，《文物》1984年第5期，頁78-79。

胡戟，〈唐代度量衡與畝里制度〉，《胡戟文存》（北京：中國社會科學出版社，2000），頁348-361。

胡雲薇，〈千里宦遊成底事，每年風景是他鄉──試論唐代的宦遊與家庭〉，《台大歷史學報》第41期（2008），頁65-107。

郁賢皓，《唐刺史考全編》，全6冊（合肥：安徽大學出版社，2000）。

唐長孺，〈關於武則天統治末年的浮逃戶〉，《歷史研究》1961年第6期，頁90-95。

唐長孺，《山居存稿》（北京：中華書局，1989）。

夏炎，《唐代州級官府與地域社會》（天津：天津古籍出版社，2010）。

孫國棟，《唐代中央重要文官遷轉途徑研究》（香港：龍門書店，1978；上海：上海古籍出版社，2009）。

孫國棟，《唐宋史論叢》（上海：上海古籍出版社，2010）。

徐夢陽，「唐代史官：以蔣乂父子為個案」，國立清華大學歷史研究所碩士論文，2010年6月。

桂齊遜，〈唐代都督、都護及軍鎮制度與節度體制創建之關係〉，《大陸雜誌》第89卷第4期（1994），頁15-42。

翁俊雄，〈唐代的州縣等級制度〉，《北京師範學院學報》1991年第1期，頁9-18。

袁剛，《隋唐中樞體制的發展演變》（台北：文津出版社，1994）。

馬俊民，〈唐朝刺史軍權考──兼論與藩鎮割據的關係〉，《南開大學歷史系建系七十五周年紀念文集》，頁61-68。

偃師商城博物館，〈河南偃師縣四座唐墓發掘簡報〉，《考古》1992年第11期，頁1004-1017。

張小也，《清代私鹽問題研究》（北京：社會科學文獻出版社，2001）。

張亞初、劉雨，《西周金文官制研究》（北京：中華書局，1986）。

張東光，〈唐宋的知制誥〉，《文史知識》1993年第1期，頁27-30。

張東光，〈唐宋時期的中樞秘書官〉，《歷史研究》1995年第4期，頁135-150。

張國剛，《唐代官制》（西安：三秦出版社，1987）。

張國剛，《唐代政治制度研究論集》（台北：文津出版社，1994）。

張國剛，《唐代藩鎮研究》（增訂版；北京：中國人民大學出版社，2010）。

張連城，〈唐後期中書舍人草詔權考述〉，《文獻》1992年第2期，頁85-99。

張達志，《唐代後期藩鎮與州之關係研究》（北京：中國社會科學出版社，2011）。

張榮芳，《唐代的史館與史官》（台北：中國學術著作獎助委員會，1984）。

張衛東，《唐代刺史若干問題論稿》（鄭州：大象出版社，2013）。

張澤咸，《唐五代賦役史草》（北京：中華書局，1986）。

梁庚堯，《南宋鹽榷：食鹽產銷與政府控制》（台北：國立台灣大學出版中心，2010）。

梁爾濤，〈唐李元軌墓誌所涉北門學士問題獻疑〉，《中原文物》2010年第6期，頁92-95及頁109。

郭鋒，《杜佑評傳》（南京：南京大學出版社，2004）。

郭聲波，《中國行政區劃通史：唐代卷》（上海：復旦大學出版社，2012）。

陳仲安、王素，《漢唐職官制度研究》（北京：中華書局，1993）。

陳冰，〈唐代東渭橋建毀存廢考——以東渭橋的三次營建為中心〉，《唐史論叢》第17輯（2014年1月），頁144-157。

陳伯楨，〈中國早期鹽的使用及其社會意義的轉變〉，《新史學》第17卷第4期（2006年12月），頁15-72。

陳志堅，《唐代州郡制度研究》（上海：上海古籍出版社，2005）。

陳明光，《唐代財政史新編》（北京：中國財政經濟出版社，1991年初版，1999年增訂版）。

陳金城，〈劉知幾學行官歷考辨〉，《中國歷史學會史學集刊》第43期（2011年10月），頁111-142。

陳振，〈關於宋代的知制誥和翰林學士〉，《宋代社會政治論稿》（上海：人民出版社，2007），頁34-47。

陳祖言，《張說年譜》（香港：中文大學出版社，1984）。

陳寅恪，《元白詩箋證稿》（1950年初版；上海：上海古籍出版社，1997年

重排印本）。

陳寅恪，《金明館叢稿二編》（北京：三聯書店，2001）。

陳學英，〈淺談唐後期私鹽問題出現的根源和影響〉，《西北民族大學學報》
　　2005年第5期，頁58-60。

陸揚，〈論唐五代社會與政治中的詞臣與詞臣家族——以新出石刻資料為
　　例〉，《北京大學學報》2013年第4期，頁5-16。

傅璇琮，《唐翰林學士傳論·晚唐卷》（瀋陽：遼海出版社，2007）。

傅璇琮，《唐翰林學士傳論》（瀋陽：遼海出版社，2005）。

傅熹年主編，《中國古代建築史》第3卷：《三國、兩晉、南北朝、隋唐、
　　五代建築》（北京：中國建築工業出版社，2001）。

喬象鍾、陳鐵民、吳賡舜、董乃斌主編，《唐代文學史》上下冊（北京：人
　　民文學出版社，1995）。

程志、韓濱娜，《唐代的州和道》（西安：三秦出版社，1987）。

馮培紅，〈論唐五代藩鎮幕職的帶職現象——以檢校、兼、試官為中心〉，
　　收在《唐代宗教文化與制度》，高田時雄編（京都：京都大學人文科學
　　研究所，2007），頁133-210。

黃正建編，《中晚唐社會與政治研究》（北京：中國社會科學出版社，
　　2006）。

黃清連，〈圓仁和唐代巡檢〉，《中央研究院歷史語言研究所集刊》第68本
　　第4分（1997），頁899-942。

黃進華，〈宇文融括戶與唐朝中央財政體制的演進〉，《首都師範大學學報》
　　2007年第2期，頁22-28。

楊承祖，《元結研究》（台北：國立編譯館，2002）。

雷聞，〈隋唐朝集制度研究——兼論其與兩漢上計制之異同〉，《唐研究》
　　第7卷（2001），頁289-310。

寧志新，〈兩唐書職官志「招討使」考〉，《歷史研究》1996年第2期，頁
　　168-171。

寧志新，〈唐朝使職若干問題研究〉，《歷史研究》1999年第2期，頁52-70。

寧志新，〈唐朝宰相稱謂考〉，《河北師範大學學報》2008年第3期，頁122-
　　126。

寧志新，《隋唐使職制度研究（農牧工商編）》（北京：中華書局，2005）。

熊飛，《張九齡年譜新編》（台北：花木蘭文化出版社，2012）。

趙雨樂，《唐宋變革期軍政制度史研究──三班官制的演變》（台北：文史哲出版社，1993）。

趙望秦，〈略論唐代官制中的「守、行、兼」制度〉，《唐史論叢》第8輯（2006），頁59-77。

齊勇鋒，〈度支使與支度使〉，《歷史研究》1983年第5期，頁78。

劉乃濤，〈劉濟墓考古發掘記〉，《大眾考古》2013年第2期，頁26-33。

劉後濱，〈唐後期使職行政體制的確立及其在唐宋制度變遷中的意義〉，《中國人民大學學報》2005年第6期，頁35-41。

劉後濱，《唐代中書門下體制研究》（濟南：齊魯書社，2004）。

劉迪香，〈民國前期使職的淵源、特點及其作用〉，《湖南城市學院學報》2007年第3期，頁5-8。

劉迪香，〈民國前期使職設置考略〉，《史學月刊》2008年第4期，頁131-133。

劉海峰，〈再析唐代官員俸料錢的財政來源〉，《中國社會經濟史研究》1987年第4期，頁86-89及頁45。

劉海峰，〈唐代官吏俸料錢的財政來源問題〉，《晉陽學刊》1984年第5期，頁90-91。

劉海峰，〈論唐代官員俸料錢的變動〉，《中國社會經濟史研究》1985年第2期，頁18-29。

劉健明，〈論北門學士〉，《中國唐史學會論文集》（西安：三秦出版社，1989），頁205-218。

劉常山，〈丁恩與中國鹽務的改革（1913-1918）〉，《逢甲人文社會學報》第6期，2003年5月，頁211-242。

劉淑芬，〈中古的宦官與佛教〉，《鄭欽仁教授榮退紀念論文集》，鄭欽仁教授榮退紀念論文集編輯委員會編（台北：稻鄉，1999），頁45-69。

劉萬川，〈唐代「知制誥」辨析〉，《燕趙學術》2011年秋之卷，頁77-84。

劉詩平，〈唐代前後期內外官地位的變化──以刺史遷轉途徑為中心〉，《唐研究》第2卷（1996），頁325-345。

蔣寅，《大曆詩人研究》（北京：中華書局，1995）。

鄧小南，〈走向「活」的制度史──以宋代官僚政治制度史研究為例的點滴

思考〉，《浙江學刊》2003年第3期，頁99-103。

鄭雅如，〈重探上官婉兒的死亡、平反與當代評價〉，《早期中古史研究》4卷1期，2012年6月，頁111-145。

鄭雅如，〈齊梁士人的交遊——以任昉的社交網絡為中心的考察〉，《臺大歷史學報》第44期（2009年12月），頁43-91。

盧建榮，〈唐代後期（西元七五六至八九三年）戶部侍郎人物的任官分析〉，《中央研究院歷史語言研究所集刊》第54本第2分（1983），頁157-181。

盧建榮，〈唐代通才型官僚體系之初步考察——太常卿、少卿人物的任官分析〉，許倬雲等編，《第二屆中國社會經濟史研討會論文集》（台北：漢學研究資料及服務中心，1983），頁89-122。

盧建榮，《飛燕驚龍記：大唐帝國文化工程師與沒有歷史的人（763-873）》（台北：時英出版社，2007）。

賴瑞和，〈再論唐代的使職和職事官——李建墓碑墓誌的啟示〉，《中華文史論叢》2011年第4期，頁165-213。

賴瑞和，〈為何唐代使職皆無官品——論唐代使職和職事官的差別〉，《唐史論叢》第14輯（2012年2月），頁325-339。

賴瑞和，〈唐「望秩」類官員與唐文官類型〉，《唐研究》第16卷（2010），頁425-455。

賴瑞和，〈唐代使職「侵奪」職事官的職權說質疑〉，《唐史論叢》第15輯（2012年11月），頁37-52。

賴瑞和，〈唐史臣劉知幾的「官」與「職」〉，《唐史論叢》第13輯（2011年2月），頁138-150。

賴瑞和，〈唐後期一種典型的士人文官——李建生平官歷發微〉，《唐史論叢》第17輯（2014年2月），頁17-45。

賴瑞和，〈追憶杜希德教授〉，《漢學研究通訊》26卷第4期（2007年11月），頁24-34。

賴瑞和，〈劉知幾與唐代的書和手抄本：一個物質文化的觀點〉，《臺灣師大歷史學報》第46期（2011年12月），頁111-140。

賴瑞和，〈論唐代的檢校官制〉，《漢學研究》第24卷第1期（2006年6月），頁175-208。

賴瑞和，〈論唐代的檢校郎官〉，《唐史論叢》第10輯（2008年2月），頁
　　106-119。

賴瑞和，《唐代中層文官》（台北：聯經出版公司，2008年繁體字本；北
　　京：中華書局，2011年簡體字版）。

賴瑞和，《唐代基層文官》（台北：聯經出版公司，2004年繁體字本；北
　　京：中華書局，2008年簡體字版）。

閻守誠、李軍，〈唐代的因災慮囚〉，《山西大學學報》2004年第1期，頁
　　103-107。

戴偉華，〈評《翰學三書》〉，《古籍整理出版情況簡報》2004年第2期。

繆鉞，《杜牧年譜》（北京：人民文學出版社，1980）。

繆鉞，《杜牧傳》（北京：人民文學出版社，1977）。

謝元魯，《唐代中央政權決策研究》（台北：文津出版社，1992）。

謝保成，《隋唐五代史學》（北京：商務印書館，2007）。

瞿林東，《中國史學史》第3卷《魏晉南北朝隋唐時期》（上海：上海人民
　　出版社，2006）。

羅永生，《三省制新探——以隋和唐前期門下省職掌與地位為中心》（北
　　京：中華書局，2005）。

嚴耕望，《中國地方行政制度史：魏晉南北朝地方行政制度》（台北：中央
　　研究院歷史語言研究所專刊45，1961；上海：上海古籍出版社，2007
　　影印本）。

嚴耕望，《唐代交通圖考》，全6卷（冊）（台北：中央研究院歷史語言研究
　　所，1985-2003；上海：上海古籍出版社，2007）。

嚴耕望，《唐僕尚丞郎表》（台北：中央研究院歷史語言研究所專刊36，
　　1956；上海：上海古籍出版社，2007）。

嚴耕望，《嚴耕望史學論文集》，上中下3冊（上海：上海古籍出版社，
　　2009）〔此論文集為大陸繁體字新排印本，收錄嚴先生的所有單篇論
　　文，包括《唐史研究叢稿》中的所有作品〕。

嚴國榮，《權德輿研究》（北京：中國社會科學出版社，2006）。

蘇基朗，〈唐代前期的都督制度及其淵源〉，《唐宋法制史研究》（香港：中
　　文大學出版社，1995），頁39-96。

龔延明，《中國古代職官科舉研究》（北京：中華書局，2006）。

龔延明編，《中國歷代職官別名大辭典》（上海：上海辭書出版社，2006）。

龔延明編，《宋代官制辭典》（北京：中華書局，1997）。

（三）日英文論著

丸山茂，《唐代の文化と詩人の心：白樂天を中心に》（東京：汲古書院，2010）。

大津透，〈唐律令國家の予算について──儀鳳三年度支奏抄・四年金部旨符試釋〉，《日唐律令制の財政構造》（東京：岩波書店，2006），頁27-113。中譯本見〈唐律令制國家的預算〉，宋金文、馬雷譯，《日本中青年學者論中國史：六朝隋唐卷》，劉俊文編（上海：上海古籍出版社，1995），頁430-484。

中村裕一，《唐令の基礎的研究》（東京：汲古書院，2012）。

仁井田陞，《唐令拾遺》（東京：東京大學出版會，1933）。

加藤繁，〈漢代國家財政和帝室財政的區別以及帝室財政的一斑〉，《中國經濟史考證》（台北：稻鄉，1991年重印本），頁26-134。

北川俊昭，〈『通典』編纂始末考：とくにその上獻の時期をめぐって〉，《東洋史研究》57卷1號（1998），頁125-148。

池田溫著，孫曉林等譯，《唐研究論文選集》（北京：中國社會科學出版社，1999）。

池田溫等編集，《唐令拾遺補》（東京：東京大學出版會，1997）。

妹尾達彥，〈唐代河東池鹽の生產と流通──河東鹽稅機關の立地と機能〉，《史林》第65卷第6期（1982），頁35-72。

長部悅弘，〈唐代州刺史研究──京官との關連〉，《奈良史學》9號（1991），頁27-51。

梅原郁，〈宋初的寄祿官及其周圍〉，原載《東方學報》（京都）第48冊（1975），頁135-182。中譯本見《日本學者研究中國史論著選譯》第5冊（北京：中華書局，1993），頁392-450。

福井信昭，〈唐代の進奏院〉，《東方學》第105輯（2003），頁47-62。

礪波護，《唐代政治社會史研究》（京都：同朋舍，1986）。

Adshead, S.A.M. *Salt and Civilization*. New York: St. Martin's, 1992.

Adshead, S.A.M. *The Modernization of the Chinese Salt Administration, 1900-1920.* Cambridge, Mass.: Harvard University Press, 1970.

Ando, Clifford. "The Administration of the Provinces." *A Companion to the Roman Empire,* ed. David S. Potter. Oxford: Blackwell, 2006. Pp. 177-192.

Bickerton, Derek. *Adam's Tongue: How Humans Made Language, How Language Made Humans.* New York: Hill and Wang, 2009.

Brunet, Michel *et al.* "New Material of the Earliest Hominid from the Upper Miocene of Chad." *Nature* 434（April 7, 2005）: 752-755.

Brunet, Michel *et al.* "A New Hominid from the Upper Miocene of Chad, Central Africa." *Nature* 418（July 11, 2002）: 145-151.

Eisenstadt, S. N. and Roniger, L. *Patrons, Clients and Friends: Interpersonal Relations and the Structure of Trust in Society.* Cambridge: Cambridge University Press, 1984.

Fukuyama, Francis. *The Origins of Political Order: From Prehuman Times to the French Revolution.* New York: Farrar, Straus and Giroux, 2011.

Fukuyama, Francis. *Trust: The Social Virtues and the Creation of Prosperity.* New York: Free Press, 1996.

Gibbons, Ann. *The First Human: The Race to Discover Our Earliest Ancestors.* New York: Anchor Books, 2007.

Hung, William. "The T'ang Bureau of Historiography before 708." *Harvard Journal of Asiatic Studies* 23（1960-61）: 93-107.

Kittell, Ellen E. *From ad hoc to Routine: A Case Study in Medieval Bureaucracy.* Philadelphia: University of Pennsylvania Press, 1991.

Kurlansky, Mark. *Salt: A World History.* New York: Penguin, 2003.

Li, Feng 李峰. *Bureaucracy and the State in Early China: Governing the Western Zhou.* New York: Cambridge University Press, 2008. 中譯本《西周的政體：中國早期的官僚制度和國家》，吳敏娜等譯（北京：三聯書店，2010）。

Li, Jung. "Account of the Salt Industry at Tzu-liu-ching chi," trans. Lien-che Tu Fang. *Isis* 39（1948）: 228-234.

McWhorter, John. *The Power of Babel: A Natural History of Language.* New

York: Perennial, 2003.

Mozaffarian, Dariush *et al.* "Global Sodium Consumption and Death from Cardiovascular Causes." *New England Journal of Medicine* 371（August 2014）: 624-634.

Oppenheimer, Stephen. *The Real Eve: Modern Man's Journey out of Africa.* New York: Carroll & Graf, 2004.

Pääbo, Svante. *Neanderthal Man: In Search of Lost Genomes.* New York: Basic Books, 2014.

Pinker, Steven. *The Sense of Style: The Thinking Person's Guide to Writing in the 21st Century.* New York: Viking, 2014.

Service, Elman. *Origins of the State and Civilization.* New York: Norton, 1975.

Service, Elman. *Primitive Social Organizations.* New York: Random House, 1962.

Sykes, Bryan. *Adam's Curse: A Future without Men.* New York: Norton, 2005.

Thieme, Hartmut. "Lower Palaeolithic Hunting Spears from Germany." *Nature* 385（27 February 1997）: 807-810.

Twitchett, Denis C. "The Salt Commissioners after the Rebellion of An Lu-shan." *Asia Major* 4（1954）: 60-89.

Twitchett, Denis C. *The Writing of Official History under the T'ang.* Cambridge: Cambridge University Press, 1992. 中譯本《唐代官修史籍考》，黃寶華譯（上海：上海古籍出版社，2010）。

Twitchett, Denis C. *Financial Administration under the T'ang Dynasty.* Cambridge: Cambridge University Press, 1963. 2nd revised edition, 1970.

Twitchett, Denis C. "Po Chu-i's 'Government Ox'." *T'ang Studies* 7（1989）: 23-38.

Wade, Nicholas. *Before the Dawn: Recovering the Lost History of Our Ancestors.* New York: Penguin, 2006.

索引

一劃

乙速孤行儼／502-504

二劃

丁居晦／190-191, 221, 223-226, 228-229, 231, 233, 235-236, 244, 250, 257, 259, 262, 275, 437

三劃

三司使／26, 29, 83-84, 335, 379, 396, 399, 402, 404, 407-409, 416, 418-419, 421, 423-425, 431, 433-434

上官庭芝／180

上官婉兒／153, 158, 165, 171, 179-181, 186

上官儀／160, 169, 173-174, 177-181, 247, 302

丸山茂／137

于休烈／307

于志寧／131, 502

于邵／514

于贖哲／384-385

士林館／157

大津透／336, 491

大盈庫／338, 352, 358, 360-361, 365-366, 368, 416-417

大理評事／38, 81-83, 88, 138, 326, 401-402

工部侍郎／21, 40, 199, 208-209, 227, 231, 239, 253, 256

工部尚書／37, 68, 200, 516

四劃

中村裕一／91

中書令／27, 30-31, 40, 88, 91, 118-121, 139, 177, 208, 241, 243, 292, 294, 303, 514, 519, 525, 527, 530-531

中書侍郎／116, 120-121, 128-129, 131-132, 139, 151, 179, 181, 207, 213, 222, 309, 311

中書舍人／8, 29, 40, 60, 169-182, 185-195, 197-216, 219, 222-223, 225-255, 257-267, 273, 279-281, 283, 292-295, 297, 302, 311-312, 321, 368, 458, 463, 472, 498-500, 533-534, 538-539, 542

中書郎／170

五坊使／159

仁井田陞／91, 93

仇鹿鳴／180

元帥／64, 66, 504

元結／367, 484-485, 520

元萬頃／173, 182-185

元載／161, 349, 367, 435

元稹／21, 32, 51, 68, 190, 218, 248,
　　252-257, 261-262, 264, 324-325,
　　373-374, 453, 455, 514, 516, 520,
　　527

內史令／146, 149

內諸司使／71, 78, 159, 258, 268,
　　273

六學生／102-103

勾當租庸地稅使／345, 347, 349-
　　351

卞孝萱／510

太子中允／279, 281

太子左右庶子／30

太子左右諭德／30

太子率更令／30

太子詹事／118, 120, 122, 130, 292,
　　308, 311

太子賓客／19, 30

太中大夫／123

太史令／46-48, 292

太府卿／337, 366, 407, 410-413

太師／27, 514, 525, 528, 530

太常少卿／17, 20, 37, 199, 205,

237, 307

太常卿／30, 200, 311, 404, 488

太樂令／19

太醫監／46

孔拯／200

孔溫裕／224-226, 235-236

孔穎達／297

尹咸／46-48

尹愔／283, 306

弔唁使／63

戶口色役使／346, 358-359, 364,
　　366, 368, 381

戶部使／107, 335, 369, 379, 395,
　　404, 419, 423-425, 432, 434, 438

戶部侍郎／36, 131, 200, 227, 233-
　　234, 244-245, 263, 336, 357, 387,
　　393, 396, 404, 423-424, 436, 488,
　　498

戶部錢／404, 421, 424-425, 427,
　　429-434, 438-440, 538

支使／38, 82-83, 106, 326, 335, 362,
　　365, 369, 375, 379, 382, 394-395,
　　402, 404, 407-409, 416-419, 425,
　　433-434, 436-437, 510-511, 543

支度使／379, 498, 510-511, 513,
　　525-526, 534

文林館／157

文德省／157

木炭使／411, 414

毛陽光／152

毛遂／343, 345-346, 356-358, 364,

368, 371-372, 379, 381, 423-424, 538

毛蕡／172, 192, 228, 264

水部員外郎／124, 197

水陸運鹽鐵租庸使／59, 333

牛仙客／115, 518

牛希逸／200

牛僧孺／127, 199

牛繼清／296

王世麗／508

王丘／210, 242

王本立／151

王永興／105, 272

王吉林／113

王伾／156, 163, 264

王言／169, 172

王叔文／156, 163, 166, 217, 264

王定保／238

王怡辰／425

王承文／466

王承宗／433

王昌齡／521

王亮亮／373

王度／293

王彥威／325

王茂元／79

王素／26, 112-113, 540

王起／58, 161

王崖／161

王涯／163, 214

王紹／424

王湛／503-504

王琚／184

王著／237

王敬業／292

王源中／234, 437

王鉅／200

王壽南／501-502, 508, 510

王維／75, 139, 520

王鉷／339, 346, 352, 354-363, 366-367, 372, 381-382, 410, 431, 436

王鳴盛／91-92

王播／161

王緯／523

王靜／523

王懋／238

王績／82, 293

王鐸／21

五劃

令狐滈／58

令狐綯／137, 216-217

令狐德棻／20-21, 24, 286, 292-295, 297-298, 302-303, 310, 329, 381

冊封使／39, 63, 71

出納使／83, 356-357, 364, 366, 379, 401-402, 407, 411-414, 416

功德使／71, 399-400

加藤繁／360

北川俊昭／265

北門學士／171-174, 177, 181-185

史館史官／7-8, 20, 24-25, 29, 60,

66-67, 69-71, 88, 94, 111, 113,
177, 202, 271-274, 276, 280-282,
284-285, 287-291, 299,-302, 304-
305, 310-311, 317-320, 322-323,
327-330, 368, 381, 454, 461, 538,
540-541, 546

史館修撰／28, 71, 274-275, 306-
308, 310-311, 313, 315-317, 320,
323-326, 329, 458, 461

司天監／19

司直／37, 40

司徒／27, 184, 519, 525, 527-528,
530-531

司馬光／104, 430

司馬相如／157

司農卿／337, 412

司錄／38, 57, 146, 148-149, 196,
467

司錄參軍／146, 148-149

左藏庫／337, 352, 361, 365, 407,
411-413, 415, 493-494

弘文館學士／102, 158, 177-181,
186, 231, 311, 314, 321-322

田仁會／480

田廷柱／551

白志貞／127

白居易／36-38, 40, 51, 68, 71, 75,
82, 102, 136, 138, 143, 155, 164-
166, 170, 190-192, 199, 201-202,
221-222, 226, 229, 238, 248, 250-
255, 257-258, 261-264, 266, 291,

354, 362, 455, 465, 475, 516, 521

石洪／56-57

六劃

任宏／46-48

任昉／18

任寶菊／278

光祿大夫／46-49, 128, 191, 206-
207, 240-241, 243, 279, 309, 311,
410-411, 487, 497, 506, 514, 522,
524, 529-530

刑部侍郎／37, 68, 252, 516, 521-
522

刑部尚書／127-128, 131, 199, 207,
240-244, 309, 524

吊慰使／71

同三品／114, 118, 131, 152

同中書門下三品／116-122, 124,
126, 130-132, 134-135, 151, 197,
309, 342

同中書門下平章事／21, 114, 117-
119, 121-122, 124, 126, 128, 132,
135, 139, 187, 197, 343, 497, 529,
530-531

同平章事／21, 24, 118, 127-128,
132, 135, 152, 200, 309, 512

吏部侍郎／124, 242, 326

宇文士及／144

宇文弼／341

宇文節／131, 341-342

宇文融／294, 325-326, 333, 338-

352, 354-357, 359-361, 363-364, 366, 371-372, 375, 381, 416, 423, 425

宇文籍／315

宇文瓚／238

安作璋／138

安祿山／187, 361-362

安撫使／70, 498, 515

朱巨川／79

朱玉麒／148

朱金城／37

朱泚／361, 431

朱振宏／161

朱買臣／157

朱敬則／314

朱熹／18

池田溫／23, 54, 91

考功員外郎／24, 204, 242

艾沖／501, 508-510, 531-532

行軍司馬／65, 74, 123

西山八國使／498, 514, 534

七劃

何汝泉／26, 83, 335, 396-399, 402, 404, 407-409, 416, 418, 421, 423-425, 431, 433-434

何燦浩／163

余英時／145

兵馬使／70, 73-74

兵部侍郎／223, 227-228

兵部尚書／30, 129-130, 387, 531

判戶部／423-424, 438

判官／28, 37, 40, 65, 71, 73-74, 79, 81-84, 86, 112, 177, 211, 219, 271-272, 339-340, 344, 346-347, 362, 375, 380, 382, 395, 401-402, 410, 413, 486, 489, 514, 516, 541

判度支／36, 38, 112, 360, 362, 364, 366, 368, 379, 393, 407-411, 413-418, 433, 436-437, 543

吳元濟／433

吳宗國／113, 150, 347

吳通玄／187-188

吳通微／187-188, 191

吳兢／278, 301, 307, 314-315, 329

吳麗娛／379

吾丘壽王／157

呂向／190

宋之問／307

宋申錫／162, 250

宋靖／172, 258

宋璟／32

宋霸子／116-117

岑文本／120, 129-130, 132, 169, 173, 177-178, 295, 302

岑仲勉／223, 225, 228, 236, 254, 262, 502

岑長倩／134

巡官／28, 38, 65, 71-74, 81-84, 86, 112, 138, 395, 399, 401-402, 418, 541

巡按使／500

巡院／83-84, 395-402, 404, 418-419

巡邊使／70

李乂／199, 207-208, 211-213, 230, 236, 240, 242-243

李大龍／508

李元吉／144

李元祐／409-410

李心傳／235-236

李方／182, 501

李方玄／483

李兆華／427

李光嗣／200

李吉甫／191, 233, 304, 309, 519

李夷簡／218

李百藥／169-170, 173, 177-178, 286, 295, 297-298, 302, 329, 504

李克助／200

李君奭／471

李希烈／360

李固言／311

李宗俊／459

李宗閔／162, 199, 218

李延壽／313-314

李昂／24

李昌憲／540

李明／153, 179-180

李林甫／32, 114, 139, 283, 363, 367

李泌／366, 377, 421-423, 425, 429-434, 438-439, 488

李勉／388, 456

李建／37-40, 56-57, 68-69, 72, 75, 79, 89, 100, 201, 222, 226, 229, 263, 516

李柱國／46-48

李珏／243-244

李軍／348

李兼／523

李秦授／204

李訓／21, 24, 32, 156, 161, 163, 165, 264

李商隱／79

李涪／217-218

李紳／373

李逢吉／128-129, 512

李巽／59, 333-334, 356, 417

李揆／132

李程／123

李絳／218

李華／375, 380

李勣／118, 120, 122, 130, 135

李瑀／376

李義府／311

李道宗／341

李靖／132-133, 135

李漢／218

李福長／183

李端愿／524

李肇／78, 154, 157, 169, 173, 175-177, 180-182, 184, 186-187, 190, 220, 223, 225, 227, 229, 267, 302

李輔國／115, 159, 161

李嶠／212, 241, 314

李德林／297

李德裕／32, 66, 151, 156-157, 159,
　162-165, 190, 218, 248, 257, 262,
　264, 415, 462-463, 512, 520, 522,
　526

李德輝／23

李磎／200

李憲／376

李擇言／456-457

李翱／32

李錡／523

李錦繡／84, 169, 179, 335-336, 366,
　386, 391, 395, 464, 491

李舉綱／373

李藏用／234

李寶玲／261

李權／24

杜文玉／158-159, 177, 517

杜正倫／131, 241

杜如晦／144, 158

杜佑／35-37, 45, 60-61, 92, 97-98,
　101, 105, 161, 182, 247-248, 265,
　267, 291, 355, 408, 417-418, 433,
　436-438, 479, 510, 515

杜希望／510-511

杜希德／3-4, 27, 93, 319, 329, 547

杜甫／66, 415, 521

杜亞／523

杜牧／32, 38, 82-83, 274-275, 326-
　327, 329, 396-400, 443, 449, 454-
　456, 458-465, 468, 481-483, 487,
492, 519, 521, 527-528

杜淹／120-121, 129-130

杜暹／162

杜曉／200

杜聯喆／383

杜鴻漸／200

杜顗／327

杜讓能／161

步兵校尉／46-48

沈約／101, 483

沈傳師／326

辛德勇／158, 228, 412

邢群／38

防禦使／500, 516, 534

京兆少尹／37, 40

使職化／8, 20, 25-26, 28-31, 60,
　112, 169-174, 189, 193-194, 202,
　213-214, 247, 257, 263, 265, 267-
　268, 272-274, 285-286, 290-293,
　298-299, 318, 329, 334, 344, 350,
　368-369, 381, 388, 407, 412-413,
　417-419, 421, 435, 437-439, 498-
　500, 527, 533-535, 537-538

來俊臣／271

來恆／116

侍中／47, 118-121, 131, 139, 292,
　294, 311, 313

侍御史／37-38, 40, 57, 81-82, 84,
　88, 243, 275, 296, 325, 341, 347-
　349, 356, 362, 400-402, 413, 485

兩池使／81-83, 86, 401

兩稅使／59, 333, 335

兩街功德使／71

協律郎／38

叔孫通／149-150

周勁／391

周思茂／173, 182-183

周相錄／256

周紹良／243-44

周道濟／113, 152, 160-161

周勳初／137, 521-522

周興／271

奉車都尉／47

妹尾達彥／384

孟浩然／520-521

孟溫／342

孟憲實／347

季廣琛／509

尚書左丞／40, 139, 242

尚書郎／170

岳純之／273

延資庫使／64, 66

房玄齡／144, 158, 161, 295, 297, 308

房式／515

房琯／211, 377-379, 405, 515

房濟／79, 516

押衙／74, 399

招討使／375, 380, 508, 516-517, 534

東方朔／157

林集友／244

枚皋／157

武三思／314

武元衡／161, 315, 423-424, 497-498, 512-513, 515, 517, 522, 526

武儒衡／256

直史館／307-308, 310-311, 313-317, 319, 322, 324, 326-329

八劃

知內省事／196

知吏部選事／40, 67, 122, 130, 196

知州／124, 196, 467

知京畿雲陽院／81-83, 86, 401

知制誥／8, 21, 25, 28-29, 37, 40, 60, 67, 69, 75, 122-123, 130, 137, 170-172, 174-176, 181, 186, 189, 192-254, 256-259, 261-262, 265-267, 280-282, 285, 288, 294, 300, 302, 308, 310, 318, 322, 368, 381, 455, 458, 498, 534, 538-539, 541

知政事／117-130, 132-135, 139, 146, 152, 169, 196, 281, 308, 541

知貢舉／24, 40, 67, 122-123, 130, 189, 193, 196, 261, 308

知匭使／83, 94

知樞密／125, 196, 253, 256

知縣／124, 450

舍人院／175-177, 179, 190-192, 215-217, 219, 221-222, 226, 228-231, 235, 244-245, 248-250, 252-253, 255, 257-259, 261-262, 264,

294, 539, 542

邵師德／348

金部郎中／36, 237

金榮華／293

長史／27, 125, 130, 132, 145-146, 162, 204, 321, 342, 374, 410-411, 414, 452-453, 466-467, 497, 500, 512, 520, 522, 525-527, 530, 535

長孫無忌／144, 161, 302-303, 308

長部悅弘／443

阿史那承獻／466

九劃

侯備／227, 231

姚汝能／187

姚思廉／286, 292, 294-298, 302, 329

姚崇／32, 184

姚察／296

姜師度／387

姜清波／516

封演／266

封德彝／144, 292, 294

封爵／37, 526, 528

封禪使／24

度支使／82-83, 106, 335, 362, 365, 369, 375, 379, 382, 394-395, 402, 404, 407-409, 416-419, 425, 433-434, 436-437, 510, 543

度支鹽鐵轉運使／59, 333

括戶使／294, 299, 335, 343, 345-

347, 364, 366, 368, 381, 423

拾遺／37, 71, 91, 102, 191, 200, 210, 221-222, 315-316, 324-326, 365, 387, 541-542

按察使／40, 387, 520

施純德／173

昭文館學士／207, 213, 240, 243

查明昊／400

柳公綽／127

柳公權／231

柳芳／32, 78, 87, 93, 103, 301, 319, 328-330, 333-334, 338-339, 345, 352, 354, 359, 363, 424

柳金福／152

柳洪亮／507

柳奭／131

柳璨／200

洪業／288, 298

洪邁／22, 524

珍羞署丞／96

皇太子侍讀／23

皇甫珪／224-226, 235-236

皇甫曾／175-176

皇甫鎛／127-128, 433-434

胡戟／482

胡雲薇／301

范履冰／173, 182-183

軍器監／30

郁賢皓／376, 443, 456, 490, 497, 502, 510-511

郎中／21, 28, 36-37, 40, 46, 49-50,

71, 75, 95, 123, 181, 199-201,
203-205, 210, 213, 215, 217-218,
221-227, 230-233, 235-239, 243-
245, 249-254, 256, 258, 262, 274-
275, 292, 314-316, 325, 336-337,
362, 381, 387-388, 417, 419, 435-
437, 455, 458, 460, 539
韋元甫／35
韋安石／116-117
韋承慶／173, 257
韋表微／224, 233-234
韋述／31, 78, 87, 90, 103, 132, 288,
301, 303, 329
韋皋／514-515, 518, 522
韋執誼／32, 128, 154-155, 162-165,
264, 457, 463
韋處厚／222-223, 226, 229, 304,
324, 393, 437
韋貫之／218
韋澳／472
韋辭／463
韋瓘／324-325
飛龍使／159

十劃
修文學士／304
修文館／304
修國史／20, 31, 50, 198, 210, 278-
281, 283, 285, 289, 291, 295, 297,
304, 306-314, 316-317, 319-324,
329, 414, 539, 541-543, 546

俱文珍／156
員外郎／24, 28, 37-38, 40, 82, 95,
124, 197, 199, 203-204, 209-210,
213-215, 218, 224-227, 230-231,
233-236, 242, 244-245, 249, 258,
262, 275, 324-325, 336-337, 365,
419, 435, 437, 454, 458, 461-462
唐長孺／120, 129, 159, 344
夏炎／479, 501
夏侯孜／424
孫行／257
孫國棟／101, 113, 172, 189, 258,
263, 539
孫處約／241
孫逖／210, 306-307, 510
孫琬／303
孫萬榮／151
宮市使／411, 414
宮使／411, 414, 453
徐安貞／173
徐彥伯／314
徐浩／208
徐堅／21, 24, 278, 311, 314-315
徐夢陽／274, 318, 546
徐齊聃／257
徐興無／47
徐鍔／311
柴哲威／507
校中祕書／49-50
校書郎／37-38, 40, 46-47, 49-51,
53, 55-58, 82, 93, 165, 190, 205,

209, 220, 222, 262-263, 315, 324, 326, 341
桂齊遜／508
桓寬／382
殷亮／380
殷聞禮／292, 294
浦起龍／284-285
特進／130, 133, 243, 314, 505
班固／18
祖孝孫／292
祝總斌／115
神策軍／159
神策軍使／71, 73,
祠祭使／411, 414
秘書內省／297-299
秘書少監／67, 180, 208, 279, 281, 327
秘書監／120-121, 129, 252
租庸使／59, 333-334, 349, 357, 364, 366-367, 371-372, 375-376, 378, 381, 414, 435, 484-485, 498
租庸青苗使／59, 333
翁俊雄／444-445, 451-453
耿慶剛／153, 179-180
袁世凱／403
袁剛／113, 153-154, 158-160, 228, 264
記室／40
起居郎／180, 314, 317-318
郝處俊／313
除陌錢／421-422, 425, 427-430, 432, 434, 439
馬俊民／478
馬融／46, 49, 51
高士廉／144
高田時雄／25, 528
高郢／128
高釴／249-250, 437
高智周／313
高熲／344
高適／521-522
高橋繼男／395
高駢／84, 507-508
高濟／200

十一劃

參軍／35, 56-57, 146, 148-149, 191-192, 221, 343-344, 371, 375, 380, 467
參豫機務／121
參議得失／117, 121, 124-126, 129
參議朝政／118, 120-121, 129, 152
國子司業／30, 489
國子祭酒／30, 102, 303, 428, 508
婁師德／466
寄祿官／22, 58, 88-89, 175, 180, 191, 193-194, 202, 225, 257, 267, 275, 328, 539-540
專典機密／117-118, 120-121, 129, 152
尉遲敬德／138
崇文館學士／279, 311

崔沂／200

崔協／200

崔知悌／116

崔知溫／123, 134-135, 313

崔致遠／84

崔湜／173

崔羣／127, 434

崔漪／200

崔瑤／189

崔潭峻／252, 256

崔凝／244-245

崔融／195, 199, 204-206, 210-214,
　218, 230, 239, 241, 247-248, 285,
　314

崔顥／521

崔瓘／487

常平鑄錢鹽鐵使／59, 333

常袞／513

庾儉／292

張九齡／51, 115, 139, 173, 177-178,
　199, 203, 207-213, 230, 239, 241,
　247-248, 285, 303, 457, 466, 469,
　471, 473, 505, 518, 520

張大素／321

張允恭／505

張文瓘／119-120, 131

張平叔／393

張弘靖／66, 262

張伯儀／511

張廷範／200

張亞初／198

張昌宗／123, 204

張易之／116

張東光／195, 212

張垍／173, 187

張茂樞／200

張國剛／22, 120, 501, 510, 523

張連城／172, 175, 219

張達志／478, 501

張嘉貞／162

張榮／316

張榮芳／273, 284, 300, 318, 320,
　328

張漸／190

張說／17-18, 20, 24, 31-32, 40, 51,
　139, 161, 173, 210, 285, 342, 520

張韶之／249

張衛東／443

張澤咸／335

張鎰／488

強循／387

御史大夫／79, 120-124, 129, 410-
　411, 421, 508, 511, 524, 527, 530,
　543

御史中丞／26, 65, 83, 123, 201,
　218, 262, 351, 357, 381, 387-388,
　421, 423, 463, 485, 487, 513-514,
　517, 527

採訪使／63, 73, 299, 411

推勾使／347, 350

推官／28, 38, 65, 71-72, 74, 112,
　395, 418, 541

梁庚堯／391

梁蕭／275

梁爾濤／182

梅原郁／89, 539

清望官／19

牽弘／506

理匭使／94

第五庭／374

第五琦／32, 162, 346, 349, 362,
365-367, 369, 371-382, 387-388,
390-391, 394, 404-405, 407, 409-
410, 413, 416, 419, 422-423, 425,
435

第五舉／374

脩文館學士／21, 242

許凌雲／278

許景先／210

許敬宗／151, 169, 173, 177, 302,
311, 539

郭元振／466, 468

郭正一／118, 134, 185

郭孝恪／506-507

郭待舉／118, 134-135

郭廣偉／191, 215, 232

郭鋒／36

郭聲波／501, 532

都水使者／74

都統／64, 66

都督／27, 29, 96, 151, 197, 279,
411, 414, 444-446, 448, 451, 453,
456-458, 463, 466-468, 470-471,

473, 476-478, 485, 497, 499-512,
514, 518-520, 522-523, 525-527,
530, 532-535

都護／444-446, 448, 451, 453, 458,
466-468, 473, 499-501, 506-509,
511, 533

陳子昂／468, 472, 503

陳仲夫／119

陳仲安／26, 112, 540

陳伯楨／383

陳君賓／487

陳志堅／447, 451, 467, 501

陳叔達／132, 144, 292-294

陳明光／335, 367, 426, 428, 432,
464-465, 476, 493

陳金城／278, 280

陳振／193, 236

陳振孫／90

陳祖言／40

陳寅恪／6, 19, 137, 164, 252, 342,
464-465

陳農／47-48

陳學英／391

陳鶱／506

陳鐵民／484

陶紅雨／222, 553

陶敏／90, 222

陶穀／237

陸元方／116-117

陸長源／26, 417, 437

陸堅／173

陸揚／257

陸增祥／497

陸贄／32, 94, 150, 172, 177, 186-
189, 219, 247, 259-261, 263, 361,
413, 488, 490

十二劃

傅振倫／278

傅璇琮／172-173, 225, 245, 262,
264

傅熹年／156

喬象鍾／484

場院／83, 396, 398, 402, 418-419

掌書記／28, 65-66, 71, 73-74, 84,
112, 262

掌樞密／125, 184

揚雄／18, 51

散官／37, 68, 74, 94, 205, 207, 275-
277, 281, 309, 411, 514, 526, 528-
529, 530, 535

散騎常侍／19, 30, 67, 88, 91, 231,
242, 279, 281, 327, 521-522, 542

朝集使／94

短錢／430

稅官／8, 29, 444, 475-482, 485, 490,
492, 494-495, 503-504, 523, 534

程异／127

程志／452

給事中／102, 180, 200, 242, 292,
313

給納使／81-83, 86, 401

著作佐郎／50, 67, 198, 272-273,
278-279, 281, 285, 288-289, 293,
312, 317-318, 321, 323, 327

著作局／282-285, 288, 293, 319-
320

著作郎／60, 170-171, 184, 272-273,
279, 281-286, 288, 291-296, 302,
311, 317-320, 327, 329, 368, 538-
539

詞臣／8, 29, 31, 60, 157, 167, 170-
172, 174, 176-178, 181-183, 186,
193, 202, 211, 222-223, 247-249,
257, 260, 263-267, 273, 281-282,
334, 345, 368, 381, 457, 498, 500,
520, 528, 537-538

費袞／221

賀拔延嗣／510-511, 518

賀知章／17, 20-21, 23-24, 31

賀蘭進明／371, 375, 380

陽城／487-490

階官／22, 193

集賢校理／53, 55-58

集賢院／19-20, 23, 40, 53-55, 57,
69, 89, 93, 208-209, 213, 225, 230,
287-288, 304, 306-307, 312, 463

集賢殿／53, 55, 158, 304-305, 414

集賢學士／17-20, 23, 31, 66, 69, 74,
88, 177-178, 186, 213, 287, 304,
462, 538, 541

馮培紅／25, 527

黃正建／559

黃君漢／504-505
黃門侍郎／40, 116, 119, 122, 131,
　135, 139, 242, 313, 343, 401, 522
黃清連／400
黃進華／347

十三劃
圓仁／399-400, 433
敬播／297
會盟使／125
楊收／257
楊承祖／485
楊炎／32, 161, 359, 365, 405, 417,
　435-436
楊知溫／226-227, 231
楊炯／503
楊恭仁／144
楊素／120
楊國忠／32, 161, 295, 339, 346,
　355-356, 362-364, 366, 368, 377-
　378, 382, 407, 410-418, 422, 431
楊嗣復／249, 315
楊慎矜／345, 349, 354, 356-357,
　362-363, 366, 413
楊煥／200
楊漢公／325
楊綰／210-213, 311
源乾曜／17, 31, 161, 342-343
溫大雅／132, 169, 171, 173-174,
　181, 186, 301-302
盟會使／125

節度使／26, 29, 36, 39-40, 48, 57,
　60, 63, 65-66, 69-71, 73, 76, 84,
　113, 129, 157, 252-253, 256, 258,
　262, 268, 276, 281, 287, 289, 299,
　326, 351, 353, 411, 418-419, 444,
　466, 478, 494, 497, 499-501, 508-
　526, 528, 530-534, 538, 541
經略使／36, 71, 79, 485, 500, 508,
　516, 520, 532, 534
葉夢得／234-236
董晉／529-531
虞侯／74
補闕／40, 56-57, 204, 209, 214, 275,
　285, 324-326, 365, 541-542
賈大隱／151
賈至／211
賈耽／161
賈敦頤／480
賈曾／206, 233
賈膺福／173
路恕／516
路嗣恭／514
雷家驥／113
雷聞／448
鼓吹署丞／96

十四劃
僕射／30, 88, 91, 96, 118-121, 126,
　129, 131, 133, 138-140, 146, 258,
　295, 297, 308-309, 342, 511, 513,
　527, 529-531

團練使／65, 500, 513, 516, 534
墊陌錢／427-428
寧志新／69, 71, 117, 516
廖伯源／52, 115, 197, 498-499
熊飛／40
熊鐵基／138
監修國史／50, 198, 283, 295, 297, 308-309, 310, 312, 314, 317, 324
監倉使／411, 414
監院／83-84, 388, 390, 394-402, 404, 418-419
監察御史／38, 66, 81-84, 88, 262, 294, 315, 326, 340-343, 349, 351, 371-372, 375, 381, 401-402
福井信昭／523
裴休／137, 216-218, 325, 396-398
裴光庭／161, 303
裴行立／508
裴坦／137, 216-218
裴垍／218, 304, 324
裴度／127-129, 214, 218, 249, 253, 256, 434, 513
裴冑／353
裴庭裕／137-138, 216
裴矩／144, 292
裴寂／119, 125-126, 129-130, 144-150
裴通／102
裴肅／494
裴璆／200
裴贄／123

裴耀卿／59, 139, 333-334, 367-368, 372, 407
褚遂良／169, 173, 302
趙冬曦／209
趙光胤／200
趙昌／508
趙雨樂／159
趙俊／278
趙泚／509
趙望秦／328
趙超／244
趙璘／184
趙贊／360, 428-431, 439
趙驊／249
齊抗／312

十五劃

劉仁軌／161, 309
劉太真／249
劉文起／148
劉文靜／114, 144, 146-148, 150, 161
劉光謹／173
劉向／46-52
劉彤／387
劉沔／513
劉知幾／7, 31, 50, 55, 66-67, 78, 198, 265, 271, 273-274, 276-278, 280-281, 287, 289, 291-292, 299-300, 314-315, 329, 542, 546-547
劉長卿／79
劉雨／198

劉後濱／113, 539
劉禹錫／222-223, 226, 261, 463, 521
劉迪香／23
劉晏／32, 59, 161, 295, 333-334, 346, 349, 356, 366-367, 369, 372, 378, 382, 390, 394, 399, 402-404, 407, 538
劉海峰／421, 465
劉健明／183, 185
劉崇魯／200
劉常山／403
劉淑芬／399
劉景先／135, 313
劉肅／17, 115
劉歆／47-48
劉瑑／234-235
劉萬川／195
劉詩平／443
劉禕之／151-152, 159-161, 173, 182-184
劉齊賢／119, 122
劉餗／318
劉憲／503
劉濟／27, 524-530
劉總／528
劉贊／523
劉懿之／173, 183
廣文館／304
樞密使／113, 125, 153-154, 158, 166, 264
歐陽修／114-115, 118
歐陽詢／292
潘遠／204
蔣乂／78, 274, 301, 318, 329
蔣伸／309, 318
蔣武／304
蔣係／316, 318
蔣寅／215, 261
衛次公／259
諸色安輯戶口使／347
鄧小南／107, 523
鄧騭／46
鄭從讜／189
鄭涵／55-56
鄭絪／259
鄭雅如／18, 153, 180
鄭餘慶／55, 57, 162, 184, 259, 428
駕部郎中／21, 199-200, 218, 249

十六劃

勳官／37, 68-69, 74, 94, 205, 309, 411, 524, 526, 528-529, 535
學士院／23, 92, 154-155, 158, 171, 173-174, 177, 180, 186, 190-192, 203, 219-231, 233-235, 244-246, 248-250, 252-257, 262, 268, 287, 294, 302, 437, 539
獨孤朗／324-325
盧文度／257
盧伯卿／81-84, 86, 88, 99, 105, 401
盧杞／127, 408

盧建榮／404, 529

盧藏用／210-212

盧懷慎／184

縣令／22, 26, 64-66, 75, 88, 147, 342-343, 443, 467-472, 476, 479, 483, 486-487, 490, 492, 495, 501

縣丞／22, 35, 75, 342-343, 375, 450

縣尉／22, 26, 56, 58, 75, 86, 88, 191, 221, 324, 326, 328, 342-343

翰林侍講學士／222-223

翰林供奉／173-174

翰林制誥／190, 219, 221

翰林待詔／71-73, 78, 173-174

翰林學士院／23, 92

蕭至忠／161

蕭定／488

蕭昕／409-410

蕭復／488

蕭嵩／139, 312, 387

蕭瑀／120, 129-130, 144, 146-148, 150, 292-294, 488

蕭頎／200

蕭德言／292

蕭穎士／375

蕭邁／200

謁者／47-48, 222-223

賴瑞和／25, 39, 55, 60, 66, 69, 72, 79, 89, 100, 123, 192, 222, 287, 516, 527, 529

錄事參軍／56-57, 343-344, 371, 375, 380, 467

錢大昕／7, 61, 63-64, 67-68, 71-72, 76, 79, 111-114, 121, 195, 198, 281-282

錢鏐／524

錢寶琮／426

閻守誠／348

閻濟美／353

館驛使／379

十七劃

戴至德／119, 121, 131

戴偉華／233

營田使／26, 73, 498, 513, 525-526, 530-531, 534

總管／40, 149, 499, 501-502, 504-505

繆鉞／458, 460, 462

薛元超／31, 116, 321

薛弘宗／472

薛放／463

薛懷義／183

謝元魯／113, 155, 159

謝保成／273

鞠清遠／335

韓休／199, 209, 211, 241

韓愈／5, 32, 53-57, 71, 218, 268, 274-275, 315, 329, 384-385, 389, 392-93, 398, 457, 463, 480-482, 521, 529

韓滉／488, 511

韓濱娜／452

黜陟使／500

十八劃

瞿林東／273

瞿蛻園／222

禮部侍郎／17-25, 40, 189, 199, 209,
310, 485, 543

禮儀使／131-132

糧料使／39, 418

覆囚使／346-349

轉運使／36, 48, 59, 73, 106-107,
258, 268, 299, 333-335, 337, 357,
362, 364, 367-369, 371, 374, 376,
379, 381-382, 394-396, 402-403,
405, 407, 417-419, 498

顏之推／293

顏師古／49, 292-293, 297, 341

顏真卿／380, 386, 405, 485

魏元忠／40, 123

魏弘簡／253, 256

魏玄同／118, 134, 161

魏宏簡（同魏弘簡）／218, 256

魏知古／311, 314

魏徵／120-121, 129-130, 150, 161,
169, 173-174, 181, 186, 292, 294-
295, 297, 302

魏澹／296

十九劃

瓊林庫／352, 362, 366

羅永生／113

羅竹風／322

關播／127

關隴貴族／150, 342

麴智湛／507

二十劃

勸農使／325-326, 347, 350

嚴助／157

嚴耕望／6, 30, 90-92, 96, 112-113,
139, 263, 409, 479, 502, 504-506,
508

嚴綬／326

礪波護／18, 185, 251

竇抗／144

竇威／132, 144, 146-150

竇參／161, 421, 423-425, 438

竇華／190, 257

竇璡／292

蘇良嗣／183

蘇味道／173, 212

蘇基朗／508

蘇滌／325

蘇稷／173

蘇頲／199, 206-208, 211-214, 218,
230, 233, 236, 240-243

蘇瓌／309

釋褐官／51

二十一劃

顧胤／314

權德輿／24, 27, 102, 176, 188, 190-

191, 214-216, 231-233, 235, 239, 248, 257-262, 264, 267, 514, 524-525, 528, 530

二十二劃
鑄錢使／357, 364, 372, 390, 414
龔延明／22, 58, 76, 85, 101, 104, 115, 193, 197, 202, 317
龔韜／459

二十三劃
麟趾殿／157

二十四劃
鹽池使／387, 402
鹽鐵使／39, 48, 59-60, 63, 69, 71, 73, 83, 94, 106, 127, 214, 281, 287-289, 333-335, 367, 371, 373, 378-381, 387-388, 390, 392, 394-398, 400, 402-405, 407, 419, 423, 498, 517, 538, 540-541

二十五劃
觀察處置使／487-488, 498, 513-514, 525-527, 530, 534

英文部分
Adshead, S.A.M.／383, 400, 403
Ando, Clifford／479
Bickerton, Derek／44

Brunet, Michel／41
Dane, Richard／403
Eisenstadt, S. N.／144
Fukuyama, Francis／45, 144, 343
gene mutation／100
Gibbons, Ann／41
Homo erectus／41
Homo sapiens／42
Hucker, Charles／75, 85
Johnson, Samuel／100
Kittell, Ellen E.／532
Li, Feng／98
Li, Jung／383
McWhorter, John／42
Mozaffarian, Dariush／385
Neanderthal／546
Oppenheimer, Stephen／42
Pääbo, Svante／546
Pinker, Steven／100
provincial governor／29, 479
Roniger, L.／144
Sahelanthropus tchadensis／41, 545
Service, Elman／45
Sykes, Bryan／76
tax collector／29, 479
Thieme, Hartmut／43
Twitchett, Denis／3, 87, 93, 137, 273, 288, 298-299, 317, 319, 334, 382, 387
Wade, Nicholas／42
Webster, Noah／100

唐代高層文官

2023年4月二版　　　　　　　　　　　定價：新臺幣780元
有著作權・翻印必究
Printed in Taiwan.

著　　　者	賴　瑞　和
叢書主編	沙　淑　芬
校　　　訂	劉　　　嘯
校　　　對	謝　麗　玲
封面設計	蔡　婕　岑

出　版　者	聯經出版事業股份有限公司	副總編輯	陳　逸　華
地　　　址	新北市汐止區大同路一段369號1樓	總編輯	涂　豐　恩
叢書主編電話	(02)86925588轉5310	總經理	陳　芝　宇
台北聯經書房	台北市新生南路三段94號	社　長	羅　國　俊
電　　　話	(02)23620308	發行人	林　載　爵
郵政劃撥帳戶第0100559-3號			
郵撥電話	(02)23620308		
印　刷　者	世和印製企業有限公司		
總　經　銷	聯合發行股份有限公司		
發　行　所	新北市新店區寶橋路235巷6弄6號2F		
電　　　話	(02)29178022		

行政院新聞局出版事業登記證局版臺業字第0130號

國家圖書館出版品預行編目資料

唐代高層文官 / 賴瑞和著 . 二版 . 新北市 . 聯經 .
2023.04 . 592面 . 14.8×21公分 .
ISBN　978-957-08-6856-2（精裝）
[2023年4月二版]

1.CST：文官制度　2.CST：唐代

573.4141　　　　　　　　　　　112003705